本书是国家社会科学基金重点项目"中国参与联合国维和行动的经验、问题与思考"（批准号：16AZD033）的研究成果

复旦联合国研究丛书

中国参与联合国维和行动研究

张贵洪　王　涛　刘铁娃　薛　磊　等 / 著

A Study of China's Participation in UN Peacekeeping Operations

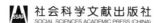

社会科学文献出版社
SOCIAL SCIENCES ACADEMIC PRESS (CHINA)

前　言

自中华人民共和国恢复联合国合法席位 50 年来，特别是中国参与联合国维和行动 30 多年来，中国对联合国维和行动的态度和政策经历了从不参与到参与、从消极参与到积极参与、从被动参与到主动参与、从个别参与到全面参与、从一般参与到深入参与的发展过程。进入 21 世纪以来，一方面，联合国维和行动出现新的特点和趋势，面临新的问题和挑战；另一方面，中国对联合国维和行动的贡献和作用不断扩大，参与联合国维和行动在中国多边外交和对外战略中的意义和影响日益上升，成为中国联合国外交的一大亮点。

近年来，国内学界对中国参与联合国维和行动的整体研究和专题研究都取得长足的进展，特别是聚焦参与的历史过程、原则和政策、积极意义、国家利益、制约因素等方面。如《中国参与联合国维持和平行动的前沿问题》从历史进程、观念变迁、国家利益、经验启示等角度进行了分析，并介绍了中国警察在东帝汶、波黑、利比亚、阿富汗、塞尔维亚科索沃地区、海地和苏丹等任务区的维和实践。[①]《构建和谐世界的重要实践——中国参与联合国维持和平行动研究》通过对中国参与联合国维和行动的类型、地域、人员、财政等贡献要素的分析，说明中国参与维和行动是履行大国责任、构建和谐世界的重要举措。[②]《联合国维和行动的困境及前景》专章分析了中国参与联合国维和行动的基本情况、国家利益和制约因素。[③]《当代国际维和行动》也专章介绍了中国参与联合国维和行动的历史进程、原则主张、积极意义和维和培训等情况。[④]《建构和平：中国对联

[①]　赵磊、高心满等：《中国参与联合国维持和平行动的前沿问题》，时事出版社，2011。
[②]　赵磊：《构建和谐世界的重要实践——中国参与联合国维持和平行动研究》，中共中央党校出版社，2010。
[③]　刘丹：《联合国维和行动的困境及前景》，时事出版社，2015。
[④]　中国国际战略学会军控与裁军研究中心编《当代国际维和行动》，军事谊文出版社，2006。

合国外交行为的演进》则把中国参与联合国维和行动作为中国对联合国外交行为的一个案例进行了分析。① 《新中国军事外交与国际维和研究》系统阐述了中国军事外交与国际维和行动的理论与实践，客观分析了中国军事外交与国际维和行动的关系，提出维和外交是中国军事外交的主旋律，对于提升国家形象、地位和影响力具有重要意义。② 《中国维和行动》和《中国军队与联合国维和行动》是作者和导演深入任务区一线拍摄而成的，通过大量事实和图片全景展示了中国军人在 6 个国家 7 个任务区的维和故事。③ 《联合国维持和平行动法律问题研究》专章论述了中国参与联合国维和行动的能力提升和参与联合国框架下亚太地区区域维和机制的构建等。④ 《大国崛起与国际和平：联合国维和建和研究文集》以"发展和平"为规范，提出联合国维和建和的中国方案。⑤ 许多学术论文以及博士和硕士学位论文从不同角度论述中国参与联合国维和行动。国外对中国参与联合国维和行动的研究不多，但很有参考价值。

　　总体上，学界仍缺乏对中国参与联合国维和行动的理论研究、战略研究和法律研究。具体来说，需要加强两方面的研究。

　　第一，探索一个关于联合国维和行动的较为完整、系统的理论分析框架和范式。维和研究涉及国际关系、国际法、国际组织、军事学等学科的内容，因此需要运用跨学科的知识和理论进行研究。国际维和的理论研究主要是运用上述学科的知识和理论对预防性外交、建设和平、人道主义干预、平民保护、冲突管理等问题进行基础研究，在此基础上形成新的研究框架和范式，并以此指导联合国维和的实践。而维和研究又将极大地丰富联合国研究、国际法、和平学、军事学等学科的内容。现有研究多涉及联合国维和的过程和具体问题，但一方面需要把联合国维和放在全球、地区、国内，以及国际政治、经济、安全这样的大背景、大环境、大格局下进行考察；另一方面也需要把联合国维和上升到全球安全治理和国际公共安全产品这样的高度和视角进行研究，运用国际关系、国际法、国际组

①　赵磊：《建构和平：中国对联合国外交行为的演进》，九州出版社，2007。
②　杜农一等：《新中国军事外交与国际维和研究》，国防大学出版社，2015。
③　尚昌仪：《中国维和行动》，长江文艺出版社，2012；尚昌仪：《中国军队与联合国维和行动》，五洲传播出版社，2015。
④　蒋圣力：《联合国维持和平行动法律问题研究》，法律出版社，2019。
⑤　何银：《大国崛起与国际和平：联合国维和建和研究文集》，时事出版社，2018。

织、军事学等学科的知识和理论，建构一个关于联合国维和行动的理论分析框架和范式。

第二，加强对中国参与联合国维和行动的整体战略研究。中国参与联合国维和行动既涉及国防和军事，也关系外交和战略。目前，主要由国防和军事部门负责、管理和协调我国参与联合国维和行动，但是，还需要把参与维和行动作为我国多边外交和战略的一项重要内容。因此，要在综合分析国家利益、国家力量、地缘政治、国际环境、多边外交等的基础上形成中国的参与战略，特别是要加强在国际维和的法律基础、运作机制、职能、实施机构、参与者等方面的应用研究，形成思路、办法和方案等对策。现有维和研究主要从阶段和过程、国家利益、类型和地域、经验和意义、政策和立场、制约因素等视角进行一般性探讨和策略性分析，而从战略层面和战略高度研究中国参与联合国维和行动的成果很少且处于初步阶段。因此，需要深入探讨中国参与联合国维和行动的战略选择，包括其背景、目标、手段等，在中国的国家利益和国际责任、中国外交特别是联合国外交的转型、中国建设性和引领性参与全球安全治理和提供公共安全产品等方面对中国参与联合国维和行动的战略进行前瞻性和开拓性的研究。

围绕中国参与联合国维和行动，本书重点对以下问题开展了研究。

第一，中国参与联合国维和行动的学理研究。联合国维和行动的相关概念和基本原则是研究中国参与联合国维和行动的逻辑起点。本书对维和行动的相关概念如预防冲突、缔造和平、执行和平、维持和平、强力维和、建设和平及保持和平进行了分析比较，对维和行动的传统三原则及其发展变化进行了探讨。通过阐述联合国开展维和行动的合法性，以及集体安全、国际规范传播、全球安全治理、公共安全产品与联合国维和行动的关系，本书把联合国维和行动的研究议程从"做了什么""产生什么影响"等过程性问题转移到"是什么"及"为什么"这样的学理性问题上。在此基础上，本书从国际组织视角和中国的"身份"及"文化"维度进一步对中国参与联合国维和行动进行了学理分析。

第二，中国参与联合国维和行动的经验和意义。本书从国际安全、国家利益和军队建设三个层面和视角总结了中国参与联合国维和行动的经验和意义。中国通过参与联合国维和行动，恪守联合国维和原则，推动国际安全秩序的改善；借助联合国维和平台，促进国际战略格局的稳定；依托联合国维和机制，助力地区安全问题的解决。参与联合国维和行动，有利于中国树立良好的国际形象，营造和平的安全空间，维护海外发展权益，从而促进中国的政治利益、安全利益和经济利益。参加联合国维和行动，对于中国军队加强战略筹划与组织管理、增强海外军事行动能力、提高军事训练水平和提升国际影响力，具有重要意义。

第三，中国参与联合国维和行动的战略和路径。中国在维和领域具有独特的贡献、资源和影响，需要从战略高度认识中国参与联合国维和行动的意义和价值。随着中国与世界的关系进入一个新的时期，中国参与联合国维和行动的战略面临转型，即从建设性参与转型和升级为引领性参与。通过战略转型，把中国在维和领域的贡献和优势转化为在维和行动中的话语权和影响力。实现这种战略转型的路径，一是法律、决策执行中的制度建设，二是部署、指挥、协调、保障、培训等方面的能力建设。

第四，中国参与联合国维和行动与联合国外交。维和行动是中国与联合共同推动构建新型国际关系和人类命运共同体的重要路径。联合国维和行动是合作共赢的创新实践，有利于构建新型大国关系、新型周边关系和新型多边关系。联合国维和行动体现了利益共同体和责任共同体，有利于构建全球安全共同体和地区命运共同体。积极倡导维和国际合作、推动维和改革，是中国联合国外交的重要课题。

本书是对中国参与联合国维和行动进行学理研究和战略研究的一项初步尝试。期待未来有更多更好的学术成果，推动我国的维和研究不断进步。

张贵洪

2021 年 12 月

第一章

中国参与联合国维和
行动的学理研究

联合国维持和平行动（以下简称"联合国维和行动"）是联合国履行维持国际和平与安全职能的重要手段之一，也是联合国参与全球安全治理的关键内容。国内外学术界对于联合国维和行动的研究成果颇丰。其中，大多数研究集中在维和行动的原则与规范、效果与意义，以及某个国家参与联合国维和行动的动机、表现与意义等方面。但是既有的研究对于联合国维和行动的学理研究关注较少，同时也对中国参与联合国维和行动的学理内涵少有深入且系统的研究。因此，本章主要聚焦中国参与联合国维和行动的学理要义，对中国参与联合国维和行动所体现的学理层面的意义与启示进行剖析，以便对中国参与联合国维和行动的本质有更深入的理解。

第一节　联合国维和行动的学理概念

联合国维和行动的相关概念和基本原则是研究中国参与联合国维和行动的逻辑起点。

一　联合国维和行动的相关概念

与联合国维和行动相关的概念主要有：预防冲突（conflict prevention）、缔造和平（peacemaking）、执行和平（peace enforcement）、维持和平（peacekeeping）、强力维和（robust peacekeeping）、建设和平（peacebuilding）以及保持和平（sustaining peace）（见表1-1）。

表1-1　联合国维和行动相关概念

概念	阶段	程序	主要目的	主要措施
预防冲突	冲突前	联合国系统内相关合法程序	防止紧张局势或争端升级为暴力冲突	秘书长斡旋、预防性部署、建立互信
缔造和平	冲突发生后	安理会授权以及所在国和/或冲突主要当事方同意	解决正在发生的冲突	外交行动、协调各方达成协议

概念	阶段	程序	主要目的	主要措施
执行和平	冲突发生后	安理会授权	恢复国际和平与安全	采取强制行动（包括使用军事力量）
维持和平	冲突后期至停火	安理会授权以及所在国和/或冲突主要当事方同意	维持国际和平与安全，帮助遭受冲突的国家创造实现持久和平的条件	军队、警察、文职人员共同协作的综合模式
强力维和	冲突后期至停火	安理会授权以及所在国和/或冲突主要当事方同意	确保维和行动任务顺利执行	在战术一级使用武力
建设和平	停火	安理会授权以及所在国和/或冲突主要当事方同意	增强冲突管理能力，实现可持续性和平	增强国家有效且合法履行其核心职能的能力
保持和平	冲突前中后期	联合国系统内相关合法程序	防止冲突爆发、升级、持续和再次发生	联合国人权、安全、发展的综合手段

资料来源：笔者自制。

预防冲突指的是运用结构性或外交手段，以防止国家内部或国家间的紧张局势和争端升级为暴力冲突。理想的情况下，预防冲突应该建立在有组织的早期预警、信息收集以及对引发冲突的因素的仔细分析的基础上。预防冲突措施包括联合国秘书长的斡旋、预防性部署和建立互信等。

缔造和平是采取解决正在发生的冲突的措施，以实现和平，主要措施包括外交行动、协调各方达成协议。和平缔造者可以是特使、各国政府、国家集团、区域组织或联合国。此外，非官方和非政府团体或享有高声望的独立人士可以对缔造和平的进程发挥积极作用。

执行和平涉及在联合国安全理事会授权下实施的一系列强制措施，包括使用军事力量。执行和平的目的是在安理会已确定存在和平威胁、破坏和平或侵略行动的情况下，恢复国际和平与安全。安理会可酌情利用区域组织和机构，在其授权下采取强制行动。

维持和平是以维持地区乃至全球范围的和平与安全为目标的行动，并协助执行和平人员达成和平协议，是和平行动的关键环节。联合国维和行动经过不断的改革，目前已经从在国家间的战争后监督停火和隔离冲突的主要军事模式演变为军事人员、警察和文职人员共同协作以奠定可持续和平基础的综合模式（complex model）。

强力维和是指在安理会授权以及所在国和/或冲突主要当事方同意的情况下，联合国维和行动在战术一级使用武力，以保障其任务顺利执行。需要指出的是，强力维和与执行和平都属于联合国维和行动进程中的一种手段，两者在概念与实践层面不可相混淆。执行和平强调的是需要通过安理会的授权但是可无须获得主要当事方同意，且可能包括在战略或国际级别使用军事力量。①

建设和平是指一系列旨在通过增强国家管理冲突的能力，并为可持续和平与发展奠定基础，从而减少陷入或重新陷入冲突风险的措施。建设和平是为可持续和平创造必要条件的长期且复杂的过程。它的目的在于全面解决引起暴力冲突的根深蒂固的结构性原因。建设和平措施涉及影响社会和国家运作的核心问题，并设法强化国家有效地、合法地履行其核心职能的能力。②

保持和平是防止冲突爆发、升级、持续和再次发生的一系列活动，将"预防"和"巩固"视为和平行动重点关注的两大方向，目的是实现和平的不可逆。保持和平是联合国系统的共同任务，是联合国发展、人权、安全三大支柱的共同行动，贯穿于冲突的所有阶段和所有层面，强调在战略、决策和行动层面的综合方法。③ 实际上，保持和平与预防冲突、维持和平、建设和平联系紧密，不过是打破原有和平与安全框架的时间顺序，将建设和平、预防冲突和建立和平归并在一起。

根据以上概念的界定，预防冲突、缔造和平、执行和平、维持和平、强力维和、建设和平和保持和平是维和行动不同阶段的关键措施，彼此相互联系、相互促进。每项措施都遵循着联合国系统内的相关程序，涉及多方参与，逐渐演变为以联合国维和行动机制为核心的混合行动（hybrid operation）。

---

① 《维持和平的基本原则》，联合国维持和平网站，https：//peacekeeping. un. org/zh/principles – of – peacekeeping。

② United Nations Department of Peacekeeping Operations and Department of Field Support, *United Nations Peacekeeping Operations: Principles and Guidelines*, New York：United Nations, 2008.

③ United Nations, *The Challenge of Sustaining Peace: Report of the Advisory Group of Experts for the 2015 Review of the United Nations Peacebuilding Architecture*, New York：United Nations, 2015, p. 12.

二 联合国维和行动的基本原则

联合国维和行动是国际维持和平行动的重要内容之一,其目的是帮助遭受冲突的国家创造实现持久和平的条件。为避免维和行动执行过程中出现随意性,以及防止大国的意志渗透或谋求私利,维和行动需要一些原则与标准来予以规范。传统联合国维和行动的基本原则由哈马舍尔德于 1956年首次提出,即各方同意(consent of parties)、公正(impartiality)、除非出于自卫和履行职责不得使用武力(简称"非武力")(non-use of force except in self-defense and defense of the mandate)的维和三原则。各方同意是指联合国维和行动需要经过主要冲突当事方的同意才可部署。公正是指联合国维和人员在对待冲突各方时应保持公正。传统的公正原则中还包含"中立"(neutrality)的内涵,指维和人员要确保不偏袒冲突中的任何一方,冲突的力量结构不会因维和行动的介入而有所改变,当事方的立场不会受维和人员的任何形式的威胁而改变,任何国家或利益集团不会因参与维和行动而获取私利。[①]"非武力"是指联合国维和人员可在获得安全理事会授权的情况下,出于自卫和履行职责的目的在战术一级使用武力。[②]

维和三原则在本质上与《联合国宪章》的宗旨和原则是一致的,并具有一定的内在统一性。[③] 各方同意原则是维和行动合法性的基础,呼应了国际关系中的主权平等、不干涉内政原则;"非武力"原则体现了联合国避免武力威胁、政治解决争端的和平精神;公正原则表明了联合国维和行动的客观性。维和行动往往在征得了各方同意的情况下才能凸显其公正性,而维和行动的"非武力"原则和公正原则又是其能获得各方同意与认可的前提。

联合国维和行动的上述三原则对于维和行动的执行发挥了有力的规范作用,多数案例也表明,遵循了维和三原则的维和行动通常能较好地完成其使命。不过,从 20 世纪 90 年代开始,一系列的人道主义灾难令联合国维和行动广遭诟病。维和行动在应对种族灭绝危机时出现的失语情况被认

---

① 需要指明的是,中国在联合国文件的中文版本中,通常使用"中立"指代英文版本中的"impartiality",体现了中国政府在此原则上的一贯立场。

② 《维持和平的基本原则》,联合国维持和平网站,https://peacekeeping.un.org/zh/principles-of-peacekeeping。

③ 方华:《联合国维和的原则与机制》,《国际研究参考》2013 年第 11 期,第 8 页。

为是维持和平行动特派团缺乏强力授权的结果，而公正原则被认为是给联合国的无所作为提供的借口。在此背景下，公正原则中的"中立"内涵开始逐渐遭到扬弃。目前，联合国在官网中对于维和行动的原则介绍即表明："联合国维持和平人员在与冲突各方打交道时应保持公正，但在执行其任务时不应中立。"① 联合国一再强调，公正原则不应同中立（neutrality）或者不作为（inactivity）相混淆。

维和三原则之间具有内在统一性，其中一项原则的改变势必会对另两项原则造成冲击。联合国维和行动原则的发展变化造成的最直接后果是为武力使用规范的解释创造了空间。传统的三原则意味着维持和平行动特派团应最低限度地使用武力，尽可能不卷入当地的冲突。而公正的新阐释，则表明维持和平行动特派团在强力授权下的积极作为姿态。② 在一些局势动荡的情况下，安全理事会给予维持和平行动特派团"强有力的"授权（robust mandate），授权其使用一切必要的手段，威慑武力破坏政治进程的企图、保护受迫近的袭击威胁的平民和/或协助国家当局维护法律与秩序。总之，使用武力需要联合国维持和平行动特派团对一系列因素进行综合评估，不到万不得已之时不得使用武力。截至 2022 年 3 月，联合国和平行动部领导着 13 个维持和平行动特派团。③ 同时，各方同意原则也开始出现松动。冷战后的武装冲突多发生在国家内部，多数的冲突环境下涉及冲突的派系林立。在这种环境下要求所有冲突方达成一致同意，难度极大，或根本不可行。④ 为避免和平进程受阻，联合国已在多数文件中将各方同意视为主要冲突当事方的同意。

联合国维和行动原则的发展变化同时引发了广泛的争议与讨论。支持变化的一派坚持认为联合国维和行动应变得更加"强力"，主张赋予维和

---

① 《维持和平的基本原则》，联合国维持和平网站，https：//peacekeeping. un. org/zh/principles‑of‑peacekeeping。
② 李因才：《强力维和与联合国维和行动的重构》，《外交评论》2019 年第 4 期，第 145 页。
③ 联合国官网显示，目前正在执行任务的 13 个维持和平行动特派团是：西撒哈拉全民投票特派团、中非共和国多层面综合稳定团、马里多层面综合稳定特派团、刚果民主共和国稳定特派团、达尔富尔混合行动、脱离接触观察员部队、驻塞浦路斯维持和平部队、驻黎巴嫩临时部队、阿卜耶伊临时安全部队、科索沃临时行政当局特派团、南苏丹共和国特派团、印度和巴基斯坦观察组、停战监督组织。参见联合国维持和平网站，https：//peacekeeping. un. org/zh/where‑we‑operate。
④ Ian Johnstone, "Managing Consent in Contemporary Peacekeeping Operations," *International Peacekeeping*, Vol. 18, No. 2, 2011, p. 170.

人员更多的行动自由和活动空间，并认为获得较大自由裁量权的特派团更能积极主动地去保护平民，打击、削弱搅局者。① 批评者则认为，维和行动原则的变化极易对主权原则造成冲击，维和行动或将更易被权力政治操弄，"强力"维和极易滑向"人道主义干涉"，而更加嗜武的维和行动本身与联合国追求和平的宗旨不符。"强力"的维和行动也会使维和人员成为冲突当事方和被袭击对象。② 联合国维和行动原则的确应当随着冲突形势的变化而有所改进，但应始终以《联合国宪章》及国际关系的基本原则为基石。同时，联合国维和行动的初衷是坚持以政治方法解决冲突问题，如若坚持以安全方法为主导，那将是维和行动退化的一种表现。③

总之，联合国维和行动的相关概念代表着不同阶段维和人员采取的具有不同性质与目的的措施，相关概念的界定最终旨在解决威胁和平安全形势的冲突，实现持久和平，为地区与全球的可持续发展创造和平与安全的环境。本章研究范畴下的维和行动特指在联合国维和机制下的维持和平人员通过合法性程序，在遵循维和三原则的基础上，针对某地区或某国所发生的暴力冲突，开展的一系列实现地区乃至世界持久和平的行动。概念的界定为联合国维和行动的依据、程序、目的、内容及意义提供了明确的解释，同时也为进一步理解联合国作为行动主体开展的维和行动在学理层面的意义提供了逻辑支持。

---

① Mats Berdal, "Lessons Not Learned: The Use of Force in 'Peace Operations' in the 1990s," *International Peacekeeping*, Vol. 7, No. 4, 2000, pp. 55 – 74; Haidi Willmot and Scott Sheeran, "The Protection of Civilians Mandate in UN Peacekeeping Operations: Reconciling Protection Concepts and Practices," *International Review of the Red Cross*, Vol. 95, 2013, pp. 517 – 538.

② 李瑞景：《联合国维和部队"人道主义干涉"的合法性辨析》，《国际资料信息》2012 年第 1 期，第 25 ~ 30 页；聂军：《联合国维和行动成功的条件》，《国际政治科学》2008 年第 2 期，第 2 ~ 37 页；阮宗泽：《负责任的保护：建立更安全的世界》，《国际问题研究》2012 年第 3 期，第 9 ~ 22 页；Carlos Alberto dos Santos Cruz, "Improving Security of United Nations Peacekeepers: We Need to Change the Way We Are Doing Business," United Nations Peacekeeping, December 19, 2017, https://peacekeeping.un.org/en/improving – security – of – united – nations – peacekeepers – independent – report; John Karlsrud, "The UN at War: Examining the Consequences of Peace – Enforcement Mandates for the UN Peacekeeping Operations in the CAR, DRC and Mali," *Third World Quarterly*, Vol. 36, No. 1, 2015, p. 42。

③ 何银：《联合国维和的退化与出路》，《国际问题研究》2020 年第 5 期，第 125 页。

第二节　联合国维和行动的学理要义

　　针对联合国维和行动这一国际关系事实的研究应回答以下几个关键问题：为什么联合国能够（或有权力）在世界范围内开展维和行动？联合国开展维和行动的依据是什么？联合国维和行动的本质内涵是什么？上述问题实际上是联合国维和行动研究在逻辑层面的深入探索，既有的关于联合国维和的文献主要集中讨论的是联合国在维和行动进程中的具体表现以及影响，但是对于联合国这一行为主体与维和行动本质二者的联系讨论较少。因此，有必要将对联合国维和行动的研究议程从"做了什么""产生什么影响"等过程性问题转移到"是什么"及"为什么"这样的学理性问题上。

一　联合国开展维和行动的合法性

　　肯尼思·阿尔伯特等人认为合法性（legalization）涉及制度所拥有或不拥有的一组特定的特征，这些特征包含了三个要素：义务（obligation）、精准度（precision）和授权（delegation）。具体而言，义务是指国家或其他行为体在法律层面受到一项（或一套）规则或承诺的约束。这意味着行为体在规则指导下的行为受到国际法（通常也包括国内法）的一般性规则、程序以及语段（discourse）的审查。精准度是指规则明确界定了其所要求、授权或禁止的行为。授权是指第三方被授权执行、解释和应用规则，解决争端，并（可能）制定进一步的规则。①

　　结合上述合法性特征与联合国的实际情况，联合国作为世界上最具代表性与权威性的政府间国际组织，其开展维和行动的合法性有以下几个来源。第一，联合国维和行动具有合法性授权。联合国成立的重要宗旨之一是维护国际和平与安全，《联合国宪章》为联合国所有工作提供法律依据与支持。《联合国宪章》将维护国际和平与安全的任务授予安全理事会。《联合国宪章》第五章第二十四条规定："为保证联合国行动迅速有效起见，各会员国将维持国际和平及安全之主要责任，授予安全理事会，并同

---

　　①　Kenneth W. Abbott, Robert O. Keohane, Andrew Moravcsik, Anne-Marie Slaughter, and Duncan Snidal, "The Concept of Legalization," *International Organization*, Vol. 54, No. 3, 2000, pp. 401 – 419.

意安全理事会于履行此项责任下之职务时，即系代表各会员国。"① 因此，安全理事会从法律层面享有代表会员国履行维持国际和平与安全责任的权力。联合国维和行动的关键程序是获得安理会的正式授权，并将此作为行动的合法性依据。《联合国宪章》在授予安理会履行维持国际和平与安全的责任的同时，也规范其所需履行的义务。

第二，《联合国宪章》明确规定联合国维和行动的具体程序与措施。《联合国宪章》第六、第七、第八章涉及了应对和平威胁与解决争端的措施。特别是《联合国宪章》第七章"对和平之威胁、和平之破坏及侵略行为之应付办法"的具体规定，明确了联合国安全理事会应对安全威胁的具体程序，是安理会开展维和行动的法律依据。此外，《联合国宪章》第六章"争端之和平解决"以及第八章的区域办法及区域机构参与维护国际和平与安全的规定也同联合国维和行动的性质与内容密切相关。② 因此，联合国维和行动的具体程序与内容都依照《联合国宪章》具体条款的规定，具有法律层面的可追溯性以及规范精准性特征。此外，联合国维和行动严格遵循三项基本原则，以此为区别于其他国际维和行动的标准，这进一步增强了维和行动的合法性。

二 集体安全与联合国维和行动

现实主义学派经典命题认为，权力与安全是国际政治的本质特征。在国际社会的无政府状态下，各国政府追求国家安全的行为容易引发所谓的"安全困境"，甚至最终导致战争，破坏国际和平与安全的局势。一战的爆发使国际社会对实现和平与安全的呼声愈发高涨。在一战临近尾声之时，时任美国总统威尔逊提出了著名的"十四点原则"，其中，最后一点倡议建立国际组织。③ 威尔逊的理想主义推动了国际联盟（League of Nations）的建立。

集体安全理论认为约束性、制度化的平衡（以"人人为我，我为人人"的概念为基础）比不受约束的、自助的平衡（以"自利"的概念为

---

① Charter of the United Nations, https：//www.un.org/en/charter－united－nations/index.html.

② 《维持和平的授权及法律依据》，联合国维持和平网站，https：//peacekeeping.un.org/zh/mandates－and－legal－basis－peacekeeping。

③ Woodrow Wilson, "Fourteen Points," in *Documents to Accompany America's History*, *Volume Two：Since 1865*, Boston：Bedford St. Martins, 2008.

基础）更稳定。在集体安全的情况下，各国同意遵守规范与准则，以维持稳定，并在必要之时联合起来制止侵略。① 集体安全具有双重逻辑：第一，集体安全环境中运行的平衡机制（balancing mechanisms）比无政府状态下的平衡机制能更加有效地阻止战争与侵略；第二，集体安全组织将"人人为我，我为人人"的概念制度化，有助于创造一种通过合作创造和平的国际环境，因为集体安全机制使各国相信，如果它们侵犯别国，就会遭到其他国家的军事打击，同时它也相信其他国家会与其合作共同抵制侵略。②

　　国际联盟是对集体安全理念的第一次实践。尽管第二次世界大战的爆发标志着国际联盟的失败，但是其实践经验与失败教训为联合国的成立以及集体安全机制的构建奠定了基础。联合国是二战结束后，由主权国家组成的政府间国际组织。1945 年 10 月 24 日，《联合国宪章》的生效标志着联合国的正式成立。《联合国宪章》第一章第一条规定了联合国的宗旨："维持国际和平及安全；并为此目的：采取有效集体办法，以防止且消除对于和平之威胁，制止侵略行为或其他和平之破坏；并以和平方法且依正义及国际法之原则，调整或解决足以破坏和平之国际争端或情势。"③ 因此，联合国履行维护国际和平与安全职责的根本措施是"采取有效集体办法"，这体现了联合国维和行动与集体安全理念在理论层面的契合。联合国的成立是集体安全理念在国际关系中的又一次实践。具体而言，联合国集体安全机制以安全理事会为核心，并通过和平手段、制裁甚至授权使用武力的方式，来维护或恢复国际和平与安全。此外，相比国际联盟的实践，联合国在集体军事行动机制的建设上更加完善、具体。但是，《联合国宪章》赋予安理会常任理事国否决权，这表明联合国关于集体行动的规定不能针对任何大国，这使得联合国无法处理对和平最严重的威胁（即大国间的争端），限制了联合国维护国际和平与安全职能的发挥。④

　　总之，联合国集体安全机制是对集体安全理念的深化实践。联合国的维和行动对维持地区与全球的安全与和平发挥着关键作用，尽管联合国的

---

① Charles A. Kupchan and Clifford A. Kupchan, "The Promise of Collective Security," *International Security*, Vol. 20, No. 1, 1995, pp. 52 – 61.

② Charles A. Kupchan and Clifford A. Kupchan, "Concerts, Collective Security, and the Future of Europe," *International Security*, Vol. 16, No. 1, 1991, pp. 114 – 161.

③ Charter of the United Nations, https：//www. un. org/en/charter – united – nations/index. html.

④ Charles A. Kupchan and Clifford A. Kupchan, "Concerts, Collective Security, and the Future of Europ," *International Security*, Vol. 16, No. 1, 1991, pp. 114 – 161.

维和作用受到安理会常任理事国的否决权限制，但是联合国的和平解决争端与有条件使用武力的手段仍在维护世界和平与安全的实践中发挥着不可替代的作用。

三　国际规范传播与联合国维和行动

规范是指行为体共同持有的适当行为的共同预期。规范具有社会性、共享性的特征，并存在于主体之间。在国际社会层面，规范能够塑造行为体的利益认知与行动模式。[①] 玛莎·芬尼莫尔在《国际社会中的国家利益》一书中认为国际组织具有"传授"（teach）的功能。国际组织通过社会化机制使国家社会化，改变国家的利益偏好，使国家接受新的政治目标与价值理念，按照国际组织的规范行事。[②] 联合国通过维和行动将涉及国际和平与安全的规范在世界范围内传播，促使规范演变，塑造国家对和平与安全的利益认知与行动模式。

联合国维和行动是建立在合法性程序以及维和三原则上的一种人道主义国际干预行为。"保护的责任"（responsibility to protect，R2P）作为人道主义干预的国际规范与联合国维和行动相互联系、相互促进。一方面，"保护的责任"为联合国维和行动提供了规范性与道义性的支持，增强了对联合国维和行动在国际范围的认同；另一方面，联合国维和行动将"保护的责任"规范付诸实践，推动规范自身不断发展，提升规范的国际影响力。

"保护的责任"这一概念最早出现于 2001 年 12 月由干预和国家主权国际委员会（International Commission on Intervention and State Sovereignty）发布的名为"保护的责任"的报告中。该报告将这一概念解释为主权国家不仅具有管理国内事务的权利，而且被赋予保护境内公民安全的重要责任，当一个主权国家无法保护其人民时，国际社会应当肩负起保护的责任。[③] 2005 年联合国首脑会议将"保护的责任"概念写入会议成果文件，标志着"保护的责任"正式成为一项国际规范。2009 年 1 月，联合国秘书

---

① 〔美〕玛莎·芬尼莫尔：《国际社会中的国家利益》，袁正清译，上海人民出版社，2012，第 16 页。

② 〔美〕玛莎·芬尼莫尔：《国际社会中的国家利益》，袁正清译，上海人民出版社，2012，第 8 页。

③ The Responsibility to Protect，https://www.un.org/zh/chronicle/article/20732.

长发布了一份关于履行"保护的责任"的报告，明确阐述了"保护的责任"的三大支柱。三大支柱分别是：第一，每个国家皆有责任保护其人民免遭四种大规模暴行，即种族灭绝、战争罪、族裔清洗和危害人类罪；第二，国际社会有帮助各国保护其人民的责任；第三，当某国明显无法保护其人民时，国际社会有保护该国人民的责任。①"保护的责任"三大支柱的提出进一步细化了其概念的内涵，明确了规范适用的条件，推动了规范的演变。

在概念层面，根据《联合国宪章》第七章，联合国维和行动所针对的情况为安全理事会所断定的"任何和平之威胁、和平之破坏或侵略行为"②。"保护的责任"概念所适用的情况为种族灭绝、战争罪、族裔清洗和危害人类罪。可见，"保护的责任"特指的情况属于联合国维和行动所适用的范畴。在实践层面，一方面，"保护的责任"强调保护"人的生命安全"，并且是以当事国失去保护境内公民的能力为前提的。联合国维和行动强调的是在安理会判定的一切威胁国际和平与安全的情况下，在冲突主要当事方同意的基础上开展行动。可见，联合国维和行动实际上是以尊重主权为前提的，而"保护的责任"对于主权的强调相对模糊。另一方面，"保护的责任"多次出现在安理会授权对某一国家的冲突开展维和行动的决议中，这表明这一人道主义干预规范能够为联合国维和行动提供有力的合法性支持，增强维和行动的道义性。例如，2006 年 4 月，安理会首次正式在第 1674 号决议中提及"保护的责任"这一概念，即在武装冲突的情况下保护公民的安全。2006 年 8 月，安理会参考这一决议，通过了第 1706 号决议，正式批准向苏丹的达尔富尔地区部署联合国部队。此后安理会在通过的涉及利比亚、科特迪瓦、南苏丹、也门、叙利亚、中非共和国的国内暴力冲突决议中，参考并遵循了"保护的责任"规范内容，授权开展联合国维和行动，有效制止了更大规模的武装冲突与人道主义危机。③

由此可见，联合国维和行动与"保护的责任"规范在概念和实践层面具有广泛的交集，二者相互促进、相互联系。"保护的责任"概念的演变为联合国维和行动提供了规范性、合法性、道义性的支持，并通过联合国的维和行动在实践层面实现"保护的责任"的目标。同时，联合国维和行

---

① The Responsibility to Protect，https：//www. un. org/zh/chronicle/article/20732.

② Charter of the United Nations，https：//www. un. org/zh/sections/un – charter/chapter – vii/index. html.

③ The Responsibility to Protect，https：//www. un. org/zh/chronicle/article/20732.

动也促进了"保护的责任"作为国际规范的传播、扩散与演变，有助于提升国际社会对这一规范的认可度，增强规范的国际影响力。

研究表明，中国对"保护的责任"的态度受到传统和现实因素的影响。传统上，中国政府因为对国家主权的尊重和坚持不干涉内政原则，虽然总体上原则上支持这一概念，但在面对具体情况的时候非常审慎。中国政府认为"保护的责任"规范的实践，应在遵守《联合国宪章》的前提下在多边框架下进行，更重要的是，联合国安全理事会应发挥主导作用。同样，中国政府认为，应该重视地方和地区的特殊情况，在尊重传统和习俗的基础上更好地解决问题。除了一贯支持在全球范围内的多边合作，中国政府进一步强调要高度重视区域组织建设。此外，中国政府在开展人道主义军事干预方面仍持谨慎态度，坚持局势评估由联合国安理会授权并实施，而不是其他国际机构。所有这些都体现了中国政府与西方"保护的责任"主要倡导国家之间的差别。①

四 全球安全治理与联合国维和行动

"全球安全治理"是针对冷战后日益凸显的全球安全威胁提出的一个概念，也是在"全球治理"概念被广泛使用后形成的一个概念，是全球治理中安全领域的治理。② 联合国本身作为同时具有维护世界和平与安全、促进各国合作与发展两大世纪目标的最大政府间组织，在全球安全治理中发挥主导作用。随着联合国维和行动职能的不断增加，联合国维和行动已经从传统的冲突管控工具向全球安全治理方式转变。这期间，维和行动原则开始与全球安全治理理念相契合，维和行动参与主体与全球安全治理伙伴网络相统一，维和行动成效与全球安全治理能力相呼应。

维和行动本身的职能在增加，现在的联合国维和行动已经从单纯的监督停火、隔离冲突的职能扩展到包括预防性外交、强制和平、维持和平、建设和平、反恐和选举援助等在内的职能，即战场外事务成为维和行动的主要职能。现今，对平民的保护、社会层面的冲突后建设成为维和行动的重要部分，在实际操作中维持和平与帮助重建是同时进行的。从维持和平

---

① Tiewa Liu, "China and Responsibility to Protect: Maintenance and Change of Its Policy for Intervention," *The Pacific Review*, Vol. 25, No. 1, 2012, pp. 153 – 173. 另可参见刘铁娃主编《保护的责任：国际规范建构中的中国视角》，北京大学出版社，2015。

② 李东燕：《全球安全治理与中国的选择》，《世界经济与政治》2013 年第 4 期，第 41 页。

到预防性外交、建设和平等的转变，表明维和行动从治标向标本兼治的转向。

公正性、同意原则和使用武力的规范，不仅仅是为维和行动本身而制定的。维和行动作为一种安全治理的手段，其本身不是目的，我们更应看重维和行动部署后带来的问题改善的成效。从安全治理角度来看维和原则，可以进一步挖掘维和原则的内涵，可以突出联合国维和行动的能力与责任，以更为主动的姿态来解决冲突问题。① 联合国正在从纯粹的"中立原则"立场过渡到更需要能力做保障、更富有责任感的公正原则上；在和平进程的推动中，联合国需要的是大多数冲突方对和平协议的持续同意；在武力使用上，联合国将交战规则限定在战术层面，将平民保护工作加入其正当性理由中。维和原则的发展适应了维和行动从纯粹的冲突隔离管控向国家和社会治理的转型过程，适应了安全治理中的治理主体多元化、以"人的安全"为核心等特性。

全球安全治理是一种多边、多层次、多行为体的综合性解决安全问题的合作方式。随着维和行动内容和职能的扩展，维和行动的参与主体和行动客体也呈现出多元化倾向，维和行动已经不再是联合国单独完成的组织内行动机制，而是成为联合国主导全球性安全治理的一个平台。在这个平台中，只要遵守《联合国宪章》的规定、符合国际惯例，全球任何一个有意向的行为体都可以成为联合国维和行动的全球合作伙伴。联合国维和行动伙伴网络形成过程包括：首先，在内部形成了安理会、秘书处及贡献国之间的核心伙伴关系；其次，形成了与联合国系统内其他机构部门以及一系列国际非政府组织的传统伙伴关系；最后，联合国维和行动的伙伴网络扩大至地区组织，并且次区域组织、私有企业及社区团体等更为多元的行为体也将逐渐被纳入联合国的伙伴网络。

以保持和平为成效标准，而非以管理冲突为目的的维和行动，的确可以转化为联合国全球安全治理的一种模式。维和行动涉及的安全因素扩大到了非传统领域，如卫生安全、粮食安全、疾病防控等，这让专业性的知识而不仅仅是子弹也能成为解决维和行动中安全问题的有效工具。对预防

---

① 陈楷鑫：《联合国维和行动：一种全球安全治理的视角》，复旦大学博士学位论文，2018，第 108 页。

冲突和建设和平的重视使维和行动成为全球安全治理的一种可能。在预防冲突的工作中，需要将关注的问题延伸到社会秩序、疾病防控、粮食危机等关乎民生的领域。在人权和经济发展、法治和善政建设中都存在冲突爆发的可能性，从而预防性外交活动也应该将这些领域纳入其预警范围。而建设和平作为实现和平状态不可逆的重要举措，在整个维和行动中也是最为接近安全治理的一环。安全治理要求处理的内容指向不仅是冲突中的暴力因素，还包括和平状态下影响安全稳定的经济、社会、人道主义等因素。①

维和行动作为联合国的一种安全治理方式，其治理模式与欧盟、北约等其他国际组织有所不同。北约、欧盟等其他国际组织在处理安全问题时首先考虑的是如何快速阻止冲突，这种类似军事行动的指导思想很容易带来手段上的武力化。在过去一段时间内的联合国维和行动的武力化倾向也是由过于专注冲突管理本身，以终止冲突为目标造成的，其忽视了造成冲突的原因以及实现和平不可逆的后续工作。联合国维和行动的最终目的，不仅是实现和平的不可逆，更重要的是实现和平的可持续性。实现这一目的，需要维和行动同时关注和解决安全问题与发展问题，采用一种综合性的治理框架。

五　公共安全产品与联合国维和行动

公共产品是在不妨碍集体中任何人的消费的同时被其他人消费的物品。② 维和行动是一项集体行动，具有公共产品的属性。③ 联合国维和行动

---

① 陈楷鑫：《联合国维和行动：一种全球安全治理的视角》，复旦大学博士学位论文，2018，第176页。

② 〔美〕曼瑟尔·奥尔森：《集体行动的逻辑》，陈郁等译，上海人民出版社，1995。

③ 关于将维和行动界定为国际公共安全产品的讨论可参见：David B. Bobrow & Mark A. Boyer, "Maintaining System Stability: Contribution to Peacekeeping Operations," *Journal of Conflict Resolution*, Vol. 41, No. 6, 1997, pp. 723 – 748; David B. Bobrow & Mark A. Boyer, *Defensive Internationalism: Providing Public Goods in an Uncertain World*, Ann Arbor: The University of Michigan Press, 2005; Hirofumi Shimizu & Todd Sandler, "Peace – Keeping and Burden – Sharing, 1994 – 2000," *Journal of Peace Research*, Vol. 39, No. 6, 2002, pp. 651 – 668; Khusrav Gaibulloev, Justin George, Todd Sandler and Hirofumi Shimizu, "Personnel Contributions to UN and Non – UN Peacekeeping Missions: A Public Goods Approach," *Journal of Peace Research*, Vol. 52, No. 6, 2015, pp. 727 – 742, and etc。

并非一种纯公共产品，而是一种国际联合公共安全产品。[①] 联合国维和行动兼具了国际公共安全效益和供给方的私有利益。其公共安全效益体现在，维和行动可以管控冲突的外溢，维护一个地区的和平与稳定。不仅冲突当事方受益于维和行动，其周边的国家乃至整个国际社会也会因其产生的正外部效应而获益，因此，维和行动也是国际性的公共安全产品。然而，国家参与维和行动并非都出于公益，有时还为了私利，如与冲突方之间的贸易、投资、安全等相关的地缘政治经济利益，或是单纯地为了从参与维和行动中获利。

联合国维和行动在冷战前后经历了从单维型、多维型向综合型演化的过程。这也意味着维和行动作为公共安全产品，其产品内容也经历了一个不断丰富完善的过程。单维型维和行动的内容仅局限于监督停火、监督撤军、隔离交战方部队；多维型维和行动在此基础上，将内容扩展至战斗人员解除武装、复员和返乡，排雷行动，安全部门改革和其他法治相关活动，保护和促进人权，恢复和扩大国家权威，选举援助。自此，维和行动已经在和平进程中向前延伸出了冲突预防阶段，向后延伸出了建设和平阶段，从单维的军事任务扩展至警事任务、民事任务和保护平民任务，兼具了安全与政治职能。而发展至今的综合型维和行动主张采取综合方式（Integration），即在安全、政治职能之上，维和行动还应融合发展职能，并且形成安全—政治—发展的一体化。维和行动的中心也开始向建设和平倾斜，并将保持和平理念贯穿冲突治理的所有阶段。

由于维和行动的内容日臻丰富，参与供给维和行动的行为体也日渐多元化，联合国维和行动供给开始形成一个全球性的伙伴网络。参与供给的行为体包括会员国、联合国系统内的专职机构、非联合国维和机制（地区组织、次地区组织、全球大国、地区强国、其他国际组织，以及意愿联盟主导的维和机制）、非政府组织和私有企业等。供给联合国维和行动是国际多层次行为体合作，以及全球公私伙伴关系的集中体现。联合国维和行动公私兼具的联合产品属性决定了其特有的生产供给模式。维和行动供给大体形成了一种成员间分工、伙伴间协作的模式，具体表现如下。联合

---

① 联合产品（Joint Product）是指可以产出多种不同程度的公共性结果，英文定义为"Joint products arise when an activity yields two or more outputs that may vary in their degree of publicness"。参见 Todd Sandler, "Regional Public Goods and International Organizations," *The Review of International Organizations*, Vol. 1, No. 1, 2006, p. 9.

国成员间的分工表现为：发达会员国集中于供给维和行动的资金和决策；发展中会员国主要负责维和人员，特别是军事人员的供给。联合国与全球伙伴之间的协作表现为：联合国系统内机构的技术专职；非联合国维和机制与联合国维和机制间的代理协作；非政府组织和企业的协助职能。①

从公共产品角度来解释冲突问题，其假设一个国家内部的公共产品供给不足或不公是冲突发生和复发的根源，和平的状态取决于公共产品的供给水平。② 依此逻辑，作为公共安全产品的维和行动与冲突治理之间也具有很大的关联性。联合国维和行动在当事国发生冲突时和冲突后初期可以发挥临时性的安全部门作用，这对于当事国的国内公共安全产品而言是补充性的。然而，联合国维和行动不能直接转化为或替代当事国的国内公共产品，尤其是联合国建设和平任务。这些任务仅能发挥塑造当事国国家能力的作用，间接地提升当事国供给国内公共产品的能力。从公共产品角度来说，提高供给成效的关键一点在于避免"搭便车"问题。而供给维和行动过程中的"搭便车"现象也较为独特。对于其他国际公共安全产品，往往是能力较弱的小国搭载大国的供给便车，大国通常会默认这一现象，并从中获取垄断利益。但在提供维和行动的过程中，大国也存在着"搭便车"的现象，一些发展相对落后的小国反而较为积极地参与维和行动，尤其是在提供维和军事人员方面，这主要是由供给维和行动所特有的激励因素导致的。总之，积极动员各方进行供给，确保维和行动的稳定、高效供给，定会为和平进程提供助力。

第三节 中国参与联合国维和行动的学理分析

自 1990 年中国向联合国停战监督组织派遣 5 名军事观察员起，中国参与联合国维和行动已有 30 多年的历史。③ 在这 30 多年参与联合国维和行

---

① 参见程子龙《供给国际维和行动——基于公共安全产品视角的思考》，《国际观察》2019 年第 2 期，第 116 ~ 137 页。

② 参见卢凌宇《公共物品供给与国内冲突的复发》，《国际安全研究》2018 年第 4 期，第 33 ~ 63 页。

③ 目前学界对于中国首次参加联合国维和行动的时间尚未统一，存在以下三种观点：第一，1988 年中国加入联合国维和特别行动委员会；第二，1989 年中国派出观察组参与纳米比亚的维和行动；第三，1990 年中国向联合国停战组织派遣了 5 名军事观察员。

动的历程里，中国在态度、规模、身份层面发生了显著的变化。在态度层面，中国由最初的谨慎、有限参与到积极参与。在规模层面，中国实现了以下关键转变：从最初派遣 5 名军事观察员到目前成为参与维和行动军事人员最多的联合国安理会常任理事国；从最初维和摊款比例不足 1% 到目前成为联合国会员国中维和摊款总额位居第二的国家；从最初维和派遣人员类型单一到目前参与维和人员的类型多样化、跨领域化。在身份层面，中国从最初的维和行动"参与者"转变为目前的"建设者"。中国在联合国维和行动进程中发挥着愈发关键且富有建设性的作用，为世界和平与安全做出了突出的贡献。

既有文献对中国参与维和行动的研究主要集中在动因、表现、特征、影响等方面，也对中国参与联合国维和行动的历程以及态度或角色的演变进行了较深入的分析。① 但是，既有文献中的关于从学理层面分析中国参

---

① 参见关于中国参与联合国维和行动的文献：赵磊、高心满等《中国参与联合国维持和平行动的前沿问题》，时事出版社，2011；李东燕《中国参与联合国维和建和的前景与路径》，《外交评论》2012 年第 3 期，第 1 ~ 14 页；李东燕《联合国与国际和平与安全的维护》，《世界经济与政治》2015 年第 4 期，第 4 ~ 22 页；李东燕《中国国际维和行动：概念与模式》，《世界经济与政治》2018 年第 4 期，第 90 ~ 105 页；何银《规范竞争与互补——以建设和平为例》，《世界经济与政治》2014 年第 4 期，第 105 ~ 121 页；何银《发展和平：联合国维和建和中的中国方案》，《国际政治研究》2017 年第 4 期，第 10 ~ 32 页；何银《中国的维和外交：基于国家身份视角的分析》，《西亚非洲》2019 年第 4 期，第 24 ~ 49 页；孟文婷《中国参与联合国维和行动的研究述评》，《国际政治研究》2017 年第 4 期，第 85 ~ 102 页；冯继承《中国参与联合国维和行动：学习实践与身份承认》，《外交评论》2012 年第 1 期，第 59 ~ 71 页；秦树东《联合国冲突后重建行动与中国角色》，《和平与发展》2019 年第 5 期，第 118 ~ 131 页；M. Taylor Fravel, "China's Attitude toward U. N. Peacekeeping Operations since 1989," *Asian Survey*, Vol. 36, No. 11, 1996, pp. 1102 – 1121; Bates Gill and Chin – hao Huang, *China's Expanding Role in Peacekeeping: Prospects and Policy Implications*, Stockholm International Peace Research Institute (SIPRI), 2009; Courtney J. Fung, "What Explains China's Deployment to UN Peacekeeping Operations?" *International Relations of the Asia – Pacific*, Vol. 16, No. 3, 2016, pp. 409 – 441; Pang Zhongying, "China's Changing Attitude to UN Peacekeeping," *International Peacekeeping*, Vol. 12, No. 1, 2005, pp. 87 – 104; Philippe D. Rogers, "China and United Nations Peacekeeping Operations in Africa," *Naval War College Review*, Vol. 60, No. 2, 2007, pp. 73 – 93; Bates Gill and Chin – hao Huang, "China's Expanding Peacekeeping Role: Its Significance and the Policy Implications," *SIPRI Policy Brief*, 2009; He Yin, *China's Changing Policy on UN Peacekeeping Operations*, Stockholm: Institute for Security and Development Policy, 2007; He Yin, "China's Evolving Doctrine on UN Peacekeeping," in Cedric de Coning, Chiyuki Aoi & John Karlsrud, eds., *UN Peacekeeping Doctrine in a New Era*, London: Routledge, 2017, pp. 109 – 131; Jing Chen, "Explaining the Change in China's Attitude toward UN Peacekeeping: a Norm Change

与联合国维和行动的原因以及身份的演变的研究仍有进一步提升的空间。此外，大多数文献主要从中国身份视角去分析这一议题，而从国际组织视角分析中国参与维和行动的文献则较少。因此，本节分别从国际组织与中国身份视角出发，分析中国参与联合国维和行动的学理要义，为中国未来参与全球安全治理提供学理启示。

一 中国参与联合国维和行动：国际组织视角

联合国维和行动是以联合国为主导的国际安全治理形式，也是在安理会授权与尊重主权基础上的国际干预行为。因此，研究中国参与联合国维和行动的重要议程是回答为什么中国会参与联合国主导的维和行动。这一问题中深层次的疑问是为什么主权国家会通过国际组织参与国际事务，以及为什么国际组织能够对国家行为产生影响。

国际关系主流理论对国际组织在国际政治中的作用存在不同的看法。现实主义学派认为权力与安全是国际政治的本质特征。古典现实主义侧重强调权力是国家在国际关系中的目标与手段，而新现实主义则强调权力是国家行为的手段，安全才是国家追求的最终目标。尽管现实主义学派内部的侧重点不一，但是其共有的特征是物质主义的世界观。在此基础上，现实主义学派认为国际组织在国际政治中所发挥的作用微乎其微，将之视为大国政治的"附属品"。例如，古典现实主义者汉斯·摩根索在其著作《国家间政治：权力斗争与和平》中提到联合国是一个"由大国控制的国际政府"。他认为联合国是一个由美、中、苏三国的联合力量来统治世界的工具，如果三国无法协调一致，那么国际政府将不复存在。[1] 进攻性现实主义代表人物约翰·米尔斯海默则从国际制度的视角来批判国际组织的作用。他认为自由制度主义者的因果逻辑是有缺陷的，因为自由制度主义

Perspective," *Journal of Contemporary China*, Vol. 18, No. 58, 2009, pp. 157 – 173; Sarah Teitt, "The Responsibility to Protect and China's Peacekeeping Policy," in Marc Lanteigne & Miwa Hirono, eds., *China's Evolving Approach to Peacekeeping*, London: Routledge, 2014, pp. 64 – 78; B. Gill & J. Reilly, "Sovereignty, Intervention and Peacekeeping," *Survival*, Vol. 42, No. 3, 2000, pp. 41 – 59; Daphna Shraga, "UN Peacekeeping Operations: Applicability of International Humanitarian Law and Responsibility for Operations – Related Damage," *American Journal of International Law*, Vol. 94, No. 2, 2000, pp. 406 – 412。

① 〔美〕汉斯·摩根索著，〔美〕肯尼恩·汤普森、戴维·克林顿修订《国家间政治：权力斗争与和平》（第七版），徐昕、郝望、李保平译，北京大学出版社，2006，第 577 ~ 578 页。

者忽视了国际合作中的相对收益问题。他指出，国际制度无法解决国际合作中的相对收益问题，也无法回答国家在何时能够不担心相对收益问题。①可见，米尔斯海默对国际制度在国际合作中所发挥的作用持消极的态度。简言之，现实主义学派认为国际政治充斥着国家之间的权力斗争，国家难以在国际合作中建立信任，国际事务实质是由大国主导的，国际组织的作用受制于大国政治。

新自由制度主义学派在继承现实主义学派思想的基础上，对其一些重要结论进行了批判。现实主义认为国际关系的本质是国家之间的权力斗争，但新自由制度主义则认为国际关系的实质是合作。②其中，新自由制度主义代表人物罗伯特·基欧汉（Robert Keohane）的著作《霸权之后：世界政治经济中的合作与纷争》建立了关于国际制度的功能性理论，强调了国际制度对于促进国际合作的重要性。他认为，霸权所建立起的国际机制在霸权衰弱之后仍然可以使国际合作延续。③此外，罗伯特·基欧汉与丽萨·马丁（Lisa L. Martin）在《制度主义理论的前景》一文中对米尔斯海默《国际制度的虚假承诺》中的观点进行了回应，指出米尔斯海默对于世界冲突的描述反而凸显了国际制度对于国家间合作的重要性。④新自由制度主义着重强调了现实主义所忽视的国际制度在国际政治中所发挥的作用，同时也突出了国际组织在国际关系中的地位。但是，基欧汉的新自由制度主义理论仍然建立在现实主义的无政府状态、国家为主要行为体以及国家是理性自利的行为体这三个前提假设的基础上，实质上强调了大国对于国际制度作用发挥的限制。

建构主义学派兴起于冷战结束之后，其观点突出文化、身份、规范、认同等观念要素。建构主义的本体论是理念主义，对以物质主义为本体论的现实主义与新自由制度主义的基本假设与命题发起了挑战。其中，建构主义的代表人物玛莎·芬尼莫尔（Martha Finnemore）、凯瑟琳·斯金克

---

① John J. Mearsheimer, "The False Promise of International Institutions," *International Security*, Vol. 19, No. 3, 1994/1995, pp. 5 – 49.
② 秦亚青：《权力·制度·文化：国际关系理论与方法研究文集》（第二版），北京大学出版社，2016，第94页。
③ 秦亚青：《权力·制度·文化：国际关系理论与方法研究文集》（第二版），北京大学出版社，2016，第90页。
④ Robert O. Keohane & Lisa L. Martin, "The Promise of Institutionalist Theory," *International Security*, Vol. 20, No. 1, 1995, pp. 39 – 51.

（Kathryn Sikkink）、杰弗里·切克尔（Jeffrey Checkel）、江忆恩（Alastair Iain Johnston）围绕国际规范传播的研究议程，认为国际组织在国家社会化进程中扮演着"传播者""教育者"的重要角色，是推动国际规范演变的主要动力。由此可见，建构主义重视国际组织在国际政治中所发挥的重要作用，将国际组织视为国际规范演变的关键动因，从规范与认同的视角肯定了国际组织塑造国家利益与行为模式的功能性特征。此外，迈克尔·巴尼特与玛莎·芬尼莫尔在《为世界定规则——全球政治中的国际组织》一书中指出国际组织能够运用其权威、知识和规则来管制和建构世界。国际组织发挥作用的具体机制有：第一，国际组织对世界加以分类，把问题、行为体和行动分成不同的范畴；第二，确定社会性世界中的意义，即确定含义；第三，表述和传播新的规范和规则。①

在总结国际关系理论关于国际组织在国际关系中的地位与作用的观点基础上，我们可以发现建构主义从观念与规范的视角回答了上述两个问题，即为什么主权国家会通过国际组织参与国际事务，以及为什么国际组织能够对国家行为产生影响。需要指出的是，新自由制度主义的观点也能够从物质视角解释上述问题，即国家作为理性行为体通过国际制度实现国际合作。通过上述分析，我们将问题回溯到为什么中国会参与联合国主导的维和行动上。

首先，第二次世界大战后，国际社会建立起以《联合国宪章》宗旨和原则为基础的国际关系基本准则，以及以联合国为核心的国际体系。作为最具权威且最具代表性的政府间组织，联合国在维护世界和平与安全方面发挥着关键且不可替代的作用。中国作为联合国安理会常任理事国之一，具有维护世界和平与安全的职责。参与合法授权的维和行动已经成为中国开展全球安全治理的重要内容，这也是中国内化联合国和平与安全相关国际规范的表现。

其次，联合国在20世纪90年代卢旺达大屠杀发生之后多次召开会议，讨论并反思国际干预准则，同时不断完善"保护的责任""人的安全"等和平与安全相关的国际规范。在此基础上，联合国维和行动经常援引上述国际规范，以此为其提供合法性、权威性、道义性的支持。一方面，参与

① 〔美〕迈克尔·巴尼特、玛莎·芬尼莫尔：《为世界定规则——全球政治中的国际组织》，薄燕译，上海人民出版社，2009，第43页。

联合国维和行动的会员国在实践中吸收并内化了和平与安全相关的国际规范，这实际上是接受了联合国主张的行为准则；另一方面，联合国也为会员国参与国际安全治理提供了机制与规范性的支持，便于国家间相互合作，增进国家间互信。

二　中国参与联合国维和行动：中国身份视角

联合国维和行动是中国参与全球安全治理的重要实践，也是中国参与全球治理的重要内容。中国参与联合国维和行动最显著的变化体现在态度与角色两方面。因此，从建构主义范畴中的"身份"与"文化"维度分析中国为什么参与联合国维和行动，这能够提供一个中国身份视角下的行为动因解释。

亚历山大·温特认为身份是有意图行为体的属性，可以产生动机和行为特征。这实际上表明了身份是一种单位层次的行为体特征，根植于行为体的自我领悟。身份存在四种类型：个人或团体、类属、角色、集体。① 如果类属身份特征是先于社会存在的，角色身份则非行为体的内在属性，因此只能存在于和他者的关系互动中。角色身份形成的逻辑：行为体在社会结构中占据一个位置，并且以符合行为体规范的方式与具有反向身份（counter-identity）的人互动，才能具有这种身份。也就是说，角色身份依赖于他者而存在，而非行为体的固有属性。② 那么，身份是如何影响行为体的行为呢？温特认为，身份包含了利益的成分，但又无法还原到利益。身份是指行为体是谁或是何种内容，是一种社会类别或存在状态；而利益是指行为体的需求。二者的关系为：利益以身份为先决条件。由于身份具有不同程度的文化内容，利益也有不同程度的文化内容。因此，温特指出，"利益理论"至少含蓄包含"身份"的假定，而在身份理论中也同样包含了利益的假定，二者是相辅相成的关系。③

温特建构主义理论范畴中的"文化"指的是行为体对于他们自己、他

① 〔美〕亚历山大·温特：《国际政治的社会理论》，秦亚青译，上海人民出版社，2018，第220页。
② 〔美〕亚历山大·温特：《国际政治的社会理论》，秦亚青译，上海人民出版社，2018，第222页。
③ 〔美〕亚历山大·温特：《国际政治的社会理论》，秦亚青译，上海人民出版社，2018，第226页。

们之间的关系以及他们所处的环境或世界所持有的共有知识，即共有观念。共有观念产生于私有观念。国际社会中的行为体在互动过程中产生共有观念，共有观念反过来塑造行为体的身份，进而影响其利益和行为。[①]简言之，行为体的利益是能够通过观念建构而成的，形成的观念能够影响行为体的行为。中国通过与国际社会的互动形成了关于维和行动的"共有观念"，进而影响中国参与维和的行为模式。同时，中国在参与联合国维和进程中完成了态度立场与角色身份的转型，即实现从"疑虑"到"有限参与"再到"积极全面参与"的态度立场的转变，从"参与者"到"建设者"的角色身份转变。

就本质而言，中国参与联合国维和行动是中国参与全球治理的重要内容之一。中国的全球治理观念是促使中国参与联合国维和行动的根本因素之一，因此，我们有必要梳理中国全球治理观念的核心要义，以便理解这一观念对中国参与联合国维和行动的影响。20 世纪 70 年代末，中国将国家建设的重心转移到经济发展层面，实行具有历史意义的"改革开放"政策，促使国内社会各领域迅速发展。改革开放 40 多年来，中国从谨慎参与国际事务到如今全面深入参与全球治理，实现了全球治理角色身份的重要转型。2012 年，党的十八大报告提出全球治理机制正在发生深刻变革。这是"全球治理"概念首次出现在中国官方最高文件中，体现了党和政府对中国参与全球治理的高度重视，也预示着中国将会以新的理念与方式应对全球治理机制的变革，实现中国与世界的共同发展。[②]

2015 年中共中央政治局就全球治理格局和全球治理体制进行第二十七次集体学习。习近平在主持学习时强调，中国参与全球治理的根本目的就是服从服务于实现"两个一百年"奋斗目标、实现中华民族伟大复兴的中国梦。习近平指出，要坚定维护以联合国宪章宗旨和原则为核心的国际秩序和国际体系，维护和巩固第二次世界大战胜利成果，积极维护开放型世界经济体制，旗帜鲜明反对贸易和投资保护主义。[③] 同年的中国共产党第

---

① 秦亚青：《权力·制度·文化：国际关系理论与方法研究文集》（第二版），北京大学出版社，2016，第 146 页。

② 黄仁伟：《全球治理机制变革的新特点和中国参与全球治理的新机遇》，《当代世界》2013 年第 2 期，第 2～5 页。

③ 《习近平：推动全球治理体制更加公正更加合理》，新华网，2015 年 10 月 13 日，http://www.xinhuanet.com/politics/2015 – 10/13/c_1116812159.htm。

十八届五中全会公报提出，要积极参与全球经济治理和公共产品供给，提高中国在全球经济治理中的制度性话语权，构建广泛的利益共同体。①

2017年10月18日，习近平在中国共产党第十九次全国代表大会上发表题为《决胜全面建成小康社会　夺取新时代中国特色社会主义伟大胜利》的报告。报告指出，中国秉持共商共建共享的全球治理观，倡导国际关系民主化，坚持国家不分大小、强弱、贫富一律平等，支持联合国发挥积极作用，支持扩大发展中国家在国际事务中的代表性和发言权。中国将继续发挥负责任大国作用，积极参与全球治理体系改革和建设，不断贡献中国智慧和力量。②

由此可见，中国的全球治理观念在党的十八大后逐渐成熟，开始着重强调以中国理念、中国方案积极参与全球治理，推动全球治理机制改革，促进全球治理同中国的发展利益相互融合、相辅相成。中国参与全球治理的核心目标是推动实现中国国内发展目标。此外，从国际视角出发，中国坚持在参与全球治理的进程中维护二战后以联合国为核心的国际体系，并推动全球治理机制朝着更加公平的方向改革。中国秉持的是以"人类命运共同体"与"共商共建共享"为核心的全球治理观念。内生目标与内生观念相结合是促使中国参与全球治理的角色身份与行动模式发生转变的根本动因之一。中国在参与联合国维和行动的进程中将"内生观念"落实到具体实践中，积极同国际社会中的其他行为体达成维护世界和平与安全的"共有观念"。这具体表现为，中国在坚持独立自主的外交政策与主权原则的基础上，积极学习、内化联合国维和行动的原则与行为准则。同时，中国也在参与维和行动的进程中，更加积极地发挥建设性作用，积极构建联合国维和行动的中国理念与中国方案，以寻求"西方和平治理模式"与"中国和平治理模式"的互补与融合。③

① 陈凤英：《十九大报告诠释全球治理之中国方案——中国对全球治理的贡献与作用》，《当代世界》2017年第12期，第16～19页。

② 《习近平：决胜全面建成小康社会　夺取新时代中国特色社会主义伟大胜利——在中国共产党第十九次全国代表大会上的报告》，中国共产党新闻网，2017年10月27日，http://cpc.people.com.cn/19th/n1/2017/1027/c414395－29613458.html。

③ 何银：《规范竞争与互补——以建设和平为例》，《世界经济与政治》2014年第4期，第105～121页。

小　结

　　关于中国参与联合国维和行动的学理研究的逻辑起点应为清晰界定联合国维和行动相关的概念内涵，以及各个概念之间的联系与区别。首先，概念的明确有助于提供联合国维和行动的具体内涵与内容，为理解中国参与联合国维和行动提供一个准确、详细的分析背景（context）。其次，研究联合国维和行动的本质内涵以及行动的依据能够让我们理解联合国在维和行动机制建设中所发挥的作用，并理解联合国维和行动能够成为一项合法性国际干预行动的原因。最后，本章分别从国际组织与中国身份的视角分析以下两个问题：主权国家为什么会参与联合国主导的维和行动？国际组织为什么能够影响国家行为？一方面，联合国作为最具权威的政府间组织，通过合法性程序与推动相关国际规范传播，为维和行动提供权威性、合法性与道义性的支持，促使会员国学习并内化维和行动的行为准则与规范要求，塑造会员国维持世界和平与安全的共同观念。另一方面，中国在顺应时代发展与国内社会经济发展的形势下，逐渐形成新时代参与全球治理的新理念、新目标与新内容。这一内生观念是促使中国全球治理角色身份转型的根本因素之一，重塑了中国参与全球治理的行为模式。中国在参与联合国维和行动的进程中将这一内生观念同现有的维和规范相结合，形成维护世界和平与安全的共同目标和理念，进而影响了中国参与联合国维和的行为模式，促进中国同国际社会共同构建安全治理的人类命运共同体。

第二章

中国参与联合国维和
行动与国际安全

联合国维和行动是联合国维护国际和平与安全的重要举措，指的是为了落实或监督落实冲突方签署的旨在控制和解决冲突的协议，或者为了确保安全提供人道主义援助，经冲突方邀请或同意后，由联合国组织并指挥、执行的军事或其他方面的非强制性行动。[①] 自 1948 年开始实施以来，联合国维和行动在解决国际冲突、维持和恢复地区安全与国际和平方面发挥了重要作用。联合国维和行动反映了人类社会求和平、谋发展的共同愿望，也是世界各国履行国际义务、发挥国际影响、展示国际形象的重要平台。中国高举和平、发展、合作的旗帜，积极参与联合国维和行动，努力营造有利于国家和平发展的国际安全环境。

第一节　恪守联合国维和原则，推动国际安全秩序改善

联合国维和行动基本原则以《联合国宪章》为根本依据。恪守联合国维和行动基本原则，不仅是确保维和行动健康发展的根本要求，而且是改善国际安全秩序的重要保证。中国一贯主张坚持联合国维和行动基本原则，将其视为维和特派团赢得当事国信任、顺利开展工作的前提和保障。[②] 在维和实践中，中国维和人员秉持维和行动基本原则，积极推动建立具有合法性、和平性、合作性、公正性的国际安全秩序，为冲突地区实现持久和平贡献自己的力量。

一　维护《联合国宪章》宗旨和原则，确保国际安全秩序的合法性

《联合国宪章》是当今世界具有最高权威性的国际公约和最重要的国际行为准则，是现代国际法的重要来源，也是联合国组织实施维和行动的重要法律依据。中国一贯主张联合国维和行动应坚持《联合国宪章》宗旨

---

① 杜农一、陆建新主编《维和行动概论》，军事谊文出版社，2004，第 12 页。

② 《常驻联合国代表马朝旭大使在联合国维和行动问题安理会公开会上的发言》，中华人民共和国常驻联合国代表团网站，2018 年 3 月 28 日，http://www.china-un.org/chn/hyy-fy/t1546345.htm。

和原则，确保国际安全秩序的合法性。习近平主席 2015 年 9 月 28 日在出席第 70 届联合国大会一般性辩论时的讲话中指出："《联合国宪章》奠定了现代国际秩序基石，确立了当代国际关系基本准则……我们要继承和弘扬《联合国宪章》的宗旨和原则，构建以合作共赢为核心的新型国际关系，打造人类命运共同体。"①

（一）始终坚持维和行动"维持和平"的基本属性

根据《联合国宪章》，联合国的首要宗旨是"维持国际和平及安全；并为此目的：采取有效集体办法，以防止且消除对于和平之威胁，制止侵略行为或其他和平之破坏；并以和平方法且依正义及国际法之原则，调整或解决足以破坏和平之国际争端或情势"②。"维持和平"是联合国维和行动的基本属性，是维和行动健康发展的基本遵循，也是中国在维和行动问题上的基本原则立场。正如王毅外长 2017 年 9 月在联合国维和行动安理会高级别会议上所指出的："宪章的宗旨和原则是维和的根基。主权平等、不干涉内政及和平解决争端等国际关系基本准则，以及在此基础上形成的维和行动指导原则，应当严格遵循。"③

冷战结束后，武装冲突样式发生了深刻变化，联合国维和行动从主要处理国际争端转向更多地介入国内冲突。西方国家为了建立和维持西方主导的国际安全秩序，企图利用"人道主义干涉论""保护的责任论"等安全理论来引领联合国维和行动的发展方向，结果导致联合国实施的一些维和行动在某种程度上偏离了既定的维持和平的基调，出现了某种异化，其合法性、正义性被蒙上阴影。这种倾向不仅有损联合国的形象，而且直接导致在索马里和南斯拉夫等地区的维和行动失败。

在此情况下，中国继续坚持联合国维和行动"维持和平"的基本属性，努力推动维和行动的健康发展。在联合国安理会维和问题公开辩论会上，对于一些国家提出的维和部队可直接参加交战方战斗的主张，中国代表表示这不仅违背维和行动的基本原则，而且会使维和人员的人身安全受

---

① 《习近平在第七十届联合国大会一般性辩论时的讲话（全文）》，新华网，2015 年 9 月 29 日，http：//www.xinhuanet.com//world/2015 -09/29/c_1116703645.htm。

② United Nations Charter, signed in San Francisco, California on June 26, 1945.

③ 《王毅：维和行动改革必须遵循〈联合国宪章〉的宗旨和原则》，新华网，2017 年 9 月 21 日，http：//www.xinhuanet.com/politics/2017 -09/21/c_1121701947.htm。

到威胁。① 在维和实践中，中国维和人员坚持和平立场，在维和任务区不参与任何一方作战，在面对武装冲突时"用身体和盾牌筑起一道隔离带"，从而有效控制了局势，以实际行动展现了和平使命和大国担当，也赢得了广泛赞誉。正如前联合国负责维和事务的副秘书长埃尔韦·拉德苏所评价的："中国致力于维护联合国维和行动的原则。中国维和部队为世界和平作出了重要贡献……具有特殊的示范意义。"②

（二）严格遵守安理会授权

根据《联合国宪章》，联合国安理会履行维护世界和平与安全的主要责任，有关国际和平与安全的重大问题均由安理会进行讨论和做出决策。联合国在冲突国家和地区实施维和行动，同样必须获得安理会授权。鉴于安理会决议对联合国会员国具有约束力，因此安理会的授权也使维和行动具备了合法性。

中国始终坚持将安理会授权作为实施和参与维和行动的重要法律依据。中国参加任何一项维和行动，目的都是严格履行安理会授权，和平解决冲突，维护地区和平与安全。③ 中国在担任联合国安理会轮值主席期间，在推动安理会于 2007 年 7 月 31 日通过第 1769 号决议以授权向苏丹达尔富尔地区派遣混合维和部队上发挥了积极作用，为联合国及国际社会参与解决达尔富尔问题奠定了法律基础。中国强调安理会有关维和行动授权的决议必须得到全面和严格的执行，任何国家都不能任意解读，更不能采取超出安理会授权的行动。针对联合国维和行动任务拓展的实际情况，中国多次强调，执行相关任务须得到安理会授权，反对通过超出授权的行动达到政治目的。例如，2013 年 8 月在联合国安理会"武装冲突中保护平民问题"公开辩论会上，中国常驻联合国副代表王民指出，保护平民行动应得到联合国安理会授权，重在推动尽快实现停火，通过对话和谈判等政治手

---

① 席来旺：《中国提出联合国维和改革建议》，《人民日报》2009 年 1 月 30 日，第 3 版。
② 顾震球：《中国维和部队为世界和平作出重要贡献——访联合国副秘书长拉德苏》，新华网，2014 年 8 月 1 日，http://www.xinhuanet.com/world/2014－08/01/c_1111898255.htm。
③ 朱佳妮：《中国愿继续加强对联合国各项维和行动的支持》，《解放军报》2014 年 9 月 11 日，第 2 版。

段解决争端，而不应夹杂任何政治动机和目的。[①]

随着国际形势的深刻变化，联合国维和行动面临的环境和任务日益复杂和艰巨，维和行动授权的确定和执行也面临严峻挑战。在此情况下，中国积极呼吁联合国安理会根据当前维和行动环境和任务的现实情况，改进维和行动授权，确保授权清晰、可行、重点突出，从而使授权在维和行动中得到更好的执行，更好地发挥法律效力。中国政府强调，授权是维和特派团实施行动的依据和指南，是决定维和行动有效性的重要因素。联合国安理会应综合考虑当事国的优先需求和国情以及出兵国能力等因素，聚焦"维持和平"这一中心任务，充分发挥当事国的主导作用，并根据动态需求不断调整各阶段的优先任务和工作重点，以有效履行授权。[②]

（三）坚决捍卫国家主权原则

国家主权原则是国家的最本质属性，是国家作为国际法主体的必要条件，也是国际安全秩序合法性的重要基础。国家主权原则在《联合国宪章》中得到了确立，也是联合国维和行动强调的重要原则。这是因为联合国并非世界政府，而是由主权国家组成的全球性组织。联合国只有在冲突无法在地区内得到有效遏制的前提下，在取得一定程度的国际共识之后才能实施维和行动。[③] 联合国维和行动是恰当的、适时的、短期的、有选择的国际干预行动，在实施过程中仍然必须尊重冲突当事国的国家主权，维护冲突当事国民众的根本利益。它虽然对当事国主权进行了一定程度的暂时性限制，但在根本上仍然维护了当事国的主权，实质上是对国家主权原则在特定情况下的灵活应用。出于坚持和维护国家主权原则的考虑，中国在联合国维和行动中始终强调尊重冲突当事方的意愿，强调坚持公平和公正，反对动辄实施强制和平。

中国在"非盟—联合国达尔富尔混合行动"组建过程中发挥的重要作用，是中国政府恪守和捍卫国家主权原则的范例。当时，苏丹达尔富

---

① 李洋：《中方：武装冲突中保护平民行动应得到安理会授权》，中国新闻网，2013 年 8 月 20 日，http://www.chinanews.com/gn/2013/08-20/5183372.shtml。

② 《常驻联合国代表团临时代办吴海涛大使在联合国维和行动部队组建问题安理会公开会上的发言》，中华人民共和国外交部网站，2017 年 10 月 5 日，http://www.fmprc.gov.cn/web/dszlsjt_673036/ds_673038/t1499665.shtml。

③ 参见门洪华《和平的纬度：联合国集体安全机制研究》，上海人民出版社，2002，第320 页。

尔地区的冲突和饥荒已经造成 20 万人死亡，200 万人流离失所，还导致
乍得东部的族裔冲突不断升级。尽管苏丹政府与达尔富尔地区反政府组
织于 2006 年 5 月 5 日签署了和平协议，但暴力冲突仍然有增无减。由于
非盟维和部队能力有限，国际社会希望联合国能代替非盟实施维和行动。
西方国家甚至企图通过制裁，迫使苏丹政府接受联合国相关决议，但中
国政府表示反对，并强调尊重苏丹主权是开展维和行动必须遵循的首要
原则。最终，联合国安理会于 2006 年 8 月 31 日通过了第 1706 号决议，
决定在得到苏丹政府同意后向达尔富尔地区派遣 1.73 万人的联合国维和
部队。① 中国在该问题上有着明确立场：一是支持联合国部队接替非盟部
队赴苏丹执行维和任务，但认为相关维和行动必须得到苏丹政府的同意；
二是愿意在达尔富尔问题上发挥积极作用，并且一直在不同场合做苏丹政
府的工作，希望苏丹在有关问题上采取灵活态度。胡锦涛主席在 2007 年 2
月 2 日与苏丹总统巴希尔会谈时提出了中国在解决苏丹达尔富尔问题上的
原则主张，包括：尊重苏丹的主权和领土完整，非盟、联合国等应该在达
尔富尔维和问题上发挥建设性作用，等等。② 经过中国政府以及国际社会
的积极斡旋，苏丹政府最终同意在达尔富尔地区部署联合国和非盟混合维
和部队。

二　坚持最低限度使用武力，促进国际安全秩序的和平性

《联合国宪章》规定，联合国必须"以和平方法且依正义及国际法之
原则，调整或解决足以破坏和平之国际争端或情势"③。联合国维和行动是
一种非强制性的和平手段，这一根本属性要求维和行动不能以使用武力来
达到维持和平的目的。在联合国维和行动中，维和人员只有在捍卫维和使
命、实施自卫、保护平民以及保护联合国人员和财产时，才可以根据《交
战规则》的规定使用武力。然而，自冷战结束以来，随着联合国维和行动
职能的日趋多元化，维和行动的强制性色彩日益浓厚，有的甚至背离了传
统的限制武力原则。在此情况下，中国仍然继续坚持最低限度使用武力，
将其作为确保维和行动顺利实施、保持公正性和赢得会员国支持的前提和

---

① *Reports of the Secretary-General on the Sudan*, S/RES/1706 (2006), August 31, 2006.
② 张晖：《胡锦涛就和平解决达尔富尔问题提出原则主张》，央视网，2007 年 2 月 2 日，ht-tp：//news. cctv. com/china/20070202/110197. shtm。
③ Under Article 1, Chapter I of the United Nations Charter.

基础①，从而有效促进国际安全秩序的和平性。

（一） 不谋求通过武力使用实现维和目的

维和行动本质上是一种非强制的和平手段。联合国在维和行动中主要是体现政治存在，军事行动只是政治解决的辅助手段。因为联合国不是超级政府，不具备强大的武装力量和强制行动能力，也不能使用武力直接介入冲突。联合国维和人员的主要任务是落实或监督落实冲突方签署的停火或和平协议，他们是和平的维护者，而不是冲突的制造者。维和人员的和平性质决定了他们在通常情况下不能采取主动的攻击行动，即使在还击时也必须保持最大限度的克制。

然而，在冷战后联合国实施的一些维和行动中，武力使用的情况越来越多。联合国驻海地维和部队和维和警察曾在对当地非法武装实施搜捕和缴械行动时发生枪战，造成人员伤亡。联合国刚果（金）特派团也曾对拒不放下武器的部族民兵实施清剿行动，甚至动用武装直升机对袭击维和人员的非法武装分子发起报复性军事打击行动。事实证明，武力强制手段很容易使维和人员成为冲突的一方，增加驻在国的敌对心理和维和人员的危险系数。在联合国业已实施的维和行动中，使用武力强制手段的任务区伤亡人数大大高于其他任务区。例如，第二期联合国索马里行动中有 161 名维和人员殉职，驻波黑的联合国保护部队有 213 名维和人员丧生，大部分属于战斗减员。② 此外，武力使用还进一步增加了维和行动的经费开销，如已结束的第二期联合国索马里行动的平均年开销达 8 亿美元③，仍在实施行动的联合国刚果（金）稳定特派团（联刚稳定团）的年开销达 11.4 亿美元④，均大大高于同期多数维和行动的开销。

在联合国维和行动中使用武力现象不断增多的情况下，中国仍然坚持维和行动的和平属性，坚持不谋求通过武力使用达到维和目的。2013 年 3 月 28 日，联合国安理会通过决议，决定在联刚稳定团内部署一支武装干预

---

① 裴蕾：《中国代表说维和行动基本原则不应动摇》，新华网，2015 年 2 月 18 日，http：//www. xinhuanet. com/world/2015 - 02/18/c_1114402305. htm。

② 参见联合国统计数据，https：//peacekeeping. un. org/en/fatalities。

③ 参见联合国统计数据，https：//peacekeeping. un. org/sites/default/files/past/unosom2facts. html。

④ 参见联合国统计数据，https：//monusco. unmissions. org/en/facts - and - figures。

旅，负责解除刚果（金）非法武装组织的作战能力，并授权其采取"先发制人"的打击行动。中国常驻联合国代表李保东在发言时指出，考虑到刚果（金）政府以及有关非洲地区组织的要求，中方同意作为特例，在联刚稳定团内部署武装干预旅。但根据安理会决议，部署干预旅不构成任何先例，不影响联合国继续坚持维和三原则。他还特别强调，联合国维和三原则，包括非自卫和履行授权不使用武力，是联合国维和行动得以成功的重要保障，也得到广大发展中国家的普遍支持，应予以继续坚持。① 中国政府的正确立场，尽最大努力维护了联合国维和行动的这一基本原则，避免"先发制人"打击行动的授权在维和领域扩散。

（二）严格把握武力使用的条件与程度

联合国维和行动中的武力使用应本着最低限度使用、尽量达成和解的原则，特别是严格遵守《交战规则》中对于武力使用条件、程序和程度的限制规定。在联合国维和行动中，维和部队和维和人员只有在保护联合国人员和财产以及捍卫维和行动授权的情况下方可使用武力。② 在严重危急的情况下，维和部队和维和人员在使用武力之前应采取逐步升级的应对措施，包括口头谈判、显示武力、非武装武力、装填武器、警告射击等，对敌对者进行威慑。武力使用必须遵守国际法以及国际人道法的相关规定，尽量平衡军事必要和人道需求之间的矛盾，避免出现防卫过当、滥用防卫等现象。③

在武力使用问题上，中国一贯坚持在联合国维和行动中严格把握武力使用的条件与程度，坚决反对动辄使用武力。中国代表曾于 1997 年 5 月 21 日在联合国安理会相关会议上发言时强调："安理会为维和人员的安全而授权使用武力，只能严格限于自卫，不能滥用，更不能用于报复，也决不应伤害无辜平民。"④ 针对近年来联合国维和行动面临的安全形势日趋复

---

① 林琼、王雷：《中国代表强调在联刚稳定团内部署干预旅不构成先例》，中国政府网，2013 年 3 月 29 日，http：//www. gov. cn/jrzg/2013 – 03/29/content_2365161. htm。

② United Nations Department of Peacekeeping Operations and Department of Field Support, *United Nations Peacekeeping Operations：Principles and Guidelines*, New York：United Nations, 2008, p. 34.

③ 参见曹雷《联合国维和行动交战规则述评》，《外国军事学术》2012 年第 10 期，第 32 ~ 35 页。

④ 参见齐三平、徐新主编《和平行动中的国际人道法研究》，军事科学出版社，2012，第 138 页。

杂、武力使用现象增多的情况，中国常驻联合国副代表王民于 2015 年 6 月 17 日在联合国安理会与维和行动指挥官年度会议上发言时指出："'当事国同意中立、非自卫或履行授权不使用武力'的维和三原则……应继续加以坚持，不应动摇。……为适应维和特派团部署环境及授权的变化，也应结合不同维和行动的特点，进一步细化交战规则、出兵国指南等，以便更好地执行维和基本原则。"①

在维和实践中，中国维和部队和维和人员严格遵守《交战规则》，有效完成任务，维护安全稳定。中国赴马里维和警卫分队在出征前进行了千百次的训练，这些训练使每一名维和官兵都能按照联马团武力使用原则，在 3~5 秒完成口头警告、拉枪栓示警、鸣枪示警、射击非致命部位、击毙 5 个步骤。2013 年 12 月 14 日，中国维和警卫分队接到通报："明日大选，或有大乱。"分队警戒级别随即上升至最高级别——红色。当晚，分队哨兵报告："营区西南角发现不明身份人员，在我口头警告和拉枪栓示警后正向营区东侧逃窜。"分队立即按照《交战规则》指挥快反力量，根据预案对营区进行地毯式搜索，迅速形成包围圈，并逐步缩小包围圈，终于将两名可疑人员驱离，从而在遵守最低限度使用武力原则的前提下有效维护了自身安全。②

（三）有效开展武力使用的事后评估

维和行动中的武力使用问题政治敏感性强，维和人员很容易受到不明真相者或别有用心者的指责和污蔑，甚至招致更大规模的武力报复或者恐怖袭击。因此，武力使用必须做好事后评估工作。一是取证，即收集武器、目标、方式和程序合法正当的证据，证明武力使用合理；二是报告，内容涵盖整个武力使用过程中的各个要素；三是研判，确定袭击者所属派别，以辨明维和任务区形势，规避风险；四是调查，即特派团司令部将判定使用武力是否适当，并对武力使用不当的维和分队进行处罚。此外，维和部队还应对武力使用效果进行评估，包括总结合理使用武力的成功经

---

① 史霄萌：《中国代表说维和行动的基本原则不应动摇》，新华网，2015 年 6 月 18 日，http://www. xinhuanet. com/world/2015 – 06/18/c_1115651784. htm。

② 杨华文：《亲历马里维和》，《中国青年报》2014 年 2 月 28 日，第 10 版。

验、分析武力使用不坚决或者不合理可能造成的影响。①

在武力使用事后评估的问题上，中国积极主张通过评估总结经验教训，防止滥用武力的现象在维和领域蔓延。中国认为，维和部队和维和人员在执行任务时发生交火属于国际事件，应接受联合国和出兵国军方高层的调查。如果击毙了对方，调查工作应该更为严格。② 还有中国学者提出，联合国安理会可组建中立的监督调查机构，对会员国在维和行动中的武力使用等情况进行调查和监督，如发现有超出授权目的、范围和权限的行为，应立即采取应对措施进行纠正。③

在实践中，中国维和部队在涉及武力使用的实践中坚持做到及时报告、及时总结，并适时推广成功经验和做法。例如，2017 年 5 月 22 日，在中国赴南苏丹维和步兵营执行任务期间，当地武装组织之间发生大规模冲突。在此情况下，中国维和官兵及时将平民引导到营地侧面，使用装甲车和其他防御性武器装备向正在交战的双方武装分子显示武力，表明立场，遏止对方靠近中国营地的企图。此后，中国维和步兵营及时按程序向联南苏团总部上报了此次处置过程，包括当时面临的形势、处置方式、组织实施过程、实际效果等，并提供相关证据，从而得到了联南苏团高层及有关机构的充分肯定。这种处置方式后来被作为标准作业程序，推广到联南苏团所属各支维和部队。④

三　注重协调与合作，提升国际安全秩序的合作性

联合国维和行动强调国际安全领域中的协调与合作，有助于提升国际安全秩序的合作性。维和行动中的安全合作不仅包括联合国与出兵国之间的协调沟通，还涉及联合国与其他维和力量之间的有效协作，以及联合国维和力量自身的齐心协力。积极有效的安全合作，是联合国维和行动取得成功的基础和重要途径，并且有助于在国际安全领域中减少各方猜疑和误解，增加各方理解和信任，从而为国际社会维护安全稳定奠定坚实基础，

---

① 刘钊、段建炜：《我军参与联合国维和行动中的武力使用问题研究》，《中国军事科学》2016 年第 3 期，第 149～156 页。

② 李石磊：《恐怖袭击何以得手　中国维和人员讲述维和之困》，《南方周末》2016 年 6 月 10 日，第 12 版。

③ 戴轶：《试论安理会授权使用武力的法律规制》，《法学评论》2008 年第 3 期，第 65 页。

④ 参见纪梦楠、王国全、张润泽《亮剑维和战场，砥砺陆军雄风》，央广网，2017 年 5 月 23 日，http://china.cnr.cn/news/20170523/t20170523_523767555.shtml。

提供持久动力。

（一）基于世界各国相互依赖的时代背景，强调联合国与出兵国的有效沟通

联合国维和行动是在二战结束之后整个世界联系愈加紧密的背景下建立和发展的。在此期间，时代主题发生了巨大改变，全球化潮流已将世界各国更紧密地联系在一起，人类社会越来越多地表现出"相互依存、休戚与共"的特征。在国家之间和不同国家的各类行为体之间联系愈益紧密，世界政治更加接近复合相互依赖①的条件下，联合国维和行动已成为为满足国际安全秩序发展需要而采取的一种国际干预手段，在联合国继续发挥主导性作用的同时，越来越多的会员国及其他国际关系行为体开始更多地参与联合国维和行动。

"单则易折，众则难摧。"当今世界，各国相互联系、相互依赖，他国受到的威胁也可能成为本国面临的挑战。鉴于此，中国不仅努力适应全球化的新形势，采取更加主动和建设性的立场参与联合国维和行动，对于一系列涉及地区和全球安全稳定的事态或危机实施有效介入，而且积极呼吁更多国家为联合国维和行动贡献力量，推动实现共同安全。在中国看来，联合国各有关会员国根据安理会的决议，派出维和人员，分担维和费用，充分体现国际大家庭维护世界和平与安全的决心与信念，这是构建人类命运共同体的重要基础。②

与此同时，中国强调联合国在维和行动中需重视出兵国的作用，进一步加强与出兵国的沟通协调。联合国机构与出兵国在维和行动协调方面虽然有了较大程度的改进，但仍有明显不足。例如，联合国在塞拉利昂的维和行动中，由于在改变和调整特派团任务时与出兵国协商不够，联塞特派

---

① 新自由制度主义代表人物罗伯特·基欧汉和约瑟夫·奈基于对国际安全形势发展的深刻理解和把握，于 1977 年做出了"我们生活在一个相互依赖的时代"的判断，并且创造性地提出了复合相互依赖的概念。其中，更多的国际关系行为体直接参与世界政治是复合相互依赖的重要条件之一。参见 Robert O. Keohane and Joseph S. Nye, *Power and Independence*, Beijing: Peking University Press, 2004, p. 21。

② 顾震球：《新华国际时评：蓝盔守护人类共同命运之根》，新华网，2015 年 5 月 30 日，http://www.xinhuanet.com/world/2015 - 05/30/c_1115459700.htm。

团曾遭遇严重困难。[①] 为此，中国代表明确指出，出兵国和出警国是完成联合国维和行动的主体，维和行动的长远发展也要依靠出兵国和出警国的努力。联合国需加强安理会、秘书处和出兵国之间的沟通机制，在维和行动各个阶段保持与出兵国的经常性磋商，在充分发挥联大维和特委会作为维和政策审议机构作用的同时，扩大出兵国在维和事务中的发言权。[②] 在中国及其他有关国家的积极推动下，联合国安理会于 2011 年 8 月 26 日通过主席声明，强调维和行动将改进安理会、出兵国、出警国、秘书处及其他利益攸关方之间的沟通，形成协作、合作、信赖和互信精神。[③]

（二）基于维和行动趋于多方位的发展状况，呼吁联合国与其他维和力量的积极协作

联合国早期实施的维和行动主要关注安全领域，一般仅涉及军事任务。但自冷战末期以来，联合国维和行动的发展趋于多方位，维和目标开始更多地追求标本兼治，维和任务也越来越多地涉及民事领域，包括监督选举、推动司法改革、提供人道主义援助等。维和行动中的军事任务致力于缓解当前的冲突和紧张局势，民事任务则着眼于解决冲突的治本之策，两者互相补充，互相促进。

随着联合国维和行动授权任务的拓展，仅仅依靠维和特派团自身力量已难以满足任务需要，加强内外协作就显得更为重要。中国代表曾多次强调，联合国安理会、秘书处等机构应加强协调配合，相互补充。在履行维持和平职能时，维和特派团内部也需要加强协作。在推进政治进程、民族和解以及推动实现经济社会恢复与发展等方面，联合国需注重发挥地区国

---

① 2000 年 8 月 4 日，联合国安理会通过了关于塞拉利昂局势的第 1313 号决议。决议规定，在龙吉机场和弗里敦，联合国维和部队必要时对联阵的进攻可予以坚决打击，这大大增加了维和部队和联阵武装发生交火的可能性。由于出兵国在派遣维和部队时并没有做好发生军事冲突的思想准备，也缺乏装备等物质准备，而且安理会在修改联塞团使命时并未充分听取出兵国的意见，这引起了某些出兵国的不满。印度政府甚至决定撤出其赴塞拉利昂维和部队。参见符福渊、丁刚《塞拉利昂维和不容易》，《环球时报》2000 年 11 月 10 日，第 3 版。

② 王建刚：《中国代表：联合国维和行动应重视出兵国作用》，新华网，2017 年 10 月 6 日，http://www.xinhuanet.com/world/2017-10/06/c_1121766278.htm。

③ 《安理会强调需改进与联合国维和行动各方的沟通》，新浪网，2011 年 8 月 27 日，http://news.sina.com.cn/o/2011-08-27/100923060413.shtml? from = www.hao10086.com。

家和区域组织的优势，并着力调动世界银行、国际货币基金组织等国际伙伴的力量，形成优势互补。①

以非洲地区维和行动为例，非洲许多安全问题成因复杂，对此联合国需要运用综合解决方案。而非盟等区域组织在调解地区争端、实施维和行动等方面具有独特的地域、历史和文化优势。中国常驻联合国副代表吴海涛 2017 年 5 月 23 日在联合国安理会与维和特派团军事指挥官年度对话会上发言时指出："联合国 16 个维和特派团中有 9 个位于非洲，联合国维和行动前 20 大出兵国中 12 个是非洲国家。加强同非洲国家在维和领域的沟通协调，是有效改进维和行动的必然要求。"② 中国积极主张并推动联合国与非盟等区域组织在平等、互利和互补的基础上，建立灵活务实的沟通协调机制，特别是推动联合国与非盟于 2017 年 4 月签署了《联合国—非盟关于深化和平与安全伙伴关系的联合框架文件》。中国还与国际社会一道，推动联合国与非盟进一步加强沟通协调，不断完善合作机制，特别是加强在预防冲突、管理危机、冲突后重建等重点领域的合作，将双方的战略协调落实到各阶段、各层面的具体行动，不断提高合作效率。③

（三）基于维和任务综合性的内在特点，推动联合国维和力量齐心协力

与传统的联合国维和行动聚焦于监督停火和隔离冲突相比，如今的维和行动任务更趋多元，维和特派团的内部机构设置更具综合性，职能分工更加精细，更需注重协调合作。因此，联合国维和力量需要齐心协力，相互支持，通过信息交换、联合计划以及不间断的协调与反馈，发挥整体效力。

推动联合国维和力量齐心协力涉及顶层设计。近年来，联合国维和行动正在进行改革，以更有效地应对面临的困难与挑战。有关各方的积极参与，不仅有助于改革进程沿着正确的方向发展，而且可以促进各方在未来

① 李洋：《中国代表就联合国维和行动问题阐述中方看法》，中国新闻网，2013 年 1 月 22 日，https://www.chinanews.com/gn/2013/01-22/4507699.shtml。
② 殷淼：《全面落实各项承诺　中国坚定支持并积极参与联合国维和行动》，人民网，2017 年 5 月 25 日，http://world.people.com.cn/n1/2017/0525/c1002-29298396.html。
③ 李秉新：《深化联合国与非盟合作，促进非洲和平稳定》，《人民日报》2017 年 6 月 16 日，第 17 版。

的维和行动中更好地开展协调与合作，更有效地形成合力。为此，中国政府多次强调："联合国维和行动改革要确保有关各方充分参与。维和行动改革涉及安理会、维和特委会、联合国秘书处、出兵国等方方面面，各方应发挥不同优势，加强协调合作，确保改革进程反映各方观点，符合长远利益。"① 这一正确主张，不仅获得了国际社会的广泛支持，也得到了联合国的重视。2017 年 4 月 7 日，联合国秘书长古特雷斯在安理会提出改革维和行动的建议时特别强调，要在制订维和计划、管理和领导维和行动方面增加各方协调。②

共同促进维和能力建设，是中国推动联合国维和力量齐心协力的重要表现。一方面，中国积极落实"中非和平安全合作伙伴倡议"，帮助非洲国家加强维和能力建设，更好地为联合国维和行动提供力量补充。③ 特别是习近平主席于 2015 年 12 月在中非合作论坛约翰内斯堡峰会上提出实施中非"十大合作计划"，其内容之一就是加强中非和平与安全合作，促进非洲国家维和能力建设，包括向非盟提供 6000 万美元无偿援助、支持非洲常备军和快速反应部队建设等。④ 另一方面，中国积极呼吁联合国及有能力的国家和区域组织进一步帮助非盟加强能力建设，更好地提高维和行动的实效。

四　保持中立与公正立场，强化国际安全秩序的公正性

联合国维和行动保持中立与公正立场，有助于强化国际安全秩序的公正性。维和行动的目的是在冲突地区监督有关各方达成的停火、停战协定的执行情况等，协助维持已经初步建立起来的和平环境。作为中立方的联合国维和部队和观察团（组）在解决冲突的过程中没有自己的特殊利益，实施维和行动的目的在于隔离冲突，缓解紧张局势，为和平解决争端创造条件。因此，恪守中立、保持公正就显得尤为重要。中国政府在各种场合多次强调，维和行动不得卷入其授权控制与解决的冲突，更不得偏袒冲突

---

①　席来旺：《中国提出联合国维和改革建议》，《人民日报》2009 年 1 月 30 日，第 3 版。
②　倪红梅、王建刚：《古特雷斯提出改革联合国维和行动的建议》，新华网，2017 年 4 月 7 日，http：//www. xinhuanet. com/world/2017－04/07/c_1120767330. htm。
③　倪红梅、王雷：《中国代表呼吁联合国与非盟等区域组织在维和方面加强协调》，新华网，2014 年 7 月 29 日，http：//www. xinhuanet. com/world/2014－07/29/c_1111837538. htm。
④　《习近平在中非合作论坛约翰内斯堡峰会开幕式上的致辞》，新华网，2015 年 12 月 4 日，http：//www. xinhuanet. com/world/2015－12/04/c_1117363197. htm。

的任何一方。维和行动的成功之道并不在于维和人员手中持有的武器，而在于他们在维和任务区所树立的中立和公正的形象。坚持中立与公正立场，有助于维和行动的健康发展，有助于建立公正合理的国际安全秩序，也有助于维护联合国作为当今世界最具普遍性和代表性的全球性国际组织的地位，提高联合国在处理国际安全事务方面的威望。

（一）恪守中立原则，避免直接卷入武装冲突

联合国维和部队必须遵循《联合国宪章》原则和精神，在解决国内、国际争端时保持中立立场，否则维和部队将不可避免地被直接卷入当地的武装冲突，成为事实上的交战方，这不仅将加重联合国维和行动出兵国的负担，而且会使维和行动陷入泥潭，增加维和人员遭受袭击的风险，阻碍和平进程的推进。

以 20 世纪 60 年代的联合国刚果行动为例，联合国在干预刚果①内部冲突的过程中，事实上完全偏向与卢蒙巴发生冲突的刚果总统卡萨武布一方，结果导致刚果政府内部危机无法得到解决，还使得维和行动遭受严重挫折。特别是在 1961 年 8 月，在刚果政府要求联合国帮助解决国内冲突的情况下，联合国维和部队进入刚果，与刚果境内的外国雇佣军以及冲伯集团军队发生激烈交火，结果被当地有关派别视为企图使用武力迫使他们屈服，因此遭到报复性攻击，发生严重伤亡。联合国 1992 年在索马里的维和行动是在美国的积极推动下进行的，从开始就带有明显的倾向性。联合国维和部队不仅直接向当地 15 支部族武装之一——艾迪德派武装发动进攻，还缉拿、搜捕其首领艾迪德，从而创下了联合国向主权国家的武装派别首领发出逮捕令的先例，使得联合国正式卷入索马里内战，事实上成为冲突方，导致联合国的中立立场受到严重质疑。

中国积极主张联合国维和行动应坚持中立原则，不得直接卷入武装冲突。早在 2005 年 6 月 21 日联合国总部举行的"武装冲突中保护平民问题"公开辩论会上，中国常驻联合国副代表张义山就发出呼吁："联合国维和行动应恪守中立原则，避免卷入或支持任何冲突方，导致影响当地和平进程。"2013 年 8 月 19 日，中国常驻联合国副代表王民在安理会"武装冲突中保护平民问题"公开辩论会上发言时指出，保护平民行动应得到安理会

---

① 现为刚果民主共和国，即刚果（金）。

授权，重在推动尽快实现停火，通过对话和谈判等政治手段解决争端，而不应夹杂任何政治动机和目的。① 在 2017 年 5 月 25 日联合国安理会举行的"武装冲突中保护平民及医疗人员和设施问题"公开会上，中国常驻联合国代表刘结一再次呼吁联合国维和行动应坚持《联合国宪章》宗旨和原则，努力赢得各方理解和信任，避免卷入冲突。②

在实践中，中国维和部队和维和人员始终恪守中立原则。中国赴黎巴嫩维和工兵分队扫雷官兵曾几度在作业现场附近发现有不明身份武装人员活动。出于保持中立立场的考虑，中国维和官兵选择撤离现场，避免卷入冲突。③ 中国赴南苏丹维和步兵营长巡分队在建立的临时行动基地周围曾多次遭遇激烈武装冲突。不明身份武装分子甚至移动到距离基地仅有 10 余米的地点朝政府军开火。为了防止卷入双方交火，中国维和官兵果断使用喊话器向这些武装分子表明身份，实施警告。慑于中国维和官兵的正义力量，交火双方逐渐停止射击，武装冲突得到有效控制。④

（二）严守公正原则，避免加剧矛盾对立

联合国维和行动的取胜之道并不是维和部队手中持有的武器，而是他们所树立的公正形象。⑤ 联合国维和部队不同于普通的军队，它既没有战场，也没有敌人，是一支"政治外交部队"。维和部队必须严守公正原则，不仅行动本身不得支持冲突的任何一方，不能干涉东道国内政，而且必须尽量避免相关活动被冲突方利用。

然而，联合国在冷战后实施的一些维和行动由于受到大国利益差异、权力竞争、干预扩大等因素的影响，明显偏离了公正原则，并造成严重后果。例如，联合国 1992 年在南斯拉夫实施的维和行动中，进驻波黑地区的维和部队由于受到某些西方大国的左右，一直采取偏袒穆族武装的立场，

① 《中方：武装冲突中保护平民行动应得到安理会授权》，中国新闻网，2013 年 8 月 20 日，https：//www. chinanews. com/gn/2013/08－20/5183372. shtml。
② 倪红梅：《中国代表呼吁加强冲突预防和解决以保护平民》，新华网，2017 年 5 月 26 日，http：//www. xinhuanet. com/world/2017－05/26/c_1121040888. htm。
③ 董永康、殷建航：《通讯："死亡地带"上的坚守——记中国赴黎维和官兵"蓝线"扫雷》，新华网，2018 年 2 月 19 日，http：//big5. xinhuanet. com/gate/big5/m. xinhuanet. com/2018－02/19/c_1122429050. htm。
④ 《中国驻南苏丹维和步兵营遭遇武装冲突　现场惊险》，新华网，2015 年 10 月 8 日，ht-tp：//www. xinhuanet. com/mil/2015－10/08/c_128295153. htm。
⑤ 杜农一、陆建新主编《维和行动概论》，军事谊文出版社，2004，第 103 页。

对其大举进攻塞族的行动听之任之，也没有采取措施促使双方进行和谈。联合国秘书长甚至授权北约两次向塞族阵地发动空袭，导致矛盾进一步激化，致使 378 名维和部队官兵和军事观察员被塞族武装扣押为人质。再如，1999 年北约空袭科索沃地区后，安理会决定在科索沃地区实施维和行动，建立"国际安全存在"。但一些北约部队公然偏袒阿族的"科索沃解放军"，推迟解除收缴其武器的日期，结果导致发生多起针对塞族的暴力仇杀事件。

在此背景下，中国政府多次表示，联合国维和行动必须保持公正性，这有利于维护国际和平与安全，有利于促进当地的和平进程与稳定。中国常驻联合国代表张业遂 2008 年 10 月 2 日在谈及中国参与联合国维和行动问题时表示，中国将与安理会其他成员国以及联合国广大会员国积极合作，保持公正、民主、透明，努力开展相关工作，为维护世界和平与安全做出贡献。① 在 2015 年 6 月 17 日举行的联合国安理会与维和行动指挥官的年度会议上，中国常驻联合国副代表王民表示，保持公正立场，是确保维和行动顺利实施和赢得国际社会广泛支持的前提和基础，应继续坚持，不能动摇。②

在维和实践中，中国维和部队和维和人员严守公正原则，赢得了冲突地区乃至整个国际社会的信任。例如，在联合国达尔富尔维和行动中，国内国际势力盘根错节，各种势力之间的关系错综复杂。中国维和部队尚未到达，当地两大反政府武装组织之———"正义与公平运动"就已经公开表明反对立场。该组织发言人伊布拉希姆不仅宣称"欢迎除中国之外的国家前来维和"，而且含沙射影地表示"虽然没有说要袭击中国维和部队，但也没说不会发动袭击"，从而表达出明显的敌意。在此情况下，中国全体维和官兵尽职尽责地扮演着不偏不倚的"国际裁判"与"和平使者"角色，公正公平，不拉偏架，以极大的耐心、细致的工作、坚忍不拔的精神和甘受委屈的胸怀，赢得了包括冲突各方在内的各界人士信任。当地民众称赞说，中国维和部队不仅是维护和平的使者，更是发展中苏友谊的桥梁和纽带。③

---

① 《中国参与联合国维和行动居五常任理事国之首》，《人民日报》2008 年 10 月 2 日，第 3 版。

② 史霄萌：《中国代表说维和行动的基本原则不应动摇》，新华网，2015 年 6 月 18 日，http://www.xinhuanet.com/world/2015－06/18/c_1115651784.htm。

③ 陶短房：《取得信任是维和的第一步》，《南方都市报》2007 年 11 月 27 日，第 8 版。

（三）坚持客观原则，推动国际和平事业健康发展

联合国维和行动中的客观原则体现在两个方面：一是在行动过程中客观履行使命，特别是从冲突地区实际出发，尊重东道国的意愿；二是对维和行动的规划应实事求是，条件不成熟时不应实施维和行动，否则可能造成新的冲突和危机，给大国干预提供借口，使国际安全秩序面临新的动荡。例如，2008 年 12 月，联合国秘书长潘基文在谈及包括美国在内的部分安理会成员国希望在索马里部署联合国维和行动时表示，他本人及他的高级顾问、联合国维和行动部和相关部门都认为，目前部署维和行动的时机还不成熟，仍缺乏有利的条件。[①] 联合国的谨慎态度，避免了维和行动再度在索马里陷入被动局面。

中国多次强调联合国维和行动应坚持客观原则，采取务实态度。2012 年 6 月 20 日，联合国安理会举行维和行动审议会。中国常驻联合国代表李保东在会议上发言时强调，维和行动要始终坚持客观原则。他指出：维和行动应严格执行安理会授权，尊重当事国民众的意愿；安理会在制定维和行动授权时也应该充分考虑到当事国实际情况，采取务实态度；维和特派团和维和人员在执行任务的过程中，还应广泛听取当事国有关各方的意见，尊重当地文化，努力赢得当事国民众的信任和支持。[②]

中国还强调联合国维和行动应量力而行，切合实际。2000 年 6 月 27 日，中国外交部部长唐家璇在北京举行的"二十一世纪联合国维和行动研讨会"开幕式上，就联合国维和行动如何适应形势发展提出了可行性建议，特别强调维和行动应实事求是。他指出："联合国的维和行动可以起到救火队的作用，但难以消除冲突的根源。因此，对维和行动的作用应有现实的估计，维和行动不能'包治百病'，不应因采取了维和行动而放弃其他方面的努力。"[③] 还有学者指出："联合国在规划和部署维和行动时，既要考虑和平解决冲突的政治条件是否成熟，又要考虑联合国成员国的经

---

① "Ban Forwards Possible Next Steps on Somalia to Security Council," UN News, December 22, 2008, https：//news. un. org/en/story/2008/12/286102 – ban – forwards – possible – next – steps – somalia – security – council.

② 林琼、王雷：《中国代表：联合国维和行动要坚持客观、中立原则》，中国政府网，2012 年 6 月 21 日，http：//www. gov. cn/jrzg/2012 – 06/21/content_2166484. htm。

③ 陈静：《唐家璇建议联合国维和行动量力而行》，新浪网，2000 年 6 月 26 日，http：//news. sina. com. cn/china/2000 – 06 – 27/101338. html。

济承受能力，不能因为维和行动经费过于庞大而影响联合国在经济发展等方面的投入。"[①] 中国的这些原则主张，在根本上有利于保持联合国维和行动的活力，有利于维和行动的健康发展，特别是防止维和行动因负担过重而被西方大国操纵，从而促进了建设持久和平、稳定安宁的和谐世界。

第二节　借助联合国维和平台，促进国际战略格局稳定

国际战略格局指的是在某一个历史时期内由国际战略力量之间的相互作用所形成的一种战略态势和结构。[②] 传统意义上的国际战略格局是主权国家在一定时期内所形成的结构状态，反映出国家尤其是大国在政治上的联系和互动。随着国际关系的发展和演变，国际组织、国际集团等正逐渐成为国际战略格局的重要组成部分。联合国秉持维持国际和平与安全的宗旨，是最具普遍性和权威性的国际组织，在国际战略格局中扮演着不可替代的重要角色。联合国维和行动的实施，使得联合国在国际战略格局中的地位更加突出。中国作为安理会常任理事国和最大的发展中国家，在恪守《联合国宪章》宗旨和原则的同时，借助联合国维和行动的平台，维护联合国在国际安全领域的权威，帮助发展中国家提升国际地位，遏制霸权与强权，努力促进国际战略格局的稳定。

一　坚持国际正义，维护联合国在国际安全领域的权威

联合国萌芽于世界反法西斯战争的艰难岁月，是世界各国人民为巩固战争胜利果实、维护战后世界和平与发展、促进各国友好合作而建立起来的全球性国际组织。和平是人类共同的向往，维持国际和平与安全是联合国的宗旨。会员国赋予联合国的普遍性和权威性，决定了它担当维持国际和平重任的合法性和核心地位。联合国作为唯一有权采取行动来维护国际和平与安全的国际机构，在过去70多年里发挥了重要作用。维和行动则是联合国履行这一职责的重要手段，并且已成为联合国最具影响力的活动之一。中国在参与联合国维和行动的过程中坚持国际正义，积极响应联合国关于为维和行动提供人力财力资源的号召，反对大国意志对维和事业的干

---

① 蒋振西：《试论联合国维和行动》，《国际问题研究》2008 年第 3 期，第 41～46 页。

② 刘长敏：《国际关系体系与格局（1618—1945）——理论框架与历史变迁》，世界知识出版社，2002，第 102～103 页。

扰，推动联合国提高维和工作效率，努力维护联合国在国际安全领域的权威。

（一）积极响应联合国号召，为国际和平事业做贡献

响应联合国倡议，积极参加维和行动，为国际和平事业做出应有的贡献，是联合国会员国的基本义务，也是维护联合国在国际安全领域权威地位的基本要求。联合国维和行动往往部署在局势动荡、战乱频仍的冲突地区，充满了危险与挑战。维和人员随时都将接受生与死的考验和血与火的洗礼。特别是在冷战结束后，国际安全形势更加复杂，武装冲突数量和频率上升，维和人员面临的危险进一步增加，伤亡人数也进一步增多。一些西方大国由于曾在维和行动中遭受过严重伤亡，在派遣维和人员方面的热情消退。在过去20多年里，发达国家往往出钱不出力，大幅减少维和人员的派出。① 目前，在124个联合国维和行动出兵国和出警国中，排在前15的没有一个是传统的西方工业发达国家。② 大量来自经济欠发达国家的维和人员部署在维和任务区，其中许多人培训不足、装备落后，不仅严重影响了维和行动的效率，也使得联合国在国际安全领域的地位和形象受损。

为了维护联合国在国际安全领域的权威性，推动联合国维和事业和国际和平事业健康、可持续发展，中国以更积极的姿态和更沉稳的心态全面深入参与维和行动，并且扮演着重要角色。一方面，中国参与联合国维和行动的范围不断扩大，人员不断增多，层次不断提升。自中国政府1989年首次向联合国纳米比亚过渡时期协助团派遣20名选举监督员、中国军队1990年首次向联合国停战监督组织派遣5名军事观察员和1992年首次向柬埔寨过渡时期联合国权力机构派遣400名官兵组成的军事工程大队以来，截至2018年4月，中国军队已参加28项联合国维和行动，累计派出维和官兵3万多人次，仍有2491名维和官兵在联合国10个维和任务区以及维和行动部执行任务。③ 自2000年1月首次向联合国东帝汶过渡行政当局（UNTAET）派遣15名民事警察以来，截至2018年4月，中国公安部先后

---

① 史霄萌：《联合国维和的梦想与现实：发达国家出钱不出力》，新华网，2016年6月3日，http：//www. xinhuanet. com/world/2016－06/03/c_129036768. htm。

② 参见联合国统计数据，https：//peacekeeping. un. org/en/troop－and－police－contributors。

③ 参见联合国2018年3月统计数据，https：//peacekeeping. un. org/en/troop－and－police－contributors。

向联合国 9 项维和行动派遣维和警察 2614 人次。① 在安理会 5 个常任理事国中，中国是为由联合国主导的维和行动派遣维和人员最多的国家。时任联合国秘书长潘基文在 2013 年 6 月 19 日访华期间视察国防部维和中心时表示："我见证了中国'蓝盔'部队在维和行动中的勇敢。中国为联合国提供的维和人员数量比其他四个常任理事国的数量总和都多，我为中国这样的贡献和团结一致感到骄傲。"②

另一方面，中国为联合国维和行动提供的资金支持逐渐增多。会员国交付的会费和维和经费摊款是联合国维和行动得以维持运转的基本来源。近年来，在部分国家拖欠或拒付维和摊款而使联合国面临空前财政危机之际，中国根据支付能力原则较大幅度地提高了维和摊款的份额。2015 年 12 月 23 日，联合国大会以协商一致的方式通过了新的联合国维和经费分摊办法。根据决议，中国 2016～2018 年的维和经费分摊份额从 3.189% 增至 10.2%，从世界第八位上升至第二位，成为仅次于美国的第二大维和经费贡献国。③ 增加对联合国维和行动的资金支持，表明中国正在适应国际社会的需要，以实际行动为联合国主导的国际和平事业提供有力支持。

（二）反对大国意志对维和事业的干扰，维护联合国在国际安全领域的核心地位

联合国维和事业长期受到大国意志的影响和制约。冷战结束之后，两极对峙的局面不复存在，美国的政治影响力凸显，对联合国的权威性形成冲击，并且在许多情况下操纵了维和行动的动议权，按照自己的标准对"威胁和平和侵略行为"进行裁定，"假维持和平之名，行强权政治之实"。在美国的战略利益地区，一些维和行动已沦为美国对外实施军事干预的工具。在巴尔干，以美国为首的北约在发动科索沃战争，对主权国家南联盟实施了 78 天的空中打击之后，推动联合国组建了驻科索沃地区的特派团，

① 刘奕湛：《中国赴南苏丹塞浦路斯维和警队组建完成》，新华网，2018 年 4 月 19 日，https：//baijiahao. baidu. com/s？id = 1598187910602638126&wfr = spider&for = pc。

② Ban Ki - Moon, "Remarks at the China Peacekeeping Military Training Centre," UN News, June 19, 2013, https：//www. un. org/sg/en/content/sg/speeches/2013 - 06 - 19/remarks - china - peacekeeping - military - training - centre.

③ 殷淼、李秉新、李晓宏：《中国在未来三年承担 7.921% 联合国会费及 10.2% 维和摊款》，人民网，2015 年 12 月 24 日，http：//world. people. com. cn/n1/2015/1224/c1002 - 27971913. html。

以"维和部队"的名义开进科索沃地区，为其军事干涉行动披上"合法的外衣"。在阿富汗，美国在发动反恐战争之后，推动联合国组建国际安全援助部队，协助阿临时政府在喀布尔及周边地区维持安全，后来又由北约在联合国授权下接管了该部队的指挥控制权，从而实际主导了该项维和行动。这种倾向如果不能及时有效地加以遏制，维和行动不仅将无从发挥其在维持国际和平与安全方面的重要作用，自身存在的价值也将受到质疑。

在此问题上，中国坚决反对任何国家打着"维和行动"的旗号采取破坏国际和平与稳定的行动，坚持只有联合国安理会才有权在维护国际和平与稳定的前提下针对主权国家采取军事行动，努力维护联合国在国际安全领域的主导地位。一方面，中国政府多次强调联合国在维和领域的核心地位。中国常驻联合国代表王光亚 2004 年 5 月 17 日在联合国安理会关于维和行动问题的公开会上发言时指出：维和行动是联合国及其安理会履行维护国际和平与安全职责的核心手段之一，不仅是联合国的一大亮点，也是安理会工作的重点；在进一步加强维和行动方面，应注重提高联合国及其安理会的权威，发挥集体安全机制的效力，并扩大联合国的作用和影响。① 另一方面，中国政府积极推动联合国在国际安全领域发挥更重要的作用。正如中国常驻联合国代表马朝旭大使 2018 年 1 月 30 日在纽约联合国总部向联合国秘书长古特雷斯递交全权证书时表示："中国将同国际社会一道，共同努力推动联合国为维护世界和平、促进共同发展发挥更大作用。"②

（三）着力推动联合国提高维和工作效率，更好地维持国际和平与安全

维护联合国权威，就必须推动联合国提高工作效率。和平与安全是联合国重要的工作领域，维和行动则是联合国在该领域采取的重要举措。因此，积极推动联合国改革，促使其合理利用各种资源，解决在维和行动中乃至整个和平与安全领域面临的各种问题，是维护联合国权威的必然要求。联合国秘书长古特雷斯在履职后积极推动联合国维和行动进行改革，

① 《中国常驻联合国代表王光亚大使在安理会公开会关于联合国维和行动问题的发言》，中华人民共和国外交部网站，2004 年 5 月 17 日，http://www.fmprc.gov.cn/ce/ceun/chn/zgylhg/jjalh/alhzh/whxd/t112343.htm。

② 《中国常驻联合国代表马朝旭履新　重申坚定维护联合国权威》，国际在线，2018 年 1 月 31 日，http://news.cri.cn/20180131/457de940 - 1d73 - f712 - 21aa - 5483a91775ef.html。

并于 2017 年 4 月 6 日在安理会审议维和行动的会议上发言时，就维和行动长期改革问题提出了提高效率和加强问责制度等多项建议。他指出："联合国维和行动环境复杂，面临诸多困难，联合国需要制定支持各项维和行动的综合战略，需要提高维和行动的效率和加强问责制度。安理会需制定清晰、实际、适合最新情况的任务授权，并在维和行动计划、管理和领导等方面增加各方协调。"[①]

中国自加入联合国维和机制以来，着力推动联合国提高维和工作效率，从而能够更好地维持国际和平与安全。首先，中国主张联合国维和行动应通过改革确保资源得到有效利用，以提高维和行动效率。中国常驻联合国副代表王民 2014 年 10 月 30 日在联大相关委员会审议联合国维和行动时指出："特派团所处的环境脆弱复杂。提升维和行动的资源管理水平，合理调配资源，对于提高维和行动的快速投送和部署能力至关重要。联合国秘书处、当事国、出兵国等应加强沟通协调，不断完善特派团组建流程，提升部署效率并优化后勤保障机制，努力提高资源利用效率，避免不必要的重复和浪费。"[②]

其次，中国主张联合国维和体系需要根据维和行动部署环境和承担任务日益复杂的现实情况，做到与时俱进，更好地适应形势变化和实际需要，进一步提高维和行动的长远效益。正如中国常驻联合国临时代办吴海涛 2017 年 10 月 26 日在第七十二届联大四委维和议题一般性辩论会上所表示的："秘书处作为维和行动的管理者，应从维和行动全局和长远出发，切实增强维和行动有效性和应对复杂局面的能力。秘书处要进一步提高管理水平和效率，优化后勤保障机制，确保维和资源得到有效使用，最大限度发挥实效。应重视加强部署期间的培训，根据任务区实际开展有针对性的训练。"他还表示："中国愿同秘书长、秘书处及广大会员国保持沟通，推动维和行动通过改革提高效率和效力。"[③]

---

① "Peacekeeping at Crossroads, Secretary-General Tells Security Council, Stressing that Operations Must Be Relevant, Have Clear, Achievable Mandates," UN News, April 6, 2017, https://www. un. org/press/en/2017/sgsm18486. doc. htm.

② 倪红梅、顾震球：《中国代表呼吁提高联合国维和行动效率》，中国政府网，2014 年 10 月 31 日，http://www. gov. cn/xinwen/2014 – 10/31/content_2773276. htm。

③ 李晓宏：《中国代表呼吁联合国维和体系与时俱进》，人民网，2017 年 10 月 27 日，http://world. people. com. cn/GB/n1/2017/1027/c1002 – 29612873. html。

二　帮助发展中国家提升国际地位，促进国际和平力量发展壮大

作为国际舞台上的重要力量，发展中国家的崛起不仅深刻改变了联合国的面貌，而且在国际安全领域发挥着越来越大的影响，为改革不合理的国际安全旧秩序、促进国际战略格局稳定提供了强大动力。联合国维和行动有助于推动解决困扰着许多发展中国家的安全稳定问题，帮助发展中国家增强参与国际安全事务的能力，并促进这些国家开展国际安全合作与交流，从而提升广大发展中国家在国际战略格局中的地位。发展中国家也一直是中国外交的重要对象。中国作为世界上最大的发展中国家，在联合国维和领域积极促进其他发展中国家自立自强，帮助这些国家提升维和能力，推动相互间安全合作关系的深化，努力促进国际和平力量发展壮大。

（一）促进发展中国家自立自强

冷战结束后，两极格局掩盖下的领土、宗教、民族、种族矛盾明显加剧，时常引发武装冲突甚至局部战争。而这些冲突和战争大多发生在发展中国家，对冲突国和战乱国的政治稳定、经济建设和社会发展造成了极大的破坏。这些国家社会治安恶化，暴力事件不断，政府危机频繁，国内外正常的经济联系和贸易往来被中断，这些都对外资和技术的引进极为不利，从而阻碍了国民经济的发展进程，导致经济贫困恶性循环。而且，这些国家在政治上的纷争，使有关地区的动荡局势进一步恶化，并且加剧了发展中国家的分化，从内部损耗了发展中国家的整体实力，导致发展中国家在国际战略格局中被边缘化的危险进一步凸显。

联合国维和行动实施的地域，主要在发展中国家。截至 2022 年 3 月，在联合国实施的 13 项维和行动中，有 7 项在非洲，3 项在中东，1 项在亚太，2 项在欧洲。① 联合国维和行动在长期实践中取得了成功经验，在化解地区冲突、缓和紧张形势等方面发挥了重要作用，具有成熟的危机处理机制和应对能力。而且，自冷战后期以来，联合国维和行动开始更多地追求标本兼治，以治本为主，并且涉及更多的民事领域，在组织和监督宪法选举、协助司法改革、提供人道主义援助等方面的职能大大增加，在稳定安全形势、促进经济发展、恢复社会秩序和防止武装冲突死灰复燃等方面发

---

① 参见联合国维持和平网站，https://peacekeeping.un.org/en/where-we-operate。

挥了不可替代的作用，并且为广大发展中国家自立自强奠定了重要基础。

近年来，中国已经成为联合国维和领域重要的建设性力量。一方面，中国努力通过参与维和行动，促进发展中国家实现安全稳定。中国的维和力量主要部署在发展中国家，并积极参与处理地区冲突和热点问题，在联合国维和框架内为东帝汶、海地、叙利亚、南苏丹等国际和地区热点问题的政治解决发挥了重要作用。特别是进入 21 世纪以来，中国向联合国提供的维和人员增长了约 20 倍，主要部署在非洲，几乎参与了联合国在非洲实施的所有维和行动，对于非洲国家冲突后巩固和平、预防冲突发挥了建设性作用。另一方面，中国积极推动联合国通过维和平台，帮助发展中国家实现自立自强。近年来，中国着力推动联合国与非盟在预防冲突、危机管理和冲突后重建等领域深化合作，共谋和平与发展，特别是支持联合国积极考虑非洲提出的自主和平行动供资方案，切实支持非盟自主和平行动，帮助其获得持续、稳定、可预测的供资，从而有效解决冲突根源。①

（二）帮助发展中国家提升维和能力

联合国维和行动不仅帮助发展中国家缓解自身安全问题，还为发展中国家在国际安全事务中发挥作用和影响提供了重要平台。近年来，发展中国家日益成为联合国维和行动的重要力量。在现行的联合国维和行动中，派遣人员较多的是孟加拉国、印度、尼泊尔、埃塞俄比亚、巴基斯坦等发展中国家，展示了广大发展中国家维护世界和平、促进共同发展的决心和意志。②

不过，一些发展中国家在参与维和行动过程中也暴露出自身的弱点和不足，如人员素质有待提高、部队训练不足、装备难以满足要求等。为此，联合国进行多方努力，帮助发展中国家提升维和能力。2014 年 9 月，潘基文秘书长宣布任命一个高级小组，对联合国维和行动进行评审，并对

---

① 《中国代表在联合国安理会阐述中国在维和问题上的立场》，新华网，2017 年 8 月 31 日，http://www.xinhuanet.com/photo/2017-08/31/c_1121573872.htm。

② 根据联合国维持和平网站 2021 年 11 月统计数据，联合国维和行动出兵国排名前 10 的分别是孟加拉国、印度、尼泊尔、卢旺达、埃塞俄比亚、巴基斯坦、印度尼西亚、埃及、中国、加纳，均为发展中国家，https://peacekeeping.un.org/en/troop-and-police-contributors。

出兵国的维和能力提出要求，促使其提高快速反应及部署能力、机动能力、防护能力等。联合国还于 2016 年设立了和平与发展信托基金，将发展中国家出兵国和出警国的维和能力建设列入资金保障的优先领域，并提出以非洲为重点，采取南南合作和三方合作等方式，促进这些国家维和能力的提升。①

中国作为世界上最大的发展中国家，努力帮助和推动其他发展中国家提升维和能力。一方面，中国积极呼吁国际社会重视发展中国家出兵国的需求，鼓励通过双边和多边合作加强发展中国家出兵国的维和能力建设。中国常驻联合国代表马朝旭 2018 年 3 月 28 日在安理会关于联合国维和行动问题的公开会上发言时指出："国际社会应重视出兵国特别是发展中国家出兵国的实际需求，加强其维和能力建设，确保维和行动获得有针对性的培训和资源。"② 中国还提出强化出兵国在维和能力建设中的主体作用，包括加强专业培训、经验分享、行动合作和装备保障，并根据联合国维和行动需求和发展趋势，进一步提高维和训练的针对性，提升各国特别是发展中国家维和部队的整体能力。③

另一方面，中国在培训各国维和人员、帮助发展中国家特别是非洲国家加强维和能力建设等方面做出了积极努力，并且取得了重要进展。中国政府明确支持非盟倡导"非洲人以非洲方式解决非洲问题"，为非洲自主维和行动和常备军建设提供支持，并增加为非洲国家培训的和平与安全事务官员和维和人员的数量。④ 进入 21 世纪以来，中国先后向刚果（金）、布隆迪、达尔富尔等联合国维和任务区的非洲维和部队提供了约 500 万美元的资金援助。2012 年，中国提出"中非和平安全合作伙伴倡议"，进一步加大了对非盟维和力量的资金与技术支持力度。⑤ 2015 年 9 月 28 日，习近平主席在联合国维和峰会上郑重宣布，中国将在 5 年内为非盟提供总

① 联合国和平与发展信托基金，http：//www. un. org/en/unpdf/priorities. shtml。

② 殷淼：《马朝旭：积极参与联合国系统和平安全架构改革　更好履行维护世界和平职责》，人民网，2018 年 3 月 29 日，http：//world. people. com. cn/n1/2018/0329/c1002 - 29895923. html。

③ 陶社兰：《联合国和 30 国代表研讨维和行动挑战　中国提三倡议》，中国新闻网，2014 年 10 月 14 日，https：//www. chinanews. com. cn/mil/2014/10 - 14/6676469. shtml。

④ 翟风杰、王玉杰、潘良主编《非洲一体化背景下的中非合作》，世界知识出版社，2013，第 264 页。

⑤ 刘友法：《"中非和平安全合作伙伴倡议"是一手妙棋》，大公网，2012 年 7 月 26 日，http：//www. takungpao. com/world/content/2012 - 07/26/content_821681. htm。

额为 1 亿美元的无偿军事援助，以支持非洲常备军和危机应对快速反应部队建设。[①]

（三）推动发展中国家开展安全合作

参加联合国维和行动不仅是国际社会成员履行国际义务的必然要求，也是各国进行国际安全交流与合作的重要渠道。许多国家非常重视利用维和行动这一平台，与其他维和行动参与国以及区域组织广泛开展安全合作，提升自身实力和国际影响力。在战略层面，联合国会员国特别是广大发展中国家借助维和机制，就国际安全问题进行积极交流与磋商；在战役战术层面，来自不同国家的维和人员并肩执行维和任务，朝夕相处，实现了不同文化的交融。国际社会也在积极努力，鼓励和支持广大发展中国家通过参与维和行动开展安全合作。一方面，联合国努力加强与发展中国家出兵国及相关区域组织的安全合作关系。特别是联合国安理会于 2014 年 7 月 28 日通过决议，决定进一步加强与非盟等区域组织在维和行动方面的合作。[②] 另一方面，联合国及国际社会积极促进发展中国家之间开展维和合作。在国际社会的推动下，非盟成员国积极参与非盟维和机制建设，为深化合作关系、谋求实现共同安全巩固了基础。东盟部分成员国也于 2015 年开始正式探讨在联盟框架内建立维和部队，进一步加强各成员国之间的团结。[③]

中国着力推动广大发展中国家以参与联合国维和行动为契机，开展和扩大安全合作。一方面，中国努力与其他发展中国家建立维和合作机制，深化维和合作关系。目前，维和合作已成为中国与东盟、非盟等主要由发展中国家组成的区域组织开展安全合作的重要内容。在中国组织实施的机制化国际维和培训活动中，参训学员主要是来自其他发展中国家的维和官兵。中国还利用"中国—联合国和平与发展基金"，帮助其他发展中国家特别是非洲国家开展更多的维和能力建设项目，进一步强化双边和多边维

---

① 孟娜、李建敏：《习近平出席联合国维和峰会并发表讲话》，新华网，2015 年 9 月 29 日，http：//www. xinhuanet. com//world/2015 - 09/29/c_1116705308. htm。

② *United Nations Peacekeeping Operations*，S/RES/2167（2014），July 28，2014，https：// www. un. org/Depts/german/sr/sr_14/sr2167. pdf.

③ Prashanth Parameswaran， "Malaysia Wants an ASEAN Peacekeeping Force," *The Diplomat*，February 21，2015.

和合作关系。① 另一方面，中国积极倡导发展中国家通过参与维和行动加强安全合作。2013 年，联合国在非洲实施的一些维和行动面临严峻挑战，中国政府非洲事务特别代表钟建华先后赴马里、刚果（金）、卢旺达、布隆迪、索马里等国进行穿梭外交，推动相关国家在维和行动中加强沟通与协调，有效开展合作。在联合国安理会 2017 年 4 月举行的大湖地区问题公开会上，中国政府代表表示，中国赞赏大湖地区国家积极落实《刚果（金）与大湖地区和平、安全与合作框架文件》，欢迎大湖地区国家在应对武装组织威胁方面开展合作，鼓励该地区国家加强安全合作。② 习近平主席 2015 年 4 月在亚非领导人会议上发表讲话时更是强调指出："广大发展中国家都面临着加快发展、改善民生的共同使命，应该抱团取暖，扶携前行，积极开展各领域合作。"③

三 遏制霸权与强权，推动国际战略格局多极化发展

在当今世界，霸权主义和强权政治对联合国处理国际安全事务构成了重要挑战。有学者认为："战后国际社会实际上存在着两种国际秩序：一种是以《联合国宪章》为基础的国际秩序，要和平解决世界问题；另一种是建立在强权政治和霸权主义基础上、由大国操纵、奉行单边主义的国际秩序。两种秩序的斗争至今存在，且越来越尖锐。"④ 维和行动是联合国处理国际安全事务的重要手段，可以彰显联合国的权威性，维和行动积极践行"合作安全"理念，抵制"零和博弈"的霸权主义安全观。中国通过参与联合国维和行动，促进国际安全问题有效解决，努力践行多边主义，倡导构建"人类命运共同体"，以遏制霸权与强权，推动国际战略格局多极化发展。

---

① 倪红梅、顾震球：《中国代表说联合国维和体系需与时俱进》，新华网，2017 年 2 月 22 日，http://big5.news.cn/gate/big5/www.xinhuanet.com//2017 - 02/22/c_1120510321.htm。

② 史霄萌、王建刚：《中国呼吁加强大湖地区国家安全合作》，新华网，2017 年 4 月 13 日，http://www.xinhuanet.com/world/2017 - 04/13/c_1120803564.htm。

③ 《习近平在亚非领导人会议上的讲话（全文）》，新华网，2015 年 4 月 22 日，http://www.xinhuanet.com/politics/2015 - 04/22/c_1115057390.htm。

④ 王蔚、阳建、顾震球：《专家指出消除霸权主义是联合国改革最大难点》，《国际先驱导报》2015 年 6 月 9 日，第 4 版。

（一）推动国际安全问题有效解决，彰显以联合国为核心的多边安全合作的效力

围绕着国际安全问题的反复争论和较量表明，以联合国为核心的多边合作是解决重大国际问题的适当框架。与霸权主义的军事干预行动相比，具有普遍代表性和权威性的联合国实施的维和行动更能够有效解决地区冲突，更能够被相关国家接受，也被国际社会寄予越来越多的希望。就连美国等奉行霸权主义的国家，在难以应对和解决国际安全问题的时候，也不得不求助于联合国及其维和行动。在 20 世纪末，以美国为首的北约撇开联合国发动了科索沃战争，但最终还是不得不依靠联合国结束这场战争，并且通过联合国才取得了进驻科索沃的合法权。在 21 世纪初，美国不顾国际社会的反对发动了伊拉克战争，但在长期深陷伊战泥潭之后不得不再度寻求联合国的帮助。2010 年 7 月 6 日，驻伊拉克美军司令雷蒙德·奥迪耶诺公开表示，如果在美军 2011 年从伊拉克撤离的时候，伊拉克国内库尔德人和阿拉伯人之间的种族矛盾仍然无法解决，将会需要联合国维和部队进驻伊拉克。①

中国积极参加联合国维和行动，为营造相关国家发展建设所需要的和平稳定的安全环境做出了重要贡献。中国参与的大多为"综合性维和行动"，此类维和行动将停火与政治解决结合起来，有助于武装冲突的彻底解决。在维和行动中，中国派遣的大多为工程、运输、医疗等保障分队，主要承担协助提供人道主义援助、帮助组织和监督选举、维持社会治安等任务。以中国 1992~1993 年参与柬埔寨过渡时期联合国权力机构为例，该项维和行动履行的职能包括监督停火、维持法律秩序、扫除地雷、构筑基础设施、提供人道主义援助等，并最终帮助柬埔寨建立了新的国家政权，实现了安全稳定。此外，中国积极支持联合国在维和领域发挥核心作用。胡锦涛主席在 2005 年 9 月 15 日出席联合国成立 60 周年首脑会议时指出："联合国作为集体安全机制的核心，在保障全球安全的国际合作中发挥着

---

① Lara Jakes, "US Eyes UN Peacekeepers for Iraq after 2011," Global Policy Forum, July 6, 2010, https：//archive. globalpolicy. org/political – issues – in – iraq/withdrawal/49270 – us – eyes – un – peacekeepers – for – iraq – after – 2011. html.

不可替代的作用，其作用只能加强，不能削弱。"① 习近平主席在2015年9月28日出席联合国大会时指出："我们要充分发挥联合国及其安理会在止战维和方面的核心作用，通过和平解决争端和强制性行动双轨并举，化干戈为玉帛。""中国将始终做国际秩序的维护者，坚持走合作发展的道路。……将继续维护以联合国宪章宗旨和原则为核心的国际秩序和国际体系。"②

（二）积极践行多边主义，有效遏制单边主义

当前的国际安全形势总体保持稳定，但影响和平与发展的不稳定与不确定因素也在增加，地区冲突持续不断，各种矛盾与问题错综复杂。与此同时，反对单边主义和单极化，要求国际关系民主化和多极化、实现多边主义的呼声显著增强。多边主义是指"两个以上的国家进行国际合作，旨在解决国际问题、处理由国际关系中人们所认知或实际存在的无政府状态所引发的冲突"③。联合国是国际多边体制的核心，以安理会为集体安全机制的核心，担负着维持国际和平与安全的责任，实质上是国际多边决策机制。在过去70多年里，联合国维和行动已成为实践多边主义、实现集体安全的有效手段，在化解地区冲突、缓和紧张形势方面发挥了重要作用，得到了大多数国家的认同。联合国维和行动达到了前所未有的活跃程度，参加维和行动的国家数量不断增多，维和行动次数急剧上升，规模空前。相比之下，奉行霸权战略的美国推行单边主义的单极政策，非但无法使世界实现和平与稳定，反而激化了矛盾和冲突，遭到了世界上大多数国家的反对。国际社会要求实现多边主义、加强联合国维和职能的呼声不断高涨。在2017年9月19日举行的联合国大会一般性辩论中，就在美国总统特朗普发表了"美国优先"的单边主义言论之后，法国总统马克龙随即予以反驳："联合国本身拥有维护世界平衡的'正统性'。"他指出，今天的联合国比过去任何时候都更需要多边主义来应对全球性安全挑战。只有选择多

---

① 《胡锦涛：努力建设持久和平、共同繁荣的和谐世界》，《人民日报》2005年9月16日，第1版。

② 《习近平在第七十届联合国大会一般性辩论时的讲话（全文）》，新华网，2015年9月29日，http://www.xinhuanet.com/world/2015-09/29/c_1116703645.htm.

③ Robert O. Keohane, "Multilateralism: An Agenda for Research," *International Journal*, Vol. 45, No. 4, 1990, p. 731.

边主义，才能建立永久和平，世界才能获得安全。①

中国是多边主义的坚定支持者、建设者和践行者。一方面，中国坚定维护以联合国为核心的国际多边体制，坚定维护以《联合国宪章》宗旨和原则为基石的国际关系基本准则。习近平主席 2015 年 9 月 28 日在纽约联合国总部出席第 70 届联合国大会一般性辩论时的讲话中指出："我们要建立平等相待、互商互谅的伙伴关系……要坚持多边主义，不搞单边主义；要奉行双赢、多赢、共赢的新理念，扔掉我赢你输、赢者通吃的旧思维。"② 另一方面，中国积极参加联合国维和行动，借助联合国舞台开拓外交。有学者认为，这些多边外交举措有对抗美国的"单极霸权"意图，与中国在冷战后倡导的世界"多极化"战略一脉相承。③ 联合国秘书长古特雷斯对中国积极倡导多边主义的做法予以高度评价，称"中国是多边主义的最重要支柱，积极参与全球发展合作，正和国际社会一道探寻解决全球性挑战的全球治理机制"④。

（三）大力倡导"合作共赢"的安全理念，推动构建"人类命运共同体"

联合国崇尚"合作共赢"的安全理念，即以共同的安全利益为基础，超越传统的军事安全，涵盖政治安全、经济安全和社会安全等领域，强调渐进性和灵活性，注重成员参与的广泛性，旨在建立信任措施和开展预防性外交，最终建立解决冲突的机制。联合国维和行动实质上是联合国"合作共赢"安全理念的重要实践，并且得到了广大会员国的积极响应和配合。广大会员国通过提供人员、资金和物资，支持和参与联合国维和行动。在欧洲、美洲和非洲等地区的维和实践中，联合国与相关区域组织和国家基于共同的安全利益和合作意愿，积极开展合作，特别是与非洲联盟建立了战略合作关系，在非盟总部驻地亚的斯亚贝巴设立了办事处，从而

---

① 王建刚：《马克龙：联合国需要多边主义来应对全球性挑战》，人民政协网，2017 年 9 月 20 日，https://www.rmzxb.com.cn/c/2017 - 09 - 20/1805851.shtml。

② 《习近平在第七十届联合国大会一般性辩论时的讲话（全文）》，新华网，2015 年 9 月 29 日，http://www.xinhuanet.com/world/2015 - 09/29/c_1116703645.htm。

③ 王立勇：《中国外交：从多极化到多边主义》，《当代世界》2003 年第 4 期，第 35 ~ 36 页。

④ 赵嘉鸣、马小宁、张慧中：《"中国是多边主义的最重要支柱"——访联合国秘书长古特雷斯》，《人民日报》2018 年 4 月 10 日，第 3 版。

确保更有效地履行维和任务。① 这种强调合作解决冲突、实现共同安全的理念，与霸权主义动辄使用武力或以武力相威胁的做法形成了鲜明对比。企图建立霸权的国家奉行"零和博弈"的安全观，谋求绝对优势和绝对安全，在政治上推行新干涉主义，在军事上推行新炮舰主义，在经济上推行新殖民主义，导致黩武主义泛滥，这既危及人类和平，也有损自身的安全利益。②

中国积极倡导构建"人类命运共同体"，这是推动国际战略格局多极化发展的重要基础，并且与《联合国宪章》精神以及联合国维和行动的职责有着一脉相承之处。联合国作为全球集体安全机制的核心，是构建"人类命运共同体"的重要政治平台。其中，"为和平而生，为和平而存"的联合国维和行动的作用尤其明显，它"给冲突地区带去信心，让当地民众看到希望"，直接体现了人类命运相互依存的特点，也与中国构建"人类命运共同体"的外交理念相契合。中国积极参加联合国维和行动，不仅与联合国其他会员国共同努力解决国际安全问题，而且积极倡导以对话解决争端，以协商化解分歧，通过继承和弘扬《联合国宪章》宗旨和原则，着力构建以合作共赢为核心的新型国际关系，共同营造合作共赢的全球治理模式，打造人类命运共同体。

第三节 依托联合国维和机制，助力地区安全问题的解决

联合国维和机制指的是联合国部署维和行动以解决国际冲突的原则、规则、规范和决策程序。③ 自二战结束以来，地区冲突是国际和平与安全面临的主要威胁，也是联合国维和机制应对的主要问题。事实上，联合国解决地区冲突的主要形式就是组织实施维和行动，维和行动也由此成为联合国解决地区冲突、实现地区安全的最有效手段。④ 中国在参与联合国维和行动的过程中，依托联合国维和机制，严格履行维和授权，协助开展人

---

① 参见蒋振西《试论联合国维和行动》，《国际问题研究》2008 年第 3 期，第 41～46 页。
② 参见《新形势下霸权主义的新表现——本刊记者夏征难访军事科学院战略研究部第二研究室主任罗援》，《中国军事科学》2001 年第 2 期，第 145～156 页。
③ 门洪华：《和平的纬度：联合国集体安全机制研究》，上海人民出版社，2002，第 297 页。
④ John J. Mearsheimer, "The False Promise of International Institutions," *International Security*, Vol. 19, No. 3, 1994/1995, pp. 5–49.

道主义援助，积极参与战后恢复，努力推动地区安全问题的解决。

一 严格履行维和授权，促进冲突地区局势稳定

联合国维和行动往往由安理会通过决议授权实施。安理会决议对于联合国会员国具有法律约束力，因此安理会的授权也使维和行动具备了合法性。更重要的是，安理会关于维和行动的授权是本着维持国际和平与安全的宗旨，根据冲突国家和地区的具体情况做出的，往往对维和特派团在缓解冲突、实现稳定方面的具体职能进行明确规范，是维和部队和维和人员有效履行职责的重要依据。在实践中，中国的维和部队和维和人员一贯严格履行维和授权，不畏艰险，不辱使命，积极促进冲突地区局势稳定。

（一）监督停火，确保落实和平协议

传统的维和行动通常是在冲突方同意停火或者达成有限的停火协议后授权部署的，其任务主要是对冲突方同意实现的停火进行监督，确保和平协议得到落实。负责监督停火的维和特派团通过在冲突双方的边境线或者军事分界线两侧设置观察哨，派驻军事观察员进行观察，监督责任区内的和平协议执行情况，并对违反协议的指控进行调查核实和上报，由高层领导与违反协议的冲突方进行谈判和交涉，以达到维持停火和履行和平协议的目的。由联合国维和人员监督停火，对于冲突方而言是非常重要的建立信任措施。冲突方在确信自己的承诺没有被对方用来争取获得军事优势之后，情绪会趋于缓和，从而直接或者在国际社会的帮助下进行谈判，寻找结束冲突、实现持久和平的途径。[①]

在联合国维和任务区的冲突一线，中国军事观察员与国际同行一道监督地区安全形势发展变化。他们直面战火硝烟，不畏生死，值守和平。2012年4月，在联合国和包括中国在内的许多国家的艰难斡旋下，叙利亚交战双方实现了形式上的停火。之后，联合国组建了叙利亚监督团，并向77个会员国发出请求，要求派遣300名军事观察员前往叙利亚，监督交战方的停火情况。在很多国际政治家和外交家看来，这可能是实现叙利亚和平的最后机会。作为"负责任大国"，中国政府按照军政素质、外语水平、驾驶技术、维和经历等标准，从维和人才库里"优中选优"，挑选出6名

---

① 杜农一、陆建新主编《维和行动概论》，军事谊文出版社，2004，第95页。

军官赴叙利亚参加维和行动。在叙利亚执行维和任务期间，中国军事观察员担负着协调部署、制订计划、安排护卫、巡逻、观察、分析和上报情况等职责。他们以联合国授权为依据，尽最大努力维护叙利亚短暂而脆弱的和平，监督着事实上并没有实现的停火。他们冒着枪击、爆炸、围攻、劫持、挑衅等各种安全威胁，坚守岗位，履行使命，曾经创造了连续值班21天的纪录，并且是联叙团最后一批撤离的维和人员。他们还以"充满中国智慧"的工作思路，为联合国叙利亚监督团的有效运转发挥了重要作用，为推进叙利亚和平进程做出了重要贡献。中国军事观察员勤奋的工作态度和专业的工作水准，得到了有关各方的高度评价。联合国叙利亚监督团司令穆德少将在对中国军事观察员领队刘勇做出的书面鉴定中写道："为了和平，刘勇上校在工作中展示了最高水平的专业精神和奉献精神，是他的国家和军队的杰出代表。"①

（二）隔离冲突，防止战火再起

在联合国维和行动中，在敌对派别之间部署维和部队，是实施和维持停火的一项基本任务，也可用作控制局部危机的短期应急性措施。为了防止冲突方违反停火协议，引发新的武装冲突，有时必须将冲突双方的部队进行隔离。承担隔离任务的维和特派团在部署之前，须与冲突双方就设置隔离区达成协议。隔离区由维和部队驻守，冲突方部队不得进入。维和部队通常在隔离区两侧建立观察哨和检查站，对隔离区内的军事活动进行监督。维和部队还会在隔离区进行巡逻，并对冲突双方的部队或阵地进行检查，确保停火协议得到落实，防止战火再起。例如，第四次中东战争结束后，叙利亚与以色列于1974年5月达成《部队脱离接触协议》，"联合国脱离接触观察员部队"据此部署在叙以控制地区之间的戈兰高地东侧隔离区，在监督停火、督促停战协议落实、防止冲突再度爆发等方面发挥了重要作用，确保了叙以两国的长期停火局面，成为难以替代的"防火墙"和中东安全形势的"风向标"。②

隔离冲突也是中国维和部队担负的一项重要职责。例如，中国赴南苏

---

① 黎云、秦伟：《叙利亚战火中的中国军事观察员》，《中国青年报》2012年9月7日，第9版。

② 王晓斌：《旋涡中屹立的"防火墙"——戈兰高地上的维和部队》，《环球军事》2013年第13期，第24～25页。

丹维和步兵营就担负着"在枪林弹雨之间执行隔离政策和制止冲突的任务"①。2015年7月,南苏丹两个难民营爆发大规模武装冲突,中国维和步兵营受命火速前去维稳,隔离冲突。中国维和官兵迅速穿插进人群,用身体和盾牌筑起一道隔离带。经过近3小时持续不断的卡点控道、巡逻警戒,现场局势终于得到有效控制,冲突双方人员逐渐散去,就此避免了一场大规模流血伤亡事件。联合国南苏丹特派团(联南苏团)对中国维和官兵的表现予以高度评价,并组织各出兵国观摩学习中国维和步兵营组织的应对突发事件行动演练。② 同年10月,中国维和步兵营部分官兵与联合国南苏丹特派团军事观察员组成巡逻分队,在朱巴西北180多公里的蒙德里地区执行长途巡逻任务时遭遇武装冲突。中国维和官兵迅速进入防御状态,并按照交战规则,先行喊话,随后武装升级,表明立场,最终将武装分子驱散。此后,中国维和官兵按照联南苏团总部指示,护卫联合国军事观察员到交火地点、政府军军营了解情况,采取进一步处置措施,有效避免了冲突升级。③

(三)稳定局势,恢复法律与秩序

冷战后的武装冲突大多为国内冲突,主要是因为各武装派别争夺政权、掠夺资源以及宗教和种族矛盾,常常导致国家分裂,法律秩序遭到严重破坏。即使冲突已经结束,东道国仍然存在法治机构运转不灵、当地警察效率低下等问题。在此情况下,联合国维和部队和维和警察担负的一项重要职责就是帮助东道国政府稳定国内局势,恢复法律与秩序。④ 时任联合国秘书长潘基文在安理会2014年2月19日举行的"在维护国际和平与安全中促进和加强法治"公开辩论会上发言时指出:"法治在联合国工作中居于核心地位,与和平和安全密切相关。在国家层面,实现民族和解与持久和平,离不开强有力的法治基础;在国际层面,法治对于预防冲突以

---

① 《中国首次向海外派遣步兵营参加联合国维和行动》,央广网,2014年12月22日,http://military.cnr.cn/jstp/jstph/20141222/t20141222_517179941.html。

② 程宇:《中国维和官兵隔离大规模武装冲突 受伤毫无惧色》,《解放军报》2016年7月1日,第9版。

③ 邓耀敏、严明:《通讯:为了非洲红土地的和平——记中国首支维和步兵营》,新华网,2015年11月24日,http://www.xinhuanet.com/world/2015-11/24/c_1117247827.htm。

④ 中国国际战略学会军控与裁军研究中心编《当代国际维和行动》,军事谊文出版社,2006,第17~18页。

及和平解决争端同样至关重要。因此，支持法治建设已成为联合国维和特派团和政治特派团授权任务的基本内容。遍布全球各地的联合国维和特派团都在开展相关工作，帮助稳定局势，恢复法律与秩序。"①

促进恢复法治是联合国维和行动的重要任务，也是中国维和人员特别是维和警察为世界和平事业做出的重要贡献。以联合国波黑维和行动为例，联合国驻波黑特派团国际警察部队的基本任务是维持波黑和平，帮助波黑恢复和重建独立公正的司法体系，维护当地民众的基本权利。鉴于此，中国维和警察的主要工作包括：监督、观察、指导当地警察开展执法活动；培训当地警察，确保其尊重人权和遵守国际警务执法标准，并对当地警察重点进行群体性事件控制和重大事故处置等方面的训练；加强刑事司法合作；加强警民关系，突出社区警务；等等。② 在波黑维和行动中，有的中国维和警察被安排担任行动调查官，负责打击有组织犯罪，帮助查处恐怖案件和重大刑事案件，督办波黑政府高层官员的腐败案件等；有的被安排在警察分局工作，参加基层巡逻和值班工作，并将辖区的治安情况和警察执法情况等写成报告，逐级上报；还有的被安排负责边境管理，通过建立计算机网络管理系统、沿河进行不定期巡逻等，规范签证和入境管理，有效堵塞漏洞，防止非法武装分子伺机采取不法行动。③

二　协助开展人道主义援助，改善民生境遇

人道主义援助是消除冲突根源、推动实现持久和平的重要途径，也是联合国维和行动的重要组成部分。为难民和流离失所人员提供人道主义援助本应是东道国政府的职责，但东道国往往缺乏这方面的能力，因此联合国维和特派团在实施维和行动的同时，还需投入相当多的资源和力量，协助开展人道主义援助工作。在这方面，维和工兵、运输、医疗分队等保障力量分别具有独特的专业优势，在人道主义援助工作中可以发挥特殊的作用。长期以来，中国维和工兵、运输和医疗分队在履行维和职责的同时，

---

① "Rule of Law Indispensable Element for Peace, Conflict Prevention – Security Council," UN News, February 21, 2014, https://news.un.org/en/story/2014/02/462412-rule-law-indispensable-element-peace-conflict-prevention-security-council.

② 参见赵磊、高心满等《中国参与联合国维持和平行动的前沿问题》，时事出版社，2011，第414~425页。

③ 《中国维和警察在波黑执行任务纪实》，网易新闻网，2010年1月16日，http://news.163.com/10/0116/13/5T5D0FTE0001121M.html。

积极协助维和特派团和东道国政府开展人道主义援助，为改善当地民生境遇、推动解决冲突根源做出了重要贡献。

（一）筑路架桥，维护人道主义"生命线"

联合国维和任务区大多数为经济极不发达地区，加之连年战乱，基础设施几乎破坏殆尽，道路、桥梁、机场、港口等的恢复重建任务非常艰巨。这些基础设施不仅是东道国政府发展经济、当地民众赖以生存的"大动脉"，也是人道主义援助机构向各地民众和流离失所者运送救援物资的"生命线"；不仅关系到维和力量的顺利部署和维和任务的有效执行，也同样关系到人道主义援助的有序开展。而维和工兵分队通常担负着基础设施建设和维修的任务，包括抢修道路、修复桥梁、维护修建机场港口等，在保障维和行动顺利实施的同时，还为人道主义援助提供有力的工程保障。

维和工兵分队是中国维和力量的重要组成部分。他们在维和实践中，通过构筑与维护道路、架设与维修桥梁、开辟与建设机场等，着力改善当地基础设施状况，在完成正常的作战和工程保障任务之外，尽最大努力促进人道主义援助的顺利实施。例如，中国赴南苏丹维和工兵分队除完成联南苏团的工程保障任务之外，还积极向当地民众提供人道主义工程援助，特别是于 2017 年 11 月开始承建该国的"阿加夸克—姆沃洛"补给线。这条补给线贯穿南苏丹南北，是南苏丹的主要交通线和当地民众赖以生存的重要通道，也是该国人道主义援助的"生命线"。但由于战乱破坏、雨水浸泡和车辆碾轧，这条补给线沟壑纵横，车辆难以通行，严重限制了人道主义供给运输。中国维和工兵分队勇于迎接挑战，努力克服施工危险系数高、动用装备多、保障难度大等一系列困难，确保工程顺利进行。南苏丹瓦乌州州长安杰洛·塔班对此表示由衷感谢，称中国维和工兵为当地建设和发展提供了强有力的支持，专业素质和配合态度令人钦佩。[①] 在其他维和任务区，中国工兵分队在协助开展人道主义援助方面同样发挥了不可或缺的作用。联非达团参谋长鲁塔哈曾赞叹道："中国工兵在支援当地和平重建和人道主义援助工作上所做的努力值得称赞，与达尔富尔人民结下了

[①] 张晓昆、何海：《中国维和工兵承建的南苏丹补给线项目正式开工》，新华网，2017 年 11 月 15 日，http://www.xinhuanet.com/world/2017-11/15/c_1121962708.htm。

深厚的友谊。联非达团为中国维和工兵分队杰出的表现感到骄傲。"①

（二）驰骋险途，打造人道主义"钢铁运输线"

联合国维和任务区在面临严重人道主义危机的同时，还存在运输力量薄弱的问题。不仅东道国政府缺乏必要的运力，而且当地自然环境恶劣，运输条件艰苦，安全挑战严峻，交通隐患多。在此情况下，将国际社会提供的大量援助物资运送到目的地，是整个人道主义援助工作的重要环节，也往往是维和特派团担负的重要任务。而维和运输分队除担负着维和特派团所属部队人员、武器装备、后勤物资等的运输保障任务之外，还常常帮助运送国际救援物资，包括粮食、衣物、饮用水、药品等，在保障维和行动有序开展的同时，还为人道主义援助提供有力的运输保障。

维和运输分队是中国维和力量的重要组成部分。他们在维和实践中披星戴月，风雨无阻，在旱季承受着天气酷热、尘土飞扬的煎熬，在雨季承受着道路泥泞、坑深路滑的危险，用忠诚和汗水打造了一条条坚不可摧的"钢铁运输线"，用滚滚车轮促进开辟了冲突国家和地区和平重建的坦途。例如，中国赴利比里亚维和运输分队除了完成联合国利比里亚特派团运输保障任务外，还为利比里亚抗击埃博拉病毒提供了有力的运输援助。2014年下半年，埃博拉疫情在利比里亚蔓延，国际社会捐赠的紧急人道主义医疗物资运抵当地。但由于该国缺乏必要的运输能力，加之埃博拉疫情失控造成严重的社会动荡，将这些医疗物资及时运送至各储存发放点，成为利比里亚政府抗击埃博拉疫情面临的一大难题。在此情况下，中国赴利比里亚维和运输分队积极作为，勇敢担当，多次出动运输力量和武装护卫人员，起早贪黑，连续作战，将一批批医疗物资及时运送到储存发放点。据统计，中国维和运输分队官兵在此期间先后为该国运输埃博拉防控医疗物资110多吨，累计行程近4000公里，为防控埃博拉疫情做出了重要贡献，得到联合国利比里亚特派团、利比里亚政府和当地民众的广泛赞誉。联合国秘书长代理特别代表安东尼奥·维吉兰特称赞说："中国维和运输分队在利比里亚付出了非常艰辛的努力和汗水，他们不论是在专业素养还是在

---

① 王淏田、马意翔：《中国赴苏丹达尔富尔维和官兵荣获联合国"和平荣誉勋章"》，中国军网，2017年10月10日，http：//www.81.cn/lkkj/2017 – 10/10/content_7783221.htm。

作风纪律方面，都是联利团所有维和部队的楷模。"①

（三）救死扶伤，构筑人道主义"医疗保障防线"

联合国维和任务区人道主义危机的一个重要特征就是各种疾病肆虐。一方面，虫媒传染病、动物源性疾病高发，如蚊子传播的疟疾、白蛉传播的黑热病、埃博拉出血热、马尔堡出血热以及霍乱、腹泻、肝炎等疾病疫情经常暴发，艾滋病、麻风病、结核等疾病感染率常常居高不下；另一方面，当地没有防疫机构，居民生活水平极低，健康意识淡薄，卫生习惯差，环境污染严重，进一步加剧了疾病的蔓延。因此，向东道国提供人道主义医疗保障，不仅是整个人道主义援助工作的重要内容，而且直接关系到维和人员的安全健康和维和行动的正常开展。而维和医疗分队除了为维和特派团所属人员提供医疗保障和医务工作专业技术指导外，还常常向当地民众提供人道主义医疗援助，包括收治患者、开展义诊、防控疾病、普及卫生知识等，在帮助维和人员维护身心健康的同时，为人道主义援助提供有力的医疗保障。

维和医疗分队是中国维和力量的重要组成部分。他们在维和实践中充分发挥医疗服务优势，积极配合维和特派团实施人道主义救援行动，包括开展医疗巡诊、难民救治、送医送药以及举办卫生知识讲座等活动，以实际行动诠释了白求恩国际人道主义精神。例如，中国赴黎巴嫩维和医疗分队的医护官兵除了完成维和人员防病治病任务外，还担负着为当地村民开展人道主义医疗援助的任务，有效解决了当地卫生资源缺乏、村民看病难的问题。他们在出国前仔细研究当地可能出现的多发病、常见病情况以及药材和水源情况，尽可能做到携带药材数量充足、品种齐全，为完成人道主义医疗援助任务奠定坚实的物质基础。中国维和医疗官兵在营区附近村庄搭建了固定医疗点，将之作为当地村民就诊的场所，对患者进行认真检查、明确诊断、细心治疗。他们还针对当地卫生条件差、村民防病意识薄弱的实际情况，通过多媒体、图片、板报等形式，积极宣传和普及健康卫生知识和防病知识，从而有效增强了村民的健康意识，提高了村民的防病

---

① 张祯、苑大营：《中国维和运输分队为利比里亚抢运防疫医疗物资》，《解放军报》2014年8月26日，第8版。

抗病能力，在很大程度上改善了当地的医疗条件。[①] 而中国赴刚果（金）医疗分队自2003年部署以来，一直在驻地布卡武市的SOS国际儿童村开展帮扶行动，捐赠医疗及其他物品累计近100万元，并投入千余人次开展义诊，有效帮助当地民众改善卫生条件，提高健康水平。[②]

三　积极参与战后恢复，推动实现持久和平

维和行动是联合国维持国际和平与安全的重要手段，并且发挥了不可替代的重要作用。自冷战结束以来，为了适应国际形势变化的需要，维和行动的理念和实践也在不断发展。维和行动的授权日益多元化，特别是部分综合性维和特派团被赋予早期建设和平的职能，通过参与冲突地区战后恢复工作，推动实现持久和平。对此，中国积极主张有效发挥综合性维和特派团的作用，确保实现维持和平向建设和平的平稳过渡。中国常驻联合国代表李保东曾公开表示："制定维和特派团的授权，既要优先考虑维持和巩固和平局面的紧迫需要，也要着眼长远并结合当事国实际情况，赋予特派团早期建设和平的任务。特派团及早介入民族和解、安全部门改革、国家机构重建、经济社会发展等领域工作，有助于为建设和平工作起好步，为实现长期和平稳定奠定基础。"[③] 在维和实践中，中国维和人员积极参与监督或组织选举，协调经济恢复工作，协助建立或改革安全机构，努力推进东道国政治、经济和社会重建。

（一）　监督或组织选举，推进东道国政治重建进程

监督或组织选举是联合国维和行动在停战后政治重建方面的一项重要内容。联合国维和特派团承担这一职责，主要是基于联合国崇高的国际威望。有些国家经过长期民族斗争赢得独立，希望联合国参与其权力机构的选举，从而获得国际上的支持和认可；有些国家在出现政权更迭后，上台执政的新政权希望能得到联合国的支持，借此确立合法性；有些冲突地区

---

① 邓尚富：《赴黎巴嫩维和医院开展人道主义援助的做法》，《解放军卫勤杂志》2013年第6期，第337~338页。

② 谭亮、王新慧：《十载爱心传递，齐心共筑和平——记我赴刚果（金）维和医疗分队十年接力援助当地SOS儿童村》，《解放军报》2015年6月2日，第9版。

③ 《常驻联合国代表李保东大使在联合国维和行动问题安理会公开辩论会上的发言》，中华人民共和国常驻联合国代表团网站，2013年1月21日，http://www.fmprc.gov.cn/ce/ceun/chn/zgylhg/jjalh/alhzh/whxd/t1006756.htm。

权力机构政治地位尚未得到确定，需要通过选举进行认可，而联合国的帮助不可或缺。因此，联合国派驻这些地区的维和特派团往往被赋予监督、组织或协助选举的使命，包括对选民的登记、选举人名单、计票等事宜进行监督，以确保选举在安全、公平、民主、信任的条件下进行，从而产生合法的国家政权，为开展战后恢复与重建奠定基础。① 其中，有些维和人员担任选举观察员，努力确保选举的顺利进行；有些维和人员担任选举顾问，为选举工作提供专业咨询；还有些维和人员担任选举工作人员，直接负责选举的组织实施。

参与监督和组织选举，也是中国维和人员在任务区开展工作的一项重要内容。中国政府首次参加维和行动，就是 1989 年向联合国纳米比亚过渡时期协助团派遣 20 名选举监督员，监督纳米比亚选举，帮助该国实现从南非独立。中国赴东帝汶维和警察在 2007 年东道国总统选举期间，有的与其他国家军警联合编队，负责将选票安全运送到投票站；有的被安排在偏僻的山村，负责全天维持投票站秩序；还有的在若干个投票站之间往返巡逻，确保投票站安全，防止有人作乱。而在 2006 年海地总统大选期间，当地非法武装极力破坏选举，并蓄意制造恐怖事件。作为此次选举核心的总统候选人选票统计工作，被安排在中国维和警察防暴队驻地斜对面的太子港索纳比工业园 3 号仓库进行。在整个总统选举过程中，每日 24 小时的守卫工作主要由中国维和警察防暴队来完成。尽管时常发生暴力事件，如攻击政治候选人、伏击运送选票车辆、焚烧建筑物等，但中国维和警察迅速熟悉任务区情况，有效实施武装巡逻、定点驻守、物资押运和游行示威群体性事件处置等行动，从而圆满完成了海地大选计票中心的守卫任务，为推动海地政治重建进程做出了重要贡献。计票中心主任马丁·兰迪在总统大选结束后公开表示："中国维和警察防暴队以实际行动证明，联合国驻海地稳定特派团将这一任务交给他们是非常正确的选择。"②

（二）协调经济恢复工作，促进东道国经济重建进程

在联合国开展维和行动的同时，对于冲突根源的探究促使联合国更加

---

① 中国国际战略学会军控与裁军研究中心编《当代国际维和行动》，军事谊文出版社，2006，第 18～19 页。
② 何勇、陈进：《中国防暴队圆满完成海地总统大选防卫任务》，人民网，2006 年 3 月 3 日，http://chinese.people.com.cn/GB/4162867.html。

注重采取措施修复和夯实和平的基础，和平重建活动特别是经济恢复工作已逐渐成为联合国解决争端及冲突的重要组成部分。特别是自冷战结束以来，联合国在实施维和行动的过程中，往往担负着促进冲突国家和地区经济恢复的任务，并且取得了积极进展。联合国在柬埔寨和阿富汗实施维和行动时，曾经向东道国提供了大量的经济援助，主持召开过数次国际援助会议，筹集了数十亿美元的国际捐款，为当地经济恢复和发展注入了活力。而塞拉利昂更是被时任联合国秘书长潘基文誉为"全球从冲突后恢复、维持和平和建设和平最成功的典范之一"。1991 年，塞拉利昂爆发内战，并且持续 10 多年，不仅造成该国 20 多万人死亡，还导致国家基础设施严重毁坏，国民经济濒于崩溃。联合国有效实施维和行动，帮助塞拉利昂维持和平，并建立了建设和平综合办事处，努力推动塞拉利昂的战后重建工作，使得塞经济形势明显好转。①

中国积极主张联合国维和行动与预防冲突、建设和平等工作相互关联衔接，共同解决冲突根源，实现持久和平。中国常驻联合国代表刘结一2017 年 8 月 29 日在安理会维和行动、建设和平与可持续和平问题公开辩论会上发言时指出："维和行动应根据形势需要调整各阶段的工作重点……建设和平应以加强政治安全建设和发展能力为总体目标，推动冲突局势向发展重建转型……应坚持发展和安全并重，通过标本兼治解决冲突根源，从而使和平得以持续。"②

在维和实践中，中国维和人员积极参与东道国经济重建，为当地经济恢复做出了重要贡献。例如，中国赴南苏丹维和分队积极参与东道国战后重建项目，包括援建南苏丹首个专门培训退伍军人的机构——"弃武、复员、安置"培训中心、为第二大城市瓦乌建成第一座真正意义上的汽车站、为边境县城拉加修建机场跑道等，为当地经济和社会发展提供了很大便利。南苏丹西加扎勒河州州长瑞泽克·哈桑表示："中国维和部队用实

---

① 《塞拉利昂——全球战后重建的成功典范》，国际在线，2014 年 3 月 11 日，http：//news. cri. cn/gb/42071/2014/03/11/6871s4459197. htm。

② 《常驻联合国代表刘结一大使出席安理会维和行动、建设和平与可持续和平问题公开辩论会的发言》，中华人民共和国常驻联合国代表团网站，2017 年 8 月 29 日，http：//chnun. chinamission. org. cn/chn/zgylhg/jjalh/alhzh/whxd/201708/t20170830_8365031. htm。

际行动密切了中南两国之间的友好关系。"①

（三）协助建立或改革安全机构，推动东道国社会重建进程

近年来，联合国维和行动将协助建立或改革安全机构，推动冲突国家社会重建作为一项重要任务。特别是一些东道国在取得民族独立后，由于缺乏国防力量、治安力量和执法力量，需要维和特派团帮助开展安全机构建设。为此，联合国安理会于 2014 年 4 月 28 日就"安全机构改革"议题通过了首份决议，强调冲突后国家的安全机构改革的重要性，提出将安全机构改革作为联合国维和行动等任务规定的一部分予以优先考虑。②

中国政府认为，冲突后重建国家的安全机构改革有助于社会长治久安。中国常驻联合国副代表王民 2015 年 8 月 20 日在联合国安理会安全部门改革公开会上发言时表示："安全部门改革是联合国维持和平、建设和平的有机组成部分和重要内容。联合国协助冲突后重建国家开展安全部门改革，建立专业、高效、尽职的安全部门，有利于维护当事国和平、安全与稳定，有利于为当事国开展冲突后重建创造良好条件。"③ 他还特别强调：联合国维和特派团在推动东道国建立和改革安全机构时应坚持因地制宜，根据东道国要求提供建设性帮助，依据东道国国情和具体情况明确优先领域，避免越俎代庖和反客为主；联合国还应加强对东道国安全机构改革的整体规划，确保其同促进经济社会协同发展等领域的工作紧密结合，促进东道国消除冲突根源，实现社会长治久安。④

在维和实践中，中国维和人员同样在协助东道国建立和改革安全机构方面做出了积极贡献。2004 年 1 月，中国政府应联合国请求，向联合国阿

---

① 黎云、李璐：《中国维和部队积极协助南苏丹战后重建》，中华人民共和国国务院新闻办公室网站，2013 年 8 月 30 日，http://www.scio.gov.cn/ztk/dtzt/2013/9329142/1229156/Document/1345066/1345066.htm。

② *The Maintenance of International Peace and Security: Security Sector Reform: Challenges and Opportunities*, S/RES/2151 (2014), April 28, 2014, https://www.un.org/Depts/german/sr/sr_14/sr2151.pdf.

③ 李秉新、李晓宏、殷淼：《冲突后重建国家安全部门改革有助于社会长治久安》，人民网，2015 年 8 月 21 日，http://world.people.com.cn/n/2015/0821/c1002-27499483.html。

④ 李秉新、李晓宏、殷淼：《冲突后重建国家安全部门改革有助于社会长治久安》，人民网，2015 年 8 月 21 日，http://world.people.com.cn/n/2015/0821/c1002-27499483.html。

富汗援助团①派遣了高级警务顾问。其不仅就警务事项向联合国秘书长特别代表积极提供建议，就支助阿富汗警察部队事宜同其他国际机构和会员国进行协调，还向阿富汗内政部各司司长以及相关委员会和工作组提供意见和援助，并就战略和行动规划问题与阿富汗警察部队指挥官进行磋商，就阿警察招募和训练问题与阿富汗同行进行密切合作，为阿富汗警察培训与发展计划的制订和执行发挥了重要作用，有力地推动了阿和平进程和社会重建。②

小　结

中国参与联合国维和行动对于维护国际安全秩序、促进国际战略格局稳定、推动地区安全问题解决和国际安全环境改善具有十分重要的意义。在参与维和实践时，中国始终秉持维和行动的基本原则，致力于实现国际安全秩序的合法性、和平性、合作性和公正性。同时，作为安理会常任理事国和最大的发展中国家，中国积极维护联合国在国际安全领域的权威地位和核心作用，帮助发展中国家提升在国际安全问题上的话语权和影响力，努力推动国际战略格局的稳定。此外，中国依托联合国维和机制，与其他维和行动出兵国和出资国共同严格履行维和授权，开展人道主义援助，致力于冲突后恢复和重建，努力推动地区安全问题的解决。在全球安全倡议"六个坚持"的框架下，中国一方面继续支持联合国提高维和行动履行授权能力，坚持维和行动三原则，坚持政治优先，综合施策，标本兼治；另一方面，支持联合国加强预防冲突努力，充分发挥在建设和平架构方面的作用，帮助冲突后国家开展建设和平工作。

---

① 联合国阿富汗援助团由维和行动部而非政治事务部管理，是一项旨在"建设和平"的政治行动，与严格意义上的维和行动有很大区别。

② 参见赵磊、高心满等《中国参与联合国维持和平行动的前沿问题》，时事出版社，2011，第436页。

第三章

中国参与联合国维和
行动与国家利益

国家利益是一切民族国家追求的根本利益。在物质上，国家需要安全与发展；在精神上，国家需要国际社会对其身份与荣誉的尊重。国家利益的获取是国家行为主体在国际关系中的基本行为准则之一。国家在国际关系中的行为必须能够维护或实现国家利益。

从战略层面对参与联合国维和行动进行谋划，是当代中国国家利益发展的客观需要。改革开放以来，中国与世界的关联度不断提高，中国已成为世界体系不可或缺的组成部分，并且不断融入各种国际机制，对外界的依赖程度不断提升。与此同时，中国国家利益结构正在发生深刻变化，国家利益在拓展，国际地位在上升，国际责任也在增加。在此情况下，参与联合国维和行动，已成为中国进一步融入国际机制的重要渠道，成为中国维护国家现实利益和长远战略利益的有效途径，也是中国实现民族复兴、迈向国际性大国的必然要求。

第一节　政治利益——树立良好的国际形象

中国要真正成为具有世界影响力的大国，就必须在全世界树立良好的形象。良好的国际形象，有利于加强全国人民的团结，增强人民的信心和弘扬爱国主义精神，有利于巩固国家政权和社会制度的价值基础，维护国家的长治久安，还有利于发展与世界各国的友好关系，提高中国的国际影响力。中国在参与联合国维和行动的过程中，秉持维护和平的宗旨，积极开展多边外交，主动承担国际责任，彰显了"和平之邦"和"负责任大国"的国际形象。

一　秉持维护和平宗旨，彰显"和平之邦"的良好形象

和平是人类共同祈愿的目标，联合国维和行动则是人类社会维持国际和平与安全的重要途径。中国作为国际社会的重要成员，秉持维护和平的宗旨，以满腔的热情与坚定的信念投入联合国维和事业，为了人类和平而不懈奋斗。中国维和人员以严明的纪律和良好的形象展现了中国的风采，

以实际行动为历史留下了光辉的和平印记。正如中国国防部维和事务办公室负责人所言："活跃在各个任务区的中国维和官兵，彰显了中国爱和平、有担当的负责任大国形象，为世界和平贡献了积极力量。"[1]

（一）展现中国爱好和平的国际形象

积极参加联合国维和行动，有助于在世界上展现中国崇尚和平、爱好和平、向往和平的良好形象。中国是社会主义大国，维持国际和平与安全、构建和谐世界一直是中国的向往。中国一贯将维护世界和平作为国家的既定政策。早在中华人民共和国成立前夕，中国人民政治协商会议在《共同纲领》第 54 条中就做出规定："中华人民共和国外交政策的原则，为保障本国独立、自由和领土主权的完整，拥护国际的持久和平和各国人民间的友好合作，反对帝国主义的侵略政策和战争政策。"[2] 新中国成立后，该项政策又被写进了 1954 年《中华人民共和国宪法》。中国根据和平共处五项原则，同世界各国建立和发展外交关系，并且为国际和平和人类进步的崇高目标而努力奋斗。

联合国维和行动既是国际社会维护世界和平与地区安全的重要手段，也是中国彰显"爱好和平"国际形象的重要舞台。在联合国维和事务上，中国政府坚决贯彻执行独立自主的和平外交政策，积极宣传在维和问题上的正义立场，包括遵守《联合国宪章》的宗旨和原则，坚持以斡旋、调解、谈判等和平手段解决争端，反对实行双重标准，维和行动应遵循事先征得当事国的同意、严守中立、除自卫外不得使用武力等历史证明行之有效的一系列原则，坚持实事求是、量力而行，等等。这表明中国是爱好和平的国家，中国人民是爱好和平的人民，中华民族是爱好和平的民族。曾有联合国官员评价称："如果世界上任何一个民族都像中华民族一样友善，这个世界一定会更加美好。"[3]

在维和实践中，中国维和人员以过硬的专业素质、出色的工作业绩、顽强的战斗作风和良好的精神风貌，圆满完成了联合国赋予的各项任务，

---

[1]　罗铮、朱鸿亮：《我们为和平而来——中国军队海外维和 27 载》，《解放军报》2017 年 7 月 7 日，第 1 版。

[2]　《中国人民政治协商会议共同纲领》，人民出版社，1952，第 17 页。

[3]　黎云、曾涛：《维和 26 年，中国军队作了哪些贡献》，新华网，2016 年 6 月 9 日，http://www.xinhuanet.com/politics/2016 – 06/09/c_1119017598.htm。

赢得了联合国维和特派团以及东道国政府和民众的高度评价，有力地诠释了中国"爱好和平"的国际形象，宣示了中国维和人员守望和平永不改变的坚定决心，也得到了国际社会的广泛赞誉。联合国新闻部曾专门发布视频及图片向中国表示感谢，足以印证中国对人类和平事业的杰出奉献。国防部维和事务办公室负责人则表示："中国历来崇尚和平，饱受苦难的中国人民也深知和平的珍贵，因此在维护世界和平方面的决心更加坚定。作为联合国维和行动的坚定支持者和积极参与者，一定会有越来越多的中国军人佩戴起神圣的蓝盔，投入到伟大的维和事业之中。"[1]

（二）推动消除"中国威胁论"

中国通过积极参加联合国维和行动，进一步提高了国防政策的透明度，从而有助于推动消除"中国威胁论"。"中国威胁论"之所以能够产生一定影响，除了某些反华势力将其作为对华政策的一部分，服务于国内政治需要外，原因还在于国际社会"不了解——不了解中国，不了解中国军队"[2]。毕竟中国对外开放的时间并不长，交流也不多，部队对外开放和交流就更少。当中国参加联合国维和行动时，一些西方媒体大肆炒作，对走出国门的中国维和部队和维和人员横加猜疑和阴谋解读。例如，中国参与联合国在海地实施的维和行动，就曾被美国政界、军界和学术界一些人士视为"中国介入美国后院的开始"[3]。

事实上，国际安全威胁的根源并不在于一国综合国力和军事实力的强弱，而在于该国是否抱有争霸和称霸的野心，是否在执行侵略扩张政策。中国一贯反对"霸道"，反对用兵对外扩张。中国始终奉行防御性的国防政策和积极防御的军事战略。中国积极参加联合国维和行动，根本目的在于消除对抗，缓解争端，促进国际武装冲突的控制和地区热点问题的解决，减少乃至消除影响国际安全的消极因素，营造和平稳定的国际环境，而不是像某些国家那样打着"维和"的旗号向他国派遣武装力量，实施军

① 黎云、曾涛：《维和26年，中国军队作了哪些贡献》，新华网，2016年6月9日，http：//www.xinhuanet.com/politics/2016 - 06/09/c_1119017598.htm。

② 吴陈、裴闯、张汩汩：《专家称化解威胁论要靠增加对中国军队的了解》，新浪网，2007年8月7日，http：//news.sina.com.cn/c/2007 - 08 - 07/103813611063.shtml。

③ Gonzalo S. Paz, "Rising China's 'Offensive' in Latin America and the U. S. Reaction," *Asian Perspective*, Vol. 30, No. 4, 2006, p. 102.

事扩张。中国 30 多年的维和实践向世界表明，中国参与维和行动是出于国际主义和人道主义考虑；中国军队是维护世界和平和地区安全的坚定力量，不会对他国构成安全挑战；中国的发展不会对任何国家构成威胁，而是会给世界带来发展的动力和机遇。中国维和官兵用行动证明了自己是一支真正的和平之师、正义之师，有力地驳斥了"中国威胁论"。英国驻华武官米亚奇准将在接受《解放军报》采访时表示："维和行动给了中国军队看世界的机会，同时也为世界了解中国军队打开了一扇窗户。"① 法国籍国际问题专家高大伟则认为："按照'中国威胁论'的说法，被视为敌对力量的中国军队是恐惧之源。然而，当中国军队与其他国家军队合作保护生命，为社会经济发展创造条件时，不仅有助于减少互相猜疑，也使各方走上战略信任的道路。"② 因此，参加联合国维和行动有助于中国更好地展现正面、积极的国际形象，消除"中国威胁论"的影响，表现出中国走和平发展道路的决心。

（三）践行"构建人类命运共同体"理念

2015 年 9 月 28 日，习近平主席在出席第 70 届联合国大会一般性辩论时发表重要讲话并指出："当今世界，各国相互依存、休戚与共。我们要继承和弘扬联合国宪章的宗旨和原则，构建以合作共赢为核心的新型国际关系，打造人类命运共同体。"③ 2017 年 2 月 10 日，"构建人类命运共同体"理念首次写入联合国决议。④ "构建人类命运共同体"理念强调不同国家之间增进互信、加强沟通、密切协作，探索在新型国际关系的基础上建立求同存异、相互尊重、互学互鉴的新型关系，搭建多种形式、多种层次的国际交流合作网络，汇聚构建人类命运共同体的强大力量。这不仅是中国政府审视国际形势发展变化而郑重提出的一项重大的全球治理理念，是

---

① 焦亮：《我军事外交折射中国改革开放巨大成就》，《解放军报》2007 年 8 月 1 日，第 27 版。

② David Gosset, "From Threat to Trust: China's Role in UN Peacekeeping," *Huffington Post*, December 23, 2012, https://www.huffingtonpost.com/david – gosset/china – us – relations_b_1998484.html.

③ 《习近平在第七十届联合国大会一般性辩论时的讲话（全文）》，新华网，2015 年 9 月 29 日，http://www.xinhuanet.com/world/2015 – 09/29/c_1116703645.htm。

④ 《联合国决议首次写入"构建人类命运共同体"理念》，新华网，2017 年 2 月 11 日，http://www.xinhuanet.com/2017 – 02/11/c_1120448960.htm。

新时期中国国际战略的新主张，而且符合世界各国人民的根本利益，适合国际社会普遍的价值观念，并且与《联合国宪章》的宗旨和原则相一致。

"构建人类命运共同体"理念的核心和主要目标是实现世界的持久和平与普遍繁荣，因此必须将维持国际和平与安全作为前提条件。当前的国际安全形势总体保持稳定，但影响和平与发展的不稳定与不确定因素也在增加，地区冲突持续不断，各种矛盾与问题错综复杂。国际社会需要加强合作，共同维护世界和平与安全。参加联合国维和行动，是中国推动"构建人类命运共同体"的实际举措。中国作为国际社会负责任的重要成员，不仅需要良好的国际安全环境来发展自己，还要通过自身发展为人类共同的发展与繁荣做贡献。中国积极参与联合国维和行动，不仅关乎以联合国为核心的集体安全机制的未来发展，而且直接关系到冲突和热点地区的发展走向以及国际和平的实现与维护。①

"构建人类命运共同体"理念汲取了中国传统"和"文化的智慧，并将其内化为新的价值观念，体现了中华民族致力于建设和谐世界的理想和信念。走出国门执行维和任务的中国维和官兵，通过履行维和使命，促进冲突国家和地区实现和平与安全，帮助当地民众改善发展社会经济的条件。他们不仅站在维护世界和平的最前沿，还身处建设和谐世界的第一线，是"构建人类命运共同体"理念的忠实践行者，真正做到"同呼吸、共命运"。正如中国第17批赴黎巴嫩维和部队指挥长石鸿辉所言："我们在新时代担负国际维和任务，是构建人类命运共同体的一线践行者，处在大国军事外交最前沿，因此使命更加光荣，责任也更重大。"② 此外，中国维和官兵不仅积极宣传中国稳定的政治局势，宣传中国在建设和谐社会、促进世界和谐方面取得的伟大成就，还与东道国政府和民众以及友邻维和部队和睦共处，将"构建人类命运共同体"的理念融入维和实践，从而得到了爱好和平的国家和人民的广泛认同。中国维和部队因此被誉为"伟大的中国人民和中国军队的友好使者"③。

① 参见赵磊、高心满等《中国参与联合国维持和平行动的前沿问题》，时事出版社，2011，第326页。

② 李良勇、张贵杰：《通讯：地中海畔，中国"蓝盔"熠熠生辉——记中国赴黎巴嫩维和部队》，新华网，2018年10月24日，https：//baijiahao.baidu.com/s？id=161522037954968141 0&wfr=spider&for=pc。

③ 张光政：《神圣使命：中国维和部队享誉非洲》，《人民日报》2007年11月5日，第7版。

二　积极践行多边外交，推动全方位外交工作的开展

参加联合国维和行动，为中国积极开展多边外交提供了重要平台。作为最具普遍性、代表性和权威性的政府间国际组织，联合国是实践多边外交的最佳场所，也是当今世界各主要行为体多边外交的起点与重点。江泽民主席曾经指出："中国是安理会常任理事国，更是发展中国家的一员，我们要积极参与多边外交活动，借重多边舞台为我国的利益服务，同时要为维护世界和平、促进共同发展作出积极贡献。"[①] 在国际安全领域，中国在安理会及联合国大会框架内与有关国家展开积极磋商与合作，推动多边外交工作广泛深入开展。在处理联合国维和事务的过程中，中国还加深了对联合国维和机制及其他安全机制的理解和认识，积累了运用国际安全机制处理国际和地区安全事务的经验，在促进国际秩序和正义的同时，在国际多边外交舞台上更好地维护国家利益。

（一）积极参与维和磋商机制，妥善处理大国关系

积极参与联合国维和磋商机制，为中国妥善处理大国关系创造了有利条件。大国关系直接影响着世界未来格局的走向，妥善处理大国关系是中国争取和平国际环境的关键环节，也是中国外交政策的重要内容。各大国之间存在着不同的战略利益，中国与其他大国特别是美国之间有利益重合，有利益差别，也有利益冲突。在现存国际体系基本由美国等西方国家主导的情况下，中国在争取自身利益时难免会受到一定的战略压力。参与联合国维和磋商机制，运用联合国的规则和制度实现地区安全和本国战略利益的统一，为中国调整大国关系、维护自身利益提供了新的平台。

在联合国维和机制方面，安理会有权通过建立维和特派团的决议，确定维和行动的规模、使命和任期，授权维和部队的变更，还有权在维和行动实施期间做出维和特派团使命变更、任期延长或终止的决定。在有关联合国维和事务的磋商过程中，中国作为安理会五常机制的重要成员，与安理会其他常任理事国一样有权在发生危及国际和平的事件时提议安理会进行讨论，有权参与安理会关于实施维和行动的决策过程，有权对有关决议提出修改和补充意见，还有权对相关议案行使否决权，因而对联合国维和

---

① 李肇星：《新时期外交工作的宝贵精神财富》，《人民日报》2006年9月30日，第6版。

行动的启动起着决定性作用。中国与各大国之间在上述问题上进行积极沟通与协调，既提升了中国的大国地位，也为改善中国与相关大国之间的关系创造了条件。

事实上，在维和事务磋商过程中积极合作，协调各方立场，提出一些各方都可以接受并且具有可操作性的方案，有助于中国进一步发展与其他大国之间的外交关系；即使是消极的合作，也可以通过接触增加信任和理解，减少猜疑和误解，缓解其他大国在国际体系中对中国构成的战略压力。以中美关系为例，联合国维和事务磋商已于2010年被纳入中美战略与经济对话框架。维和事务协调与合作还被列入中美元首会晤的重要议题。2016年9月3日，习近平主席与来华出席二十国集团领导人杭州峰会的美国总统贝拉克·奥巴马举行会晤时，就共同关心的重大国际、地区和全球性问题进行了深入、坦诚和建设性交流，其中就包括联合国事务及维和合作问题。双方重申支持联合国作为最具普遍性的多边国际组织在国际事务中发挥重要作用，同意加强在联合国及相关机构内的沟通与协调，维护和加强联合国在维护和平与安全、促进发展方面的有效性，并重申加强联合国维和行动的重要性，还共同承诺就非洲第三国出兵、出警能力建设进行协调。① 这也进一步促进了中美两国在国际安全领域增加共识，深化合作。

（二）坚持维和行动正确的发展方向，巩固与发展中国家的关系

坚持联合国维和行动正确的发展方向，是中国外交政策的一贯立场，这也巩固和加强了中国与广大发展中国家的团结合作。中国要想在国际政治舞台上发挥重要作用，就必须依托发展中国家。广大发展中国家与中国有许多共同点，包括反对霸权主义和强权政治、主张建立公平合理的国际政治经济新秩序、维护地区与世界和平。在联合国维和事务中，广大发展中国家希望中国能够发挥重要影响和作用，努力维护发展中国家的正当权益。特别是陷入武装冲突、需要联合国维和力量介入的大多是势单力薄的发展中国家，这些国家普遍欢迎中国参与其中。中国也始终与广大发展中国家站在一起，在维和机制中坚定不移地维护广大发展中国家的正当权益，并且在参与维和行动过程中积极作为，进一步加深了与广大发展中国

---

① 《中美元首杭州会晤中方成果清单》，《经济日报》2016年9月5日，第9版。

家的友好合作关系。① 例如，中国参与联合国在刚果（金）、苏丹等国实施的维和行动，对于密切中国与这两个国家的政治、经济合作发挥了重要作用，以多边促双边已成为中国外交的重要思路之一。

冷战结束后，随着联合国维和行动的发展，发展中国家在维和机制改革、维和事务发言权以及维和行动原则等问题上更加注重维护自身权益，为中国加强同广大发展中国家的团结，推动联合国维和行动的健康发展，提供了重要契机。中国在相关问题上坚持原则，努力维护广大发展中国家的合法权益。在维和机制改革问题上，中国政府在 2004 年 8 月 5 日发表的《第 59 届联合国大会中方立场文件》中指出："改革应充分照顾发展中国家的合理关切和合法权益。"② 在维和事务发言权问题上，中国政府在 2013 年 9 月 9 日发表的《第 68 届联合国大会中方立场文件》中指出："联合国改革应有助于……提高发展中国家在国际事务中的发言权。……安理会改革应优先增加发展中国家特别是非洲国家在安理会的代表性，使中小国家有更多机会轮流进入安理会，参与其决策，在安理会发挥更大的作用。"③ 习近平主席在 2015 年 9 月 28 日出席联合国大会时更是向世界庄严承诺："中国在联合国的一票永远属于发展中国家。"④ 中国政府的正义立场和积极努力，赢得了广大发展中国家的理解和信任。阿盟秘书长纳比勒·阿拉比 2014 年 6 月 5 日在中阿合作论坛第六届部长级会议后的联合记者会上坦言："所有阿拉伯国家都认为中国是一直伸张正义的大国，是联合国安理会五个常任理事国中唯一一直支持阿拉伯正义事业的大国，也是唯一一直支持第三世界发展中国家的大国。……我们愿同中国建立战略性合作关系。"⑤

---

① 参见行健《中国维和历程演变折射出多边外交日益成熟自信》，新浪网，2011 年 10 月 20 日，http：//news. sina. com. cn/o/2011 - 10 - 20/165123335829. shtml。

② 《第 59 届联合国大会中方立场文件》，中华人民共和国外交部网站，2004 年 8 月 5 日，http：//www. fmprc. gov. cn/web/gjhdq_676201/gjhdqzz_681964/lhg_681966/zywj_681978/t146390. shtml。

③ 《第 68 届联合国大会中方立场文件》，中华人民共和国外交部网站，2013 年 9 月 9 日，http：//www. fmprc. gov. cn/ce/ceun/chn/zt/wangyi1/t1078850. htm。

④ 《习近平在第七十届联合国大会一般性辩论时的讲话（全文）》，新华网，2015 年 9 月 29 日，http：//www. xinhuanet. com/world/2015 - 09/29/c_1116703645. htm。

⑤ 《阿拉比称中国是唯一一直支持第三世界发展中国家的大国》，中国政府网，2014 年 6 月 6 日，http：//www. gov. cn/xinwen/2014 - 06/06/content_2695300. htm。

（三）发挥维和领域外交优势，有效震慑反华势力和"台独"势力

中国在参加联合国维和行动的过程中积极发挥自身优势，有效震慑国际反华势力，并且遏制了"台独"势力在多边外交领域寻求"国际生存空间"的努力，促进了祖国和平统一大业。近些年来，台湾当局在联合国的一些会员国中推行"金元外交"，寻求国际生存空间。在所谓的"台湾邦交国"中，有相当一部分国家经济和社会发展面临严重困难和考验，一些国家还存在着动荡和冲突。参加联合国维和行动，促进相关国家和地区实现安全稳定和经济社会重建，不仅展示了中国的政治经济实力和国际影响力，而且巩固了中国与广大发展中国家的传统友好关系，特别是赢得了那些安全局势动荡、经济基础薄弱、国防力量脆弱的国家的支持，从而在国际社会中形成了良好的示范作用。以中国与利比里亚的关系为例，两国自1977年建交以来，曾因利政府与台湾地区恢复所谓的"外交关系"而两度断交。不过，中国政府一直致力于推动长期陷于内战的利比里亚的和平进程。特别是在2003年9月19日，在中国政府的支持下，安理会决定建立利比里亚维和特派团；中国常驻联合国代表还表示考虑派遣维和人员参加联合国在利比里亚的维和行动。此后，利比里亚与台湾当局"断交"，中利两国于同年10月11日签署了《中华人民共和国和利比里亚共和国展开恢复外交关系的联合公报》。有分析人士评论称，利比里亚百废待兴，迫切需要外界伸出援手，稳定国内政治经济局势，希望在联合国维和行动问题上得到中国的支持；而联合国也希望中国能够在利比里亚战后重建问题上"发挥积极作用"。很显然，利比里亚与中国复交是国际政治格局变化的必然结果，也是中国综合国力和影响力提升的必然结果。[①]

此外，中国还在联合国维和决策机制中积极发挥外交优势，有效运用外交手段，通过外交斗争，打击和震慑国际反华势力和"台独"势力，有力地维护了国家主权和领土完整。1997年1月，在联合国安理会讨论关于向危地马拉派遣军事观察员的提案时，中国政府行使了否决权。[②]中国常驻联合国代表秦华孙表示："中国理解危地马拉的遭遇，但危的和平不能以损害中国的主权和领土完整为代价。危地马拉政府连续4年来不顾中国

---

① 张依瑶：《利比里亚断然抛弃台当局》，《环球时报》2003年10月15日，第8版。
② 《中国否决联合国向危地马拉派遣军事观察员决议草案》，《人民日报》（海外版）1997年1月13日，第6版。

政府再三劝告，公然违背《联合国宪章》宗旨和原则，在联合国内竭力支持分裂中国的活动，特别是执意邀请台湾当局参加危地马拉和平协定签字仪式，为其从事分裂中国的活动提供场所，伤害了中国人民的感情。"①《华盛顿邮报》评论称："中国在处理国际关系时，开始采取积极反对的立场。"② 这也体现出联合国维和行动为中国运用外交艺术捍卫国家主权提供了更多的策略选择。

三　主动承担国际责任，展现中国勇于担当的大国风范

在庆祝中国共产党成立 95 周年纪念大会上，习近平向世界庄严宣示："为人类不断作出新的更大的贡献，是中国共产党和中国人民早就作出的庄严承诺。中国共产党和中国人民从苦难中走过来，深知和平的珍贵、发展的价值，把促进世界和平与发展视为自己的神圣职责。"③ 中国始终坚持和平发展的发展道路和互利共赢的开放战略，将维护世界和平和促进全球包容与可持续发展作为崇高的事业不断追求。维和行动是联合国维持国际和平与安全的重要手段，是解决全球性问题的前提，并且已成为世界各国人民共同享用的"国际公共产品"。中国作为安理会常任理事国，积极支持和参与联合国维和行动，主动承担国际责任，彰显了中国在维护世界和平事业上的大国担当。

（一）调整和树立应对维和行动挑战的大国心态

心态决定认识，认识影响行动。大国心态应该是更趋开放、自信，更有责任心，能够更客观、更理性地看待国际安全问题，坦然面对成功和挫折，体现出与大国地位相称的宽广胸怀。④ 中国在参与联合国维和行动的过程中，努力调整和树立大国心态，表现出成熟的国民心智，积极抵御风险和应对挑战，并且保持大国定力，坚定不移地朝着既定目标前进。

维和行动中存在着诸多风险，不可避免会发生人员伤亡。根据联合国

---

① 《外交部发言人就中国否决安理会有关决议草案发表谈话：危地马拉政府应对此负完全责任》，《人民日报》1997 年 1 月 12 日，第 1 版。

② "China's UN Veto," *The Washington Post*, January 14, 1997.

③ 《习近平在庆祝中国共产党成立 95 周年大会上的讲话》，《人民日报》2014 年 7 月 2 日，第 2 版。

④ 参见金灿荣等《和平发展：大国的责任》，中国人民大学出版社，2014，第 16～17 页。

维和行动部的统计，截至 2021 年 12 月 31 日，在联合国维和行动中因公殉职的维和人员已达 4173 人。特别是印度、巴基斯坦、孟加拉国、埃塞俄比亚、尼日利亚、加纳等维和行动主要出兵国以及英国、法国、加拿大等国，维和人员的死亡人数均超过 100 人。2010 年至今，在执行维和任务期间殉职的联合国维和人员就达 111387 人。① 在中国参与联合国维和行动的30 多年里，已先后有 24 名维和人员为维和事业献出了宝贵生命，其中包括 16 名军事人员和 8 名警务人员。他们有的牺牲于战火之中，有的因公染病不治身亡，还有的在自然灾害和车祸等意外事件中丧生。随着中国参与维和行动的规模不断扩大，中国维和人员不可避免要面临更多的危险，伤亡人数也有可能继续增加。

然而，中国政府和民众认识到，参加维和行动不仅是对部队官兵战斗精神和献身精神的直接考量，更是对中华民族心理承受能力的总体检验——检验中华民族是否敢于坚决果断地参与国际争端与危机处理，是否能够从容自信地应对国际安全事务的挑战。尤其是在中国军队延伸自己的职责，协助其他国家和地区重构秩序时，能否理解这是一种公认的国际道义和全球理想，并且对此有政策和思想上的准备，敢于承担，这是中国参加维和行动所要回答的最大问题。② 为此，中国一方面进一步提高部队战斗力，并且加强了对维和人员的思想教育，增强维和人员献身使命、崇尚荣誉、报效祖国的信念，激发其国际主义精神和无私奉献精神，使其在能力和心理上为参加维和行动做好准备。另一方面，中国坚持科学决策、实事求是、量力而行的原则，特别是在参与维和行动的时机、维和任务区的选择和维和人员的选派等方面态度慎重，避免承担无谓的风险和人员伤亡代价，确保中国维和事业持续、稳定、协调发展。

（二）　主动而有选择地承担国际维和责任

中国通过积极参加联合国维和行动，展现了勇于承担国际责任、履行国际义务的大国风范。从权利和义务的关系来看，中国作为联合国创始会员国和安理会常任理事国，享有联合国和安理会所赋予的法律上不可剥夺的权利，也承担了相应的国际责任和义务。一方面，中国有能力为维护国

① 参见联合国维持和平网站，https：//peacekeeping. un. org/en/fatalities。
② 周庆安：《维和行动考验民族心理承受能力》，《新京报》2004 年 11 月 6 日，第 5 版。

际和平与地区安全做出更多的贡献。中国是世界上人口最多的国家，经济实力和综合国力不断增强，国际影响力不断扩大，这是中国承担国际责任、履行国际义务的重要基础。另一方面，联合国维和行动的健康发展需要中国加大参与力度，国际社会特别是广大发展中国家也希望中国更多地参与联合国维和行动，在维和行动中发挥更大的作用。2013 年 6 月 19 日，联合国秘书长潘基文在访华期间表示："中国的政治、经济和社会生活都处在蓬勃发展时期，这就意味着中国也需要在维护世界和平、促进世界发展方面承担起相应的责任，中国需要继续为此做贡献。"[1] 在联合国维和行动规模不断扩大的情况下，在国际社会普遍呼吁中国加大参与维和行动力度的情况下，在中国国力军力已经能够更多地承担国际义务的情况下，中国主动承担国际责任，积极参加联合国维和行动，既是责无旁贷，也是众望所归。

不过，中国主动承担国际责任并不意味着要承担过多过高的责任，履行大国义务并不意味着要承担超常规义务。[2] 过度承担超出自身能力的维和责任，只会损害履行正常国际责任的能力，不利于中国在维和领域发挥应有的作用。中国维和事业始终保持科学、协调、可持续的发展，这主要是出于国内和国际两个方面的考虑。从国内情况看，随着国家现代化建设的发展，中国的综合国力和军事实力不断增强。不过，中国仍然是发展中国家，国家能力和国家资源仍然相对有限。在参加联合国维和行动的问题上，中国非常清楚地认识到维和行动的长期性和维和任务的繁重性，不能扮演可供国际社会随时提款的"力量银行"，因此坚持维和事业的发展服从于国家建设和发展的大局，从国家实际情况出发，量力而行，稳步前进。例如，中国军队在派遣部队参加联合国维和行动时，始终遵循"量力而行、控制规模、稳步推进、逐步扩大"的原则，确保派遣力量和规模与国家和军队的实际能力相适应。从国际情况看，中国作为维护世界和平的一支重要力量，自改革开放以来，参与联合国维和行动的规模稳步扩大，在维和领域中的影响也在稳步上升。

---

① 时冉：《潘基文首访中国维和中心　赞中国为世界和平所做贡献》，新浪网，2013 年 6 月 19 日，http：//news. sina. com. cn/o/2013 - 06 - 19/160427442645. shtml？ from = www. hao 10086. com。

② 参见金灿荣等《和平发展：大国的责任》，中国人民大学出版社，2014，第 20 页。

(三) 践行国际责任与拓展国际影响力相结合

当今维和领域面临诸多问题与挑战，如果没有中国的参与，这些问题和挑战将难以得到有效应对与解决。中国承担国际责任，履行大国担当，在很大程度上影响着联合国维和事业的发展进程，这在国际社会已是有目共睹的。中国在践行国际责任的同时，也在进一步提升和拓展国际影响力。一方面，中国在积极投身国际维和事业的过程中，注重结合传统的"和合"文化，通过与国际接轨和价值标准的国际共鸣，赢得了国际社会的广泛认同。中国人自古就认为世界是一个和谐整体，崇尚"和而不同""天人合一""以和为贵"的理念。这些理念深深影响着中华民族的思想和行为，成为中国人处理人与人、人与自然以及国与国关系的重要价值观，培育了中华民族热爱和平的民族禀性。中国维和实践使这一思想在处理国际安全问题的实践中得到了进一步发扬。中国在参与国际维和事务的过程中，始终以维护和平为根本目标，在肯定差异和矛盾的同时，努力推动当事方"化干戈为玉帛"，摒弃前嫌，实现和平与和谐。国际知名智库"国际危机组织"在公布的一项研究报告中指出，中国近年来扩大参与国际维持和平的行动，不仅提供更多人员，在化解冲突及寻求和平方面，也提供政治上的支持。[①]

另一方面，中国充分认识到维和行动本身所具备的公共外交特质，特别是维和行动本身的价值和理念具有为国际公众理解和认同的坚实基础，并运用丰富的公共外交形式，全面立体地传播中国维和实践和维和贡献。[②]例如，在中国人民解放军参加联合国维和行动 20 周年之际，应中国国防部外事办公室邀请，来自 36 个国家的 38 名外国驻华武官参观了中国国防部维和中心，听取了关于中国军队参加联合国维和行动情况的介绍，达到了促进中国对外军事交流与合作、加深外军对中国维和行动了解的目的。[③]中国国防部国际传播局制作了《中国军队国际维和行动》音视频光盘等系

① 李秋恒：《国际智库称中国在联合国维和行动中地位愈加重要》，《环球时报》2009 年 4 月 18 日，第 6 版。

② 参见金苗《维和行动国际传播的公共外交路径与理念》，《军事记者》2012 年第 10 期，第 39～40 页。

③ 赵薇：《36 国驻华武官在北京怀柔区参观国防部维和中心》，新华网，2010 年 7 月 6 日，http：//big5. www. gov. cn/gate/big5/www. gov. cn/jrzg/2010－07/06/content_1647083. htm。

列外宣品，通过寄发中国驻外使领馆武官处和在国内召开军事新闻发布会、进行军事外事活动等机会发送，以生动活泼的形式向国外介绍展示中国国防和军队建设发展情况，向世界讲述中国军队，也使不少外国外军人员在感到新鲜和好奇之余，对中国军队多了一分了解和敬佩。正如韩国《朝鲜日报》刊文称："中国的维和队伍不算大，但从中国突出的国际形象角度讲，这些人很有价值……放眼世界，维和人员真是新中国的大使。"①

第二节 安全利益——营造有利的安全空间

随着中国政治、经济的不断发展和国家实力的增强，中国参与维和行动的力度越来越大。联合国维和行动已经成为中国开展和平外交、推动安全合作的重要舞台。在理论上，中国是联合国创始会员国和安理会常任理事国，在联合国维和机制中具有重要的地位和影响。中国积极参加联合国维和行动，既是中国政府和军队积极履行国际义务的切实体现，也使联合国在国际安全合作中的主导地位得到进一步加强。在实践中，中国在维和行动中本着对国际安全负责的态度，忠于使命，忠于职守，坚决履行国家和政府对国际社会的庄严承诺，按照国际关系的基本准则处理国际安全问题，积极促进国际安全形势的改善，努力融入和完善国际安全机制，并且有效践行新安全观，从而为实现和平发展营造了有利的安全空间。

一 因势利导，促进国际安全形势的改善

中国实现和平发展，需要国际和周边形势安全稳定，参与联合国维和行动则是推动改善国际安全形势的重要途径。中国在维和实践中因势利导，努力营造安全稳定的国际环境、睦邻友好的周边环境和平等互利的合作环境。

（一）维护世界和平，营造安全稳定的国际环境

遏制冲突，维护和平，涉及中国的根本利益。当前，传统威胁与非传统威胁互相交织，现实安全威胁与潜在安全威胁互相交织，军事安全威胁

---

① 《韩媒：中国维和值得西方效仿》，《环球时报》2009年6月2日，第8版。

与其他安全威胁互相交织，国内安全与国际安全互相交织，对中国战略安全构成了多元化的威胁。中国通过参加联合国维和行动，促进缓解地区热点问题，减少和消除影响国际安全的消极因素，营造安全稳定的国际环境。一方面，中国依据联合国关于实施维和行动的授权，依法履行联合国赋予的维和使命，推动解决武装冲突，稳定安全局势，恢复法律秩序，促进经济和社会重建，为营造安全稳定的国际环境奠定了坚实基础；另一方面，中国通过维和实践，进一步提高把握国际战略态势和处理国际安全事务的能力，增强军队履行新时期历史使命和完成多样化军事任务的能力，为营造安全稳定的国际环境提供了持久动力。

需要特别指出的是，中国参加联合国维和行动是和平时期以和平方式展示军队战斗力、遏制战争爆发的重要途径。军事力量的价值不仅仅在于最终"决战"和"胜战"，还在于"慑战"和"止战"，以达到不战而屈人之兵之"全胜"目的。只有积极用兵、敢于用兵、大胆用兵、巧妙用兵，才能做到平时慑战、危时止战、战时胜战，最大限度地发挥军事力量效能。[①] 在传统的安全观念中，军队作为国家综合实力的"硬性标志"，其运用范围锁定在传统的战场空间。"非战争军事行动"概念的提出，为"硬气十足"的军事资源提供了"软性运用"的现实空间。在和平时期，显示武力、通过军事威慑来体现政治意图，是最常见的非战争军事行动方式。

维和行动是一项集政治、军事、外交于一体的非战争军事行动，是一种解决争端和冲突的"和平威慑"手段，公开透明度高，并且为国际社会密切关注。威慑战略能否奏效，取决于是否拥有有效的战略威慑能力，取决于是否具有使用战略威慑力量的决心和意志，还取决于是否能够通过适当的途径使对方认识和相信我方的决心和能力。在参加联合国维和行动的过程中，中国军队从战略高度对军事资源进行统筹规划和运用，将过硬的人员素质、精良的武器装备、高效的保障能力以及军事斗争准备的成果通过和平的方式展现在世界面前，被国际社会誉为"维和行动的关键因素和关键力量"，并且形成有效的信息威慑，使对手对中国军队"遏制战争、维护和平"的决心和"召之即来、来之能战、战之能胜"的能力有所忌惮，从而达到慑止战争的战略目标。

---

① 陈东恒：《应更加灵活地运用军事力量》，《环球时报》2016 年 5 月 17 日，第 15 版。

（二）发展对外关系，营造睦邻友好的周边环境

睦邻友好的周边环境，不仅是中国发挥国际影响力、维护国家主权的战略依托，而且是中国促进民族和谐、维护社会稳定的直接外部屏障，还是中国开展经济贸易合作的重要保证。为此，中国在维和实践中始终坚持"与邻为善、以邻为伴"的宗旨，维护周边安全与稳定，积极发展睦邻友好关系，努力营造有利于实现和平发展的友好地带和周边环境。

首先，中国对联合国在周边地区实施的维和行动予以特别关注，努力维护周边安全。中国周边一些地区曾是联合国实施维和行动的重要地域，这些维和行动的成功与否直接关系到中国周边地区安全稳定，直接影响着中国与周边国家的关系。中国作为亚太地区大国，在该地区有着重要的政治、经济和文化影响力。中国先后参与了柬埔寨过渡时期联合国权力机构、联合国东帝汶综合特派团等维和特派团的行动，为保障这些维和行动顺利开展和促进地区安全问题的解决做出了重要贡献，也赢得了国际社会特别是周边国家的广泛赞誉和拥护。例如，东帝汶在 2002 年 5 月 20 日宣布独立后仅仅 2 小时，就与中国建立了外交关系，有效抵制了台湾当局的"金元外交"。①

其次，中国充分发挥联合国维和行动的平台作用，推动与周边国家睦邻友好关系的发展。联合国维和行动是国家间开展安全合作的重要舞台，而中国周边地区的许多国家都是联合国维和行动的参与国，印度、巴基斯坦、孟加拉国、尼泊尔等更是维和行动的重要出兵国。中国积极加强与周边国家在维和领域的交流与合作，包括维和政策和立场上的沟通与协调、维和训练与装备研发等，推动了国家间关系的改善和发展，为中国在周边地区贯彻执行"睦邻、安邻、富邻"的外交政策营造了有利的氛围。

最后，中国利用参与联合国维和行动的契机，努力推动周边地区多边合作广泛深入开展。冷战结束以来，区域多边合作在中国周边地区取得了很大发展，进一步加深了中国与周边国家在经济上的相互依存和政治上的互信关系。中国在维和实践中坚持联合国维和行动的宗旨和基本原则，借鉴维和行动成功经验，并且利用在维和行动中与一些周边国家之间进一步

---

① 《中国与东帝汶建交》，光明网，2002 年 5 月 21 日，https：//www.gmw.cn/01gmrb/2002 - 05/21/03 - 7A76FA0F45FA2E5B48256BC000021718.htm。

加深的友好关系，促进周边地区的多边合作不断取得新进展，不断推动地区一体化建设，共筑"安危相易、祸福相生"的互动关系，实现地区的繁荣与安宁。例如，维和政策研讨是中国与周边国家开展维和合作的重要内容，特别是在东盟地区论坛框架内，维和专家会已成为重要议题。2013 年10 月 16 日，东盟地区论坛第 6 届维和专家会在北京召开，主题是"加强培训务实合作，提升维和训练水平"。出席会议者包括来自联合国和东盟地区论坛 22 个成员国的 80 多名代表，重点围绕"联合国维和行动面临的挑战"等议题开展交流讨论。中国人民解放军副总参谋长孙建国在会上发出倡议，要支持联合国在维和训练中的主导作用，发挥区域组织在维和训练中的协调作用，共同提高各国维和部队的整体训练水平和遂行维和任务的能力。[①]

（三）广泛开展合作，营造平等互利的合作环境

中国的和平发展，离不开平等互利的合作环境。40 多年改革开放的成功得益于良好的国际合作。在今天新的国际国内环境中，中国的和平发展也只有在向世界的开放中才能实现，在与世界的合作中才能成功。中国通过参与联合国维和行动，高举"合作"的旗帜，以合作谋和平，以合作促发展。中国在维和实践中，以合作的精神积极参与国际安全事务，妥善处理对外关系，推动地区安全与稳定，实践"维护世界和平、促进共同发展"的根本宗旨，努力营造平等互利的合作环境。

中国在通过参与维和行动营造合作环境的过程中，特别注意在以下两个方面做出努力。第一，通过参与维和行动，促进全方位外交合作的开展。联合国是中国开展全方位外交工作的重要领域，具有广阔的合作空间和广泛的合作对象。中国通过参与联合国维和行动，进一步发展与联合国及相关国际组织和地区组织的合作关系，并且努力提升在联合国相关机构中的地位和影响力，更好地发挥联合国作为多边外交合作渠道和平台的作用，在联合国框架内积极开展全方位外交，协商对话，化解分歧，增信释疑，平等合作。中国还积极参与维和行动东道国的各项建设，并在其中发挥了积极作用。这表明中国在实现国家安全、经济发展之后，更加注重国

---

① 黎云：《东盟地区论坛第 6 届维和专家会在京召开》，中国政府网，2013 年 10 月 16 日，http://www.gov.cn/jrzg/2013 - 10/16/content_2508496. htm。

际社会的尊重支持。中国通过参与维和行动，在外交理念中融入国际因素，形成全方位外交新思路，真正以国际视野参与多边安全合作，为世界和平与发展做出了重要贡献。

第二，通过参与维和行动，为军事交流与合作的开展创造有利条件。在参与联合国维和行动的过程中，中国维和官兵根据联合国的授权部署在维和任务区，根据履行职责的需要，在与联合国维和特派团以及东道国军政部门进行沟通、协调与合作的过程中，坚决贯彻国家外交政策和国防政策，积极发展对外军事关系，忠实履行使命与国际义务，在执行维和任务的过程中展现了部队官兵精湛的业务素质和朝气蓬勃的精神风貌，并且不断增进与东道国的相互信任和了解，努力提高参与国际事务、开展国际合作的能力，从而为推动中国与东道国开展军事交流与合作创造了有利的环境和条件。例如，随着中国积极参与联合国在黎巴嫩实施的维和行动，中黎两国两军关系更趋密切。中国积极帮助黎巴嫩军队开展能力建设，向黎军提供了多批装备和物资。中央军委副主席范长龙在 2016 年 11 月访问黎巴嫩期间，与黎方签署了军事援助协议，并表示将继续推动双方在团组互访、军事教育和培训等领域开展合作。[①]

二 积极参与，融入和完善国际安全机制

在全球化的今天，在国际关系行为体相互依赖程度不断加深，世界各国安全利益联系日益紧密的情况下，中国安全利益构成中的国际联系利益[②]与过去相比有了极大的增长。作为在全球安全领域中负责任的大国，随着国际交往和联系不断增多，中国对周边国家乃至世界安全局势的稳定表现出更多的关注。联合国维和机制是全球范围内具有特殊而重要作用的多边安全机制之一，是国际安全合作的重要渠道。中国积极参加维和行动，加强了与外界的安全联系与合作，促进了与其他国家的相互了解与信任，并且融入和运用国际安全机制，推动了国际安全机制的建设与完善。

---

① 李良勇：《范长龙访问黎巴嫩》，新华网，2016 年 11 月 18 日，http://www.xinhuanet.com/politics/2016-11/18/c_1119940934.htm。

② 国际联系利益是指国家在其外部空间实现的利益。参见高金钿主编《国际战略学概论》，国防大学出版社，2001，第 54~55 页。

（一） 参与联合国维和行动是中国融入国际安全机制的有效途径

国际安全机制作为国际关系的一种非国家主体，在二战后的国际社会中发挥着越来越重要的作用，对国际关系的发展产生了越来越重要的影响。尤其是在冷战结束后，国际力量对比失衡，加之国际社会面临的安全威胁日趋综合化、多样化和复杂化，国际安全机制已成为协调国家间关系、维护国际安全的重要手段。联合国维和行动是"联合国解决国际冲突、维护世界和平的最有效手段"[1]，具有道义上的权威性和广泛的代表性。维和机制作为国际多边机制特别是国际安全机制的重要组成部分，在世界和平与安全中扮演着越来越重要的角色。

"以更积极的姿态参与联合国维和机制，不仅是中国作为大国所应该承担的责任、是一个时期以来中国国际联系利益增多的必然要求，同时也可为中国更深入地融入广泛的国际安全机制提供重要而有效的途径。"[2] 中国通过参加维和行动，按照《联合国宪章》的宗旨和精神以及联合国集体安全机制的原则和要求，为维护世界和平与安全切实做出贡献，并且在参与国际安全机制的过程中，紧密结合中国特色与世界需求，促进维和行动更有效地发挥作用。随着中国越来越深刻地融入国际安全机制，在解决国际和地区热点问题上扮演着越来越重要的角色，"中国同世界的关系已经发生了历史性变化，中国的前途命运日益紧密地同世界的前途命运联系在一起"[3]。

参与联合国维和行动，扩大了中国在国际安全机制中开展外交工作的主动权和发言权，提升了中国在国际安全机制中的地位和影响力。中国通过参与维和行动，有效发挥积极性和创造性，利用国际安全机制的力量弥补自身实力的不足，并且广泛团结世界上爱好和平的国家，共同推动建立国际安全新秩序。实质上，这也是中国逐步提升国家实力尤其是"软实力"的重要过程。在参与维和行动、融入国际安全机制的同时，中国获得

---

① Paul Diehl et al., "United Nations Intervention and Recurring Conflict," *International Organization*, Vol. 50, No. 4, 1996, p. 686.

② 唐永胜：《中国对联合国维和机制的参与》，载王逸舟主编《磨合中的建构——中国与国际组织关系的多视角透视》，中国发展出版社，2003，第 69 页。

③ 《胡锦涛在党的十七大上的报告》，央广网，2007 年 10 月 15 日，http://www.cnr.cn/2007/zt/sqdjs/wj/200711/t20071102_504610399.html。

了施加国际影响、贯彻本国政策主张的重要平台，并借此向世界展示中国的传统文化魅力和建设性建议，提升中国的国际形象，增强中国的国际影响力，从而进一步拓宽了运用国家实力的现实途径。①

（二）参与联合国维和行动是中国运用国际安全机制的重要平台

中国融入国际安全机制的核心目标是营造和平稳定的国际环境，推进中国的国际化进程，为以经济建设为中心的战略谋划创造适宜的国际空间。不过，融入国际安全机制并不意味着中国将立即加入所有国际机制，更不意味着中国将超越自身能力，介入国际社会的所有安全事务。② 不同的安全问题与中国的利益相关度和地缘相关度都不同，加之受到安全问题本身的客观需求，以及中国在具体安全问题上的影响力相对有限等因素的制约，中国目前还难以在诸多安全问题上扮演关键角色。因此，在多数安全问题上，参与既有的国际安全机制，运用国际安全机制的力量，并在其中力所能及地发挥建设性作用，是中国明智而现实的战略选择。③

参加联合国维和行动，为中国运用国际安全机制处理地区安全问题提供了重要平台。在现有的各种国际安全机制中，联合国维和机制是参与国家最多、影响范围最广、关注程度最高的全球性国际安全机制，也是中国融入国际体系、维护国家安全、营造有利的安全环境所必须重视和参与的国际安全机制。例如，中国虽然并非"中东问题有关四方"成员，但通过参与联合国维和机制，仍然在中东和平进程中发挥了重要影响。中国在达尔富尔地区问题上能够做出举世瞩目的贡献，与在联合国维和行动以及由此建立的相关安全机制中发挥的不可或缺的作用密切相关。

联合国维和机制还通过一系列原则、规范、规则和决策程序，在国际安全领域建立管理能力，并且对会员国行为进行一定程度的约束。因此，中国积极参与维和行动，有机会对国际安全机制的组织形式和规则程序的改革施加影响，并在国际安全机制的运行过程中逐步体现自己的意志，从

---

① 参见何奥龙《中国参与联合国安全合作机制的历史进程和现实意义》，《内蒙古大学学报》（哲学社会科学版）2011年第3期，第70~75页。
② 参见门洪华《国际机制与中国的战略选择》，《中国社会科学》2001年第2期，第178~187页。
③ 参见朱威烈《中国热点外交的机制与经验——以多边主义外交机制为视角》，《国际观察》2009年第1期，第1~7页。

而努力推动现有国际安全机制朝着有利于中国的方向发展，为中国国家战略营造适宜的国际安全空间。[①] 1988 年中国加入"联合国维持和平行动特别委员会"后，联合国大会认为"中国的参加将有助于该委员会的工作"。[②] 事实证明，中国通过参与维和机制，获得了平等参与机制决策的机会，从而在制定维和规则的过程中发出"中国声音"，贡献"中国智慧"，为本国以及广大发展中国家争取了更多的利益。[③]

（三）参与联合国维和行动是中国促进国际安全机制建设与完善的重要渠道

随着综合国力不断增长，"自 20 世纪 90 年代中期起，中国政府适时地提出了'做国际社会中负责任大国'的外交理念，并在国际政治实践中开始了负责任大国身份的建构"[④]。这意味着中国在洞察国内外形势、把握时代脉搏的基础上，勇于承担历史使命，对国家身份再定位、对自身战略文化再建构以及对全球问题管理的责任再定位。[⑤] 具体地说，就是中国在发展的过程中，根据本国的国家利益，对有利于地区和世界和平、发展、稳定和繁荣的事业做出积极贡献，包括积极参加国际政治、经济和安全合作机制，认真履行与国力相称的国际义务，参与制定国际规则，并争取通过这种方式改革不公正、不合理的国际政治经济旧秩序，建立公正合理的国际政治经济新秩序。[⑥]

中国融入国际安全机制的最终目标，是促进国际安全机制的建设与完善，在机制化的世界中实现和平。作为负责任大国，中国积极参与国际安全机制是对人类和平与发展应尽的义务和贡献，参与联合国维和行动则是重要表现之一。中国在维和实践中坚持和平共处五项原则，坚持联合国的权威性与维和三原则，促进维和机制趋向民主化、合理化，并推动国际安

---

① 参见何奥龙《中国参与联合国安全合作机制的历史进程和现实意义》，《内蒙古大学学报》（哲学社会科学版）2011 年第 3 期，第 70 ~ 75 页。

② 陈鲁直、李铁成主编《联合国与世界秩序》，北京语言学院出版社，1993，第 221 页。

③ 参见张慧玉《试析中国参与联合国维和机制对世界的影响》，《国际论坛》2009 年第 5 期，第 25 ~ 30 页。

④ 李宝俊、徐正源：《冷战后中国负责任大国身份的建构》，《教学与研究》2006 年第 1 期，第 49 ~ 56 页。

⑤ 秦亚青：《权力·制度·文化：国际关系理论与方法研究文集》，北京大学出版社，2005，第 349 ~ 362 页。

⑥ 江西元、夏立平：《中国：和平崛起》，中国社会科学出版社，2004，第 212 页。

全机制朝着有利于广大爱好和平的国家的方向发展。与此同时，中国通过参与联合国维和行动，在国际安全机制中有效维护国家利益，积极推动国际安全机制的发展和完善，以中国国家利益和全人类共同利益为依归，对国际社会民主化、多元化进程做出了重要贡献。

中国积极参加联合国维和行动，促进维和行动赢得广大发展中国家的支持和拥护，提高了维和行动的普遍代表性和广泛参与性，并且在一定程度上遏制了少数大国控制和操纵联合国维和行动的企图，确保维和行动基本原则得到贯彻落实。鉴于少数大国企图将联合国维和行动作为扩张本国势力范围的幌子和实现强权政治的工具，中国外长钱其琛早在 1992 年 9 月就在第 47 届联合国大会上发言时指出："联合国的改革应有助于国际冲突的和平解决。联合国应当是一个维护和平、增进合作的国际组织。这个组织只有遵循国际关系的基本准则，坚持以和平方式解决一切国际争端，反对使用武力和武力威胁，才能维护国际和平与安全。片面利用联合国的军事干预手段，不加区别动辄对成员国采取强制措施，不仅无助于冲突的解决，还有损于联合国的声誉和作用。"[①] 中国在维和实践中始终坚持这一立场。这是和平共处五项原则在维和实践中的具体体现，有助于推动维和机制的健康发展，加强维和行动在国际事务中的积极作用，进而维护国际安全机制的公正性与合理性。

三 倡导合作共赢，有效践行新安全观

安全是和平与发展的重要保障。当今世界，全球性挑战层出不穷，维护世界和平、促进共同发展任重而道远。中国坚持用"互信、互利、平等、协作"的新安全观指导维和实践，努力实现共同安全、综合安全、合作安全和可持续安全。

（一）倡导共同安全，奉行共赢新理念

倡导共同安全，就是始终坚持多边主义，反对单边主义，奉行共赢新理念，尊重和保障每一个国家的安全。就维和领域而言，中国坚持认为，在当今世界，许多安全威胁不会止步于传统的国家边界，没有哪个国家能

---

① 《钱其琛在联大阐述联合国改革方向》，新浪网，2010 年 10 月 21 日，http：//history. sina. com. cn/today/2010 - 10 - 21/165328704. shtml。

够仅凭一己之力实现绝对安全，没有哪个国家能够从别国的战乱和动荡中实现绝对稳定，更没有哪个国家能够通过牺牲别国安全实现自身所谓的"绝对安全"。2018 年 10 月 25 日，国防部长魏凤和在第八届"香山论坛"主旨发言中指出："世界安全形势面临风险挑战，打造新型安全合作伙伴关系是大势所趋。……中国军队愿与各国军队携手同行，……构建国与国之间新型军事关系，共同为维护和平稳定发挥更大作用。"① 中国积极参加联合国维和行动，是正确处理国际安全与国家发展之间关系的重要表现，表明中国追求的不仅仅是本国的安全，而是在实现自身安全的同时尊重别国安全，重视整个国际体系的安全，努力实现"共赢"的局面。中国基于和平发展和相互依赖的世界潮流，追求实现国际社会的共同安全和所有国家的互利共赢，为世界各国践行共同安全理念树立了典范。

安全具有普遍性和平等性。中国坚持认为，世界各国都有参与国际安全事务的权利，都有维护国际安全的责任。马晓天副总参谋长 2010 年 6 月在第 9 届亚洲安全大会上发言时指出："国家不分大小强弱，都是维护共同安全的平等主体。"② 中国代表在联合国召开的有关维和问题的会议上曾多次强调，联合国会员国有义务为维和行动提供充足的资源保障，希望能有更多的国家向维和行动提供兵源。③ 在维和实践中，中国努力将世界多样性和各国差异性转化为促进国际安全合作的活力和动力，推动打造国际和区域伙伴关系，建立"对话而不对抗，结伴而不结盟"的新型国家间关系。中国与其他维和行动参与国齐心协力，共同应对安全挑战，变压力为动力，共同营造和平稳定的国际环境。

（二）倡导综合安全，协调推进安全治理

倡导综合安全，意味着要积极统筹维护传统安全和非传统安全。当今世界，传统安全威胁和非传统安全威胁相互交织，特别是恐怖主义、武器走私、跨国犯罪等非传统安全威胁造成的威胁日趋严重，也是维和行动需

---

① 《魏凤和：打造新型安全合作伙伴关系是大势所趋》，澎湃新闻，2018 年 10 月 25 日，https://baijiahao.baidu.com/s? id =1615266312559034027&wfr=spider&for=pc。

② 丁其林、高川：《马晓天说维护亚太地区安全是中国利益和责任所在》，中国政府网，2010 年 6 月 5 日，http://www.gov.cn/jrzg/2010-06/05/content_1621195.htm。

③ 参见赵磊、高心满等《中国参与联合国维持和平行动的前沿问题》，时事出版社，2011，第 321 页。

要应对的重要安全挑战。为此，中国积极主张联合国和国际社会通盘考虑国际安全问题的历史和现实，立足当前，着眼长远，多管齐下，综合施策，协调推进安全治理。在维和实践中，中国参与的大多为"综合性维和行动"，其中涉及大量的行政和民事事务，如组织监督选举、推动安全机构改革、提供人道主义援助等。"综合性维和行动"密切结合军事任务、政治手段、经济发展和民事职能，对于实现综合安全往往能发挥关键性作用。① 中国常驻联合国副代表张义山在联合国大会维和行动特别委员会2006年例会上发言时指出："维和行动应重在发挥政治优势和综合功能，避免片面强调军事职能。只有这样，维和行动才有利于驻在国和地区的长治久安，赢得广泛支持并获得成功。"②

中国在参与维和行动的过程中，不仅着力处理当前突出的地区安全问题，而且注重统筹筹谋划应对各种潜在的安全威胁，特别是强调开展国际和地区合作，坚决打击一切形式的恐怖主义。2016年6月1日，就在中国赴马里维和部队因遭受恐怖袭击而人员伤亡之后，中国国防部表达了在反恐维和问题上的坚定立场："中国将继续坚定支持联合国维和行动，坚定反对一切形式的恐怖主义，坚定维护世界和平。"③ 这一坚定立场既是对联合国维和行动的巨大支持，也给那些需要维和行动帮助的国家和民众吃了"定心丸"。正如时任负责维和事务的联合国副秘书长拉德苏所言："中国的维和承诺与国力相匹配，与世界需要相契合，是对人类追求和平这一永恒主题的积极回应。"④

（三）倡导合作安全，推动建立平等协作的伙伴关系

倡导合作安全，首先在于强调国际社会成员的平等地位。事实上，在联合国维和行动中，不平等的现象依然存在。法国《青年非洲》周刊曾刊文指出："维和行动的分工很不平等。富国负责决策，穷国尤其是亚洲和

---

① 参见赵磊、高心满等《中国参与联合国维持和平行动的前沿问题》，时事出版社，2011，第 289~290 页。
② 《张义山大使在联大维和行动特别委员会 2006 年例会上的发言》，中华人民共和国外交部网站，2006 年 2 月 27 日，http://www.fmprc.gov.cn/ce/ceun/chn/fyywj/wn/2006/t237290.htm。
③ 《对这次恐怖袭击深感震惊并予以强烈谴责 对我维和人员遇难深感悲痛并深表哀悼》，《解放军报》2016 年 6 月 2 日，第 3 版。
④ 裴广江：《恐怖袭击不会动摇中国维和反恐决心》，海外网，2016 年 6 月 2 日，http://www.haiwainet.cn/middle/353596/2016/0602/content_29974037_1.html。

非洲穷国负责输送'炮灰'。"① 鉴于此，中国在维和实践中始终强调，维和行动的所有参与国都是联合国的会员国，在国际社会中具有平等地位。尽管维和特派团是由来自众多国家的维和人员组成的，但维和行动是以整体的形象呈现在世人面前的，反映的是国际社会的集体意志。维和行动参与国不论强弱、贫富和大小，都必须被一视同仁。如果对维和行动参与国区别对待，厚此薄彼，那么维和特派团在武装冲突和安全威胁面前就会显得十分脆弱，不仅会对维和行动的实施形成干扰，而且会影响到有关国家之间的关系。

倡导合作安全，其次在于努力通过沟通、交流、协作的方式实现国际和地区安全。联合国维和行动本身强调协调与合作。联合国秘书长潘基文2010年6月22日在联大有关维和行动的专题辩论会上发言时指出，维和行动是联合国各会员国、各地区以及国际组织的共同责任，维和行动的成功实施需要授权方、出兵国以及维和行动指挥等各方的沟通与协调。② 中国在参加维和行动的过程中，一直注重与有关各方的沟通、交流与协作。在战略层面，中国既与东道国开展协作，也与其他出兵国开展协作；既与维和特派团军事部门开展协作，也与民事部门开展协作；既与联合国相关机构开展协作，也与区域组织和非政府组织开展协作，协力应对安全挑战，共同履行和平使命。在战术层面，中国维和力量与其他维和伙伴互相支持、互相配合、互相补充，以期更有效地完成维和任务。2015年5月，中国赴利比里亚维和警察防暴队主导建立了联利团首个军警联合勤务协作机制，参与方还包括军事观察团和当地警察力量等。该机制旨在加强参与方之间的有效沟通交流，实现合作、高效、安全遂行勤务的目标。正如联利团锡诺州民事警队队长李维斯·马森达所言，该机制是联利团军警系统深化务实合作的范例，将为实现利比里亚和平稳定的共同目标起到积极的推动作用。③

---

① 转引自陆建新《新世纪西方国家参与国际维和行动的特点》，《世界经济与政治论坛》2009年第3期，第87~92页。

② 《潘基文希望维和行动实施各方加强沟通与协调》，新浪网，2010年6月23日，http://news.sina.com.cn/o/2010-06-23/031417693048s.shtml。

③ 由永怀：《中国驻利维和警察防暴队主导建立联利团首个军警联合勤务协作机制》，新华网，2015年5月26日，http://www.xinhuanet.com/mil/2015-05/26/c_127842451.htm。

（四）倡导可持续安全，强调发展与安全并重

倡导可持续安全，就是坚持发展与安全并重，致力于实现持久安全。"维护世界和平、促进人类共同发展"是《联合国宪章》赋予联合国的两大基本任务。发展是和平的基础，和平是发展的条件。只有促进发展，才能最终消除冲突的根源，从根本上解决国际和地区安全问题。中国政府多次呼吁和推动国际社会支持联合国在维和建和领域进一步发挥作用，加大能力建设投入力度，为全球安全治理做出贡献。习近平主席在 2015 年 9 月 28 日出席联合国大会一般性辩论时发表讲话并指出："我们要推动经济和社会领域的国际合作齐头并进，统筹应对传统和非传统安全威胁，防战争祸患于未然。……让铸剑为犁、永不再战的理念深植人心，让发展繁荣、公平正义的理念践行人间！"[1] 在维和实践中，中国维和部队和维和人员在充满危险、困难和挑战的环境中圆满完成维和任务，积极帮扶当地民众改善生产生活条件，鼓励和支持他们用发展来实现和平、维护和平，从而赢得了当地民众由衷的信任和赞许。

中国学术界在维和行动与可持续安全方面的理论研究也取得了新的进展。有学者在和平理论方面做出了有益尝试，提出了"发展和平"规范，认为"这个规范包含两个支柱：一个是以经济建设为国家发展战略的中心，通过国家主导的投资拉动经济发展；另一个是坚守主权规范，不为援助设置政治条件"[2]。还有学者提出建立自主、兼容的中国国际维和行动新概念和新框架，以支持中国在国际和平与安全领域发挥建设性作用，支持中国正在推动的安全治理与安全合作设想，并且支持中国以更灵活有效的方式支持和参与联合国框架内的各类和平行动。[3] 这些理论的问世、发展和完善，不仅为联合国维和行动和冲突后国家安全治理提供了新的视角和有益的补充，而且将为中国通过参与维和行动更好地促进可持续安全提供更有力的理论支撑。

---

① 《习近平在第七十届联合国大会一般性辩论时的讲话（全文）》，新华网，2015 年 9 月 29 日，http：//www.xinhuanet.com/world/2015–09/29/c_1116703645.htm。

② 何银：《规范竞争与互补——以建设和平为例》，《世界经济与政治》2014 年第 4 期，第 105～121 页。

③ 李东燕：《中国国际维和行动：概念与模式》，《世界经济与政治》2018 年第 4 期，第 90～105 页。

第三节　发展利益——维护海外发展权益

在全球化的浪潮中，中国与世界的交流与联系不断增多，维护海外利益日益成为人们关注的重心之一，也是中国国家利益结构变化的必然要求。随着中国对外经济合作和贸易不断扩展，与其他国家的人员交往日益增多，中国需要更好地保护海外国人的人身安全和合法权益，维护海外公司的安全发展环境，保障海外国家能源来源的稳定和运输通道的畅通。参加联合国维和行动，客观上成为中国保障海外发展权益、扩大对外经贸合作、促进国家发展的有效手段。

一　促进中国能源进口地区冲突的和平解决，有利于海外能源供应的稳定

能源是战略性产品，能源供应是国家发展利益的重要内容，直接关系到国家建设和发展。能源资源相对不足已成为制约中国发展的瓶颈之一。维护能源安全，确保海外能源供应，是中国有效实施国家发展战略的重要保证。参与联合国维和行动，客观上已成为中国积极维护海外能源进口地区安全稳定、保障能源运输通道安全畅通、推动改善国际能源秩序的有效途径。

（一）维护海外能源进口地区安全稳定

"在全球化条件下，国家能源安全不仅是经济问题，也是政治问题和军事问题。"[1] 中国是世界能源安全体系的重要成员，特别是近 20 年来，中国对能源进口的依赖性越来越突出，因此，世界能源输出地区的安全因素也直接影响着中国的能源安全。以石油资源为例，目前中国进口石油主要来源于中东、非洲和拉美，这些地区常常政局动荡、战乱纷争、矛盾突出，有些就是当前联合国正在实施维和行动的地域。这些维和行动的成功与否，直接关系到中国相关能源进口地区的能源供应安全与否。因此，中国积极参加联合国维和行动，促进相关国家和地区冲突的和平解决和安全

---

[1] 张文木：《中国能源安全与政策选择》，《世界经济与政治》2003 年第 5 期，第 11 ~ 16 页。

威胁的有效缓解，推动其尽早恢复经济生产和社会重建，有助于确保海外能源供应的稳定。

以非洲地区为例，非洲已探明石油储量达 1200 亿桶，有待发现的海上石油储量也有 1000 亿桶左右，其不仅是美欧拓宽石油进口渠道的重要方向，也是中国引进石油资源的重要地区。[①] 然而，非洲安全局势复杂多变、起伏不定，这使该地区石油供给的稳定性受到严重影响。中国积极参与联合国在非洲实施的维和行动，在履行国际义务、推动冲突地区实现和平与安全的同时，也促进了相关国家石油生产的恢复和发展，为实现长治久安奠定了更为坚实的基础。例如，在中国及其他国家的共同努力下，联合国在苏丹的维和行动得以有效实施，苏丹国内安全形势趋于稳定，并在国际社会的帮助下逐步建立了石油勘探开发、炼油、输油管线、石化上下游一体的新兴石油工业体系，还培养了大批石油技术和管理人才，从而使石油工业走上了可持续发展的道路。[②] 苏丹石油工业带来的收益，也为该国经济和社会发展创造了有利条件。在苏丹南北分裂问题加剧、南北苏丹局势再度滑向战争边缘的形势下，中国应联合国请求参与在南苏丹实施的维和行动，推动南北苏丹达成全面、包容的《全面和平协议》，促进该地区安全局势的缓和。

需要指出的是，中国参与联合国维和行动，促进相关国家和地区实现安全稳定与发展，这并非出于本国私利。王毅外长 2015 年 1 月出访非洲期间在回答记者提出的"中国斡旋南苏丹问题是否为了石油利益"问题时指出："中方同苏丹和南苏丹在石油领域有着很好的合作，这对双方都有利。但如果因为战火战乱，波及石油产业，首先受影响的是苏丹和南苏丹的人民，当然也是中国所不愿看到的。中国斡旋南苏丹问题，完全是出于作为负责任大国承担的责任和义务，而不是为了中国的一己之利。"[③]

（二）保障海外能源运输通道畅通

保障国家海外能源运输通道的安全畅通，是维护国家能源安全的重要

---

① 杨光主编《西亚非洲经济问题研究文选》，社会科学文献出版社，2016，第 279 页。

② 王学军：《中国参与非洲和平与安全建设的回顾与反思》，《国际问题研究》2012 年第 1 期，第 29～42 页。

③ 华益文：《对非关系见证中国践行国际责任》，《人民日报》（海外版）2015 年 1 月 13 日，第 1 版。

前提条件。在中国海外能源战略中，油气供应安全已上升至国家安全的高度，而海外能源运输通道面临的安全问题是中国油气供应安全的重要制约因素。① "9·11"事件以来，国际恐怖分子将油轮作为主要攻击目标，并先后在索马里海域等制造了多起骇人听闻的袭击事件。海上国际恐怖袭击主要集中在 5 个水域，即索马里海域、西非海岸、红海和亚丁湾、孟加拉湾以及整个东南亚海域，这些地区都是中国海上能源运输的必经之地。② 尽管中国海军已于 2012 年底开始在亚丁湾海域执行护航任务，但就目前中国的能源运输情况以及该地区的安全局势来看，恐怖袭击仍然是中国海上能源运输通道安全在当前以及未来一段时期内面临的主要威胁之一。③

　　参加联合国维和行动，为中国保障海外能源运输通道安全畅通创造了有利条件，也对中国海军维护海上能源补给线的行动构成了有力补充。在参加维和行动的过程中，派驻海外的中国军事、警务和文职维和人员担负着维护相关国家和地区安全稳定的责任，特别是其中一些维和人员直接负责维护东道国重要港口、机场等交通枢纽和道路、桥梁等基础设施的安全和正常运转，从而为能源运输通道直接提供有效的安全保障。例如，在联合国南苏丹维和行动中，瓦乌机场航线不仅是联南苏团瓦乌基地对外交通的空中走廊，更是雨季来临后当地能源及其他物资运输的唯一通道。鉴于瓦乌机场防护设施少，防御纵深浅，安全隐患很多，中国维和工兵分队根据联南苏团下达的命令，在机场周围构筑了多种立体防卫工事，特别是筑起了一道长 1500 米、高 2.66 米的外围防护墙和两个可容纳 120 人的安全屋，从而全面提升了机场应对战火冲击、恐怖袭击等多种安全威胁的能力。④ 在联合国利比里亚维和行动中，驻在利比里亚首都蒙罗维亚的中国维和运输分队是联利团唯一的运输力量。其用车轮承载着利比里亚战后重

---

①　参见张仕荣《关于确立中国海外能源"多元化"战略的几点思考》，《国际关系学院学报》2010 年第 6 期，第 31～36 页。

②　王历荣：《中非能源合作海上运输安全影响因素探析》，《理论观察》2013 年第 6 期，第 36～37 页。

③　参见周冉《中国"外源性"能源安全威胁研究——基于非传统安全视角的识别、评估与应对》，《世界经济与政治论坛》2017 年第 1 期，第 75～97 页。

④　刘俊豪、李欣：《我赴南苏丹维和工兵全面提升瓦乌机场安全防护能力》，中华人民共和国国防部网站，2017 年 4 月 14 日，http://www.mod.gov.cn/action/2017－04/14/content_4778384.htm。

建工作的生命补给线，并与其他维和力量一道，确保蒙罗维亚港的安全稳定和有序运转。①

（三） 推动改善国际能源秩序

国际能源秩序作为国际能源权力关系的制度性安排，主要表现为国际能源活动主体的力量对比、相互关系以及规则机制等。国际能源秩序是国际政治经济秩序的有机组成部分，不仅关系到世界各国的国计民生和人类的共同利益，也关系到中国的生存利益和发展利益。② 中国作为国际能源格局的重要力量，为改善国际能源秩序做出了重要贡献。特别是近年来中国在海外积极开展能源投资合作，增加了国际能源总供给，促进了能源产地的经济社会发展，在国际能源格局中的影响逐渐扩大，地位逐步提升。

参加联合国维和行动，有助于中国进一步推动完善国际能源秩序，使之更趋于"稳定、合理、和谐、共赢"。首先，参加维和行动有助于推进互利共赢的能源安全合作。中国通过参与执行维和任务，不仅缓解了相关地区的地缘政治纷争，积极创造稳定安全的能源地缘政治基础，还适时推动建立政府间能源战略对话与合作机制，通过协商解决分歧和矛盾，为维护能源安全创造了良好的政治环境。例如，中国在中东地区维和事务中积极倡导综合治理的理念，坚持通过对话和谈判和平解决争端，既尊重历史，又兼顾现实，为中东地区的政治和解做出了重要贡献，并且为中东国家本着普惠共赢的原则开展能源贸易与能源合作创造了有利环境。③

其次，参加维和行动有助于推广和谐的新能源安全观。中国在投身于联合国维和事业的过程中，在促进冲突地区实现持久和平稳定的同时，积极倡导协调合作原则，推动形成国际能源共同安全的观念，也得到了越来越多国家的支持。正如中国政府2008年9月在《第63届联合国大会中国立场文件》中指出的："各国应树立互利合作、多元发展、协同保障的新

---

① 杨慧、袁炳忠：《中国赴利比里亚维和部队运输大队：艰苦，却不辱使命》，新华网，2015年11月17日，http://www.xinhuanet.com/mil/2015-11/17/c_128436354.htm。

② 张妍：《推动建设和谐世界与完善国际能源秩序》，《外交评论》2007年第4期，第40～45页。

③ 参见刘中民《推进中国与中东国家新型国际关系》，《中国社会科学报》2015年4月24日，第4版。

能源安全观，加强对话与合作，共同维护世界能源安全。"① 推广和谐的新能源安全观，不仅有助于建立公正合理的国际能源规则和机制，降低维护能源安全的成本代价，促进国际能源关系的和谐稳定，同时也减少了中国与相关国家在能源利益方面可能出现的摩擦，推动实现能源领域的"共同安全"。

二　参与冲突国家的战后重建，有助于扩大与相关国家的经贸合作

近年来，推动冲突国家和地区的重建与发展已成为联合国维和行动的一项重要职责。许多冲突国家虽然经济落后，但拥有丰富的自然资源，具有巨大的发展潜力，和平的实现将为其经济发展创造良好的条件。参加联合国维和行动，加深了中国与这些国家政府和民众的相互了解和信任，为开展合作奠定坚实的政治基础。参加维和行动，还帮助中国更好地了解这些国家的发展状况、发展方向、投资环境、政策法规和存在风险等，有助于中资机构有效参与当地重建。

（一）倡导"发展和平"理念，巩固与东道国开展经贸合作的政治基础

中国在参与联合国维和行动的过程中，基于自身经验，根据维和行动东道国的实际情况，积极倡导"发展和平"的维和新理念，主张推动发展是和平的先决条件，并且以国内政治和社会稳定为基本前提。"发展和平"理念在本质上不同于西方发达国家专注于在冲突后按照自由民主标准开展国家重建的"自由和平规范"，认为无论采取何种政治制度，只要能构建稳定的内部秩序并实现可持续的经济发展，就有实现长久和平的希望。② 维和行动东道国纷繁复杂的部落、种族和宗教矛盾冲突构成了结构性脆弱的社会，基本不具备按照西方样板开展自由民主制度建设的社会基础。而中国倡导的"发展和平"理念更符合东道国的实际情况，不仅有助于东道国"因地制宜"地开展战后重建，推动国家发展，也为中国与东道国开展

---

① 《第63届联合国大会中国立场文件》，中华人民共和国常驻联合国代表团网站，2008年9月16日，http://www.fmprc.gov.cn/ce/ceun/chn/lhghywj/fyywj/2008/t512970.htm。

② 参见姚乐《新时代中国非洲安全治理角色演进——以维和行动为例》，《国际关系研究》2018年第3期，第119~138页。

全方位合作奠定了更好的政治基础。

首先，中国通过坚持"发展和平"理念，在参与东道国战后重建过程中积极推动当地发展和民生改善，为实现持久和平创造了有利条件。中国自 2005 年 4 月参与联合国苏丹维和行动以来，在积极调解苏丹国内矛盾的同时，努力帮助苏丹实现经济复兴与发展。在短短的三年内，苏丹国内生产总值从不足 300 亿美元增至约 600 亿美元，由战乱不已的国家转变为非洲经济发展最快的国家之一。中国的努力和贡献赢得了苏丹政府和民众的广泛赞誉。苏丹总统巴希尔曾公开表示："是中国人给这个国家送来了光明，照亮了这个国家发展的前景。"[①] 此后，中国与苏丹的关系继续稳步协调发展，两国于 2015 年 9 月 1 日宣布建立战略伙伴关系，并表示将充分利用两国经贸互补优势，进一步加强在基础设施建设、通信、农业、矿业、制造业等领域的合作，促进双边经贸关系全面发展。[②]

其次，中国践行"发展和平"理念的实效让更多的冲突国家看到了希望，从而产生了更广泛的辐射效应，特别是在作为中国参与联合国维和行动重点地区的非洲。非盟委员会中国项目协调官范塔洪·奥比大使认为：中国坚定支持非洲和平事业，帮助非洲国家发展振兴；对于和平稳定的非洲来说，中国是非常重要的支持力量。[③] 随着中国积极参与联合国在非洲实施的维和行动，中非政治合作与互信不断加强，为中非经贸合作奠定了更为坚实的基础。中国对非洲直接投资存量在 2010 年就已经突破了 100 亿美元，遍布非洲 49 个国家。2016 年中非贸易额达到 1491 亿美元，中国继续保持非洲第一大贸易伙伴的地位。[④] 中非政治合作和经贸合作良性互动，树立了南南合作的典范，有力地促进了双方互利共赢和发展。

（二）适时了解掌握东道国发展状况和发展动向

开展经贸合作，需要准确把握对象国的建设环境和发展方向，特别是洞察其中存在的机遇与挑战，以便有的放矢地制定合作战略，切合实际地

---

① 刘鸿武：《和平与发展的助推者》，《人民日报》2007 年 9 月 25 日，第 3 版。
② 《中华人民共和国和苏丹共和国关于建立战略伙伴关系的联合声明（全文）》，新华网，2015 年 9 月 1 日，http：//www.xinhuanet.com/world/2015 - 09/01/c_128188802.htm。
③ 常红、杨牧：《非盟中国项目协调官："中国梦"将牵手"非洲梦"》，《人民日报》2015 年 12 月 2 日，第 6 版。
④ 《2016 年中国与非洲各国贸易数据及相关排名》，中华人民共和国外交部网站，2017 年 4 月 10 日，http：//www.fmprc.gov.cn/zflt/chn/zxxx/t1452476.htm。

采取合作措施。参加联合国维和行动，依托联合国体系，与维和行动东道国进行近距离接触和交流，在推动东道国战后重建的同时，客观上为中国适时了解和掌握东道国发展状况提供了有利条件。

当今联合国维和行动趋于多方位，特别是越来越多地涉及发展领域，以推动冲突国家和地区的重建与社会发展，为实现持久和平奠定坚实基础。因此，联合国总部和各维和特派团需要了解和掌握维和行动东道国的发展形势，为做出决策和部署行动提供依据。

身处维和行动第一线的中国维和人员，包括维和部队官兵、军事观察员、民事警察和文职人员等，在平时工作中常常需要与当地政府官员、部族首领、社团领袖和普通民众等进行接触、沟通和交流，在调查所属地区安全状况的同时，也能够适时了解当地发展状况，在进行初步分析后，按照联合国维和行动汇报机制逐级上报。其中的一些情况和信息，能够折射出与东道国开展经贸合作面临的机遇或者风险。特别是从事后勤保障、工程建设、人道主义援助等领域相关工作的维和人员，了解和掌握的信息往往更具针对性和适用性。

（三）积极稳妥开拓东道国市场

战后重建不仅关系到东道国民众的民生问题，而且对于东道国及相关地区的长久和平与稳定具有非常重要的意义。因此，中国十分重视维和行动东道国的战后重建。以中国参与非洲的战后重建为例，2009 年《中非合作论坛 – 沙姆沙伊赫行动计划（2010 至 2012 年）》正式提出："中国将加强与有关国家在联合国建设和平委员会的合作，支持有关国家战后重建进程。"[1] 中国在参与联合国维和行动的同时，积极投入塞拉利昂、利比里亚、苏丹、刚果（金）等非洲地区维和行动东道国的战后重建。政府、银行以及国有和民营企业等均参与其中，形成了"全方位、多层次、多领域参与非洲战后重建的体系"[2]，主要体现在以下两个方面。

一是积极支持东道国的发展援助项目。中国在参与利比里亚战后重建

---

① 《中非合作论坛 – 沙姆沙伊赫行动计划（2010 至 2012 年）》，中华人民共和国驻埃塞俄比亚联邦民主共和国大使馆网站，2009 年 11 月 12 日，http://et.chineseembassy.org/chn/zgxx/policy/t626488.htm。

② 参见王学军《中国参与非洲和平与安全建设的回顾与反思》，《国际问题研究》2012 年第 1 期，第 29 ~ 42 页。

过程中，基于当地基础设施破坏殆尽、生产和加工能力严重缺乏、生活和生产必需品几乎全部依赖进口的实际情况，有针对性地提供支持。中国政府与利比里亚政府签署了《中华人民共和国政府和利比里亚共和国政府经济技术合作协定》，向利方提供无偿援助。中国企业以多种方式参与利比里亚港口、机场、道路、水电等基础设施建设和运营，帮助利比里亚突破基础设施落后的发展瓶颈；中国还积极参与利比里亚资源开发，向利比里亚转移其最需要的优质产能和技术，帮助利比里亚建立加工业和制造业体系，提高自主发展能力。① 这些努力措施不仅加快了利比里亚战后重建进程，也为中国巩固对利经贸合作关系、拓展当地市场创造了有利条件。

二是在多边战后援助正式框架之外与东道国开展合作。中国在参与苏丹达尔富尔战后重建过程中，不仅支持当地的发展项目，巩固和拓展经贸合作关系，还在苏丹北部开展基础设施建设。自 2005 年苏丹北南双方达成《全面和平协议》以及 2011 年南苏丹宣布独立后，南苏丹不仅成为中国参与维和行动的新区域，也成为中国开拓市场的新方向。在中国赴南苏丹维和部队努力提供工程和医疗援助、推动当地战后重建的同时，中国相关企业在南苏丹的市场也得到拓展，特别是在能源、基础设施、通信、电力等领域。时任中国驻朱巴总领事李志国公开表示，中方在继续推进北南和平进程的同时，将与南苏丹开展内容广泛的友好互利合作，积极参与南苏丹重建进程，在经贸、文化、农业等各个领域与南苏丹开展广泛合作。②

三 在海外部署维和力量，有利于改善相关地区中资机构的安全发展环境

随着中国的发展，中国公民在海外正面临更多的危险。"中国人已不再是海外最安全的外国人。事实上，我们越来越成为恐怖分子袭击的目标和对象。"③ 特别是在维和任务区，连年的冲突和战乱造成政府瘫痪、法制崩溃、匪盗横行，犯罪事件频发，受害者已不仅仅是本国平民，外国机构和个人也常常成为袭击的目标。在当地参与重建、开展商业贸易的中资机

---

① 《利比里亚总统：中国是非洲最可靠朋友》，新华网，2015 年 8 月 10 日，http://www.xinhuanet.com/world/2015-08/10/c_128111495.htm。

② 李志晖、蔺妍：《李志国：中国愿与南苏丹续写"南南合作"新篇章》，中国政府网，2011 年 7 月 8 日，http://www.gov.cn/jrzg/2011-07/08/content_1902537.htm。

③ 《国外恐怖分子为何频繁盯上中国人？》，《北京晨报》2004 年 10 月 14 日，第 6 版。

构和工作人员，同样面临更多的安全威胁。联合国维和行动的重要任务之一，就是为国家重建和人道主义援助创造有利的安全环境。中国维和人员特别是中国维和部队和维和警察防暴队的存在，不仅可以对当地犯罪团伙和犯罪分子形成震慑，改善任务区的安全形势，还可以在中资机构和工作人员遇到安全威胁时以适当方式及时提供援助，从而增强海外华人的安全感，使其更好地在东道国开展经贸活动。

（一）依据授权履行职责，保护中资机构工作人员和华人华侨人身安全

随着中国经济的快速发展，中国对外贸易、投资以及资源开发等活动深入进行，中国海外利益不断拓展。但由于一些地区形势动荡，"中国的利益开始暴露于从武装抢劫、劳工抗议到叛乱组织和全面内战袭击的各种安全威胁之下"[1]。加之国际恐怖主义蔓延，中国公民在海外面临更多的安全风险，海外华人因遇袭遭受伤亡的事件时有发生。而参加联合国维和行动，为中国拓宽了为海外华人提供安全保护的渠道。联合国维和行动大多负有保护平民的职能，以防止平民遭受迫在眉睫的人身安全威胁。[2] 因此，中国维和人员可依据授权履行职责，保护中资机构工作人员和华人华侨的人身安全。

在维和实践中，相关维和任务区的中国维和人员采取多种措施，为当地中资机构工作人员和华人华侨提供安全保护，为中资企业保驾护航，并且切实减少了侵害中资企业利益的案件数量。[3] 例如，中国赴东帝汶维和人员救助被暴徒打伤、面临生命危险的华侨商人，并主动为他们献血。中国赴利比里亚维和人员主动为被抢劫的华侨渔民提供救助。2016 年 12 月，刚果（金）多地局势动荡，为确保当地华人安全，中国赴刚果（金）维和部队将 22 名中资企业员工接到维和营地提供保护。[4] 中国维和人员因此被誉为"中国和平形象在海外的优秀代表"和"中国海外利益的和平守护者"。

① Jerker Hellström, "China's Emerging Role in Africa," Swedish Defence Research Agency（FOI），May 2009, p. 18.

② 参见陆建新等《国际维和学》，国防大学出版社，2015，第 116 页。

③ 周栋梁：《中国维和 10 年光辉路：为世界和平贡献中国力量》，中国政府网，2010 年 5 月 5 日，http://www.gov.cn/gzdt/2010 - 05/05/content_1599590.htm。

④ 曹蕾、康盼盼：《很中国！驻刚果（金）维和部队全力保护当地华人》，中国军网，2016 年 12 月 21 日，http://www.81.cn/lkkj/2016 - 12/21/content_7419165.htm。

（二）与东道国执法力量开展协调合作，帮助海外中资机构改善安全环境

中资机构在海外的安全环境的改善，归根结底取决于当地安全形势的稳定和法治的恢复。联合国维和行动本身负有协助东道国进行安全领域改革的职能，旨在帮助东道国建立有效的安全和法律制度。因此，中国积极参与联合国维和行动，在帮助东道国恢复和平与稳定、有效开展法制建设的同时，也有效改善了海外中国企业的安全发展环境。例如，中国1993～1994年参与的联合国莫桑比克行动帮助东道国有效落实和平协议，成功举行大选，使政局得到稳定，国内秩序得到恢复。驻莫桑比克中资机构所处的安全和社会环境由此得到明显好转。①

在维和实践中，中国维和军事和警务人员与东道国军警力量建立了良好的协调合作关系，从而在客观上有助于当地中资机构在遇到安全问题时能够及时得到东道国的有效帮助。例如，中国赴利比里亚维和警察防暴队积极帮助东道国加强执法能力建设，特别是为利比里亚警察打造了一支"达到国际标准、符合实战要求、具有中国特色"的成建制国家警察防暴队，开了维和警察防暴队为东道国警察培训的先河，成为在联合国维和框架下实现"和平与安全"的破冰合作。② 中利警务合作的有效加强，为当地中资企业及时获得东道国警务支持创造了有利条件。2017年6月10日，中国水利水电第九工程局有限公司利比里亚项目管理部向中国赴利比里亚维和警察防暴队打求助电话：由于劳资纠纷，有20余名当地员工正在持械聚集围攻该公司项目部，而当地警察局仅安排2名警员到场处理，根本无法控制事态。中国维和警察防暴队考虑到联利团已将所有执法权限移交给当地政府，此类情形已不在防暴队的工作授权范围之内，因此随即向利比里亚警察总部通报情况并寻求支持。利比里亚警察迅速出动应急响应队进行干预，使事态得以及时平息，该中资机构的合法权益和工作人员的人身安全得到有效保护。③

---

① 参见王学军《中国参与非洲和平与安全建设的回顾与反思》，《国际问题研究》2012年第1期，第29～42页。

② 陈淑品、陈俊明、邹薛峰：《中国驻利比里亚维和警察完成对利警培训任务》，新华网，2017年9月23日，http://www.xinhuanet.com/world/2017-09/23/c_1121712598.htm。

③ 何春中：《利比里亚维和的"中国力量"——你们的表现称得上是"无与伦比"》，《中国青年报》2018年4月3日，第6版。

小　结

随着中国国家利益的拓展、国际地位的提升和国际责任的增大，参与联合国维和行动已成为中国维护国家现实利益和长远战略利益的有效途径。参与联合国维和行动极大地维护、拓展和加强了中国的政治利益、安全利益和海外发展利益。中国在参与联合国维和行动的过程中，秉持维护和平的宗旨，积极开展多边外交，主动承担国际责任，彰显了"和平之邦"和"负责任大国"的国际形象。联合国维和行动成为中国开展和平外交、推动安全合作的重要舞台，参与联合国维和行动也是中国保障海外发展权益、扩大对外经贸合作、促进国家经济发展的有效手段。联合国维和行动是联合国向国际社会提供的重要国际公共产品。参与联合国维和行动，是中国为世界做出的重要贡献。积极开展维和外交，拓展国际合作空间，有利于中国提高在国际事务和全球治理中的话语权和影响力。积极参与和支持维和改革，是中国发挥建设性和引领性作用的重要途径。

第四章

中国参与联合国维和
行动与军队建设

党的十八大以来，习近平围绕新形势下加强国防和军队建设、实现强国强军目标提出了一系列重大战略思想、理论观点和决策部署。他指出："要深刻认识军队在国家安全和发展战略全局中的重要地位和作用，坚持把国家主权和安全放在第一位，坚决维护国家主权、安全和发展利益。国防和军队建设，必须放在中华民族伟大复兴这个大目标下来认识，服从服务于这个国家和民族最高利益，为实现中国梦提供坚强力量保证。"①习近平主席的重要指示，是着眼时代发展要求和国家战略全局做出的重大科学论断，其核心是要求军队把维护国家安全利益与发展利益有机统一起来，肩负起捍卫新的历史条件下国家利益发展的重任。

中国军队参加联合国维和行动，是党中央、国务院和中央军委做出的战略决策，是军队忠实履行新世纪新阶段历史使命和新形势下践行强国强军目标的具体实践。联合国维和行动是联合国维护国际和平与安全的重要手段，是在实战或者近似实战条件下实施的军事政治行动，也是军队履行新时期历史使命、践行强国强军目标的重要平台。积极参加联合国维和行动，对于巩固和提高部队战斗力，推动战略能力建设，打造一支听党指挥、能打胜仗、作风优良的革命化、现代化、正规化军队，具有重要意义。

第一节　加强战略筹划与组织管理

战略筹划和组织管理，体现在具备良好的战略素质、强烈的战略意识与宽广的战略视野，善于从国际战略全局和国家利益大局筹划和指导军队建设和运用，审时度势、把握先机、多谋善断、争取主动。参加联合国维和行动，为中国军队了解和掌握当今国际安全形势和军队建设发展趋势，培养现代军人的战略意识和战略眼光，检验组织和协调能力，提高部队管

---

① 《奏响强军兴军的时代强音——以习近平同志为总书记的党中央推进国防和军队建设纪实》，《人民日报》2013年12月28日，第1版。

理能力，提供了重要契机。

一 洞察国际安全形势，实现科学筹划

参加联合国维和行动，为中国军队走出国门、迈向世界提供了历史舞台。这既是中国军队把握当今世界安全形势和新军事变革趋势，培养现代军人战略意识和战略眼光的重要机遇，也促进部队官兵更好地了解其他国家的军事理论、军队建设动向和成功经验，为筹划指导国防和军队建设提供借鉴。

（一）全面掌握国际军事安全形势，增强战略意识

忠实履行使命，维护世界和平，要求军队在新世纪新阶段积极履行"三个提供、一个发挥"的历史使命。积极参加联合国维和行动，不仅是对党中央、中央军委指示精神的坚决贯彻落实，是新世纪新阶段军队使命的历史性拓展，更有助于部队官兵全面掌握国际军事安全形势，将维护国家自身利益与履行国际责任有机地结合起来，进一步增强使命意识。

第一，参加维和行动，使部队官兵更真切地体会到，遏制冲突、维护和平是国家根本利益所在。传统威胁与非传统威胁相交织，现实安全威胁与潜在安全威胁相交织，军事安全威胁与其他安全威胁相交织，国内安全问题与国际安全问题相交织，是当今国际军事领域中的重要安全威胁，也对中国战略安全构成了多元化的威胁。军队有责任有义务积极履行历史使命，促进国际武装冲突的控制和地区热点问题的解决，减少和消除影响国际安全的消极因素，遏制霸权主义和单边主义，推动世界多极化进程，促进多种力量和谐并存，维护国际社会的安全稳定，从而为国家建设与发展营造和平的国际环境和良好的周边环境。

第二，参加维和行动，使部队官兵更深刻地理解在新的历史时期努力提高应对多种安全威胁、完成多样化军事任务能力的必要性。中国军队在维和实践中从国内和国际两个大局出发，在国内外因素的互动过程中观察、研究和解决安全问题，实现国家安全与国际安全的协调统一；从传统安全因素与非传统安全因素的相互交织中把握发展方向，不断提高部队官兵遏制战争、维护和平的责任感和使命感，从而实现军队职能使命拓展，提高军队应对各种安全威胁、完成多样化军事任务的能力，更好地担负维护世界和平与促进共同发展的历史重任。

第三，参加维和行动，使部队官兵更切实地领悟到，拓展军事外交的方式和领域，为国家执行和平外交政策、促进国际安全合作发挥重要作用，是军队新时期新使命的重要内容。"习近平要求军事外交要增强忧患意识、大局意识、责任意识，按照'能打仗、打胜仗'的要求，使军事外交向军事斗争准备聚焦，努力提高塑造国际安全环境的能力，为维护国家发展的重要战略机遇期发挥更大作用。"① 在参加维和行动的过程中，部队官兵在经受近似实战条件的磨炼的同时，积极开展对外交往，与外军之间增进了解，扩大共识，广泛传播和平友谊，打破"中国军事威胁论"，全面提高参与国际安全事务、履行国际使命的能力。

（二）现实把握国际军事冲突特点规律，优化军事能力建设规划

军事能力建设是军队永恒的主题。建设与国家安全和国际地位相称的军事能力，必须服从服务于国家安全和发展利益的需要，精心做好顶层设计与规划，特别是科学把握国家面临的安全威胁。近年来，随着国家利益的拓展和非传统安全威胁的上升，非战争军事行动日益成为国家军事力量运用的重要方式。应对各种威胁，完成不同类型的任务，已成为中国军队的现实需要，也是军事能力建设的重要着力点。联合国维和行动作为非战争军事行动的重要样式之一，遍及世界五大洲，维和官兵身处不同的自然环境和社会环境，面对不同性质、不同类别、不同程度的安全威胁和挑战，现时、现地、现身地观察、体验和应对军事对峙、军事对抗和军事冲突，为统帅部了解当前局部战争和武装冲突的基本特点和发展趋势提供了宝贵的信息资源，从而能够更好地把握当代局部战争和武装冲突的特点规律，优化军事能力建设规划。

联合国维和行动任务环境复杂，部署地区常年战乱，武装派别冲突不断。维和官兵在任务区的行动样式涉及巡逻观察、警戒搜查、自卫防护、紧急救援乃至联合行动等。② 因此，维和行动虽然不是战争，却有着丰富

---

① 李大光：《习近平军事外交思想内涵与特色》，《人民论坛》2014 年第 6 期，第 40 ~ 42 页。

② United Nations Department of Peacekeeping Operations, United Nations Department of Field Support, *United Nations Infantry Battalion Manual (Vol. I)*, New York：United Nations, 2012, pp. 79 - 81.

的战争元素；虽然不是作战，却有着作战的内在要求。中国军队通过参加维和行动，进一步明确了遂行多样化军事任务所需要的军事能力，特别是灵活应变、高效处突的指挥能力，迅即出击、精确部署的机动能力，力量多元、技术精湛的专业能力，不畏艰难、连续行动的突击能力，军地协作、整体运行的保障能力，从而提高了军事能力建设规划的针对性和实效性。①

军队参与维和行动，是和平时期具有实战背景的军事行动，并且已上升为新时期推进军事能力建设和军事斗争准备的重要途径。联合国维和行动的任务环境近似实战，特别是维和部队编组和执行任务所涉及的部队编成、力量投送、专业行动、后装保障等，不仅贴近作战演习和实战要求，而且是在国际化的战地背景下组织实施的。这不仅为中国军队提供了宝贵的锻炼机会，更使军事能力建设的成效直接接受实战化、国际化标准的检验。例如，维和待命部队的建立，是对中国军队军事能力成熟的重要检验，标志着中国军队能在短时间内完成兵力动员、力量集结、快速投送、准确部署等一系列实战化行动。② 中国军队将这些检验的结果及时进行总结反馈，推广经验，改进不足，不断提高军事力量建设规划的科学性，切实增强维护世界和平、遏制战争的能力。

（三）直观感悟外军建设经验和发展动向，拓宽国际视野

当今世界是开放的世界，任何国家的军队建设都不可能闭关自守，而是需要在自力更生的同时，积极向外军学习，拓宽国际视野。③ 特别是在世界军事变革加速发展的形势下，如果不关注外军建设发展，取长补短，中国军队与发达国家军队在某些领域的时代差距就会拉大。因此，只有积极主动地加强对外军事交流与合作，才能有效学习和借鉴外军建设的有益经验和成功做法，促进国防和军队现代化建设。④

---

① 参见周碧松《军事能力的新需求》，军报记者网，2016 年 8 月 15 日，http：//zz. 81. cn/content/2016 - 08/15/content_7217264. htm。
② 参见郭媛丹《60 天快速部署！从 8000 人维和部队看中国快反能力》，新华网，2017 年 11 月 20 日，http：//www. xinhuanet. com/mil/2017 - 11/20/c_129745102. htm。
③ 参见刘鹏、沈德跃《论军事外交与我军软实力建设》，人民网，2010 年 7 月 6 日，http：//theory. people. com. cn/GB/166866/12089500. html。
④ 参见李忠发《专家谈中国首次将对外军事合作交流写入国防政策》，新浪网，2004 年 12 月 31 日，http：//mil. news. sina. com. cn/2004 - 12 - 31/1806255249. html。

参加联合国维和行动，为中国开展对外军事交流，直观感悟外军建设经验和发展动向，提供了重要平台。联合国维和行动既是各国展示国防力量和军事智慧的大舞台，也是中国军人学习别国经验、借鉴外军长处的大课堂。在参与维和行动的过程中，中国维和官兵通过与世界各国军队开展交流和学习借鉴，进一步开阔视野，增长知识，了解掌握外军的军事思想、武器装备、编制体制和指挥管理方式。例如，中国赴马里维和警卫分队在开展备战建设方面注意了解外军同行的有效措施，特别是吸取法国和德国维和部队的有益经验——法国维和分队越是面对复杂安全形势，越是加强应急演练，即使是白天遭受袭击，晚上也继续训练；德国维和直升机分队全天候进行低空巡逻，士兵手持重机枪悬于舱门，不间断地搜索排查可疑目标。中国维和官兵认真研究这些做法，不仅将之应用于在维和任务区的实战化训练和演练之中，还主动向国内兄弟部队进行介绍和推广，努力实现学习借鉴外军经验效益最大化。①

值得注意的是，联合国维和行动从指挥机制到装备保障等许多方面，基本是以美军及其北约盟军现行体制为标准的。参加联合国维和行动，可以使中国军队更好地了解西方发达国家的军事理论和作战指挥样式，进而掌握世界新军事变革发展动向，为指导中国特色军事变革、加速推进国防现代化进程提供宝贵的经验。特别是北约近年来采取精简与整合并行的改革路径，以期进一步提高军事力量运用的灵活性，这些改革措施在联合国维和领域也有所体现。例如，联刚稳定团为了适应维和任务区安全形势的发展变化，特别是出于应对非法武装作战行动的需要，近年来在压缩维和部队规模的同时，重新调整战区设置，减少指挥机构，并且更强调部队的快速部署能力、机动能力和应急能力。② 中国维和官兵在亲身参与联合国刚果（金）维和行动的过程中，更好地理解和掌握这些发展动向及其实际效果，并且适时将之应用于军队改革建设之中。

---

① 章海军：《战场是打赢的"终极考场"》，《解放军报》2018 年 7 月 21 日，第 6 版。

② "Protection with Less Presence: How the Peacekeeping Operation in the Democratic Republic of Congo Is Attempting to Deliver Protection with Fewer Resources," Center for Civilians in Conflict, January 10, 2018, pp. 11 – 12, https：//civiliansinconflict. org/publications/research/protec-tion – with – less – presence/.

二 开展对内对外协作，强化组织协调

参加联合国维和行动，使中国军队的战略组织和协调能力得到了检验和锻炼。协调与合作既是联合国维和行动的重要特征，也是部队圆满完成维和任务的重要保证。维和部队的筹建和部署，不仅需要军委机关以及各军种和战区作战、训练、卫生、财务和装备等职能部门的密切配合，而且需要外交、铁道、民航、质监、海关、边防等相关单位的通力合作，还需要与联合国有关机构、维和特派团、东道国以及有关国际组织进行沟通、磋商和协作。特别是随着联合国维和行动的职能范围不断拓宽，维和特派团的组织结构也越来越复杂。在维和特派团内部，除了部队司令部和战区司令部以及人事、情报、作战、后勤、计划等处室外，还有政治、人权、民事警察、选举、人道主义援助、行政管理等部门。鉴于此，中国军队在参加联合国维和行动的过程中注重开展对内对外协作，完善组织协调机制，积极协调内外工作关系，形成内外合力。

（一）建立完善组织协调机制

联合国维和行动是多方位综合性军事政治行动，需要军事、警务和文职部门的密切合作与协调。为此，联合国在维和行动部和维和特派团内建立了由文职人员领衔，由军事、警务和文职部门代表组成的综合性组织协调机制，不少出兵国也建立了一体化维和组织与协调机制。例如，按照美国宪法，总统及其领导的行政机构负责制定和执行维和政策，国务院和国防部负责组建和派遣维和部队等具体事宜。① 英国、法国、印度等国也分别建立了军事、警务和文职部门维和行动协调机制。

中国参加联合国维和行动的人员主要来自军队，但维和工作还涉及外交、财政、交通、海关等国家政府相关部门。尽管目前中国尚未在国家层面建立跨部门维和管理与协调机制，但军队已设立了维和组织协调机构，包括 2001 年 12 月成立的国防部维和事务办公室（现为国防部维和事务中心）以及相关军种和战区的维和工作职能部门。《中国人民解放军参加联

---

① 参见赵磊《冷战后美国维和政策的演变及特征》，《美国研究》2011 年第 4 期，第 123 页。

合国维持和平行动条例（试行）》明确了这些机构在维和工作中的职责分工。① 其中，国防部维和事务办公室在统帅部领导下协调和管理军队参加联合国维和行动的相关工作，与有关部门和单位积极协调，通力合作，"在指挥管理、人员选拔、抽组培训、技术装备等方面逐步形成了既有中国军队特色又与国际接轨的科学工作机制"②，并就维和工作中的具体问题与联合国及相关国际组织进行协调与沟通，在联合国指导下处理中国维和部队的具体事宜，推动军队维和工作规范、务实、有效开展。

与此同时，部署在维和行动第一线的中国维和部队的组织协调机制也在不断发展完善。一方面，各维和分队均设立了外事组，在部队首长的直接领导下，严格按照军队外事工作规定和上级指示精神，开展对外协调工作。另一方面，维和部队组织协调工作在接受国内主管部门领导的同时，还接受中国大使馆及其武官处的业务指导，并且保持与中国赴该任务区其他维和分队之间的联系和交流，在对外交涉时协调立场，步调一致，通力合作。

（二）理顺工作关系，依法开展组织协调

由于维和行动的特殊性，中国维和部队在国外执行任务期间存在着较为复杂的指挥关系，即联合国维和特派团指挥机构和中国领导机关（包括驻外使馆、国防部维和事务中心以及维和部队派遣单位）分别与维和部队构成指挥关系。这种客观事实造成了维和部队处于多头指挥的状态，如果处理不当，有可能出现指挥环节重叠、指挥效率不高的弊端，甚至可能会产生相互之间协调与沟通的问题，从而导致对维和部队下达的指令相互矛盾。因此，中国军队始终坚持以《联合国宪章》和《出兵国指南》，以及联合国与中国政府签署的《谅解备忘录》、维和行动授权决议和维和特派团《标准作业程序》等为依据，依法协调与联合国维和特派团指挥机构之间的工作关系，明确职责与任务。

根据出兵国与联合国达成的《谅解备忘录》，各出兵国派遣的维和部队与维和特派团之间实际上是一种配属关系，联合国维和特派团对维和部

---

① 《胡锦涛签署命令发布〈中国人民解放军参加联合国维持和平行动条例（试行）〉》，凤凰网，2012 年 3 月 22 日，https://news.ifeng.com/c/7fbjeBeabjR。

② 田源、吕德胜：《国防部维和办：我军维和工作已形成科学机制》，《解放军报》2008 年12 月 17 日，第 7 版。

队没有统御权，只有控制权，由出兵国决定维和部队的派遣和撤回。但维和部队一经派出，就意味着控制权交由联合国掌握。联合国维和特派团有权向所属维和部队下达指令、分配任务，维和部队在维和行动问题上须向联合国维和特派团指挥官报告工作。鉴于此，中国维和部队在抵达任务区后，在轮换指导组的组织下按时向维和特派团报到，与特派团建立工作联系，并适时拜会特派团团长、部队司令等高级官员，主动汇报有关情况及工作，争取对方的理解和支持。与此同时，中国维和部队还积极与特派团部队和战区司令部的作战、装备核查、运输、后勤供应等部门进行接洽，介绍部队有关情况，加强沟通和了解，从而争取主动，为后续工作的开展创造有利条件。

在联合国维和行动中，维和部队在不妨碍联合国对维和部队行使行动控制权的前提下，可以建立并保持与国内指挥机构的技术性报告渠道，并通过这一渠道向国内报告工作。[1] 在协调与联合国维和特派团的指挥关系方面，法国采取了赋予本国维和部队司令权力以监督核定多国维和部队对法军部队下达命令是否符合国家政策的做法，这得到了许多维和行动出兵国的肯定，其中一些国家也在采取类似做法。[2] 中国军队从本国的国情军情出发，依法适当借鉴相关做法，确保组织协调工作始终沿着正确的方向有序开展。例如，在2006年黎以冲突期间，中国赴黎巴嫩维和工兵营在采取紧急措施加强自身安全防卫的同时，与联合国维和特派团、中国国内相关机构和中国大使馆保持联系。中国大使馆也不断了解中国维和部队官兵的情况，并就相关事宜与联合国有关方面进行积极沟通协调，确保部队安全稳定。[3]

（三）原则性与灵活性相结合，促进内外工作关系形成合力

身处维和行动第一线的中国维和部队和维和人员在处理内外关系方面，坚持原则性与灵活性相结合，努力形成内外合力。在协调对内关系方

---

① United Nations Department of Peacekeeping Operations, United Nations Department of Field Support, *United Nations Infantry Battalion Manual* (*Vol. I*), New York: United Nations, 2012, p. 54.

② 中国国际战略学会军控与裁军研究中心编《当代国际维和行动》，军事谊文出版社，2006，第413页。

③ 《以地面部队越境袭黎》，新浪网，2006年7月18日，http://news.sina.com.cn/o/2006-07-18/08369489287s.shtml。

面，中国维和官兵"既讲政治，又讲团结；既讲风格，又讲原则；既讲责任，又讲感情"，以高度的使命感和责任心，使整个中国维和力量凝聚成一支齐心协力的战斗队伍。以维和部队轮换工作为例，维和部队和维和人员轮换制，是维和行动出兵国普遍采用的管理机制，不仅可以使部队官兵得到适时休整，装备得到及时补充更新，确保部队持续有效地实施维和行动，而且能够让更多的官兵接受维和任务的锻炼和考验。中国维和部队在轮换交接期间，努力做好交接双方主官之间和相关业务骨干之间的沟通与交流，积极完成文件资料、对外交往联络、驻地民情社情、经验教训等多方面的交接，确保整个交接工作正规有序、全面彻底，为后续部队和人员顺利开展相关工作创造有利条件，展现了国家和军队"团结一心、众志成城"的整体形象。中国赴黎巴嫩第 11 批和第 12 批维和分队轮换指导组组长、第 13 集团军副参谋长姜兆跃于 2014 年 1 月在完成部队轮换指导工作后评价称："交过去的是经验，接过来的是使命。两批官兵心往一处想，劲往一处使，既交工作，又交方法，既交经验，又交作风，确保了轮换交接任务圆满完成，为新一批维和部队完成任务打下了坚实基础。"①

在协调对外关系方面，中国维和官兵在尽职尽责、保质保量地完成维和特派团赋予的职责范围内的工作任务的同时，注重从实际出发，尊重客观规律，对于维和特派团提出的一些不切实际的任务要求，及时主动进行沟通，客观反映情况，从而避免了可能产生的一些矛盾和误解，并且有效维护了中国维和部队的合法权益。例如，非盟—联合国达尔富尔混合行动工程部曾向中国第 3 批赴达尔富尔维和工兵分队下达修建尼亚拉机场直升机停机坪的任务，并要求在 3 个月内完成。但中国维和工兵分队在经过深入细致的调查研究后发现，这个工期要求不切合实际，根本无法实现。为此，工兵分队指挥官在特派团工程计划协调会上通过翔实的数据和丰富的资料，说明了施工难度、强度及实际需要的时间。会议结束后，特派团官员进行了实地考察，发现工程的难度和强度确实太大，3 个月的工期远远不够。中国维和分队实事求是的精神和主动协调的做法避免了由维和特派团有关部门决策失误可能造成的工作矛盾，得到了特派团的肯定，特派团

① 吕德胜：《中国赴黎维和部队顺利完成轮换交接》，《解放军报》2014 年 1 月 21 日，第 8 版。

工程部主管也为自己的主观臆断向中国维和部队官兵致歉。①

三　借鉴维和管理方法，提高管理水平

参加联合国维和行动，使中国军队进一步强化法治观念，加强依法治军，提高法制化管理水平。特别是军队在维和实践中积极借鉴联合国维和特派团制定和实施《标准作业程序》的做法，进一步提高管理制度和工作程序的标准化、科学化，并且与时俱进，开拓创新，不断推进国防和军队正规化建设。

（一）强化法治观念，坚持依法治军

依法治军是依法治国的重要组成部分，并且已经正式载入《中华人民共和国国防法》。军队参加联合国维和行动，是一项高度敏感的政治任务，更需强调依法治军。目前，世界许多国家的军队都制定了关于维和行动的成套法规和条令。例如，美国出台了参联会联合出版物第 3 - 07.3 号《维和行动的联合战术、方法与程序》、陆军野战手册第 3 - 07 号《稳定局势行动和支援行动》和陆军手册第 700 - 31 号《维和行动指挥官手册》，其中《维和行动指挥官手册》对指挥官在参与联合国维和行动的过程中可能遇到的各类问题进行了较为详尽的描述，为指挥官正确合法地指挥部队参与维和行动提供了指南。② 此外，英国出版了联合作战出版物 JWP3 - 50《和平支援行动条令》③，韩国制定了《参加联合国维和行动常备体制方案》，均对维和部队指挥机构的组成和职能等做出了明确规范。

中国军队参加联合国维和行动已有 30 多年的历史。随着联合国维和行动职能范围的扩大和中国参加维和行动程度的提高，中国积极推进维和战略决策法制化建设。特别是在 2012 年 3 月，胡锦涛主席签署命令，发布《中国人民解放军参加联合国维持和平行动条例（试行）》，将之作为新时期中国军队维和工作的基本遵循和依据，对军队参加联合国维和行动进行

---

① 段传洲：《赴苏丹维和大队贯彻科学发展观纪事》，《解放军报》2010 年 1 月 14 日，第 7 版。

② 参见陈伟《美军非战争军事行动的法律保障》，《军队政工理论研究》2009 年第 3 期，第 118 页。

③ 参见英国政府官方网站，https：//assets. publishing. service. gov. uk/government/uploads/system/uploads/attachment_data/file/437446/20130402 - jwp3_50_ed2_pso - Archived. pdf。

了系统规范。该条例涵盖军队参加联合国维和行动的各个主要环节，包括总则、职责、派遣与回撤、教育与训练、管理与保障、奖励与处分等内容，特别是根据联合国维和任务实际和形势发展需要，界定了中国军队参加维和行动担负的任务，明确了总部机关、军区①和军兵种的职责分工，详细规定了维和部队与军事专业人员派遣和回撤的审批程序以及各类人员教育训练的组织实施和检查考核，并且对军队参加维和行动的管理、保障和奖惩等事宜做出了具体规范。②

维和条例的颁布和施行，辅以相关军事法律法规和条令的制定，不仅为中国军队在维和工作领域实施依法治军提供了重要的法律保障，而且为推动海外军事行动立法奠定了基础。近年来，在中国军队参与维和行动规模不断扩大的同时，国际反恐、打击海盗、联合军演、国际救援等涉外非战争军事行动也日趋常态化，并且成为多样化军事任务的重要组成部分。已有专家建议加快推进国家层面海外军事行动立法工作，明确军队参加海外军事行动的目的、原则、职责和程序，以及执行任务部队的法律地位、行为准则、内外关系和保障措施等。③ 这些发展动向，将有助于进一步规范中国军队参加涉外军事行动，不断提高海外军事力量的法制化管理水平。

（二）借鉴标准作业程序，实现科学管理

联合国注重工作程序，特别是各维和特派团将《标准作业程序》作为指导维和行动实施的综合性纲领文件，其内容全面详尽，包含了特派团各个职能部门正常运转所需的全部信息和指令，包括特派团的历史背景和政治形势、组织结构、指挥与控制、维和人员作业程序、特派团行政管理与保障等。④《标准作业程序》通过对维和行动的作业流程做出明确规定，使来自不同国家和不同职能部门的维和人员在执行任务时具有可以参考的标

---

①　根据《中央军委关于深化国防和军队改革的意见》，中国人民解放军重新调整划设战区。参见《中央军委关于深化国防和军队改革的意见》，中国政府网，2016年1月1日，http://www.gov.cn/xinwen/2016-01/01/content_5030144.htm。
②　黎云：《我军参加联合国维和行动条例发布》，环球网，2012年3月23日，https://corp.huanqiu.com/article/9CaKrnJuGVT。
③　欧阳浩、徐小龙、杜康、高立英：《聚焦强国强军　履行神圣使命——解放军代表团第一次全体会议发言摘要》，《解放军报》2016年3月8日，第5版。
④　中国国际战略学会军控与裁军研究中心编《当代国际维和行动》，军事谊文出版社，2006，第104页。

准和有据可依的章程。《标准作业程序》具有高度的权威性，特派团的任何人员都不得凌驾于《标准作业程序》之上，违反者将受到相应的处罚。在一些发达国家军队的人员和武器装备管理中，《标准作业程序》也得到了广泛应用。因此，在中国国防和军队现代化、正规化建设进程中，适时制定科学规范的标准作业程序，维护标准作业程序的权威性，对于坚持依法治军、从严治军，完善依法决策、依法指导的工作机制，努力实现军事、政治、后勤和装备建设的制度化和规范化，具有重要的借鉴作用。

标准作业程序是规划和制度的最终落实，通过职责的细化分解，将其落实为具体的操作步骤。近年来，中国军队积极借鉴标准作业程序的可执行性和可检验性，更好地实现管理规范化。以基层部队后勤管理为例，中国军队在加强制度化建设的同时，突出强调程序化作业和标准化供应。其中，程序化作业要求按照规定的计划流程、组织流程、作业流程和审批流程等进行后勤管理，标准化供应强调基层部队的设施设备、经费器材等严格按标准对口供应保障。通过严格程序建设和落实，基层部队后勤管理更加精确规范，从而更好地实现"管理行为法制化、供应保障标准化、实施手段科学化"[1]。

标准作业程序产生实效，还依赖于合理的培训与考核机制。中国军队在加强科学化管理方面也借鉴了这条有益经验。在 2018 年 4 月颁布新一代共同条令后，为了帮助全军部队提高学习效果，促进新条令贯彻落实，军委训练管理部发布了《共同条令学习考评系统（试用版）》。该系统集知识性、趣味性、灵活性于一体，主要设置条令原文、学习训练、模拟考试和考核测评等 4 个功能模块，操作使用简单方便，考核测试形式多样，为部队官兵更好地学习理解条令、严格执行条令有效发挥了推动作用。[2]

（三）适时更新管理制度与措施，做到与时俱进

管理制度是对历史经验的总结，但并非一成不变，而是要根据工作环境和条件的变化不断接受实践的检验，及时进行改进和更新。在联合国维和行动中，管理工作往往凝聚着血的教训，任何一项疏漏都有可能危及维和人员的生命安全。因此，联合国维和特派团每年都会就管理制度和工作

① 马恩泽：《后勤保障要做到"四个规范"》，《解放军报》2015 年 6 月 16 日，第 6 版。
② 刘一伟、吴旭：《全军〈共同条令学习考评系统（试用版）〉发布》，《解放军报》2018 年 6 月 27 日，第 2 版。

程序问题广泛征求意见，在对收集的情况和遇到的新问题进行分析讨论后及时修订，以制度的形式将行之有效的方法固定下来，使管理工作不断吸纳鲜活的经验。①

中国军队在维和实践中针对维和工作实际情况，与时俱进，开拓创新，积极更新管理制度与措施。一是注重方法创新，在继承和发扬部队管理工作优良传统的同时，结合官兵在执行维和任务过程中的思想变化，积极探索和改进管理方法，综合运用政治、行政与法规管理手段，按照"自我管理为主，教育引导为辅，制度标准为据"的管理思路，实现从经验型管理向科学型管理的模式转变。例如，第 12 批赴刚果（金）维和工兵分队为了更好地激发部队官兵的使命感和责任感，以迎接建党 90 周年为契机，于 2011 年 5 月 29 日通过开展重温入党誓词、唱红色歌曲、戴党徽做表率等一系列活动，激励部队官兵克服各种困难，完成好联合国赋予的工作任务，以优异的成绩为党旗增辉。②

二是注重渠道创新，积极探索"以人为本"的管理工作新渠道，提高管理质量。例如，第 9 批赴利比里亚维和医疗分队党委在深入贯彻科学发展观的过程中，积极查找和研究影响分队建设和队员身心健康的相关问题，并采取硬化生活区地面、平整营区周边道路、加固营区防护围墙、清理遗留垃圾、绿化美化营区环境、丰富文体活动场所等措施，使维和分队的营区设置更美观，工作环境更安全，生活环境更整洁，学习娱乐更舒适，文体活动更丰富，从而使部队官兵以更高昂的斗志和更饱满的热情投入工作。③

三是注重手段创新，通过将内部管理与外部管理相结合，采取"特派团上级通报、友军与民众反馈、与友军对比"等手段，借鉴外军的成功管理手段，取长补短，互相学习，提高管理手段的适用性。例如，中国赴苏丹维和部队积极学习外军经验，拓展眼界，组织不同岗位的官兵参与外事活动，与友军进行接触和交流。部队官兵先后到肯尼亚、巴基斯坦、印度

① 参见刘群《从战略到执行——联合国维和行动中的标准作业程序》，《中国投资》2018 年第 7 期，第 32～34 页。

② 陈国军：《赴刚维和工兵遂行任务一线重温入党誓词》，《解放军报》2011 年 5 月 30 日，第 5 版。

③ 王均波：《盯着难题做工作，瞄着弱项搞建设——赴利维和医疗分队党委坚持以人为本改善生活环境》，《解放军报》2010 年 1 月 30 日，第 5 版。

等国维和部队参观，积极了解这些外国部队的管理理念和治军原则，借鉴这些国家军队在组织维和行动方面的成功经验，从而开阔了眼界，拓展了思维，并且更好地实现执行维和任务与促进自身发展有机统一。①

第二节　强化海外军事行动能力

随着国家战略利益的拓展，海外军事行动已成为中国军队执行多样化军事任务的重要方式。强化海外军事行动能力，是中国军队践行强军目标的重要内容。联合国维和行动是在特殊环境中进行的特殊形式的"战斗"。参加联合国维和行动，使中国军队在境外实战或近似实战的环境中经受锻炼和考验，有助于锻造部队在海外复杂条件下遂行军事任务的能力。特别是在当前中国军队缺乏实际的对外作战机会的情况下，派遣维和官兵走出国门，到海外参加联合国维和行动，接受作战环境的考验，可以帮助部队积累实战经验，提高官兵的海外军事行动能力。

一　通过海外派遣军事力量，增强远程投送能力

虽然中国拥有世界上最大规模的军队，但军队基本上是国土防御性质的部队，战略投送能力相对不足。随着中国对外开放领域的拓宽，对战略资源和海上咽喉通道的依赖加深，迫切需要军队增强远程投送能力。参加联合国维和行动，为中国军队检验和提升远程投送能力提供了重要平台，并且推动了军队远程投送理念、投送方式和投送力量建设的跨越式发展。

（一）投送理念朝着大规模持续投送的方向发展

在新的时代条件下，中国国家安全的内涵和外延比历史上任何时候都要丰富，时空领域比历史上任何时候都要宽广。中国军队需要适应国家战略利益发展的新要求，积极参与地区和国际安全合作，有效维护海外利益。② 鉴于此，军队的战略投送需要立足现实、着眼长远，把握现代战争的特点和规律，不仅能够应对局部武装冲突，还能够为大规模海外军事行

---

① 《记中国第三批赴苏丹维和部队凯旋——张勇》，央广网，2009 年 2 月 16 日，http：//mil. cnr. cn/jmhd/gfxgx/zxst/200903/t20090331_505288906. html.

② 中华人民共和国国务院新闻办公室：《中国的军事战略》，《人民日报》2015 年 5 月 27 日，第 10 版。

动实施力量投送。而参加联合国维和行动作为中国军队执行多样化军事任务的重要内容，使军队的力量投送趋于常态化，且投送力量规模和地域不断扩大，从而推动军队战略投送从应急投送朝着大规模持续投送的方向发展。

首先，战略投送基础设施建设的地位得到进一步提升。大规模海外军事行动对战略投送基础设施的标准要求很高，需要建设能够满足大型运输工具使用需要的战略投送综合保障基地。特别是在维和实践中，成建制维和部队需要定期实施远程甚至跨洲投送，进一步突出了完善公路、铁路、机场、港口等基础设施建设的重要性。而军队在维和行动力量投送中收集的有关港口、机场以及各类运输机型、轮船尺寸、装备装卸载等方面的数据，也为战略投送基础设施建设提供了客观依据。① 鉴于此，中国近年来积极发展配套化的投送基础设施，特别是加强国防交通运输网建设，努力形成集战略空运、公路铁路投送和水路投送于一体的系统网络，使战略投送基础设施建设不断适应持续性海外军事行动的需要。②

其次，战略预置的概念得到进一步强化。战略预置是国家和军队为了应对未来安全威胁，在本土和海外主要战略方向和重点战略地区实施的作战准备，是国家安全战略和军事战略的重要实践。③ 在维和行动中，维和官兵通过空运迅速集结到维和任务区，与前批分队部署的武器装备相结合，及时形成军事行动能力；或者在新补充的装备物资通过海路后续运达任务区之前，维和官兵先期抵达后积极开展训练，尽早适应任务环境。这种"人装分离"的投送和交接模式，强化了战略预置概念的实践运用。而且，这种战略预置注重平时预置与临战预置相结合，且预置的部队规模和装备数量与维和任务要求相适应，并且进行科学分类，定期轮换，提高了预置的针对性，减少了资源浪费，从而确保了战略预置的可持续性。

（二）投送方式朝着陆海空立体投送的方向发展

长期以来，中国军队的力量投送方式以公路、铁路投送等陆上投送为

① 参见滕建华《参加维和行动与我军"走出去"战略》，看中国网，2009年3月13日，http://chinaabc.showchina.org/zgjbqkxl/zlwhyjszc/200903/t280007.htm。

② 参见孙兴维、程荣《构筑战略投送立体大动脉》，《解放军报》2017年10月17日，第6版。

③ 张勇：《充分重视战略预置思维创新》，中国军网，2016年4月14日，http://www.81.cn/jmywyl/2016-04/14/content_7006810_3.htm。

主，海上和空中投送为辅。参加联合国维和行动，为中国军队提供了跨区、跨疆域海上和空中投送的实践机会。特别是进入21世纪以来，中国维和部队在参加非洲和中东地区的维和行动过程中，远距离跨洋越海抵达维和任务区，使海上和空中远程力量投送能力得到了锻炼、检验和提高。

首先，战略投送统一指挥管理机制得以建立。在现代战争中，投送的对象是诸军兵种部队，实施战略投送的力量为军地结合，组织协调工作复杂，必须建立高效的统一指挥管理机制。中国军地运输力量过去一直按照单一军种作战样式规划和建设，处于分散指挥和管理状态，导致有限的投送资源难以发挥整体合力，难以满足海外军事行动中的力量投送需求。维和部队力量投送具有全局性和时效性，涉及军地多个部门，需要统筹各方投送力量。中国军队通过维和实践及其他方式的军事力量运用，积极探索与军队现代化建设相适应的战略投送指挥管理模式，按照"三军一体、军地一体、集中统一、顺畅高效"的原则，依托现有体制，逐步形成有关部门统一计划、归口管理三军运力的战略投送管理机制。①

其次，战略投送训练演练得到加强。开展训练演练是转化战略投送建设成效、巩固和提高战略投送能力的重要手段。参加联合国维和行动，使中国军队根据联合国安理会的授权，合法地向海外派遣和部署部队，为检验和提升远程投送能力提供了有益的训练和演练机会。1992年4月至1993年9月，中国先后派遣两个军事工程大队参加了联合国在柬埔寨实施的维和行动，为军队向东南亚地区实施力量投送提供了实践锻炼机会。进入21世纪后，中国军队通过参加刚果（金）、利比里亚、苏丹、黎巴嫩、南苏丹和马里等任务区的维和行动，多次检验远距离力量投送和战略机动能力，并且进一步丰富完善了马六甲海峡、苏伊士运河等国际战略水域通道以及相关港口和机场的宝贵信息，为部队未来在海外军事行动中实施更大规模的陆海空立体投送积累了宝贵经验。②

（三）投送力量朝着军民融合的方向发展

军民融合旨在从更广范围、更高层次、更深程度将国防和军队现代化建设与经济社会发展结合起来，为实现国防和军队现代化提供丰厚的资源

① 赵占平：《加快推进我军战略投送能力建设》，《解放军报》2008年9月23日，第6版。
② 参见滕建华《参加维和行动与我军"走出去"战略》，看中国网，2009年3月13日，ht-tp://chinaabc.showchina.org/zgjbqkxl/zlwhyjszc/200903/t280007.htm。

和可持续发展的后劲。① 中国军队参与联合国维和行动涉及的战略投送力量植根于综合国力之中，在投送力量建设方面积极贯彻军民融合思想，努力实现国家交通运输力量资源与军队自身运输力量的有机结合。

首先，国家交通运输力量资源的主体作用更加明确。合理使用国家运输力量资源满足国防和军队需求，是世界许多国家的普遍做法。例如，在美军运输司令部掌管和控制的运输力量中，本土地面运输的 88% 、跨国空运的 50% 、海运的 64% ，都是依靠民用运力完成的。② 中国军队在维和行动及其他海外军事行动中对战略投送力量的需求，推动国家从政策层面进一步突出了满足国防和军队建设需求在投送力量建设方面的重要地位。特别是 2016 年 9 月 3 日第十二届全国人大常委会第二十二次会议通过的《中华人民共和国国防交通法》明确规定："国家以大中型运输企业为主要依托，组织建设战略投送支援力量，增强战略投送能力，为快速组织远距离、大规模国防运输提供有效支持。"③ 该法的颁布从法律上将国家运输企业的运输资源纳入军队战略投送保障力量的范畴，使中国军队参加维和行动及其他海外军事行动的投送力量建设、发展和使用有法可依、有章可循，并且为构建军民结合、寓军于民的战略投送力量体系奠定了法律基础。

其次，军队运输力量的拳头作用更加突出。民用运输力量虽然是战略投送的重要依托，但在海外军事行动中，由于动员征用时效性难以把握、特殊装备适运性受限等问题，军队仍然需要保持适度规模的战略投送常备力量。④ 维和行动对战略投送力量的需求，进一步推动了军队自身战略投送力量的实体建设。近年来，中国积极研发和购置以大型运输机、快速海运船等为重点的载运工具，努力建立与军队多样化使命任务相适应的战略空运、战略海运和地面运输力量，形成了战略战役运输一体、应急应战运输一体的军队运输力量体系。⑤

---

① 郭俊奎：《军民融合发展国家战略强军兴军》，人民网，2015 年 3 月 13 日，http://opinion. people. com. cn/n/2015/0313/c1003 – 26686400. html。

② 赵占平：《加快推进我军战略投送能力建设》，《解放军报》2008 年 9 月 23 日，第 6 版。

③ 《中华人民共和国国防交通法》，中华人民共和国国防部网站，2016 年 9 月 3 日，http://www. mod. gov. cn/shouye/2016 – 09/03/content_4724204. htm。

④ 赵占平：《加快推进我军战略投送能力建设》，《解放军报》2008 年 9 月 23 日，第 6 版。

⑤ 参见孙兴维、程荣《构筑战略投送立体大动脉》，《解放军报》2017 年 10 月 17 日，第 6 版。

二　有效应对脆弱安全局势，提高危机处理能力

维和行动是检验部队官兵危机处理能力的重要场所。维和官兵身处"前沿阵地"，面对复杂艰险的安全形势，常常要承担应急任务，应对突发情况，从而使危机处理能力得到有效锻炼和提高，能够在紧急情况下沉着应对，冷静决策，快速反应，妥善处置，避免造成不必要的损失。

（一）　强化危机预警能力

建立有效的危机预警系统，既是联合国维和行动取得成功的前提条件，也是维和部队和维和人员有效履行维和使命的重要保证。联合国要求在潜在冲突地区或者高风险地区建立有效的预警系统，从而能够向安理会及其他相关机构提供预警信息，为随后组织实施的维和行动中的信息保障奠定基础。联合国维和特派团也要求维和部队掌握和分析冲突方的态度变化与认知变化，探察平民可能面临的威胁与突发事件，向特派团领导层提供预警信息，使领导层能够全面客观地评估形势，尽早采取预防措施。[①]鉴于此，中国军队在参加联合国维和行动的过程中注重危机预警能力建设，包括对相关地区危机的态势进行监控，对其发展趋势进行预测分析，从而确保能够提供及时准确的预警信息。

具体地说，中国军队从两个方面强化了危机预警能力。一是战略性预警能力，即维和部队在部署之前掌握有关维和任务区的政治和安全形势，包括停火协议和联合国安理会相关决议的主要内容及执行情况、有关武装派别的政治倾向、地方行政当局的决策、联合国及其他国际组织和地区组织派驻任务区机构的相关情况，以及当地经济、民族、宗教和人道主义等方面的问题。二是战役战术性预警能力，包括掌握有关维和任务区地形、气候、交通以及冲突各方的具体情况，特别是冲突方的军事实力、兵力部署和调遣、武器装备配置、防御阵地构筑、地雷分布情况、后勤补给和交通运输状况、通信指挥系统的应用等，为有效应对危机奠定坚实基础。

例如，中国第 4 批赴马里维和警卫分队在执行维和任务期间，先后预警恐怖袭击威胁 20 余次，驱离非法武装分子侦察 30 余次。其中，该分队

---

① United Nations Department of Peacekeeping Operations, United Nations Department of Field Support, *United Nations Infantry Battalion Manual(Vol. II)*, New York: United Nations, 2012, p. 61.

在 2017 年 4 月 27 日护送联马团民事官员前往加奥机场途中，敏锐地觉察到以往每天在路边放牧的当地人不见了踪影，远方灌木丛中有人影蹿动。装甲车驾驶员随即减缓车速，加强对周边环境的警戒观察，发现不远处有一个覆盖着麻袋的箱子靠着灌木横在路边，箱子附近是新挖的土。于是，车队立即停止行进，做好战斗准备，并出动无人机对不明物体进行远距离拍照取证，向联马团上报情况。后经联马团安全部门查证，这个箱子里有反坦克地雷和装有大量 TNT 炸药的简易爆炸物，爆炸当量足以炸毁整个装甲车队。①

（二）锻炼应急处置能力

参加联合国维和行动，为中国军队锻炼应急处置能力提供了实践机会。联合国维和行动通常是在冲突刚刚结束或者冲突方刚刚签署停火协议后部署的。此时，冲突国家或地区的安全局势尚不稳定，随时可能发生新的危机。有的冲突派别甚至还没有签署停火或和平协议，随时可能干扰和破坏和平进程。此外，维和人员在执行任务时遭到武装组织或派别挑衅和袭击的事件也经常发生。因此，中国维和官兵随时可能需要对突发事件进行应急处置。

在维和实践中，中国维和部队针对维和任务区安全形势动荡，容易发生武装冲突、恐怖袭击、大规模骚乱、严重传染性疾病蔓延以及重大自然灾害、意外事故、刑事案件等突发事件的实际情况，提前做好准备。部队官兵在被部署到任务区之前就进行了针对性训练和演练，并制定和完善了相应的应急处置预案，做到未雨绸缪、有备无患。例如，2011 年 9 月 15日，国防部维和事务办公室委托济南军区组织了代号为"蓝盔行动 -2011"的维和部队处置突发事件演练活动。演练以联合国维和任务区现实安全威胁为背景，以维和特派团处置突发事件的相关法规为依据，充分汲取近年来中国维和部队处置突发事件的经验做法，着眼于应对各种复杂情况，研究细化维和行动规范及突发事件处置规定，为维和部队处置突发事件提供了理论与实践依据。②

---

① 黎云、向勇、杨大为：《中国第四批赴马里维和部队　预警 20 余次恐袭》，观察者网，2017 年 5 月 22 日，https://www.guancha.cn/military - affairs/2017_05_22_409579.shtml。

② 高吉全、傅开强：《我维和部队首次举行处突实兵实装演练》，《解放军报》2011 年 9 月16 日，第 8 版。

在联合国维和行动中，维和部队在处理危机时常常需要应用"交战规则"。交战规则是对部队官兵可以使用武力的各种情形进行明确界定的一整套指令，包括使用武力的原则、禁止事项、警告程序、实施方法以及事后报告制度等。① 中国维和官兵在实践中不断提高对交战规则的理解和应用能力，有效运用交战规则赋予的当机处置权力，使得应急处置预案更具可操作性，从而及时控制事态，防止危机升级，并且避免造成不必要的损伤。例如，2017年3月8日，中国第3批赴南苏丹维和步兵营在执行护送联合国民事官员任务的过程中，遭遇武装分子持枪拦截。当时正值夜晚，视线较差，稍有不慎就可能造成误判，引发交火。在此情况下，部队指挥官依据联南苏团交战规则，指挥官兵枪口相向，在向武装人员展示强大威力的同时，积极与对方沟通，表明意图。经过反复沟通谈判，整支护送车队得以顺利脱离险境。②

（三）增强执行紧急任务能力

在维和行动中，虽然部队官兵是在冲突方签订停火协议后的"和平"环境中执行任务的，但这种"和平"往往十分脆弱，随时可能遭到冲突方或者其他非法武装的破坏，维和部队也随时可能领受紧急任务。鉴于此，中国维和部队针对维和行动的特定条件和特殊环境，根据上级指示和担负的任务制定切实可行的行动方案计划，明确行动编组、任务区分、指挥控制、综合保障等事项。维和部队特别注重强化战备值班制度，确保指挥通信不间断，做到"全员、全时、全装"保持良好的战备状态和战斗力水平，随时做好执行紧急任务的准备，达到"命令一句话下达、装具一站式携带、部署一分钟到位、情况一秒钟反应"的实战标准。例如，在2013年底，南苏丹武装冲突持续不断，在此期间，中国维和部队领受了为当地平民提供紧急人道主义援助的任务。中国维和工兵分队按照联南苏团指令，在瓦乌基地营区迅速开设难民营，先后完成了平整难民营场地、架设防护铁丝网、搭建帐篷和简易厕所等紧急工程任务，使得该基地在几天之内即具备万人以上的容纳能力。中国维和医疗分队迅速开设床位、准备应

---

① 中国国际战略学会军控与裁军研究中心编《当代国际维和行动》，军事谊文出版社，2006，第105页。
② 颜兴旺、周孟亮：《"当时，子弹就在头顶嗖嗖乱飞"》，《解放军报》2017年12月21日，第4版。

急药品和医疗耗材，并开通与国内后方医院连接的远程医疗系统，做好大批量收治难民和伤员的准备。瓦乌基地代理行政长官布朗在视察营地时表示：中国维和官兵执行紧急任务的能力，为联合国在南苏丹维和行动赢得了主动。[①]

中国维和部队在维和实践中还根据执行紧急任务的需要，有计划地组织针对性演练，帮助官兵进一步熟悉和掌握领受任务、临机决策、快速出动、处置情况的方法和程序，检验部队在紧急情况下的组织指挥能力、快速反应能力和协同行动能力。例如，中国赴马里维和警卫分队官兵不分节假日坚守战位，高标准严要求展开战备演练。在拉响战斗警报后，官兵们迅速穿戴战斗装具，领取武器弹药，按行动方案编组，数分钟后便齐装满员在指定地域集结完毕。负责组织实施战备核查的联马团东战区安全官伊德瑞萨评价称："中国维和警卫分队反应很迅速、分工很明确，情况处置很专业。"[②]

三　利用国外近似实战条件，检验后装保障能力

现代战争在某种意义上就是后勤装备保障能力的较量。后勤装备保障是军队战斗力生成与维持的物质技术基础，是有效遂行军事行动、完成军事任务的基本保证。中国军队参加的维和行动大都在远离本土的国家和地区实施，虽然派遣的维和部队多为营级以下规模，配属的后勤装备保障力量相对有限，但鉴于维和行动的政策性、复杂程度和影响力，维和后勤装备保障具有重要的战略地位，实施难度大，锻炼价值也非常大。

（一）有针对性地开展后勤装备筹措与准备工作

维和后勤装备筹措与准备是维和部队待命期间的重要工作，也是部队后勤装备保障能力的重要基础。在联合国维和行动中，维和部队的后勤装备通常由出兵国提供，联合国按租用标准提供经济补偿。[③] 鉴于此，中国

---

① 黎云：《中国维和部队积极应对南苏丹紧张局势履行维和义务》，中国政府网，2014年1月3日，http：//www.gov.cn/jrzg/2014－01/03/content_2559512.htm。

② 纪振海、李祥辉：《中国维和部队数分钟集结完毕　联合国官员称放心》，凤凰网，2015年10月3日，https：//news.ifeng.com/a/20151003/44779536_0.shtml。

③ 在联合国维和行动中，联合国对出兵国建制部队装备的租用方式主要有两种：一种是"全租"，即出兵国既提供装备，又负责装备的维修与保养；另一种是"半租"，即出兵国只提供装备，由联合国负责装备的维修与保养。中国维和部队所需装备器材一直采用"全租"的方式。参见杜农一、陆建新主编《维和行动概论》，军事谊文出版社，2004，第148页。

军队在组织实施维和后勤装备筹措的过程中，仔细对照《谅解备忘录》的要求，认真研究维和部队执行的维和任务对后勤装备保障的需求以及任务区环境、气候等自然条件对后勤装备保障的影响，并针对军队后勤装备物资储备情况及运输能力状况，提前做好需求分析，确定物资采购数量和采购渠道，部署后勤装备物资采购工作。

中国军队在筹措和准备维和后勤装备时强调针对性，即根据将要赴任的维和部队是首批分队还是接替分队，分别采取不同的措施。对于首批分队，后勤装备的筹措将进行全盘考虑；对于接替分队，则着重了解和掌握前批分队现有物资装备使用情况、维修条件和补充需求。特别是装备维修配件的筹措，主要依据任务区配件器材的消耗和需求确定，并且尽可能由前批分队根据现实情况提供补充计划，做到有的放矢。此外，中国军队还积极研究外军经验，使用科技手段提高后勤装备准备工作的效率。例如，美军在海外部队后勤装备准备工作中，借助全球指挥信息网、战术数据链和全资产可见性系统，准确掌握海外地区各种装备信息，及时了解部队需求，实施适时、适地、适量的精确保障。这种做法得到了中国军队的适当学习和借鉴。①

物资装备储备是军队后勤装备保障工作的基础，也是及时高效完成军事任务的重要保证。中国军队在维和后勤装备保障工作中，针对维和任务区环境复杂、条件艰险，保障工作时效性强、需求多样等特点，进一步提高了应急物资装备储备的科学性和实用性。一是加强通用物资装备的储备工作，特别是将物资装备齐全配套作为考核维和待命部队准备工作的重要标准，从制度上促使部队积极储备充足的野战食品、营具、被装、车材、药材等维和行动急需物资。二是重视专用物资装备的储备工作，根据维和任务区的不同环境和不同任务，分门别类地做好工程、运输、卫勤等专业化后勤装备的储备工作，提高了后勤装备准备工作的效益。

（二）丰富完善后勤装备补给方式

在维和实践中，中国军队针对维和行动东道国供应保障体系缺失、维和部队后勤装备补给难度大的实际情况，采取多种措施，努力丰富补给方

---

① 参见石鑫、张树森《浅析美军供应链保障模式及对我军的启示》，《物流科技》2009 年第 6 期，第 107～110 页。

式。一是充分依托联合国补给，发挥其物资供应的主渠道作用，利用其基地化优势，及时申领补充消耗物资或损坏器材。例如，中国维和部队在任务区的给养供应通常是：由司务长和负责后勤的副指挥长负责起草和编制计划，报部队指挥部研究后，向联合国维和特派团给养办公室申领。[1] 二是适当借助海外援助，特别是加强与驻外机构和企业的联系，争取多方支援。例如，在利比里亚承担公路施工的中铁五局哈菲项目部就曾帮助中国维和官兵和维和警察开展生活设施建设，有效弥补了维和部队自身保障条件的不足。[2] 三是将国内直达式补给方式作为补充，对于联合国及当地无法供应的紧缺物资装备和零部件，中国军队相关采购部门通过调运储备和代储筹备相结合的方式，借助相应的运输力量实施直达式补给。例如，陕西军粮供应站通过制定预案、组织演练和制度保障，多次完成维和部队粮食及其他物资的应急调运和保障任务。[3] 后勤装备补给方式的丰富，不仅为维和部队有效履行使命提供了重要支持，也为中国军队在其他类型海外军事行动中的后勤装备保障工作提供了成功经验。

中国军队还针对维和行动后勤装备器材使用时间较长、技术性能下降严重和装备维修经费不足等现实问题，不断完善维和部队出国后的装备维修自我保障机制。维和部队通过合理分工，科学配备和使用维修力量，平时按任务计划和部队建制将维修人员部署在装备放置地点和固定修理所，以开展日常保养和维修工作。在执行任务的过程中，维和部队根据实际情况，组织精干的保障队伍深入任务第一线，实施伴随修理[4]。特别是在任务加重、装备损耗增加或者遇有突发情况时，维和部队组织技术骨干迅速进入行动地域抢修受损装备，确保及时处理问题。

（三）推动后勤装备技术研发

维和任务区的自然环境和地理条件各不相同，是各种后勤装备器材较

---

① 姜伟：《蓝盔日记——在利比里亚维和的日子》，中国财富出版社，2015，第176页。

② 杨海、谢永彬、任明：《为维和部队提供保障，公安部发函感谢中铁五局》，中青在线，2018年6月14日，http://news.cyol.com/yuanchuang/2018－06/14/content_17290710.htm。

③ 《小站情牵大国防——陕西某预备役师预编军需仓库保供军粮纪事》，《解放军报》2012年10月21日，第8版。

④ 伴随修理指的是跟随部队作战行动所进行的修理。这种做法灵活性较强，修理力量和修理对象相对集中专一。参见吕学志、于永利、张柳、聂成龙、刘俊杰《伴随修理中的维修任务调度策略》，《系统工程理论与实践》2013年第1期，第209～214页。

为理想的试验场所。一方面，通过对后勤装备器材实施远程投送、配备部队和实践应用，能够检验其在国外复杂条件下的实际效能，及时发现缺陷和不足，最终达到改进更新装备的目的。另一方面，对于尚处在开发验证阶段的新型后勤装备器材，同样可以在任务区炎热、潮湿、多沙尘等恶劣条件下进行性能测试，检验其可靠性和适应能力。

在维和行动近似实战的环境中经过检验得出的结论和反馈意见，对于中国军队后勤装备器材的技术研发和改进发挥了特殊的参考作用。例如，维和部队装备物资器材种类多，交接轮换频繁。在过去，装备物资器材增减、维修和调拨等信息主要依靠人工记录，工作量大、准确性欠佳，既不便于军队维和工作职能部门及时掌握情况，也不利于维和部队实施管理和维护。为此，军队与浪潮集团有限公司合作开发了维和部队装备物资条形码管理系统，并于 2013 年 8 月开始在维和部队中使用。①

中国军队在参加联合国维和行动的过程中，还认真研究和吸取外军维和后勤装备建设的成功经验和失败教训。例如，一些外国部队建立了较为完善的维和卫勤保障装备体系，包括现场应急系列装备、伤员抢运装具、移动式野外医疗系统和环境适应装备等，并辅以固定医疗机构的通用医疗设备，形成了从前方急救现场到后方医院"无缝隙"的救治链条，提高了救援效率。这种装备体系建设在中国军队卫勤装备建设中也得到了积极借鉴。② 法国赴马里维和部队的新型 VBCI 重型轮式装甲车在 2018 年 7 月 1 日遭遇自杀性汽车炸弹袭击时被毁损，这引起中国军队的重视，中国军队对维和部队步兵战车采取增加附加装甲、加装主动防御系统等多种技术改进措施，以更有效地抵御各种不对称袭击。③

四　经受任务区复杂环境考验，强化安全防卫能力

习近平曾指出："安而不忘危，存而不忘亡，治而不忘乱。"④ 维和部

---

① 王娅莉：《浪潮软件助力国际维和物资管理信息化》，《中国质量报》2013 年 8 月 12 日，第 7 版。

② 参见张晓峰、王运斗、高树田、伍瑞昌、索再萍《外军卫生装备发展现状分析及启示》，《医疗卫生装备》2009 年第 12 期，第 36～38 页。

③ 《法军战车在马里被毁　中国军车多焊一层装甲增强防御》，新浪网，2018 年 7 月 3 日，http://mil.news.sina.com.cn/jssd/2018-07-03/doc-ihevauxi5103279.shtml。

④ 岳小乔：《三次"下团组"，习近平这样强调"安全"》，中国军网，2022 年 3 月 9 日，http://www.81.cn/xx/2022-03/09/content_10139318.htm。

队远离祖国执行任务，安全稳定是压倒一切的重点工作，直接影响到军队的形象和任务的完成。在国外维和任务区，维和部队承担的任务复杂性、危险性更强，各种矛盾更突出，实施安全防卫难度更大。鉴于此，中国军队牢固树立安全发展的理念，认真研究探索维和部队安全工作的特点和规律，不断强化部队安全防卫能力。

（一）增强部队官兵的安全防卫意识

中国军队在参加维和行动的过程中，始终将思想教育放在首位，帮助维和官兵筑牢思想防线。一是开展理想信念教育，强化责任意识。部队将灵活有效的价值观教育贯穿于执行维和任务的过程中，引导官兵在环境复杂、信仰不同、语言文化差异大的任务区自觉抵制腐朽思想侵蚀，进一步增强历史使命感和爱岗敬业意识，提高对不同社会制度和军队性质的鉴别力。例如，中国赴利比里亚维和运输大队在抵达任务区后，面对多国维和部队思想多元、文化多样、信仰自由等可能对官兵造成的冲击和影响，始终把思想政治建设放在首位，努力强化官兵听党指挥、为国争光的意识，使其不断坚定理想信念。①

二是开展法规教育，强化法律意识。部队定期组织官兵学习《中国人民解放军安全工作条例》和《维和行动安全指南》以及联合国和东道国相关法律法规，帮助官兵熟知维和人员行为规范，牢固树立依据法规制度执行任务的意识。例如，中国第 7 批赴苏丹维和工兵分队在国内待命期间积极开展政策法规学习，组织全体官兵学习国家军队有关政策、法规以及《联合国宪章》《交战规则》《谅解备忘录》的有关内容，并将"政治纪律十不准""蓝盔部队个人行为准则""使用武力基本原则""践行维和精神行为规范"等制成小卡片下发部队，让官兵随身携带，随地记忆，随时落实。部队还邀请军区军事法院法官进行授课辅导，为官兵讲解维和行动中掌握并运用法律武器实施安全防卫的重要意义和基本原则，进一步强化了官兵运用法律维护国家、军队和自身权益的意识。②

三是开展形势教育，强化安全意识。部队定期向官兵通报任务区安全形势，分析影响和制约安全稳定的各种因素，特别是开展以防袭击、

---

① 张国文：《维和使命高于一切》，《北方新报》2009 年 5 月 23 日，第 15 版。

② 何顺秋：《强化四种意识　锻造蓝盔劲旅——第七批赴苏丹维和工程大队组建期间政治工作纪实》，《政工学刊》2011 年第 2 期，第 64～65 页。

防疾病、防意外伤害、防车辆事故和调节心理压力等为主要内容的专题教育活动，使官兵充分了解面临的安全威胁与挑战，自觉提高警觉性，加强应对各种安全威胁的思想和心理准备。例如，中国第 17 批赴黎巴嫩维和分队邀请驻黎巴嫩大使馆临时代办和武官到部队营区共同开展安全形势研讨。使馆临时代办运用多年的工作经验和长期的跟踪研究，从中东地区形势、黎巴嫩政局情况、南黎武装力量、中黎双边关系、当前任务区面临的风险挑战等五个方面与维和部队指挥官展开互动交流。武官则结合工作实际，围绕维和部队遂行任务和对外交往时可能遇到的热点敏感问题与维和部队官兵进行深入探讨。这些研讨活动帮助部队官兵对任务区安全形势有了更加清晰准确的判断，为部队安全顺利遂行维和任务提供了重要参考。①

（二）完善部队安全防卫制度

科学合理的规章制度，是维和部队安全稳定的重要保障。中国军队针对维和任务区安全环境复杂的实际情况，不断加强维和部队安全防卫制度建设。一是严格安全管理制度。中国维和部队积极研究制定《维和部队管理规定》《部队奖惩实施细则》《维和军人日常行为规范》《武器装备管理规定》等管理制度，加强作战、通信、翻译等值班执勤，督促官兵严格落实安全防卫措施，加大对外来人员车辆的检查力度，严防恐怖分子袭击。部队还特别强调制度落实，通过建立安全管理督察组，实施全时全面督导巡查，查找管理漏洞，并且及时进行处置和整改，从而形成了有效的分析评估、隐患排查、督导检查、风险处置和情况报告机制，将"严思想、严制度、严作风"的要求贯穿于执行维和任务的全过程。例如，中国赴苏丹维和部队积极开展"安全防范月"活动，把"查思想、查情况、查责任、查手段、查预案、查管理、查物资、查设施、查训练"九查内容作为重点，采取自查、检讨的方式，认真查找问题，及时组织整改，提高部队的整体安全防卫能力，确保任务的圆满完成。②

①　马波、秃晨、唐明胜：《中国第 17 批赴黎维和部队：在精准研判形势中应对安全风险》，军报记者网，2018 年 8 月 9 日，http://jz.chinamil.com.cn/n2014/tp/content_9246647_6.htm。

②　张晓睿、王印坤：《赴苏维和运输大队召开安全防范月部署大会》，《解放军报》2010 年 10 月 29 日，第 8 版。

二是强化联络协调制度。中国维和部队在部署到位后，根据维和行动的实际情况，不断优化两方面的联络协调制度。一方面，中国维和部队一直重视与所属维和特派团司令部、友邻维和部队及其他相关机构的沟通联络，包括建立联合会商和安全协助制度，确保及时掌握维和任务区安全形势发展动向，有效协调相互协同和支援事宜。另一方面，维和部队始终与国内指挥机构保持通信联络，随时上报部队安全防卫方面的重大情况，及时接受国内的政策指导。例如，中国赴利比里亚维和医疗分队注重保持与特派团战区司令部和本国上级部门（中方参谋长和中国大使馆）之间 24 小时的通信联络，遇到重大安全事件时按照指挥链逐级上报，并加强与友邻维和部队之间的联系，特别是尽可能与中国赴利其他维和分队之间保持顺畅的通信联络，确保部队能够及时有效地实施安全防卫。[①]

（三）　强化部队安全防卫战备

　　面对维和任务区复杂的安全形势，中国维和部队采取多种措施，包括制定预案、完善设施、合理布防、加强演练等，狠抓部队安全防卫战备，确保安全稳定。一是制定各类安全防卫预案。维和部队在实施部署前，根据即将担负的维和任务特点和任务区具体情况，制定安全防卫预案。特别是针对可能遇到的非法武装分子冲击营区、敌对分子火力袭扰等袭击事件，适时修订完善营区防卫预案、疏散预案和机动途中防卫预案等，明确巡查力量配置、岗哨防卫武器配备、通信器材和联络方式运用等具体内容，确保安全防卫预案具有可操作性。

　　二是构建营地安全防卫体系。维和部队在抵达任务区后，根据营区地形特点和周边环境，在营区划分防卫区域，布设防御工事掩体，并做好日常维护和管理。部队还在营区周边挖掘防御沟壑，防止汽车炸弹袭击。此外，部队还加强夜间观察，并且安装照明设备和报警器材，确保遇有情况时能够及时发现和有效应对。例如，中国第 12 批赴黎巴嫩维和部队在抵达任务区后，对营区围墙进行加固，重新铺设了蛇腹形铁丝网，并在外围架设了猎装铁丝网，形成屏障。营区内设有 7 个观察哨塔，分别安排战士 24

---

① 王与荣、袁波、朱役：《联合国维和医疗分队（中国）的安全防卫》，《医学研究生学报》2006 年第 11 期，第 1019～1020 页。

小时荷枪实弹站岗放哨，出现突发情况立即通报作战中心。此外，部队还对哨塔进行了重新规划，更换了通信和观察设备，并且配备了微观夜视仪，从而形成明暗结合、动静结合的警戒防卫体系。①

三是组织安全防卫训练。中国维和部队根据安全防卫预案，组织官兵开展经常性防卫训练，加强单兵防护与急救、作业区和驻地警戒防卫以及野战生存等方面的演练，帮助官兵熟悉和掌握安全防卫行动的程序、内容和编组，进一步提高部队的整体安全防卫能力。维和部队安全防卫训练突出营区防卫、应急救援、紧急疏散等重点内容，并积极协调友邻维和力量开展联合防卫演练，提高部队的协同防卫能力，为圆满完成维和任务提供坚强的安全保障。例如，2018年2月22日夜晚，为应对当地严峻的安全形势及各种可能出现的突发情况，中国第5批赴马里维和工兵分队组织实施了夜间安全防卫演练，并在演练结束后从信息预警、快反支援、卫生救护、部队机动等方面进行量化评估，查找不足，不断完善应急预案，多措并举守护营地安全。②

第三节　提高军事训练水平

军事训练是生成部队战斗力的基本途径。维和训练工作则是提高军队维和行动能力的根本保证。中国军队维和训练工作始于1989年，至今已有30多年的历史，并且逐步走向制度化、规范化，已基本建成初级、中级、高级上下衔接、优势互补的维和训练体系。近年来，随着联合国维和行动朝着多方位的方向发展，对维和人员的素质和能力要求不断提高，世界许多国家维和训练机构积极更新训练思想，改革训练模式，强化训练手段，扩大训练交流，提高训练成效。在此情况下，中国军队维和训练工作也在与时俱进，开拓创新，积极推动军事训练与国际接轨，不断改进训练模式与方法，努力打造复合型高素质军事人才队伍。

---

① 张洁娴：《身临"生死线"：揭秘我赴黎维和人员安全防卫体系》，人民网，2013年4月19日，http://military.people.com.cn/n/2013/0419/c1011-21198462.html。

② 岳洪跃：《应对频发恐袭　提升预警能力　我赴马里维和部队强化夜间防卫演练》，新华网，2018年2月24日，https://baijiahao.baidu.com/s?id=1593258191436145036&wfr=spider&for=pc。

一　以维和任务需求为牵引，促进军事训练与国际接轨

维和训练服从并服务于参加维和行动、执行维和任务的需要，主要任务是培养适应联合国维和行动需要的维和人才。联合国维和行动是全人类的事业，维和人才是履行国际军事政治任务的高素质人才。在实践中，中国军队坚持以维和任务需求为牵引，努力实现军事训练目标、训练内容和训练体制与国际接轨，不断适应维和行动对人才队伍支撑的要求。

（一）坚持训练目标与国际接轨

维和训练的目标是培养高素质维和人才，满足联合国维和任务的需要。鉴于此，中国军队在维和训练方面坚持训练目标与国际接轨，根据联合国维和行动发展变化对维和军事人员的素质和能力要求，从战略上把握维和训练发展的前沿动态，紧跟维和训练改革的时代潮流，学习和借鉴国外先进的训练理念，使受训人员的素质和能力不断适应联合国维和行动发展的要求，不断适应在国外遂行维和任务的要求，不断适应国际化军事人才的要求。

一是以受训人员具有与国际接轨的政策能力为目标。维和行动并非单纯的军事行动，而是集军事、民事等领域任务于一体的多方位国际军事政治行动，具有很强的政策性。维和人员在国外执行维和任务并非依靠手中的武器装备，而是以联合国依法做出的授权和赋予维和人员的职责为依据，以理解和运用联合国维和政策的能力水平为基础。鉴于此，中国军队在维和训练中突出强调培养与国际接轨的政策能力，通过深入学习《联合国宪章》《联合国维和行动指南》等政策文件，认真研究联合国维和行动的相关授权决议，熟悉掌握有关国际法律法规，深刻领会相关文件和条款的精神实质，从而能够在维和任务区复杂的政治环境中适当运用政策来执行任务，赢得立场和利益相互对立的冲突方的理解和信任。此外，维和官兵不仅是人类和平事业的使者，也是国家的军事外交代表，是外交和国防政策的践行者。因此，中国军队在维和训练中强调受训人员要深刻理解国家的和平发展道路与和谐世界理念，充分认清参加联合国维和行动对于中国实现和平发展和推动建设和谐世界的重大意义，从而在履行国际性的维和使命过程中更好地贯彻执行国家的对外方针政策。

二是以受训人员具有与国际接轨的业务能力为目标。是否具有与国际

接轨的业务能力不仅直接关系到维和官兵能否胜任联合国维和任务，而且在很大程度上影响到中国军队的国际形象好坏。因此，中国军队在维和训练中高度重视与国际接轨的业务能力建设，通过认真研究联合国维和特派团的各项规章制度，进一步促进维和部队指挥官和参谋人员提高联合素养，妥善协调和处理维和特派团内部错综复杂的工作关系，提高在国际化的维和任务环境中实施指挥控制的能力。此外，中国军队还注重帮助受训人员深刻理解国际维和任务对业务能力要求的特殊性，即完成任务的衡量标准并非歼敌和缴获的数量，而是能否有效化解矛盾和冲突，并帮助维和官兵加强学习执行国际维和任务的技能和方法，从而能够在维和行动中有效地"化干戈为玉帛"。

（二）实现训练内容与国际接轨

训练内容直接关系到受训人员专业知识的积累和业务水平的提高。在维和训练领域，训练内容安排以维和任职岗位的需求为牵引，既能满足维和行动对维和军事人员业务能力的总体要求，又能体现出不同任职岗位对维和军事人员专业技能的具体需要。目前，联合国在维和训练方面大力倡导维和行动出兵国依照维和行动部综合训练处制定的维和训练大纲、标准化通用训练模块和部署前核心训练材料设置训练科目，安排训练内容。中国军队在维和训练中积极贯彻执行，依据维和军事人员担负的不同类别岗位的职责要求，分别设置相应的训练科目，既有适用于各类维和军事人员的共同科目，又有分别适用于参谋军官、军事观察员、联络军官和维和分队指挥官等不同任职岗位的专业科目，从而实现了因材施教，有的放矢。

此外，根据联合国的要求，维和部队的部署前训练应将维和任务区的实际情况融入维和训练之中，单兵训练与集体训练应将重点放在与维和特派团各部门、特派团合作伙伴以及维和行动区域内其他参与者之间的互动方面。① 鉴于此，中国军队在维和训练内容安排方面进一步加强了与维和任务区的接轨，包括强化对联合国维和行动部军事厅制定的《部队需求清单》和《出兵国指南》、综合训练处制定的《部署前信息汇编》以及维和

---

① United Nations Department of Peacekeeping Operations, United Nations Department of Field Support, *United Nations Infantry Battalion Manual (Vol. I)*, New York: United Nations, 2012, p. 171.

特派团制定的《部队司令训练指令》等文件的学习和分析研究。中国军队在开展维和训练的过程中，还积极把握国际维和专业学术前沿，及时了解和掌握联合国维和行动部对维和训练工作的新要求以及其他国家维和训练机构在维和训练与研究方面的新成果，认真分析各个维和特派团对维和军事人员素质和能力的具体要求，并且将之适时应用于维和训练之中，从而进一步提升了维和训练内容的国际化程度。例如，中国军队 2014 年下半年举办的首届联合国维和卫勤骨干培训班，按照联合国维和卫勤保障能力标准要求，结合中国卫勤分队在维和任务区的卫勤保障实践，聚焦任务区实战标准和卫勤保障实际需求，适当更新了实战化模拟训练科目和内容，如接诊救治、伤病员后送等标准流程训练，从而进一步提高了训练的标准性和专业性。[1]

（三）推动训练体制与国际接轨

降低军队建设成本，提高军事系统运行效益，是世界主要国家军队实现转型的共同选择。建立资源共享、集约高效的训练体系，也因此成为世界各国军事训练和军队建设的发展方向。在中国维和事业不断发展和维和训练任务日益加重的情况下，维和训练资源需求不断增加，训练体制优化的要求更加迫切。鉴于此，中国军队以维和训练为先导，积极更新观念，努力把握国际军事训练的建设和发展方向，在训练体制改革的过程中逐步建立起与国际接轨的训练编制体制和管理制度，为融入军事训练国际化的大环境创造有利条件。

在维和训练教官队伍方面，中国军队以"人员精干、国际兼容"为目标，积极推动集约化训练资源力量建设，充分发挥军内外各方面资源的效能，从而使有限的力量通过"运用科学的手段去综合管理，让其能量产生聚变性升值"[2]。中国军队一方面整合军内维和专业教学资源，努力打造一支高素质的教学与科研工作人员队伍；另一方面努力开发军内外甚至国内外的教学和训练资源。中国军队维和训练机构针对维和训练专业跨度广、兼容性强的特点，与相关军兵种部队以及医疗机构、法律咨询机构、新闻媒体和军内外其他训练与研究机构建立了长期协作关系，由协作单位专家

---

① 颜维琦、肖鑫、柯学峰：《锻造维和卫勤的"特种兵"——探访全军首届联合国维和卫勤骨干培训班》，《光明日报》2014 年 12 月 24 日，第 5 版。
② 郎剑钊：《实现由办后勤向用后勤转变》，《解放军报》2005 年 7 月 19 日，第 6 版。

承担部分科目的训练任务，还与国外维和培训机构建立合作关系，从而实现了维和训练资源的系统规划、合理配置和集约使用。例如，中国于 2010 年 9 月举办首期维和高级指挥官培训班，联合国及其他国家维和训练机构派出的 4 位资深教官均担任过联合国秘书长军事顾问或者维和特派团部队司令等要职，在培训过程中发挥了很好的作用。①

在维和训练保障方面，中国军队积极借鉴世界一些发达国家建立基地化、社会化保障体系的做法。这些国家的维和训练机构编制有限，日常运转往往依托于某个军事基地。在维和训练中，训练场地、训练设施和训练装备主要由该基地实施维护和保障，从而达到了节约成本的效果。鉴于此，中国军队积极参照这些做法，对基地化保障体系建设进行探索和实践。例如，2017 年 11 月 16 日至 17 日，陆军在某合同战术训练基地组织了维和工作集训，参加者包括维和任务部队、培训院校和训练基地的有关人员。集训采取集体授课、分组讨论、科目演练等形式，对维和待命部队、维和任务部队建设与运用等现实课题进行了深入研讨，同时也是对基地化训练保障体系建设进行的有益尝试。②

二 借助国际维和训练交流，改进军事训练模式与方法

联合国维和行动强调协调与合作，维和训练同样注重通过开展国际交流与协作，相互借鉴经验，提高训练实效。中国军队借助国际维和训练交流，取长补短，不断改进训练模式和方法，使维和训练在组训方式、模拟演练和训练评价等方面得到进一步优化。

（一）提高组训方式的专业化程度

近些年来，国际维和训练的组训方式趋于专业化。不少国家军队在维和训练方面除了组织实施综合性的维和特派团高级官员、参谋军官、军事观察员、维和部队指挥官等不同岗位任职培训外，更加注重维和培训专业细化，着力开展专项维和培训活动。其中，在冲突预防与管理方面组织的专项培训包括预防性外交、维和行动组织计划、后勤保障、军民协调、平

---

① 黎云、赵薇：《我军首期维和行动高级指挥员培训班开训》，中国政府网，2010 年 9 月 20 日，http：//www. gov. cn/jrzg/2010 - 09/20/content_1706546. htm。

② 李清华、杨庆民：《陆军启动组建 6 类 19 支维和待命部队》，新华网，2017 年 11 月 18 日，http：//www. xinhuanet. com/politics/2017 - 11/18/c_1121976423. htm。

民保护、儿童保护等，在冲突后恢复重建方面组织的专项培训包括安全机构改革、解武复员安置、地区安全研究、法治问题等，在排雷和武器控制方面组织的专项培训包括人道主义排雷行动、未爆物处置、小武器与轻武器研究等。这些专项培训活动的扎实开展，使得维和训练更具针对性，并且有助于将科研成果更深入地应用于专业训练之中。①

　　中国军队通过开展国际维和训练交流，适时掌握维和训练最新动态，并且不断提高维和训练组训方式的专业化程度。目前，中国军队维和训练主要采取院校组训、部队集训和国防部维和中心（现为国防部维和事务中心培训基地）行前培训的"三级"培训方式。其中，院校组训着重提高维和分队骨干对维和基础知识和外语应用技能的掌握程度。部队集训主要通过"请进来教、送出去学、以老带新"的方法，有针对性地强化维和常识、专业外语、战术基础和涉外礼仪等实用知识和技能的讲解和练习。②国防部维和中心行前培训主要通过专题授课的形式对维和基础理论、国际法规、突发事件处置、维和人员行为规范等进行集中学习，并组织实施营区综合防卫、机动撤离和医疗救护等模拟演练。③与此同时，维和政策、法治问题、平民保护、人道主义援助、谈判与协调等方面的专项培训活动得到了更广泛的开展。例如，国防部维和事务办公室、国防部维和中心和联合国妇女署于 2015 年 6 月共同举办了维和行动保护平民培训班。此次培训结合中国军队和联合国妇女署在保护平民方面的经验，围绕部门协作、威胁研判、交战规则等专题展开教学训练，使受训人员提高了对联合国维和行动复杂性、敏感性的理解，掌握联合国保护平民机制以及交战规则等在战役和战术层级的运用，并且进一步强化了保护平民的综合应对意识。④

---

①　参见王涛《肯尼亚国际维和培训情况分析》，《外国军事学术》2016 年第 8 期，第 45 ~ 47 页。

②　田华：《紧贴使命任务　锤炼维和尖兵——成都军区总医院赴黎维和医疗队通过强化训练提升执行维和行动能力》，中国军网，2014 年 1 月 28 日，http://www.81.cn/lkkj/2014 - 01/28/content_5754331.htm。

③　桂楷东、黎云：《国防部举办维和部队骨干培训班》，环球网，2012 年 2 月 14 日，ht- tps://china.huanqiu.com/article/9CaKrnJudVf。

④　刘致祯、李爱明：《联合国维和行动保护平民培训班今日在北京开班》，中华人民共和国国防部网站，2015 年 6 月 17 日，http://news.mod.gov.cn/headlines/2015 - 06/17/content_ 4590715.htm。

（二）加强实战化模拟演练的应用

维和官兵是在近似实战的环境中执行任务的。实战化模拟演练是帮助维和官兵掌握和提高维和技能的重要途径，并且因此成为国际维和训练改革发展的重要方向，在世界许多国家的维和训练中得到了广泛应用。例如，澳大利亚国防军在维和训练中不仅组织实施实战化的课终综合演练，还在日常的专业训练中安排巡逻与导航、谈判调停、通信联络、防雷排雷、卫生急救、新闻发布等多个科目的专项模拟演练，实现知识传授与技能训练的有机结合，使受训学员的实战能力得到更有效的锻炼和提高。①德国、奥地利、瑞士和荷兰等四国的维和训练机构于 2009 年建立了"和平中欧"联合军演机制，每年在德、奥、瑞三国交界地区设立模拟维和任务区，共同研究制订演练方案和作业想定，实施联合维和军演，进一步提高受训学员执行维和任务的能力。

加强实战化模拟演练的应用，也成为中国军队维和训练改革的重点。在过去，中国维和训练受到传统教学模式的影响，课堂理论讲授和研讨式教学方法占有较大比重。近年来，中国军队维和训练在巩固维和理论和外语教学的同时，进一步加强实战化训练方法的应用，特别是通过模拟演练与演习，在组织实施、作业想定、情况设置、总结讲评等环节不断进行改进，逐步扩大演练与演习的层次和规模，增强维和官兵执行维和任务的能力。例如，中国国防部维和事务办公室和国防部维和中心 2016 年 11 月共同举办的首期联合国维和参谋军官国际培训班全程实景模拟任务区环境，特别是在模拟演练环节依托维和中心各功能教室和模拟维和营地，设置了联合国秘书长决策计划、监督和平协定实施、维和部队作战构想、后勤物资管理等 28 个演练科目，取得了理想的训练效果。②

与此同时，中国军队维和训练进一步加强了模拟训练设施的建设和使用，即以联合国维和特派团的工作条件为参照建造训练设施，配备相应的训练器材，实现环境仿真和功能仿真，使受训学员具有身临其境的感受，进一步提高了对于维和行动环境和任务的适应能力。特别是 2009 年 6 月正

---

① 参见王涛《澳大利亚国际维和培训情况分析》，《外国军事学术》2007 年第 9 期，第 26 ~ 28 页。

② 《我军首期联合国维和参谋军官国际培训班结训》，中华人民共和国国防部网站，2016 年 11 月 25 日，http://www.mod.gov.cn/action/2016 – 11/25/content_4764702.htm。

式成立的国防部维和中心，建有多项模拟训练设施，包括维和特派团部队司令部模拟指挥室、维和分队模拟作战室、联合国军事观察员模拟值班室、模拟观察哨、模拟野外生存训练场和模拟排雷训练场等。① 这些模拟训练设施的投入使用，使得中国军队的维和训练更加贴近国外任务区实际，从而有效提高了训练质量。

（三）注重多元化维和训练评价

训练评价是依据训练目标对训练过程及结果进行价值判断并为训练决策服务的活动。② 全面客观的训练评价不仅能够对施训教官和受训学员起到监督和激励的作用，而且可以通过查找训练过程中存在的问题，指导训练机构修订完善训练计划，调整训练方法和训练内容，提高训练质量。③ 在维和领域，许多国家军队将训练评价作为开展维和训练工作的重要环节，通过训练评价及时调整更新训练内容，改进优化训练手段，不断提高训练效果。虽然中国军队的训练评价工作起步较晚，但其通过与外军开展维和训练交流与合作，在维和训练评价方面积极试验和探索，并适当借鉴外军维和训练机构训练评价工作的经验，努力构建多元化的维和训练评价体系，这主要体现在两个方面。

一是评价主体多元化。中国军队维和训练的评价主体不仅包括本国教官和学员，中国军队还积极邀请联合国官员和聘请外军维和训练专家从不同角度对维和训练工作进行评价，从而使评价结果更加全面客观。中国军队在 2013 年 10 月首次举办联合国军事观察员国际培训班时，安排联合国官员、多国维和教官和来自 15 个国家的受训学员对培训效果进行评价，并且得到了充分肯定。联合国负责维和事务的副秘书长苏和称："本期培训班符合联合国对军事观察员的要求，有利于提高军事观察员遂行多样化维和任务的能力。"④

二是评价内容和方式多元化。中国军队维和训练的评价内容涉及教学

---

① 吕德胜：《我军首个维和专业培训与国际交流机构——国防部维和中心挂牌》，《解放军报》2009 年 6 月 26 日，第 4 版。
② 参见程书肖编著《教育评价方法技术》，北京师范大学出版社，2007，第 3 页。
③ 李文平：《贯彻"五个精准"构建实战化训练评价体系》，《解放军报》2016 年 9 月 13 日，第 6 版。
④ 罗铮：《中国北京首次举办联合国军事观察员国际培训班》，《解放军报》2013 年 10 月 15 日，第 3 版。

训练、组织管理、后装保障等方面。在对教学训练的评价中，既有对受训学员维和业务与技能的评价，又有对维和教官施训能力和方法的评价。在对组织管理的评价中，既有对培训班训练科目和内容设置的评价，又有对维和训练机构训练和演练组织能力的评价。在对后装保障的评价中，既有对训练装备和物资器材保障的评价，又有对生活保障条件的评价。而维和训练评价的根本目的在于提高受训学员的综合素质，因此评价方式也丰富多样，包括专题测试、观察提问、作业检查、问卷调查、演练考核等，并且贯穿于整个维和训练过程中。例如，中国国防部维和事务办公室和国防部维和中心 2016 年 11 月举办的首期联合国维和参谋军官国际培训班，采取摸底测评、评教评学、结业考核等方式，全程组织学员能力素质考核评价，使得评价工作更具实用性，评价结果更具客观性，从而能够更好地指导维和训练工作的开展。[①]

三　以维和岗位竞聘为契机，打造复合型军事人才队伍

执行联合国维和任务，需要大批懂军事、精业务并且熟练掌握外语的复合型军事人才。随着中国承担的维和任务不断加重，对善于军事指挥和军事外交的维和人才的需求量日益增多。维和行动所需要的人才，特别是担任联合国维和行动部及各维和特派团领导岗位和重要部门重要职位的高级人才，必须精通联合国维和行动工作语言（英语或法语），具有丰富的职业经历。鉴于此，中国军队以维和岗位竞聘为契机，着力打造复合型军事人才队伍。

（一）注重军事训练的系统性

复合型军事人才是指具备复合的知识结构和综合能力的高素质军事人才，其具有广博的科学文化知识和精湛的专业技能相结合的知识能力体系。在现代战争条件下，军事斗争的广泛性、作战指挥的合成性、军队建设的复杂性，要求军事人才必须具备全面的素质，既懂指挥又懂技术，既懂管理又懂保障。[②]维和岗位竞聘同样是军事人才综合能力素质的竞争。鉴于此，中国军队在维和训练中注重训练的系统性，实现基础训练与综合

---

① 《中国为联合国维和培训参谋》，《参考消息》2016 年 11 月 15 日，第 16 版。
② 王君学：《信息化战争军事人才素质培养的内涵及着力点》，《解放军报》2006 年 12 月 7 日，第 7 版。

训练的协调统一。

一方面，中国军队积极开展维和基础训练，全面提升维和官兵的单兵素质。维和待命部队按照《军事训练与考核大纲》中规定的非战争军事行动训练内容、条件和标准组织训练，强化官兵专业技能、体能和智能，为培养国际维和专业行动能力奠定了坚实基础。例如，中国赴马里维和部队在赴任前狠抓基础训练，重点强化观察通报、战场救护、武器操作等科目的训练，采取"骨干集中训、过关升级训、分批轮流训"等组训方法，并突出实弹训练，有效提高了部队官兵个人技能的实战运用水平。①

另一方面，中国军队从增强部队遂行多样化军事任务能力的角度出发，不断提高维和训练的综合性程度。中国军队在维和训练中根据维和行动职能和任务日趋多元的实际情况，注重警戒隔离、观察巡逻、人道主义救援等训练的交叉融合。例如，中国首批赴南苏丹维和步兵营在集训期间，针对执行维和任务的需要组织实施了集长途巡逻、营区防卫、隔离冲突等8种维和行动能力于一体的综合训练。② 此外，中国军队在维和训练中还适当融入反恐维稳、抢险救灾等方面的部分训练内容。其中，反恐维稳训练内容突出对隔离、驱赶、救援、排爆等专用技能的训练，中国军队灵活实施现场封控、人群疏导等战术训练，并加强对相关法律知识的学习；抢险救灾训练内容突出对救助技能和自我防护技能的训练，中国军队有效开展紧急出动、长途机动、物资运送、专业器材使用等方面的训练。例如，中国第17批赴黎巴嫩维和部队在参加联黎部队"猛虎－2018"系列演习时，成功组织实施了紧急疏散演练，内容涉及信息预警、指挥控制、营区封控、人员甄别、医疗救护、出营救援、应急消防等多个科目，有效锻炼并提高了维和官兵的综合业务技能。③

（二）突出军事训练的联合性

军队维和人才是国际化联合军事人才，需要有国际视野和全球规则意识，能够在国际军事合作与斗争中把握机遇，争取主动。特别是对于参与

---

① 章海军：《战场是打赢的"终极考场"》，《解放军报》2018年7月21日，第6版。

② 乔均鑫：《蓝盔》，国际在线，2018年3月2日，http://news.cri.cn/uc－eco/20180302/6de263e4－a2eb－b30c－63fd－99a5fb9134a9.html。

③ 杨双权、蒙卓霖：《我赴黎维和部队参加联黎"猛虎－2018"系列演习》，《解放军报》2018年9月16日，第4版。

维和岗位竞聘者，对能力素质要求更全面。鉴于此，中国军队在维和训练和人才培养方面更加突出联合性。

一方面，中国军队着力通过开展维和联教联训培养维和人才的联合素质。在维和联教联训中，相关机构努力打破建制和学科专业界限，拓宽院校部队双向互动的渠道，积极推动跨专业教研机构军事训练理论与部队实践的接轨，通过跨学科、跨院校、跨军兵种部队组建联合教学团队，在理论学习、技能训练、案例研究、想定作业、模拟演练等关键环节开展联合教学、联合训练，提高了维和人才联合素质培养的效果。① 例如，第 79 集团军工化旅与陆军工程大学训练基地建立了常态化联教联训机制。在该旅抽组的维和官兵完成第 5 批赴马里维和任务后，基地即刻派员赴该旅取经，通过对安全防卫、信息收集、装备核查等维和任务关键环节复盘研究，得到了大量的宝贵数据。基地还组织相关专业教研室与维和官兵座谈，进一步提高了教研人员的联合教学能力和组训能力，为锻造维和人才的联合素质奠定了更为坚实的基础。②

另一方面，中国军队注重在维和实践中培养维和人才的联合意识。联合国维和行动政治军事环境复杂，人员构成多样，联合化趋势日益明显，为培养军事人才的联合意识提供了重要平台和实践机会。为此，中国军队努力打破传统军事训练模式的局限，加大联合背景下维和人才培养力度，充分利用维和资源，总结推广维和经验，积极探索在维和实践中培养维和人才联合意识的新途径。特别是在维和行动职能使命不断拓展的情况下，中国军队注重与时俱进，努力使维和部队指挥官和参谋人员在明确组织指挥权限、熟悉行动指挥流程、理顺行动协同关系的过程中，培养敏锐的政治洞察力、精湛的专业技能和过硬的事态控制能力，从而推动构建符合现代人才成长规律、善指挥、懂管理、精外语的复合型联合军事人才培养机制。③

---

① 曹雪峰、黄中福：《指挥人才培养需"四个联合"》，《解放军报》2018 年 1 月 16 日，第 7 版。

② 阎绍川、姜自恬、岳洪跃：《锻造"战斗工兵"——第 79 集团军某旅与某训练基地展开联教联训活动》，北部战区陆军网，2018 年 8 月 15 日，https：//baijiahao. baidu. com/s? id = 1608877923393728934&wfr = spider&for = pc。

③ 穆永民、王勇：《维和行动中培养联合作战指挥人才刍议》，《中国军事教育》2010 年第 2 期，第 24～26 页。

（三）强调军事训练的实用性

现代军事斗争需要的并非"纸上谈兵"的空谈者，而是能够在实战中发挥实效的应用型人才。维和行动实践性强，对身处国际军事斗争第一线的维和人才的实际应用能力要求更高。鉴于此，中国军队在维和训练中强调实用性，特别是努力通过岗位实践和任务实践培养和锻造维和官兵的实际应用能力。

一是在维和岗位实践中强化能力训练。岗位实践是促进人才素质向能力转化的重要平台，高素质维和人才培养同样如此。近年来，中国军队着力完善维和岗位选拔标准，根据不同类型、不同级别维和岗位的职责，进一步加强了各类岗位维和人员能力素质的选拔和评估工作。与此同时，中国军队还加大了在维和及其他军事外交方面交叉任职的力度，安排部分军官担任联合国维和特派团司令部、维和分队以及驻外武官处等不同类型的海外军事岗位，使这些军官的综合素质得到全面提高。例如，第三位成功竞聘联合国维和部队司令的中国军官王小军曾在中国驻巴西、印度、瑞典和美国使馆武官处任职，并曾担任联合国伊拉克—科威特观察团军事观察员和联合国西撒哈拉公民投票特派团战区指挥官，在这些工作岗位上进一步提升了政治敏锐性、军事指挥能力、外交技巧和沟通能力。[①] 而其他担任过联合国维和部队司令的中国军官，此前同样具有在维和特派团和驻外武官处任职以及在海外受训等方面的丰富经历。

二是在维和行动及其他相关军事行动的重大任务中强化能力训练。军事实践活动特别是重大军事行动，是检验和锻炼人才能力素质的重要途径。中国军队在这些行动中，通过有意识地压担子，加强对军事人才的实践锻炼和考验，帮助其将专业技能升级为军事行动能力，特别是进一步提高其掌控全局、分析谋划、判断决策、组织指挥和协调合作能力，强化其不畏艰险、勇挑重担、敢于负责的精神和作风，切实培养锻造出一支高素质的军事人才队伍。例如，中国第18批赴利比里亚维和医疗分队就是一支复合型人才队伍，不仅有4人此前就参加过联合国维和行动，还有20多人参加过国庆阅兵、抗击非典、"和平天使－2009"中国—加蓬国际医疗救

---

① 《王小军成担任联合国维和部队司令的第三位中国军官》，凤凰网，2016年12月8日，https://news.ifeng.com/c/7fbE6HFfOhm。

援联合行动等重大活动，为圆满完成在利比里亚的维和任务特别是抗击"埃博拉"疫情奠定了坚实的能力素质基础。[①]

第四节　提升军队国际影响力

参加联合国维和行动既是中国军队迈出国门、走向世界的重要舞台，也是提升军队国际影响力的历史机遇。在联合国维和行动中，中国维和官兵忠实履行使命，维护世界和平，向世人展示了中国军队"威武之师、文明之师、和平之师"的良好形象，并且与世界各国军队加强交流，深化合作，推动构建新型军事关系，国际影响力不断提升。

一　忠实履行维和使命，塑造中国军队良好形象

联合国维和行动是中国军队观察世界、了解世界的重要窗口，也是与外部世界建立联系、开展交往、发展合作的重要渠道。中国军队参加联合国维和行动的一项重要任务，就是拉近中国与世界的距离，向外部世界展示"真实的中国"——一个致力于维护世界持久和平、推动各国共同繁荣的中国，展示中国军队良好的国际形象，减少和消除外界的偏见、误解和疑虑。

（一）展示中国军队"威武之师"的良好形象，抵制"军力落后论"

"威武之师"是军队威慑能力方面的形象，体现的是军队战斗力。中国军队"威武之师"的形象源自战争年代确立的革命英雄主义传统和灵活机动的战略战术。中国军队在战争年代以弱胜强，逐步发展壮大，赢得了革命战争的最后胜利，在新中国成立后保卫国家主权和领土完整的斗争中不畏强敌，敢打必胜，不断增强战斗力，使得"威武之师"的良好形象不断发扬光大。现如今，中国军队在参与联合国维和行动的过程中，不仅继承了这些优良传统，以过硬的战斗力、优良的工作作风和精湛的专业技术，圆满完成各项任务，而且积极发扬国际主义和人道主义精神，勇于献

---

① 《中国第 18 批赴利比里亚维和医疗分队石家庄出征》，中国新闻网，2015 年 9 月 7 日，ht-tps：//www.chinanews.com.cn/tp/hd2011/2015/09 - 07/560638.shtml。

身世界和平事业，并且积极践行"建设性、合作性、务实性新型军事关系"的具体要求，与外军同行"并肩作战"，共同履行"维护世界和平"的历史使命。

近年来，西方国家特别是美国常常炮制"中国军力落后论"，企图通过贬低中国实力和抬高自己地位，诱使其他国家特别是亚太国家向其靠拢，为实施联盟战略创造有利条件。鉴于此，中国军队通过参加联合国维和行动，向世界客观地展示军队建设成就和捍卫国家主权与安全、应对国际冲突与危机的能力，彰显国威军威。例如，中国维和步兵营的优良装备引起了世界的广泛关注：轻型冲锋枪不仅轻便，而且弹容量大，1 个弹夹可容纳 50 发子弹，射速快，有效填补了手枪和步枪的火力空白；配备的突击车增加了装甲板、防弹玻璃和防弹轮胎，还在顶部特别增加了射击窗口，并且对武器枪塔进行了升级；选用的头盔加装了信号发射手电，配置了防风镜，可进行信号联络，并且能够减少风沙对眼睛的损伤；防弹背心不但可以防护心脏等重要部位，还加强了对颈部等部位的保护。[1] 这些精良的装备不仅为维和官兵圆满完成维和任务提供了重要保证，而且在国际舞台上有效展示了中国军队"威武之师"的良好形象。联南苏团团长埃伦·玛格丽特·洛伊评价称：中国维和步兵营装备精良、训练有素，自部署以来，中国维和官兵在执行任务中表现出的专业素质令人印象深刻。[2]

（二）展示中国军队"文明之师"的良好形象，抵制"缺乏透明论"

"文明之师"是部队官兵言谈举止方面的形象，体现的是作风纪律严谨、亲民爱民、团结和谐的内部氛围。中国军队"文明之师"的形象源自官兵一致、军民一致、军政一致的优良传统。长期以来，中国军队始终保持严明的组织纪律，始终保持与广大民众之间的鱼水深情和血肉联系，始终保持"同呼吸、共命运、心连心"的军政军民关系。在海外军事行动中，民众的支持同样是中国军队攻坚克难的力量源泉，而"文明之师"的良好形象则是部队官兵赢得当地民众赞誉的重要因素。目前，中国军队在

---

① 黎云：《中国首支维和步兵营装备点评》，《瞭望东方周刊》2015 年第 1 期，第 48 页。
② 邓耀敏、严明：《中国维和步兵营的表现令人十分满意——访联合国秘书长特别代表、联合国南苏丹特派团团长洛伊》，新华网，2015 年 11 月 20 日，http://www.xinhuanet.com/world/2015-11/20/c_1117214600.htm。

物质层面与发达国家军队之间仍然存在一定差距，但在精神文明层面则一直居于世界前列，在国际社会具有广泛的亲和力和感召力。

不过，在相当长的一段时期，国外一些媒体常常出现有关中国"缺乏军事透明度"的论调，其中有些是出于政治目的，有些则是出于"不了解"——不了解中国国防，不了解中国军队。鉴于此，中国军队积极发挥联合国维和行动的"窗口"作用，更好地向世界开放，向世界宣传中国的国防政策和军队建设的成就，宣传军事训练和军事教育的成果，宣传部队的军营文化和优良传统，从而展现部队开放透明、友好合作的诚意与自信，展现官兵亲民爱民、纪律严明、举止文明的良好形象。与此同时，随着外界近距离接触中国军队，对中国军队的客观报道和评价越来越多地出现在外国媒体和外军官兵的谈话中。2004 年 12 月，联合国刚果（金）维和特派团部分维和人员性丑闻事件在国际上闹得沸沸扬扬，而中国维和官兵严守纪律，洁身自好，成为联刚团唯一与性丑闻无关的部队，受到了联刚团的通报表彰。在联合国调查团的会议上，中国维和工兵分队做了题为《世界是一个大家庭，中国工兵有责任关心爱护我们的兄弟姐妹》的报告，让所有与会者肃然起敬。① 2014 年，联合国马里特派团部队司令卡祖拉将军在视察中国维和部队时称赞道："你们是最好的部队，你们纪律严明，堪当重任，拥有你们是我们的骄傲。"②

（三）展示中国军队"和平之师"的良好形象，抵制"军事威胁论"

"和平之师"是军队存在价值方面的形象，体现的是不称霸、不搞侵略扩张、不恃强凌弱的属性。中国人民解放军自 1927 年创建以来，始终为了人类和平而存在，为了人类和平而战斗。早在 1938 年 5 月，毛泽东在《论持久战》中就提出了"为永久和平而战"的论断。新中国成立后，中国军队在维护世界和平方面更是发挥了越来越重要的作用，特别是在联合国维和行动中为促进和平解决争端、维护地区安全稳定、推动有关国家经

① 刘逢安、蔡鹏程：《中国维和工兵创造奇迹 展现了中国的良好形象》，新浪网，2016 年 9 月 16 日，http：//mil. news. sina. com. cn/2006 - 09 - 16/0959398588. html？from = hao12 3_news_index_paihang_news&from = wap。
② 闫嘉琪：《中国维和部队纪律严明文明包容 受到各方高度评价》，人民网，2015 年 4 月 7 日，http：//military. people. com. cn/n/2015/0407/c1011 - 26809480. html。

济和社会发展做出了实实在在的贡献，赢得了联合国机构、东道国政府和民众的高度评价。

不过，一些西方国家仍然戴着"有色眼镜"，以"军事威胁论"的论调对中国在联合国维和领域影响力的扩大进行曲解。例如，2014 年 6 月，中国政府应联合国请求，同意向南苏丹增派维和人员，美国《世界政治评论》刊文称："此举加强了中国的策略调整，从'不介入'转向了'主动缔造和平'。"① 为了有效抵制"中国军事威胁论"，中国维和官兵在参加联合国维和行动的过程中，在遵守联合国相关规定，不透露执行任务细节，维护维和行动公正中立形象的前提下，适时借助媒体的力量，以适当方式宣传中国军队在维护世界和平和造福当地民众方面取得的业绩，更好地展示"和平之师"的良好形象。例如，中国赴刚果（金）维和部队积极拓宽宣传渠道，利用维和特派团内部强大的邮件系统和局域网络，宣传部队的维和工作业绩，扩大了部队在特派团以及整个任务区的影响力，取得了很好的效果。② 中国赴黎巴嫩维和部队积极配合联黎部队司令部新闻中心宣传片摄制组的拍摄和采访工作，包括公开部队营区内的扫雷排爆成果展示台，有力地彰显了部队官兵为国际和平事业的付出与担当，也得到了外军同行"百闻不如一见"的评价。③

二　基于维和实践，积极开展对外交流

军队参加联合国维和行动，履行国际维和使命，既是国家外交活动的重要组成部分，也是对外军事交流的重要形式，具有鲜明的政治性和战略性。中国军队在参加维和行动的过程中，立足于维和实践，积极开展维和政策、维和业务和军事文化交流，进一步丰富了国际军事交流的内涵。

（一）依托维和机制，着力开展维和政策交流

现如今，中国已经成为联合国维和行动的重要参与者，军队则是中国

---

① 《中国向南苏丹增派维和人员是调整"不介入"政策?》，《参考消息》2014 年 6 月 19 日，第 8 版。

② 陈国军：《第 12 批赴刚果（金）维和工兵分队拓展网络宣传》，《解放军报》2011 年 4 月 22 日，第 8 版。

③ 伍文晖、黄瑞、李凌葵：《联黎宣传片摄制组走进我驻黎工兵营》，《解放军报》2011 年 1 月 7 日，第 8 版。

参与维和行动的主体力量。中国维和官兵部署在亚洲、非洲等维和任务区，履行维护世界和平的历史使命，并且坚持用新安全观指导维和实践，推动维和事业的健康发展。特别是在西方国家积极发挥自身优势，着力强化在维和领域主导地位的情况下，中国军队依托联合国维和机制，努力通过开展维和政策交流，进一步加强与国际和平力量的合作，促进维和行动继续朝着进步、正义、文明、和平的方向发展。

一是积极参加联合国的维和政策交流机制，宣传国家的政策主张。2015年3月，联合国首次举办维和出兵国总参谋长会议，有106个国家军队的总参谋长或副总参谋长出席。会议以"联合国维和行动面临的复杂形势与挑战"为主题，围绕凝聚政治共识、快速部署部队、指挥与控制等议题进行了广泛深入的探讨。中国人民解放军副总参谋长孙建国在会议上发表讲话时阐述了中国参与联合国维和行动的政策立场。他表示："联合国维和行动已成为实践多边主义、实现集体安全的重要手段。……中国支持联合国对维和行动进行全面评审，推动维和改革，不断提高维和行动的效率效能。"他还强调指出："联合国在赋予维和部队任务时，应该充分考虑出兵国的外交与国防政策，并坚持维和基本原则。联合国和广大出兵国应加强维和能力建设，深化国际维和交流与合作，突出维和训练的针对性和实效性，提高维和官兵应对多样化挑战的能力……深入思考和妥善解决各种风险与挑战。"[1]

二是积极与其他出兵国开展维和政策双边和多边交流，就维和政策问题进行探讨。近年来，在中国军队的一些高层交往活动中，维和政策交流已成为重要内容。2016年8月，中国国防部国际军事合作办公室主任关友飞在访问波黑期间，与波黑国防部部长彭黛什就维和政策等问题进行了有益的交流。[2] 2017年9月，中央军委联合参谋部副参谋长马宜明赴加拿大出席亚太国防军司令会议，在阐释习近平主席倡导的人类命运共同体理念和新安全观的时候，将中国维和政策作为其中的重要议题，并与多国军队

① 殷淼、李秉新、李晓宏：《孙建国副总长出席联合国维和出兵国总参谋长会议》，人民网，2015年3月29日，http://world.people.com.cn/n/2015/0329/c1002-26765610.html。
② 袁亮：《（国际）波黑国防部长彭黛什会见中国军队外事代表团》，亚太日报网，2016年8月17日，https://cn.apdnews.com/info/xinhuashixun_fenjian_/470164.html? timestamp=1608535363123.3457。

领导人坦诚交换了意见。①

（二）结合维和工作实际，注重开展维和业务交流

维和工作本身实践性、业务性很强，特别是在维和任务日趋复杂多样的情况下，维和部队和维和人员更需要通过业务交流提高工作能力，更好地完成任务。随着中国军队参与联合国维和行动的规模扩大和程度提高，有计划、有重点地加强与外军的维和业务交流，更好地了解其他国家的军队在维和行动中的普遍性做法和成功经验，已成为中国军队提高执行维和任务能力和扩大对外军事交流的重要发展趋势。在维和实践中，中国军队主要通过"请进来"和"走出去"的方式，保持与外军部队维和业务交流渠道的畅通。

一是"请进来"，邀请外军维和同行与中国维和官兵交流维和业务工作方法和经验，共同提高业务水平。2018 年 8 月 16 日，中国赴黎巴嫩维和工兵分队邀请联黎部队爱芬营部分官兵前往黎以边境"蓝线"附近的中国分队扫雷作业点，就维和扫雷排爆作业进行交流。在交流活动中，中国维和官兵通过装备器材动态与静态展示相结合、组织授课与现场解说相结合、空间位移模拟扫雷与雷场实地作业相结合的方式，演示了作业规程、信号源处理、新通道开辟、疑似地雷挖掘等多个科目。爱芬营官兵也穿上防护服，与中国维和官兵一道模拟操作，体验中国式扫雷作业的便捷与安全，并与中国维和官兵交流己方扫雷装备的使用方法和效能。负责教学讲解的中方扫雷排长张磊称：此次维和业务交流活动使中国维和官兵能够更直观地对比中外军队在扫雷排爆作业方面的优缺点，为后续有针对性地提高作业水平提供借鉴。②

二是"走出去"，利用适当机会主动与外军维和官兵进行接触和交流，学习借鉴对方在维和业务工作方面的成功做法。例如，中国维和官兵曾赴巴基斯坦维和部队，了解对方建军治军的举措，特别是巴军维和部队官兵在战备和执勤方面贴近实战的做法。中国维和官兵注意到，巴军哨兵在部队营区及其他要害部位执勤时不仅全部荷枪实弹，而且构筑的防御工事坚

---

① 《马宜明出席亚太国防军司令会议》，《解放军报》2017 年 9 月 8 日，第 4 版。
② 张贵杰、杨双权：《外国官兵参观学习中国赴黎维和官兵扫雷排爆作业》，新华网，2018 年 8 月 18 日，http://big5.xinhuanet.com/gate/big5/www.xinhuanet.com/mil/2018 – 08/ 18/c_129935200.htm。

固耐用，观察视野好。巴军士兵在外出执行任务实施警戒时，注意迅速占据有利射击位置，时刻观察周围动向，确保情况紧急时能够快速投入战斗。中国维和官兵还了解到，巴基斯坦军队不仅安排军官定期进行岗位轮换，还会定期组织成建制部队轮换参与联合国维和行动。这种不间断的任务转换，使得巴军部队能够不断适应不同的军事行动环境，提高维和训练和演习的针对性，从而使部队始终保持较高的战备水平。①

（三）立足维和任务区环境，适当开展军事文化交流

在维和任务区，维和人员身处异质文化环境，政治信仰、军队体制、价值观念、风俗习惯各不相同。基于这一现实，中国维和官兵在尊重文化多样性的同时，积极开展军事文化传播与交流活动，生动地展示中国历史厚重的文化传统，宣扬中国军队的价值观念和作风形象等先进军事文化。这种有益的军事文化交流，让世界各国聆听到"中国声音"，感受到"中国智慧"和"中国力量"，在一定程度上消除了其他国家对中国和平发展的疑虑，并为深化与其他国家的安全合作营造了有利的国际舆论环境。

中国维和官兵在开展军事文化交流时注重选择恰当的时机，特别是常常利用联合国重大活动、东道国或者其他出兵国重大庆典节日以及中国传统节日等机会，通过文艺演出、联谊活动、酒会等形式，向外军同行和当地民众宣传中国推动建设和谐世界的和平理念，传播中国军队的优良传统和先进文化。例如，中国首批赴南苏丹维和步兵营2015年7月31日利用庆祝"八一"建军节的机会，在营地组织军事交流活动，邀请联南苏团副团长和10余个出兵国代表参加。此次活动除了阅兵式外，还包括维和官兵精心编排的富有浓郁中国军事文化特色的《龙腾虎跃》《中国功夫》等文艺汇演，向国际社会展示了中国军队的开放性，并为此后执行维和任务和巩固军事互信奠定了良好的基础。②

中国维和官兵在开展军事文化交流时还注意运用灵活多样的方式方法。例如，由雷锋生前所在部队第79集团军某旅抽组建立的第5批赴马里维和工兵分队在抵达任务区后，第一时间在营区建成了占地约100平方米

---

① 胡安：《走进"巴铁"维和部队：中国面孔受优待》，中国军网，2016年7月6日，http：//www.81.cn/jwsj/2016－07/06/content_7137699.htm。

② 孙江超：《我驻南苏丹维和步兵营组织军事交流互信活动》，人民网，2015年8月1日，http：//military.people.com.cn/n/2015/0801/c1011－27396325.html。

的简易雷锋纪念馆，基于雷锋"逆境成长""工厂锻炼""军营淬火"等史料，穿插战友追忆、社会反响以及国际友人评价，用汉语、英语和法语精练地展示了雷锋生前的感人事迹、雷锋精神的形成过程以及中国军队践行雷锋精神的新业绩。纪念馆每周定期向联合国工作人员和当地友人开放，先后接待了来自俄罗斯、美国、法国、德国等10多个国家的联马团官员和维和部队指挥官，以及许多当地民众，获得了广泛赞誉。曾经造访过中国的联马团副总工程师斯坦森动情地说："在你们身上，我感受到了雷锋精神的担当、专业、勤奋和友善。你们用实际行动赢得了联马团和当地民众的认可和尊重。"①

三　以维和行动为平台，拓展对外军事合作

参加联合国维和行动，不仅是中国作为国际社会成员履行国际义务的必然要求，也是中国军队开展对外军事合作的重要渠道。在维和实践中，中国军队非常重视利用维和行动的平台，与其他维和行动出兵国广泛开展军事合作，不断丰富合作方式和内容。

（一）积极开展国际维和训练合作

加强训练合作，已成为当今国际维和训练的重要特征。维和行动强调协调与合作，维和训练同样注重国际协作。许多国家军队的维和训练机构都建立了国际合作机制，不仅与联合国维和行动部及相关训练与研究机构保持密切联系，还与其他出兵国的维和训练机构互派训练教官，或者联合举办国际研讨会和培训班。中国军队也越来越注重通过国际维和训练合作，及时掌握联合国维和行动的发展动向，并且适当借鉴外军维和训练的成功经验，推动自身维和训练、管理及其他各项工作的顺利开展。

一方面，中国军队有计划地选派军官走出国门，参加联合国及其他出兵国军队维和训练机构组织的维和培训班和研讨会。近年来，中国军队先后派遣数百名军官，分别到英国、澳大利亚、德国、荷兰、瑞士、加拿大、瑞典、芬兰、挪威、印度、埃及、肯尼亚等数十个国家的维和训练机构受训。这些军官在国外完成训练任务后，不仅丰富了维和业务知识，进

---

① 海洋、陈星佐、韩立建、侯伟：《蓝盔精兵擦亮"中国名片"——第79集团军赴马里维和部队开展特色文化活动纪实》，北部战区陆军网，2018 年 7 月 13 日，https：//baijia-hao. baidu. com/s？ id = 1605862044846259695&wfr = spider&for = pc。

一步提高了维和工作能力，成为中国军队参加维和行动、履行维和使命的重要力量，而且更好地学习和了解到外军维和训练的成功经验和方法，并适当应用于本国的维和训练之中。例如，中国军官在参加英国军队维和训练时注意到，英军的维和战术训练由易到难，从通用到专项，从室内到室外，从单兵到集体，并且进行全程录像。训练结束后，受训学员先开展集体讨论和自评，再由教官结合录像回放进行讲评，指出问题和不足。① 中国军队在维和训练中适当借鉴这些做法，使训练质量得到了有效提高。

另一方面，中国军队适时邀请联合国及相关国家维和机构的资深教官来华讲学，或者开展其他训练合作活动。近年来，中国国防部先后举办了维和行动高级指挥员培训班、联合国军事观察员国际培训班、联合国参谋军官国际培训班、维和教官国际培训班等多层次的国际维和培训活动，邀请来自英国、澳大利亚、荷兰、丹麦、瑞典、德国、印度、巴基斯坦、孟加拉国等数十个国家军队的资深维和教官协助施训，达到了提高训练效果、扩大对外军事合作范围的目的。现如今，中国军队已与德国、澳大利亚、孟加拉国等国军队的维和训练机构建立了稳定的合作关系，包括互派教官授课、互派学员受训等，从而进一步巩固了中国与相关国家的军事合作关系。

（二）适时进行联合演习

联合军事演习是国际军事合作的重要形式，是提升参演国军队战斗力的重要途径，特别是有助于提高各参演国军队相互提供军事支援或者共同实施联合作战的能力。② 维和领域中的联合军事演习，旨在促进参演国军队更好地履行维和使命，共同完成担负的维和任务。中国军队在参加联合国维和行动的过程中，适时与相关国家军队进行联合演习，共同提高执行维和任务的能力，并且有效维护、巩固和发展相互间的军事合作关系。

部署在海外的中国维和部队通过多种方式，与友邻维和部队举行联合演习，借此进一步加强交流与合作，在维和行动中更好地进行协同。例如，针对南苏丹维和任务区接连发生维和部队遭到武装袭击的实际情况，

---

① 林立：《打造新时代的蓝盔——探访英国维和部队训练营地》，《中国国情国力》2003 年第 10 期，第 35～36 页。

② 顾德欣主编《中国军事百科全书·国际军事关系》（第二版），中国大百科全书出版社，2007，第 150 页。

中国第 8 批赴南苏丹维和工兵分队于 2018 年 7 月 19 日与共同部署在西战区的柬埔寨、印度、孟加拉国、尼泊尔等 4 个出兵国的维和部队进行了联合防卫演习，提升共同应对突发事件的能力。演习想定包括武装人员企图冲击联合国城工作区、中国工兵分队的多个哨位同时遭遇武装人员袭击等情况。在演习中，中国维和工兵分队指挥组根据防卫预案和交战规则进行果断处置，有效防范事态恶化，并协助其他参演部队对突发事件进行妥善处置。此次演习还促进了中国维和部队与西战区司令部和友军强化信息共享机制，携手应对风险挑战。①

　　驻扎在国内的中国维和待命部队同样将联合演习作为开展对外军事合作、共同提高专业行动能力的重要方式。例如，中国与蒙古国军队建立了"维和使命"联合演习机制，作为中蒙两军深化务实军事合作的具体体现。该项演习于 2009 年首次在北京举行，双方参演部队混编为 1 个维和任务连，以执行联合国维和任务为背景，演练营区警戒防卫、野外工程作业、物资运输、设卡检查、执勤巡逻、搜捕非法武装分子、解救人质等科目。②此后，演习每年在两国轮流举行，使得中蒙两军部队共同执行维和任务的能力持续得到锻炼和提高。此外，中国军队还连续多年派员观摩在蒙古国举行的"可汗探索"多国维和演习，并于 2015 年开始派遣部队官兵参加该项演习，从而增进了中国与相关国家的军事互信，推进了彼此间军事关系的发展。

（三）依法实施联合军事行动

　　在联合国维和行动中，中国维和部队依据授权或指令与其他出兵国派遣的维和部队、军事观察员以及维和警察等实施联合军事行动。这既是维和部队扩展信息来源、有效完成维和任务和消除安全隐患的现实需要，也是中国军队开展军事合作的重要方式之一。执行联合国维和任务的维和部队既有作战部队，也有专业的勤务保障部队，有各自的责任区域和业务领域。中国维和部队根据联合国安理会授权和维和特派团的指令，与其他国家派遣的维和力量共同部署在维和任务区，在执行任务时常常需要联合实

---

① 韩超、张晓昆：《中国工兵同西战区 4 个出兵国开展联合防卫演练》，中国军网，2018 年 7 月 25 日，http：//www.81.cn/lkkj/2018 - 07/25/content_8098859.htm。

② 孙奕：《中国与蒙古国举行"维和使命 - 2009"维和联合训练》，凤凰网，2009 年 6 月 25 日，https：//news.ifeng.com/c/7fYM9zXrGb4。

施行动，共同担负责任。在此情况下，中国维和部队根据自身职责和任务，与其他维和力量共享和交流安全信息，共同制定防卫预案，防患于未然。例如，按照联刚稳定团的要求，中国赴刚果（金）维和工兵分队与乌拉圭维和江河连共同部署在基伍湖半岛，担负半岛及周边地区的安全防卫任务。中国维和工兵分队指挥官透露，这两支维和部队建立了多层次的协同机制：一是组建联合巡逻队，每天定时定点沿两支维和部队的营区外围进行巡逻，共同维护周边地区安全；二是建立定期磋商机制，根据搜集掌握的情况，两支维和部队指挥官定期共同研究分析安全形势；三是针对可能发生的安全危机，制定相互增援的方案——中国工兵分队遇有重大险情时，依靠乌拉圭江河连，从水路机动撤出；乌拉圭江河连遇有险情时，由中国工兵分队支援从陆路快速撤出。两支维和部队在部署期间多次进行联合演练，确保遇有情况时能够迅速实施联合行动。①

在维和行动中，中国维和部队还会依照维和特派团指令，与其他相关维和力量实施联合军事行动，确保责任区的安全稳定。例如，2017 年 6 月初，由于非法武装团伙多次针对联合国人员和平民实施袭扰和抢劫，根据联南苏团总部与南苏丹政府的统一协调，中国第 3 批赴南苏丹维和步兵营与联合国维和警察以及南苏丹政府军在朱巴联合开展清查行动。在行动中，联合国维和警察与南苏丹政府军进入丛林实施清剿，中国维和步兵营官兵则占据有利地形，严密封锁丛林进出口，抓捕了多名逃出丛林的非法武装分子，有效缓解了联合国人员和当地民众面临的安全威胁，并且进一步密切了中国维和部队与相关方的合作关系。联南苏团南战区司令金杜·泰真表示："中国军人在这次联合行动中表现出来的专业素质值得称道。这次联合行动为联南苏团与南苏丹政府军进行合作提供了范例。"②

小　结

作为联合国维护国际和平与安全的重要手段，维和行动是在实战或近

---

① 《第 20 批驻刚果（金）维和工兵分队与乌拉圭江河连组织联合防卫演练》，中华人民共和国国防部网站，2016 年 11 月 30 日，http：//www.mod.gov.cn/action/2016_11/30/content_4765125.htm。

② 周孟亮：《中国蓝盔与南苏丹政府军联合执行任务》，《解放军报》2017 年 6 月 7 日，第 2 版。

似实战条件下实施的军事政治行动。参与联合国维和行动是新时代中国军队履行历史使命、实现强国强军目标的具体实践和重要手段。参与联合国维和行动，有利于提升中国军队的战略筹划和组织管理能力。通过派遣军事力量，中国军队可以提高远程投送、危机处理、后装保障、安全防卫等能力，有助于强化海外军事行动能力。维和行动也是中国军队塑造良好形象、积极开展对外军事交流和合作、提升国际影响力的重要平台。中国军队以维和训练和维和岗位竞聘为契机，可促进军事训练和打造复合型军事人才队伍。未来，积极参与联合国维和行动仍然是中国军队推动战略能力建设、提升非战争军事行动能力、开展国际军事交流和合作、提高部队训练水平和战斗力，以及建设一支现代化军队的重要途径。

第五章

中国参与联合国维和
行动的战略选择

自 1971 年中华人民共和国恢复联合国合法席位起，中国对联合国维和行动的态度和政策经历了一个"从不参与到参与、从个别参与到全面参与、从一般参与到深入参与"的发展过程。1990 年，中国首次派遣军事人员参加联合国维和行动。此后，中国对联合国维和行动的贡献和作用不断扩大，维和行动在中国对外战略中的地位和价值日益上升，参与联合国维和行动已成为中国多边外交的一大亮点。

面对新型国际冲突、安全威胁和一系列全球性挑战，联合国维和行动正经历重大改革和转型。近年来，中国参与联合国维和行动也面临重要历史机遇和挑战。为有效推动维和事业的发展，中国亟须加强维和工作战略指导，充分认清历史机遇和风险挑战，结合大战略目标，利用优势和影响，统筹和协调国内国际，通过强化制度和能力建设，由建设性参与向引领性参与转变，更好地为实现国家利益服务，并为世界和平做出更大贡献。

第一节　中国参与联合国维和行动的战略意义①

联合国维和行动在本质上是一种管理冲突的政治手段，而不是单纯的军事行动，它与预防冲突、建立和平、强制和平、建设和平之间有联系也有区别，共同构成联合国维护国际和平与安全的重要手段。联合国维和行动经历了冷战时期的第一代传统型维和及冷战结束后的第二代复合型维和的发展，其职能也从监督停火、脱离接触扩大到预防性部署、维护秩序等。联合国维和行动对于控制冲突升级、防止冲突蔓延，帮助国家重建、促进持续发展，保护平民安全、促进人权进步，提供人道援助、缓解生存危机，发挥了巨大的作用。

但是，仅仅从冲突管理的角度来认识和定位维和行动是远远不够的。

---

①　本章第一节至第三节的部分内容已发表，见张贵洪《中国参与联合国维和行动的战略选择》，《湖北社会科学》2020 年第 5 期。

由于冲突性质和类型的变化，以及全球性问题的凸显，联合国维和行动面临大量新的问题和挑战甚至困境。① 为因应新特点、新问题、新挑战，联合国维和一直在进行改革，从 1992 年的《和平纲领》、2000 年的《卜拉希米报告》到 2005 年建设和平委员会的成立、2015 年和平与安全架构的调整，对联合国维和的理念、机制、管理等方面提出了一系列改革建议和行动计划。

中国参与联合国维和行动对于维护国际安全、实现国家利益、促进军队建设具有重要的意义。学者从多方面具体论述了这种意义，比如：第一，有利于提高中国的国际地位、强化国际安全合作、扩大与外军交流、提高中国军人素质等；② 第二，可以实现多种国家利益，并且有利于中国履行大国责任、提升国家软实力和塑造良好国家形象、完善中国"走出去"战略体系、实践中国多边外交、加速中国军队现代化步伐；③ 第三，这是中国实现国家利益的重要途径、是中国履行大国责任的重要实践、是中国实现外交战略的重要平台、是拉动中国军队建设的重要手段。④

中国在维和领域具有独特的贡献、资源和影响。中国正前所未有地走近世界舞台的中心，这在联合国维和行动领域得到充分的体现。近年来，中国采取一系列措施和行动，大力提升对联合国维和行动的贡献，加大对联合国维和行动的支持力度。鉴于维和行动的重要影响和中国国际地位的变化及参与维和能力的提升，未来我们应从战略高度认识中国参与联合国维和行动的意义和价值。

一 全球安全治理的中国贡献

维和行动不仅仅是在冲突地区采取的一项行动，更是联合国主导的全球安全治理的核心内容，是为冲突地区和国际社会提供的公共安全产品。近年来，通过主办亚太经合组织会议、二十国集团和金砖国家峰会，提出"一带一路"倡议，推动成立亚洲基础设施投资银行等，中国为全球经济

---

① 刘丹：《联合国维和行动的困境及前景》，时事出版社，2015，第 48 ~ 80 页。
② 中国国际战略学会军控与裁军研究中心编《当代国际维和行动》，军事谊文出版社，2006，第 391 ~ 392 页。
③ 赵磊、高心满等：《中国参与联合国维持和平行动的前沿问题》，时事出版社，2011，第 321 ~ 357 页。
④ 刘丹：《联合国维和行动的困境及前景》，时事出版社，2015，第 131 ~ 136 页。

治理提供的中国理念和方案已得到世界公认。但通过积极参与联合国维和行动，为全球安全治理做出贡献和为国际社会提供公共安全产品的意义还没有得到充分的总结和重视。

（一）维和行动：从冲突管理到全球安全治理

维和行动作为联合国维持世界和平与安全的重要手段，也是联合国全球安全治理的重要实践。① 冷战结束后，联合国维和行动从单纯的监督停火、隔离冲突等职能扩展到预防冲突、强制和平、建设和平、选举援助等广泛的领域。这种扩展表明维和行动从治标向标本兼治的转变。

2015 年，联合国发表了关于维持和平、建设和平以及妇女与和平安全的三份评估报告，对今后的和平行动提出了一系列改革建议，包括"政治解决、伙伴关系、以人民为中心"的建设思路。② 2017 年 9 月，联合国秘书长在向会员国提出的秘书处和平与安全架构改革建议中，特别强调预防冲突和可持续和平的重要性，以及和平、发展、人权之间的相互联动性。维和行动因此出现向第三代即治理型维和转变的趋势。这种转变主要体现为几个方面：一是从行动到治理，即从长远和战略的视角来设计和实施维和行动，通过安全、发展、人权的综合治理来消除冲突的根源，维和行动要从"救火队"变身为"守夜人"；二是从政府到人民或从国家到地方，即更加尊重人权、保护平民、发挥民间社会的作用、建设包容性社会；三是从应对冲突到预防冲突，即通过促进发展、保护人权来消除冲突的根源，充分利用各种政治手段，包括对话、谈判、斡旋、调停等，以达成冲突的政治解决，为此鼓励妇女、青年、非政府组织、志愿者积极参与；四是实现可持续和平，强调预防冲突、维护和平、建设和平、可持续和平的关联衔接和整体把握，以可持续发展促进可持续和平，以可持续和平保障可持续发展。

从全球安全治理的视角审视联合国维和行动，主要表现在三个方面。第一，维和行动原则在实践中的灵活运用和调整意味着安全治理理念的形成。传统的维和三原则，即各方同意、公正和非自卫不使用武力在冷战后

---

① 参见陈楷鑫《联合国维和行动：一种全球安全治理的视角》，复旦大学博士学位论文，2018。

② 参见和平行动问题高级别独立小组的报告《集中力量，促进和平：政治、伙伴关系和人民》，A/70/95 – S/2015/446。

的维和实践中遇到很多困难和困境。1992 年加利的《和平纲领》、2000 年的《卜拉希米报告》和 2015 年的和平行动问题高级别独立小组报告为维和行动注入了新的理念，更突出人的安全、预防冲突和建设和平，更强调公正性、非一视同仁的同意原则和基于道义的武力使用，更注重政治解决、加强伙伴关系和以人为本。这体现了维和行动中安全治理的理念。第二，维和行动主体的多元化意味着某种意义上安全治理体系的形成。传统的维和行动主体是联合国机构、出兵国/出警国和东道国。随着维和行动的发展变化，地区性国际组织和非政府组织越来越多地参与维和实践，从而形成全球性、地区性和东道国多层次的合作伙伴关系。这些主体共同参与从人的安全治理到国家的安全治理的体系。第三，维和行动职能的拓展要求安全治理能力的提升。无论是预防冲突，还是建设和平和保持和平，都要求不同于维和行动的安全治理能力建设。在预防冲突中，通过斡旋、调停、谈判等开展预防性外交，通过早期预警、预防性部署、信任建立措施等采取预防行动，是核心的安全治理能力。在建设和平和保持和平中，安全治理能力则包括国家的安全能力和人的安全保护能力等。

（二）维和行动：从冲突管理到公共安全产品

维和行动作为一项集体行动，可以从公共安全产品的视角来认识。[①]维和行动，无论是作为一个整体还是一项具体任务，实际上都是处于生产（维和决策）和消费（维和部署）之间的一个中间产品。维和行动是国际社会联合提供的公共安全产品，也是弥补冲突国家公共安全产品不足的重要手段。

首先，从联合国维和行动的演变来看，维和行动经历了从传统型到复合型再到治理型的发展过程。以公共安全产品为视角，这是一个产品的特性和内容不断丰富和加强的过程。传统型维和的特点是产品的单一性，即限于国家间冲突，以监督停火为主要职能，以军事人员参加为主，以冲突的结束为基本目标。复合型维和的特点是产品的多样性，即既有军事和安全职能，也有政治和民事职能，前延到预防冲突，后移到建设和平，以实现安全为主要目标。治理型维和的特点是产品的完整性，即在前述特性的

---

① 参见程子龙《联合国维和行动：一种公共安全产品的视角》，复旦大学博士学位论文，2019。

基础上增加了发展职能、保护平民、人道主义援助、保持和平等内容，以实现治理为根本目标。

其次，从联合国维和行动的决策来看，维和行动包括安全评估、任务授权、行动执行三个阶段。以公共安全产品为视角，这是一个产品的生产过程，是由联合国、出兵国/出警国、东道国共同完成的。在秘书长的领导下，联合国秘书处负责安全评估和威胁认定，并向安理会报告维和行动提议；安理会负责行动授权，包括是否建立新的维和行动，维和特派团的任务和规模、时间和地点，并监督维和行动工作；大会负责行动审查和资金筹措；秘书处的政治和建设和平事务部、和平行动部、外勤支助部具体负责行动的启动、执行和结束。

再次，从联合国维和行动的主体来看，维和行动的行为体包括会员国、联合国机构、其他国际组织、非政府组织和企业等。以公共安全产品为视角，它们是产品的供给方。会员国中，发达国家主要提供资金和决策指挥人员，发展中国家主要提供维和士兵；联合国机构提供专门知识、技能和能力；其他国际组织具有委托代理功能，实施非联合国维和行动；非政府组织则主要协助人道主义援助、促进和平进程、进行某种形式的监督等；企业作为非国家行为体可为维和行动提供后勤支助并承接相关服务。

最后，从联合国维和行动的评估来看，维和行动的成效主要包括效力和效率两个方面。以公共安全产品为视角，这实际上是一个产品的质量衡量问题。维和行动的效力，从短期来看主要取决于在多大程度上冲突得到管控和解决，从长远来看则主要取决于在多大程度上国家能力得到提升。维和行动的效率，则主要可以从人员、资金和时间三个方面来衡量。人员上，维和行动实际部署的人员规模是否与授权相符，是增加了还是减少了；资金上，维和经费是足额支付还是有所拖欠；时间上，维和行动是否按时完成，是否延期。从效力和效率两个方面可以大致判断维和行动的成效，或作为公共安全产品的质量。

（三）中国参与联合国维和行动对全球安全治理的意义和贡献

中国作为联合国维和行动的主要出兵国和出资国，不仅在维和行动中发挥着独特和关键的作用，而且对于全球安全治理和国际公共安全产品具有重要的意义和贡献。

一是，中国参与联合国维和行动履行了全球安全治理的大国责任。维和行动是联合国维持国际和平与安全的有效工具。作为安理会常任理事国，中国根据联合国的请求和要求，及时出兵出警、按时足额出资，承担应尽的义务。不仅如此，中国通过设立中国—联合国和平与发展基金、加入联合国维和能力待命机制、为各国培训维和人员，更彰显了中国的大国担当。随着联合国维和行动向治理型转变，中国在治理理念和治理能力方面也体现了大国责任。在安全治理理念方面，中国一直坚持不干涉内政原则，反对使用武力，要合作不要对抗，主张通过对话谈判以和平方式解决国际争端。对于国际冲突，治标更要治本，中国倡导发展和平的理念，通过可持续发展，提高发展中国家的自主发展能力，在全球范围减少和消除贫困，消除冲突的根源。在安全治理能力方面，中国高度重视维和人员培训和能力建设工作，积极帮助发展中国家出兵国加强能力建设；支持联合国秘书处在维和能力建设的需求方和提供方之间发挥协调作用；积极参与维和能力建设领域的双边、区域和国际合作。例如，"非洲是中国践行全球安全治理理念的试金石"[①]。一方面，中国对非洲坚持"五不"原则；[②]另一方面，中国与非洲在训练、情报共享和联合军事演习方面开展合作，不断加大对非盟的军事援助力度，帮助建立非洲的集体安全机制。

二是，中国参与联合国维和行动做出了公共安全产品方面的大国贡献。作为公共安全产品的联合国维和行动，离不开会员国资金和人员的直接和有形的投入，也有赖于大国在政治外交和政策行动上的支持。作为安理会常任理事国和最大的发展中国家，中国为联合国维和行动做出的大国贡献有几个特点。（1）资金和人员的贡献规模大。从2004年开始，中国成为安理会常任理事国中派遣维和人员最多的国家；从2016年开始，中国的维和经费的摊款比例超过日本，居世界第二。不仅如此，中国派遣的维和人员到位及时，自1982年开始承担维和摊款以来从不拖欠。（2）在政治和外交上的支持力度大。"中国是多边主义的最重要支柱。"[③] 这突出表

---

① Zhou Bo, "Africa Is a Test Lab for How China Approaches International Security and Peacekeeping: Non – interference But Not Indifference," *South China Morning Post*, August 8, 2019.

② 2018年9月中非合作论坛北京峰会上，习近平在题为《携手共命运 同心促发展》的主旨讲话中提出中国对非外交的"五不"原则：不干预非洲国家探索符合国情的发展道路，不干涉非洲内政，不把自己的意志强加于人，不在对非援助中附加任何政治条件，不在对非投资融资中谋取政治私利。

③ 《"中国是多边主义的最重要支柱"——访联合国秘书长古特雷斯》，《人民日报》2018年4月10日，第3版。

现在中国对联合国维和行动的支持上。如：中国—联合国和平与发展基金帮助加强发展中国家维和能力建设、改善联合国维和人员安全、落实《2030 年可持续发展议程》；中国按照规划完成 8000 人规模维和待命部队的建设。这些都是实实在在的支持。（3）在维和各方面所发挥的作用大。中国自参加联合国维和行动以来，不仅在经费和人员，而且在理念和制度、培训和能力建设方面都发挥着重要作用。"中国理念"赢得国际社会的高度认可，"中国立场"推动维和事业持续发展，"中国贡献"有力维护地区安全稳定，"中国力量"成为联合国维和行动的中流砥柱。[①] 此外，中国在维和人员培训和能力建设方面也走在了前列。

二　国际话语影响的中国机会

参与联合国维和行动是中国在国际安全领域提高国际话语权和影响力的重要方面。与中国近年来在全球经济治理中日益扩大的国际话语权和影响力相比，中国在国际安全领域的话语权和影响力相对滞后。有学者研究表明，中国在联合国维和事务中存在严重的话语权赤字。[②] 维和行动是联合国维持国际和平与安全的重点工作，中国应充分利用维和改革和转型的契机，提升制度和能力建设方面的引领性，把中国在维和行动中的贡献和力量转化为话语权和影响力。

首先，在维和理念方面，中国的话语影响已有所显现。在某些外国学者看来，中国的维和指导原则正在发生一些变化，更强调"长远视角、集体路径和发展和平"[③]。中国倡导的发展和平的理念和规范，对全球安全治理和国际公共安全产品具有重要的意义和价值。中国参与联合国维和行动，就是践行发展和平的理念，为全球安全治理和国际公共安全产品做贡献。与源于西方、以制度建设为优先的自由和平不同，发展和平源于中华文明，以经济发展为优先，倡导多元主义和有效治理，不为对外援助设置政治条件，视东道国为平等伙伴，主张强势政府和渐进式的国家社会转

---

① 王京武：《中国是联合国维和行动的中坚力量》，《解放军报》2018 年 10 月 11 日，第 4 版。

② 何银：《联合国维和事务与中国维和话语权建设》，《世界经济与政治》2016 年第 11 期。

③ Cedric de Coning & Kari M. Osland, *China's Evolving Approach to UN Peacekeeping in Africa*, Norwegian Institute of International Affairs, 2020.

型。① 中国派出的联合国维和人员在海外进行修桥、修路、排雷、医护等工作，带有支持当地经济建设和发展的色彩，形成"发展型"的维和参与。② 发展和平理念，或者如有的学者所称的"中国和平"理念，其基本特征是主权、稳定和经济发展。③ 它强调要确保国内政治和社会稳定，通过经济和社会的全面发展实现和平。这一理念在近年来维和改革中提出的"保持和平"中已有所体现。2015 年，联合国和平行动问题高级别独立小组的报告提出"政治解决、伙伴关系、以人民为中心"的和平行动新思路。④ 这一思路与中国长期倡导的外交理念和原则不谋而合，来自中国的高级别独立小组成员为此做出了独特贡献。在联合国维和三原则（各方同意、公正、非自卫不使用武力）问题上，中国主张通过非强制性的方式获得同意、不能干涉国家内部事务、使用武力要获得安理会的授权等，使维和三原则既得到坚持，又能适应某些新情况。在"保护的责任"问题上，中国主张以政治方案为主，任何强制措施要有安理会的授权，并有学者提出"负责任的保护"，严格限制"保护"的手段，明确"保护"的目标，对"后干预""后保护"的国家重建负责。⑤ 在扩大中国在维和理念上的话语影响方面，中国学界应该做出更大的贡献。在进一步加强"发展和平"概念学理化的同时，扩大国际传播范围，特别是加强与联合国维和职能部门的交流和沟通，争取实现"发展和平"从中国理念到国际规范的转化。

其次，在维和制度方面，中国的话语影响有待突破。发展和平的理念已逐渐为国际社会所知晓。但如何将这一理念制度化并在维和实践中体现出来，这是一个重大的课题。维和制度主要指维和法律制度、决策制度和执行制度。维和法律制度包括"国际组织决议、多边或者双边条约或者约定，以及维持和平行动的东道国和参与国的国内法等"⑥。由于《联合国宪

① 何银：《发展和平：联合国维和建和中的中国方案》，《国际政治研究》2017 年第 4 期。

② Lei Xue, "China's Development-Oriented Peacekeeping Strategy in Africa," in Chris Alden et al., *China and Africa: Building Peace and Security Cooperation on the Continent*, London: Palgrave Macmillan, 2017, pp. 83 – 99.

③ Steven C. Y. Kuo, *Chinese Peace in Africa: From Peacekeeper to Peacemaker*, London: Routledge, 2020.

④ 参见和平行动问题高级别独立小组的报告《集中力量，促进和平：政治、伙伴关系和人民》，A/70/95 – S/2015/446。

⑤ 阮宗泽：《负责任的保护：建立更安全的世界》，《国际问题研究》2012 年第 3 期。

⑥ 蒋圣力：《联合国维持和平行动法律问题研究》，法律出版社，2019，第 76 页。

章》没有关于维和行动的明文规定，国际组织的决议特别是联合国安理会和大会的相关决议成为维和行动最基本和最直接的法律制度。"发展和平"要成为维和行动这篇大文章的"关键词"，就要载入联合国相关决议文件，从而为国际社会所接受。维和决策制度包括由秘书长的建议权、安理会的决定权和大会的财政权等构成的一整套规则和程序。联合国秘书长根据技术评估团对局势的评估，向安理会提交实施维和行动的建议报告。安理会根据秘书长的报告通过投票做出是否实施维和行动的决议，包括建立维和特派团的相关授权。联合国大会则讨论决定该维和特派团经费的规模和使用。中国是安理会常任理事国，在审议和决定时具有重要影响力，因此可以把发展和平的相关要求和内容充实到决议中。维和执行制度主要体现在维和行动的部署过程中，包括维和特派团的总体计划、维和部队和警队地位的确定、维和人员和装备的筹措、维和行动经费的落实等。这些工作主要在联合国维和职能部门（秘书处政治和建设和平事务部、和平行动部）的协调下完成。当然，对于维和任务区来说，政治和建设和平事务部与和平行动部又承担着政治和行动领导的职能。在提升执行制度的话语权方面，一是要把发展和平等理念充实到具体工作中；二是要利用和转化中国在维和出兵出资方面的贡献，选派和输送更多的维和人才到联合国维和职能部门工作，并争取有更多的中国维和官员担任维和特派团的中高层指挥和管理职位。

最后，在维和能力方面，中国的话语影响有待提高。维和能力涉及面广，如培训能力、保障能力、预防能力、部署能力等。中国在维和能力方面积累了一些优势，但在联合国维和领域的相关话语影响还很有限。中国已建立比较先进的维和培训体系①，在维和培训设施、规模、师资等方面处于世界前列。但在维和培训的学科建设、课程标准、教材编写等方面还有待增强，在维和领导人才和高级官员的培训方面也需要扩大规模和影响。中国的维和保障能力在不断增强。2017年中国在吉布提建立保障基地，这是中国首个海外基地。该基地主要面向陆军和海军部队进行补给，为海军亚丁湾护航编队，也为在非洲的维和人员提供后勤保障和相应支援，包括专门设备和技术人员的保障等。随着保障能力的提高和保障对象

---

① 中国的维和培训机构主要有国防部维和事务中心培训基地、国防大学防务学院、国防科技大学国际关系学院、中国维和警察培训中心等。

范围的扩大，中国在维和保障能力方面的话语影响也将得到提高。预防冲突在和平行动中的重要性的提高，对斡旋、调停、预警、谈判、对话、调解等预防冲突的手段及相应能力提出了更高和更新的要求。2019 年 1 月，古特雷斯秘书长任命夏煌大使担任联合国秘书长大湖地区问题特使。这是中国在联合国预防冲突领域的重要突破。但总体来说，中国在预防冲突和预防性外交方面的能力建设，特别是相关的咨询分析研究、人才培养和输送等方面的工作还有待加强。经过 30 多年的参与，中国的维和部署能力不断提高，从开始时的军事观察和后勤保障，到现在的成建制步兵营和直升机分队。随着待命部队和常备警队的建立，中国的快速部署和多种类多任务部署能力也得到提升。这有助于中国在联合国维和部署能力建设中发挥更重要的作用。

三　多边军事外交的中国特色

参与联合国维和行动是中国多边外交和军事外交的重要内容。近年来，中国多边外交精彩纷呈，军事外交屡有突破，参与联合国维和行动在其中都有突出的表现。未来，维和行动在中国多边外交和军事外交中的分量将越来越重，并不断丰富中国特色大国外交的内容。

（一）参与联合国维和行动是中国多边外交的亮点

多边外交一般是指通过国际组织和国际会议进行的外交活动。多边外交是中国走向世界、开展国际合作的有效途径，是"中国成为世界大国的必然选择"①。

参与联合国维和行动是中国多边外交的重要组成部分。新中国成立后，多边外交的实践以参加国际会议为主，如 1954 年的日内瓦会议和 1955 年的万隆会议，这是中国多边外交的萌芽。1971 年，新中国恢复在联合国的合法席位，这是中国真正意义上的多边外交的开端。但初期中国对联合国事务的参与非常有限，也不全面。中国对联合国安理会实施的维和行动基本上持保留态度。改革开放后，中国建设性和实质性地开展多边外交，开始在各个领域全面参与联合国的活动。中国调整了对联合国维和行动的态度，从消极和不参与变为积极和支持。1982 年，中国开始承担维和

---

① 郑启荣、牛仲君主编《中国多边外交》，世界知识出版社，2012，第 1 页。

摊款。冷战结束前后，中国更加重视多边外交的作用，强调合作和对话，通过集体行动应对共同挑战和威胁。因此，中国开始全面参与联合国维和行动，如：1988年参加联合国维持和平行动特别委员会；1989年派遣文职人员到纳米比亚参加"联合国过渡时期协助团"；1990年首次派出军事观察员参加联合国停战监督组织。进入21世纪，中国的多边外交更加主动积极，更强调大国责任和国际贡献。2000年，中国首次派出民事警察赴东帝汶执行联合国维和行动。中国承担的维和摊款也不断增加。近十年来，随着多边外交不断取得新进展，中国已成为多边主义的强大支柱。表现在维和领域，中国是联合国安理会常任理事国中第一大维和出兵国，也是联合国会员国中第二大维和摊款贡献国。中国还在维和待命部队和常备警队建设、维和人员培训方面走在世界的前列。可见，一方面，参与联合国维和行动反映了中国多边外交的发展和变化过程；另一方面，中国多边外交的战略和政策通过参与联合国维和行动得到了充分体现。

参与联合国维和行动为中国多边外交做出巨大贡献，具有重要意义。第一，参与联合国维和行动为中国开展多边外交提供了契机。中国从1982年1月1日起开始缴纳维和摊款，并解决了此前的摊款问题。中国也第一次投票赞成联合国增派驻塞浦路斯的维和部队。这极大地改善了中国在联合国维和领域的处境，有利于中国与其他会员国在联合国框架内的合作。又如，中国军队1990年首次参加联合国维和行动，1992年又第一次派遣成建制部队参加联柬权力机构。这不仅是中国参与联合国维和行动的突破，也是对当时西方国家对中国实施的制裁的突破，有利于中国开展多边合作。第二，参与联合国维和行动为中国多边外交树立了和平大国、负责任大国的形象。自1989年以来，中国参与约30项维和行动，累计派出4万余人次维和人员。目前，中国派遣的联合国维和人员数量在安理会五个常任理事国中最多，承担的联合国维和摊款仅次于美国。中国被誉为"联合国维和行动的关键力量"。维和行动是联合国维持国际和平与安全的主要手段，参与联合国维和行动就是为世界和平做贡献、为国际安全负责任的重要体现。中国的全方位参与和为联合国维和行动做出的巨大贡献，有利于中国在开展多边外交时展示和平大国和负责任大国的形象。第三，参与联合国维和行动为中国推动多边外交积累了优势。经过30多年的参与，中国在维和方面积累了丰富的经验，培养了大批维和人才，也极大地拓展了中国与其他出兵国、东道国以及联合国相关机构的合作渠道。中国维和人员的出色表现得到联合国的赞誉和国际社会的普遍肯定。著名智库瑞典斯德哥尔摩国际和平研究所的一份报告指出,"中国维和人员一直被评为联合国维和行动中水平最专业、效率最高、训练最有素和最守纪律的维和队伍;中国在维和行动中保持的优良形象提高了联合国维和行动的效率并且强化了维和行动的合法性"①。在国际社会塑造"和平、文明、力量之师"的形象,有利于中国积极开展多边外交。正如联合国秘书长古特雷斯所说,中国必将成为国际冲突中"真诚的斡旋者"和"调解人"。

(二) 参与联合国维和行动是中国军事外交的重点

参与联合国维和行动是中国全方位开展军事外交的重要手段。走出国门,走向世界,是中国军队应对多种安全威胁、完成多样化军事任务的重要课题。2008 年 12 月,根据联合国安理会的决议和授权,中国海军舰艇编队前往亚丁湾、索马里海域实施常态化护航行动,主要任务是保护航经该海域的中国船舶、人员安全,保护世界粮食计划署等国际组织运送人道主义物资的船舶的安全。这是中国海军首次在中国水域以外执行任务,意义重大。截至 2018 年,中国海军常态部署 3 ~ 4 艘舰艇执行护航任务,共派出 31 批 100 余艘次舰艇、2.6 万余名官兵,为 6600 余艘中外船舶提供安全保护,解救、接护、救助遇险船舶 70 余艘。② 近年来,通过与外国开展联合军事演习、实施海外救援救灾、支持海外安保等途径,中国军队更加频繁地走出国门。而与上述情形相比较,参与联合国维和行动在帮助中国军队"走出去"方面更具有合法性、长期性和系统性的优势。参与联合国维和行动是中国军队"走出去"的重要途径,成为中国军事外交的一张闪亮名片。第一,参与联合国维和行动作为中国军事外交的重要内容,意义重大。它"有助于展示中国大国风范和负责任的大国形象,维护国际和平与安全,扩大中国的国际影响;有利于中国参与国际军事交流,加快中国军队的现代化建设;同时有利于中国在国际机制中开展与他国的合作,

---

① Bates Gill and Chin-hao Huang, *China's Expanding Role in Peacekeeping : Prospects and Policy Implications*, Stokholm International Peace Research Institute (SIPRI), 2009.

② 《〈新时代的中国国防〉白皮书全文》,中华人民共和国国防部网站,2019 年 7 月 24 日,http://www.mod.gov.cn/regulatory/2019 - 07/24/content_4846424.htm.

捍卫中国的政治利益、经济利益和安全利益"①。第二，参与联合国维和行动为中国军事外交提供有力支撑。参加联合国维和行动，一方面是中国作为联合国创始会员国、安理会常任理事国和世界上最大的发展中国家应当承担的国际责任和义务；另一方面也是中国军队适应新时代中国特色大国外交的需要，维护国家海外利益并扩大国家和军队国际影响力的重要手段。第三，参加联合国维和行动拓展了对外军事合作关系。维和行动是中国军队与外国军队加强交流、深化合作、共同发展的桥梁。通过参加联合国维和行动，中国军队展示其训练水平、装备水平和实战能力，提高官兵的国际交流和协调合作能力，与外国军队形成建设性和务实性的新型军事关系。

参与联合国维和行动是提升中国军队海外行动能力的重要方式。中国军队参加联合国维和行动以派遣军事观察员为开端，随后扩大到派遣作战保障部队和勤务保障部队，后来又拓展到派遣安全警卫分队和维和步兵营，现在又组建直升机分队和维和待命部队。1990 年，中国军队开始向联合国维和行动特派团派遣军事观察员，主要执行观察、联络、监视与监督、巡逻、调查、搜集信息与报告、组织调度等任务，因为不能携带武器，其被称为"用眼睛维和的人"。2014 年 12 月，中国首次派遣步兵营赴南苏丹执行维和任务。至 2019 年底，中国已派遣五批步兵营，执行保护平民、巡逻警戒、防卫护卫等任务。2017 年 6 月，中国组建的首支维和直升机分队赴苏丹达尔富尔。分队配备 4 架米–171 中型多用途直升机，下设 1个飞行连、1 个机务连、1 个保障连，兵力规模 140 人。② 2018 年 8 月和2019 年 8 月，中国又组建第二支和第三支维和直升机分队，担负空中巡逻、战场侦察、人员输送、伤员转运、物资运输等任务。通过完成上述不同类型的维和任务，中国军队的维和能力得到全面提升，从而也有利于提高中国军队的海外行动能力。此外，近年来中国军队积极加入联合国维和能力待命机制，维和待命部队建设取得显著成效。2017 年 9 月，中国军队完成 8000 人规模的维和待命部队在联合国的注册工作。中国维和待命部队包括 6 个步兵营、3 个工兵连、2 个运输连、4 个二级医院、4 个警卫连、3个快反连、2 个中型多用途直升机分队、2 个运输机分队、1 个无人机分

---

① 杜农一、周辉、杨凯：《新中国军事外交与国际维和研究》，国防大学出版社，2015，第55 页。

② 《中国首支维和直升机分队出征》，《解放军报》2017 年 6 月 11 日，第 4 版。

队、1 个水面舰艇分队，共 10 类专业力量 28 支分队。① 2018 年 10 月，中国军队 13 支维和待命分队一次性高标准地通过联合国组织的考核评估，晋升为二级待命部队。2019 年 2 月，中国军队 5 支维和待命分队顺利晋升为三级待命部队。这表明中国维和待命部队的部署能力不断提升。"待命部队的建立标志着陆军将拥有一批常态保持良好战备状态、具备遂行指定任务能力的专业化维和力量，既可保障现有维和任务轮换，也可随时向当前任务区紧急增兵，还能积极响应联合国需求，快速向新的任务区出兵，为陆军部队适应形势任务发展需要、以更高标准完成维和任务提供坚实的力量支撑。"②

第二节　中国参与联合国维和行动的战略利益

中国参与联合国维和行动具有重大的战略利益。

一　中国参与联合国维和行动的政治基础

中国参与联合国维和行动有强大的政治基础，从而为实现国家战略利益提供保证。作为安理会常任理事国和最大的发展中国家，中国具有独特的国际地位，从而在联合国维和行动中发挥独特的作用。冷战结束以来，中国领导人和历届政府对联合国维和行动给予高度评价，并不断加强对联合国维和行动的支持。

中国具有独特的国际地位。中国在联合国有两个独特的身份和地位：一是最大的发展中国家，二是安理会常任理事国。安理会在维持国际和平与安全方面负有首要责任，而维和行动是联合国维持国际和平与安全的基本手段。相对于联合国其他会员国，中国作为安理会常任理事国对联合国维和行动具有更大的发言权和决定权，同时也承担更大的义务和责任。中国的维和摊款仅次于美国，而中国派出的维和人员总数接近其他常任理事国之和的两倍（见表 5－1）。这是中国作为安理会常任理事国对于世界和平的责任和贡献的重要体现。

---

① 张之豪：《中国军队完成 8000 人规模联合国维和待命部队注册》，中国日报网，2017 年 9 月 28 日，http：//cn. chinadaily. com. cn/2017－09/28/content_32601405. htm。

② 兰顺正：《中国陆军组建多支维和力量，凸显中国大国担当》，国际在线，2017 年 11 月 24 日，http：//news. cri. cn/20171124/b2808e0a－998a－7751－a1fe－da925ad1e3b7. html。

表5-1 安理会常任理事国派出的维和人员数量（截至2020年1月31日）

单位：人

国家	维和警察	军事观察员	军事参谋	维和军队	总数
中国	23	27	57	2437	2544
法国	23	2	54	653	732
英国	0	3	26	544	573
俄罗斯	30	30	18	0	78
美国	0	3	27	0	30

资料来源：联合国维持和平网站，https：//peacekeeping. un. org/en/troop - and - police - contributors。

自1948年联合国实施维和行动以来，所有的维和行动都部署在发展中国家。相对于其他多数发展中国家，中国有更多的资源和更大的能力投入维和行动。中国的维和摊款在所有发展中国家中是最多的，派出的维和人员也居第10位（见表5-2）。中国作为最大的发展中国家为世界和平做出了独特和重要的贡献。

表5-2 主要发展中国家派出的维和人员数量（截至2020年1月31日）

单位：人

国家	维和警察	军事观察员	军事参谋	维和军队	总数
埃塞俄比亚	46	103	104	6386	6639
孟加拉国	644	35	109	5625	6413
卢旺达	972	34	75	5211	6292
尼泊尔	562	42	114	4940	5658
印度	163	39	104	5098	5404
巴基斯坦	140	49	102	4050	4341
埃及	830	32	70	2181	3113
加纳	350	40	80	2304	2774
印度尼西亚	332	24	44	2305	2705
中国	23	27	57	2437	2544

资料来源：联合国维持和平网站，https：//peacekeeping. un. org/en/troop - and - police - contributors。

中国兼具安理会常任理事国和最大的发展中国家的双重身份和地位，这使中国在维和行动中发挥着独特和关键的作用。一方面，作为安理会常任理事国，中国是联合国维和行动的坚定支持者和积极参与者；另一方面，作为发展中国家的一员，中国积极维护发展中国家的利益和诉求，坚持维和的基本原则和正确方向。2018 年 9 月，王毅外长在纽约出席 "为维和而行动" 倡议高级别会议时提出，为加强和改进维和行动，中国主张：一要坚持联合国宪章这一根本遵循；二要紧扣政治解决这一根本目标；三要改进安理会授权这一行动总纲；四要谋划建设和平这一后续衔接；五要筑牢伙伴关系这一坚实依托。[①] 这既体现了作为安理会常任理事国的担当，又反映了作为最大的发展中国家的使命。

中国几代领导人高度重视联合国这一最大和最重要的多边舞台，高度评价联合国维和行动的作用和意义。1995 年 10 月 24 日，国家主席江泽民出席联合国成立 50 周年特别纪念会议，这是中国国家元首首次参加联合国大会并发表讲话。他在讲话中指出："联合国的维和行动必须严格遵循联合国宪章的有关规定，不能成为变相干预内政，更不能卷入冲突，成为战争的一方，而且要量力而行。"[②] 2005 年 9 月 15 日，国家主席胡锦涛在出席联合国成立 60 周年首脑会议时指出："联合国作为集体安全机制的核心，在保障全球安全的国际合作中发挥着不可替代的作用。其作用只能加强，不能削弱。联合国宪章确定的宗旨和原则，对维护世界和平与安全发挥着举足轻重的作用，已经成为公认的国际关系基本准则，必须得到切实遵循。安理会作为联合国维护世界和平与安全的专门机构，其维护世界和平与安全的权威必须得到切实维护。"[③] 2015 年 9 月 28 日，习近平主席在出席联合国维和峰会时指出："联合国维和行动为和平而生，为和平而存，成为维护世界和平与安全的重要途径。维和行动给冲突地区带去信心，让当地民众看到希望。"[④] 习近平主席还在这次会议上宣布中国支持联合国维和行动的一系列措施和行动。

中国政府和人民大力支持联合国维和行动。冷战结束以来，中国对联

---

① 《王毅在 "为维和而行动" 倡议高级别会议上的发言（全文）》，新华网，2018 年 9 月 27 日，http：//www. xinhuanet. com/world/2018 – 09/27/c_1123487791. htm。

② 《让我们共同缔造一个更美好的世界——在联合国特别纪念会议上的讲话》，《人民日报》1995 年 10 月 25 日。

③ 《胡锦涛在联合国成立 60 周年首脑会议上的讲话（全文）》，中国新闻网，2005 年 9 月 16 日，http：//www. chinanews. com/news/2005/2005 – 09 – 16/8/626611. shtml。

④ 《习近平出席联合国维和峰会并发表讲话》，新华网，2015 年 9 月 29 日，http：//www. xinhuanet. com/world/2015 – 09/29/c_1116705308. htm。

合国及其维和行动的支持不断加强。"对中国政府来说，支持联合国维和行动就是支持联合国，就是支持维护世界和平的集体安全机制。"① 扩大参与联合国维和行动，一方面符合中国的战略利益，是中国对外战略调整的一部分；另一方面是中国与联合国的合作不断加强和深化的重要体现，也是中国为世界提供国际公共安全产品的重要方式。中国政府支持参与联合国维和行动大致经历了四个阶段。第一个阶段是 20 世纪 80 年代初。随着中国实行改革开放和外交政策的调整，中国对联合国维和行动采取更加积极的立场和态度，主要标志是开始承担联合国维和摊款。第二个阶段是 20 世纪 80 年代末 90 年代初。参与联合国维和行动成为中国拓展海外利益、扩大国际合作、改善国际形象的重要途径，主要标志是加入维持和平行动特别委员会，首次派遣军事观察员，首次派遣"蓝盔部队"。第三个阶段是 21 世纪初。随着中国的和平发展，为了体现"负责任的大国"的形象和践行"和谐世界"理念，中国政府加大对联合国维和行动的支持力度，主要标志是首次派遣维和警察，首次派遣成建制维和部队，成立中国维和警察培训中心。第四个阶段是 21 世纪第二个十年中期。中国成为多边主义的最重要支柱，在联合国维和行动中开始发挥重要作用，主要标志是中国承担的维和摊款份额上升至第二位，首次派遣作战部队、成建制步兵营、直升机分队参加维和行动，建立 8000 人规模的维和待命部队和世界首支常备维和警队，为外国培训 2000 名维和人员等。从过去 30 多年中国参与联合国维和行动的过程和表现来看，中国政府的支持在不断加强。中国人民对联合国同样有良好的愿望和很高的评价。

二　参与联合国维和行动与中国的海外利益

随着经济全球化的发展和中国"走出去"战略的推进，越来越多的中国企业赴海外投资、学生赴海外学习、公民赴海外旅游，国际贸易和人文交流更加频繁，中国的海外利益和影响在不断拓展。"随着中国海外利益在维和地区遭遇的损害逐渐增加，中国在遵守国际法和国际准则的前提下，充分利用联合国维和这一平台，保护和拓展中国在维和地区的国家利

---

① 赵磊、高心满等：《中国参与联合国维持和平行动的前沿问题》，时事出版社，2011，第 317 页。

益，是非常必要的。"① 参与联合国维和行动有利于在履行维和使命的同时维护中国的海外利益。

海外利益本质上是国家利益的海外延伸，是国家战略利益的重要组成部分。中国海外利益主要由海外经济利益、海外资源利益、海外制度利益、海外文化利益和海外安全利益构成。② 参与联合国维和行动是中国海外安全利益的重要组成部分，同时又是通过和平方式运用军事力量维护海外利益的有效手段。

联合国维和行动一般部署在冲突国家和地区。中国的驻外机构、企业和公民容易面临政治动荡、种族冲突、恐怖袭击、犯罪活动等安全威胁。中国参与联合国维和行动，就是在联合国主导下帮助这些国家结束冲突、恢复秩序、实现稳定，从而在客观上有利于维护和促进中国在该国家和地区的利益，这也是维护和促进海外利益的主要方式。另外，在联合国授权和东道国同意的情况下，中国的维和部队在危急时刻也可以直接保护中国驻外机构和海外中国公民、侨民的生命和财产安全。当然，这是特殊情况下的特殊方式。据美国媒体的报道，2014 年 9 月，中国向联合国南苏丹维和部队派出 700 名军人，以保卫该国油田并保护中企的工作和设施。③ 中国国防部发言人表示，中国政府向南苏丹派遣维和步兵营，是应联合国的正式邀请，执行的是联合国赋予的维和任务。根据联合国安理会决议，联合国南苏丹特派团的一项重要职责是保护平民及联合国和人道主义工作人员。中国维和部队将严格遵守国际法和安理会授权，根据形势需要、任务区指令和交战规则，为当地民众和其他国家在当地从事和平行动、人道主义救援和经济建设等工作的人员提供力所能及的保护，为维护南苏丹及该地区的和平稳定发挥建设性作用。④

联合国维和行动主要部署在非洲地区。冷战结束后，非洲地区冲突频发，成为联合国部署维和行动最多的地区。同时，非洲也是中国参与联合国维和行动的重点和核心区域，超过 2/3 的中国维和人员分布在非洲。中

---

① 刘静：《中国海外利益保护——海外风险类别与保护手段》，中国社会科学出版社，2016，第 184 页。

② 于军主编《中国海外利益蓝皮书·2016》，世界知识出版社，2017，第 6 ~ 8 页。

③ 《外媒称中国维和部队 700 名士兵赴南苏丹保护油田》，《参考消息》2014 年 9 月 11 日。

④ 《中国决定向南苏丹派遣 700 人维和步兵营 将携带轻武器》，人民网，2014 年 9 月 25 日，http://world.people.com.cn/n/2014/0925/c157278 – 25737018.html。

国在非洲有大量的投资和贸易等经济利益。"中国已连续 10 年成为非洲第一大贸易伙伴。2018 年双边经贸额达 2042 亿美元。目前，中国在非洲有 3700 多家企业、100 多万各类人员，每年超过 100 万人次赴非洲旅游，非洲是中国第二大工程承包市场，中国对非洲直接投资存量为 460 亿美元。与此同时，中国的大量投资和商务活动分布在局部动荡国家。"① 官方数据显示，中国企业在非洲办有约 25 个经贸合作区，累计投资金额超过 60 亿美元，涉及能源矿产、轻工建材、编织制造、家用电器等，2018 年的产值约为 189 亿美元。② 在中国投资非洲方面，基础设施是一个重点。这一方面是为了帮助非洲通过借鉴中国经验探索适合非洲的发展道路，另一方面是为了推动中国企业的国际化。在 2018 年中非合作论坛北京峰会上，习近平主席宣布重点实施"八大行动"，其中之一就是实施设施联通行动。中国决定和非盟启动编制《中非基础设施合作规划》，同非方一道实施一批非洲基础设施互联互通重点项目。非洲地区的安全和稳定对于这些基础设施的建设和运行是至关重要的。中国参与联合国维和行动有利于实现国家和地区稳定，维护良好的地区和国际环境，从而有利于海外投资和贸易的正常进行。

中国参与联合国维和行动也是对发展中国家进行援助和支持的另一种方式。2015 年宣布设立的中国—联合国和平与发展基金，有一部分就用于资助非洲地区的维和能力建设。中国向非盟提供的 1 亿美元的无偿军事援助，主要用于支持其常备军和快速反应部队的建设和运作。中国还为非盟在索马里等部署的维和行动提供援助，为非盟后勤基地提供军事装备，为非洲国家的维和能力建设和技术援助提供帮助。在 2018 年中非合作论坛北京峰会上，中国宣布实施和平安全行动，决定设立中非和平安全合作基金，支持中非开展和平安全和维和维稳合作，支持非洲国家维护地区安全和反恐努力，设立中非和平安全论坛。③ 随着维和职能的拓展，维和人员也参与到冲突后国家的经济和社会重建等工作中。中国不仅在发生冲突和冲突后的很多非洲国家有大量的经济投入，可以促进其经

① 李因才：《非洲维和态势与中国的参与》，《国际关系研究》2019 年第 5 期，第 136 页。
② 李晓喻：《中国对非洲各类投资存量超过千亿美元》，中国新闻网，2018 年 8 月 28 日，http：//www. chinanews. com/cj/2018/08 – 28/8612575. shtml。
③ 《习近平：未来对非重点实施"八大行动"》，新华网，2018 年 9 月 3 日，http：//www. xinhuanet. com/world/2018 – 09/03/c_129946121. htm。

济和社会重建，而且可以在建设和平领域发挥更积极的作用，如帮助非洲国家提高安全和执法能力、推动政治进程、加强社会治理体系和治理能力建设等。

三　参与联合国维和行动与中国的军事利益

随着中国在国际事务中的地位和作用日益凸显，中国军队也在国际和地区安全中发挥着更加积极、主动、高效的作用。在参与联合国维和行动的过程中，中国军队的海外军事行动能力和国际合作能力得到很大的提升，从而在很大程度上实现了中国的军事利益。

参与联合国维和行动有利于提高冲突环境下的军事行动能力。"维和行动是在准战争条件下开展的军事行动，自然条件恶劣，随时面临着武装冲突和各种危险。这样的战场环境，对于长期处于和平状态下的中国军队来说，是难得的练兵机会，也是任何演习都无法模拟的。"① 首先，参与维和行动帮助中国军队积累实战经验，提升了战斗力。冷战结束以来，中国没有与任何国家发生直接的军事冲突，军队缺乏实战经验。"维和行动为中国军事人员提供了复杂环境下的实战经验，如现场指挥、危机决策、兵力投送、后勤支援、情报收集以及侦察监视等。"② 2014 年初，中国开始派出作战部队参与维和行动。这对中国军队的实战化训练起到积极促进作用。中国维和官兵通过执行战斗巡逻、治安维持、基地防御等任务，适应冲突环境，积累了战区部署和战区行动经验。其次，参与维和行动验证和提高了部队的装备性能和保障水平。维和任务区往往自然条件和环境恶劣，而维和人员要完成警卫巡逻、物资运输、工程建设和医疗救护等任务，这对装备和保障有很高的要求。中国维和部队的各型装备都在国内采购，已经实现 100% 国产化。中国创造了多型国产装备低故障、无报废的最长时间纪录，被联合国装备核查组誉为"各国维和部队装备保养维护的典范"。③ 当然，随着维和任务安全风险的提

①　黎云：《中国军队参与维和行动 25 年能力素质明显提升》，新华网，2015 年 5 月 30 日，http：//www. xinhuanet. com/mil/2015 - 05/30/c_1115459451. htm。

②　赵磊、高心满等：《中国参与联合国维持和平行动的前沿问题》，时事出版社，2011，第 354 页。

③　黎云、白云天：《"中国制造"在维和行动中成为国家名片》，新华网，2015 年 5 月 28 日，http：//www. xinhuanet. com//mil/2015 - 05/28/c_1115441057. htm。

高，还需要不断提高装备水平，以确保维和人员的安全。最后，参与维和行动帮助培养了军队干部，提高了中国军官的管理和指挥水平。中国通过参与维和行动的各项具体工作，提高了中国军官的职业化水平。有大量的中国参谋军官、军事观察员在联合国多个维和任务区工作，在战区司令部担任越来越多更高级别的职务。在多个任务区都有中国军官担任处长、情报官、军需官、医疗官等，有的还担任了战区的司令和参谋长。经过 30 多年的维和行动参与，一批优秀的中国指挥官脱颖而出，还有的担任最高指挥官①。

参与联合国维和行动有利于提高非战争军事行动能力。2005 年，中国首次提出"多样化军事任务"概念。中国领导人指出，要"提高军队应对多种安全威胁、完成多样化军事任务的能力"②。如果说遏制战争、打赢战争是多样化军事任务的核心军事能力，是国防和军队建设的首要和基础，那么包括反恐维稳、抢险救灾、维护权益、安保警戒、国际维和、国际救援等内容在内的非战争军事行动能力就是一种补充和拓展。中国军队的非战争军事行动有力维护了国家利益，展示了大国责任和担当，促进了军事能力提升，打造了军队形象名片。③ 据介绍，"通过一系列非战争军事行动的历练，部队快速反应、组织指挥、战略投送、专业救援和综合保障能力得到大幅提高，我军遂行多样化军事任务能力显著提升"④。在 2015 年开始的新一轮深化国防和军队改革中，参与联合国维和行动在提高非战争军事行动能力中的重要性和作用更加突出。与其他非战争军事行动相比，联合国维和行动更具有合法性、系统性和长期性。有外国学者认为，通过提高非战争军事行动能力及在维和中发挥更大的作用，中国将在三个方面受益。其一，中国得以施展军事力量，而不会直接威胁其他世界大国；其二，通过在参与联合国维和行动的过程中与其他国家的联合协作，中国能

---

① 2007 年，赵京民少将担任联合国西撒哈拉全民投票特派团部队指挥官，成为首位担任联合国维和部队高级指挥官的中国军人。此后，刘超少将和王小军少将分别担任联合国驻塞浦路斯维和部队和西撒哈拉特派团的司令。此外，杨超英少将曾以联合国驻南苏丹特派团副司令身份代理司令职务。

② 《胡锦涛在党的十七大上的报告（全文）》，中国日报网，2007 年 10 月 25 日，http://www.chinadaily.com.cn/hqzg/2007 – 10/25/content_6205616.htm。

③ 胡欣：《非战争军事行动中的中国力量》，《世界知识》2017 年第 20 期。

④ 刘钧军、蔡鹏程：《在遂行多样化军事任务中成长——访总参应急办主任李海洋》，《解放军报》2010 年 12 月 3 日，第 2 版。

够增强其现代化军力；其三，通过参与脆弱国家的和平与重建工作，提升与受援国和其他出兵国的关系，中国得以强化其作为国际利益攸关者的形象。① 从最初的 5 个人发展到现在 2000 多人的维和队伍，从军事观察员到成建制步兵营，中国维和人员的综合素质和能力得到全面提升。30 多年维和行动的积极参与不仅增强了中国军队非战争军事行动能力，也加快了中国军队现代化的步伐。

参与联合国维和行动有利于提高国际军事安全合作能力。维和工作已成为中国军队与外军开展国际军事安全合作的重点领域。相较国际政治合作和国际经济合作等，国际军事安全合作更为敏感。不同于西方发达国家，中国更倾向于通过非战争、非同盟、非传统的方式，在多边框架下开展国际军事安全合作。遂行非战争军事行动，有助于增强国际军事安全合作能力，并获得双重效果："一是履行了使命任务，维护了国家安全与世界和平，实现了政治目的；二是在遂行非战争军事行动任务的过程中，参与的官兵开阔了视野，检验了能力，提高了素质。"② 在参与联合国维和行动上，中国有非常坚定的政治意愿、非常优秀的军人素质、非常精良的军事装备，这是中国开展国际军事合作的优势和有利条件。从宏观和理念层面看，通过持续和广泛的参与，中国践行包括共同安全、综合安全、合作安全、可持续安全在内的新安全观，从而提高中国在国际军事安全领域的话语权和影响力。从具体和行动层面看，中国维和人员与其他国家的维和人员在任务区共同履行维和使命的过程中，相互交流，协同完成任务，积累了国际军事交流和合作的经验。此外，中国多次派出军官参加外国举办的维和培训和观摩活动，邀请联合国官员来华检查和验收维和部署前期准备工作，与外军开展维和联合训练和联合演习，与联合国合作对中外维和人员进行各类培训，举办维和国际论坛和专题研讨会等。通过这些活动，中国一方面提升了维和能力建设水平，另一方面"与联合国及有关国家和地区组织在维和领域建立了良好的交流合作关系"③。

① Logan Pauley, "China Takes the Lead in UN Peacekeeping," *The National Interests*, May 31, 2018.
② 肖天亮：《非战争军事行动与国际安全合作》，《中国国际战略评论》2012 年第 0 期。
③ 田源、吕德胜：《担纲维和：彰显负责任大国形象》，《解放军报》2008 年 12 月 17 日。

第三节　中国参与联合国维和行动的战略转型

冷战结束以来，基于国家实力的增长、国家利益的拓展和外交战略的调整，中国建设性地参与了联合国维和行动。而随着中国与世界的关系进入一个新的时期，中国参与联合国维和行动的战略也面临转型，即从建设性参与转型为引领性参与。

一　建设性参与

30 多年来，中国对联合国维和行动的政策经历了一些变化，但总的趋势是贡献越来越大、参与越来越多、作用越来越强，是"建设性参与"。中国的维和外交不断进取。通过建设性参与联合国维和行动，中国在很大程度上实现了国家利益、提高了国际地位、扩大了国际影响、改善了国际形象，在履行大国责任的同时，也促进了中国的军队建设，特别是提高了中国海外军事行动和国际军事交流的能力。

（一）建设性贡献

中国参与联合国维和行动的建设性贡献主要表现在以下几个方面。

第一，维和人员和经费不断增加。30 多年来，中国实现了派遣维和人员从无到有、维和人员规模从小到大的历史性跨越。冷战结束至 20 世纪末，中国仅对联合国维和行动保持了有限的参与。自 2004 年起，中国的维和人员总数开始突破千人，2008 年起，大致都保持在两千人以上的规模（见表 5-3）。

表 5-3　1990~2019 年中国参与联合国维和行动人数统计

单位：人

年份	1990	1991	1992	1993	1994	1995	1996	1997	1998	1999
人数	5	44	488	65	60	45	38	32	35	37
年份	2000	2001	2002	2003	2004	2005	2006	2007	2008	2009
人数	98	129	123	358	1036	1059	1666	1824	2146	2136
年份	2010	2011	2012	2013	2014	2015	2016	2017	2018	2019
人数	2039	1924	1869	2078	2181	3045	2630	2644	2515	2545

资料来源：联合国维持和平网站，https://peacekeeping.un.org/en/troop-and-police-contributors。

从经费支持来看，中国对于联合国维和行动的经费贡献也经历了从少到多的过程。联合国会员国的维和摊款与其经济总量呈正相关性。中国的联合国维和摊款比例持续上升是其国力不断提升的体现。中国最初的维和费用的摊款比例不足 1%，2000 年至 2006 年保持在 2% 左右，2007 年超过3%。2016 年，中国共缴纳联合国维和摊款 8.44 亿美元（约合 58 亿元人民币），占摊款总额的 10.3%，开始在联合国所有会员国中位居第二。至2019 年，在联合国维和经费整体削减的基础上，中国的摊款占比进一步升至 15.2%，摊款额达 9.88 亿美元（约合 69 亿元人民币）。与此同时，中国于 2015 年宣布设立为期 10 年、总额 10 亿美元的中国—联合国和平与发展基金，其中一部分用于支持联合国维和行动（见表 5 - 4）。

表 5 - 4　2004 ~ 2019 年中国向联合国缴纳维和摊款比例

单位：%

年份	2004	2005	2006	2007	2008	2009	2010	2011
分摊比例	2.4907	2.4728	2.4910	3.1624	3.1474	3.1474	3.9390	3.9343
年份	2012	2013	2014	2015	2016	2017	2018	2019
分摊比例	3.9343	6.6417	6.6368	6.6368	10.2879	10.2502	10.2377	15.2197

资料来源：联合国大会第五委员会网站，https://www.un.org/en/ga/contributions/peacekeeping.shtml。

第二，维和能力不断提升。中国维和部队被誉为"联合国维和行动的关键力量"。截至 2018 年 12 月，中国已累计派出维和军事人员 3.9 万余人次，参加了联合国 24 项维和行动。2018 年 12 月，2506 名中国官兵在联合国 7 个任务区及联合国维和行动部执行任务。截至 2018 年 12 月，中国军队在维和任务区新建、修复道路 1.3 万余千米，排除地雷及各类未爆物10342 枚；运送物资 135 万余吨，运输总里程 1300 万余千米；接诊病人 17万余人次；完成武装护卫、长短途巡逻等任务 300 余次。[①] 2000 ~ 2021 年，中国累计派遣维和警察 2672 人次，涉足联合国总部、苏丹、南苏丹、塞浦路斯等 12 个任务区，8 名中国维和警察牺牲。截至 2021 年 12 月 31 日，中

---

① 《〈新时代的中国国防〉白皮书全文》，中华人民共和国国防部网站，2019 年 7 月 24 日，http://www.mod.gov.cn/regulatory/2019 - 07/24/content_4846424.htm。

国有 24 名专家和 14 名单警在执行维和任务。① 除了能够出色地完成联合国维和行动的各项任务，中国的维和能力还表现在快速部署和维和培训上。2015 年 9 月，中国加入新的联合国维和能力待命机制，建设 8000 人规模的维和待命部队。2017 年 9 月，中国完成维和待命部队在联合国的一级待命注册工作。2018 年 10 月，13 支一级待命分队全部高标准通过联合国组织的考核评估，晋升至二级待命状态。2019 年 2 月，联合国将上述 13 支二级待命状态分队中的 5 支分队提升至三级待命状态。中国积极为各国培训维和人员，目前已经为数十个国家培训了 1500 余名维和人员。② 经过 30 多年的参与，中国在部署、指挥、协调、保障、培训、预防等方面的维和能力得到全面的提升。

第三，突出贡献和优秀表现赢得广泛赞誉。自 1990 年首次派遣军事观察员参与联合国维和行动以来，中国蓝盔以一流的作风、一流的素质和一流的成绩，赢得了联合国、驻地政府和当地民众、维和友军的信赖和敬重。③ 中国维和部队纪律严明，始终保持"零违纪、零遣返"和"性剥削性虐待零投诉"纪录，享誉联合国内外，成为联合国维和部队中的楷模。在行动层面，中国维和部队和警队在队伍管理、营区建设、装备管理以及行动保障等方面的先进做法和理念，被某一任务区甚至在整个维和行动层面推广为最佳实践。④ 中国维和人员的突出表现得到联合国的高度赞赏。2016 年 6 月，联合国主管维和事务的副秘书长苏在访华时，充分肯定中国维和官兵的专业技能、奉献精神、严明纪律和职业素养。2017 年 6 月，联合国副秘书长拉克鲁瓦在访问中国维和警察培训中心时表示："警队表现出的专业、敬业及高度的纪律性令人印象深刻。面对未来维和任务区的复杂环境，相信这支队伍一定会有更出色的表现，继续发挥中国维和警察的标杆作用。"⑤ 2018 年 4 月，联合国安理会"五常"常驻联合国军参团

---

① 联合国维持和平网站，https：//peacekeeping. un. org/sites/default/files/01 – contributions_to_un_peacekeeping_operations_by_country_and_post_45_december_21. pdf。

② 《〈新时代的中国国防〉白皮书全文》，中华人民共和国国防部网站，2019 年 7 月 24 日，http：//www. mod. gov. cn/regulatory/2019 – 07/24/content_4846424. htm。

③ 朱达、陶连鹏、张宝奇：《"中国名片"更闪亮——从中国赴南苏丹维和部队履行使命看软实力建设》，《解放军报》2016 年 6 月 3 日，第 3 版。

④ 何银：《中国的维和外交：基于国家身份视角的分析》，《西亚非洲》2019 年第 4 期。

⑤ 张琰：《联合国副秘书长拉克鲁瓦观摩公安部常备维和警察演练》，中国日报网，2017 年 6 月 30 日，http：//cn. chinadaily. com. cn/2017 – 06/30/content_29953197. htm。

军事顾问参访中国国防部维和中心时表示，中国维和官兵的专业素养和敬业精神令人敬佩，建议中方发挥维和中心的平台作用，与各国分享维和培训和实践经验。2019 年 2 月，联合国副秘书长哈雷在出席"维护世界和平的中国军队"主题展览时，高度评价中国在联合国维和行动中发挥的重要作用。他说，中国既是联合国安理会常任理事国，又是维和行动出兵大国，还是第二大维和出资国。同时承担这三项光荣责任的，只有中国。没有中国这样的会员国支持，联合国维和行动不可能取得今天这样的成就。联合国秘书长军事顾问罗伊特中将在参观时指出，中国对维和行动的贡献值得"大书特书"，中国不仅派出的维和人员"素质优秀"，而且在维和人员培训方面也做出了"杰出贡献"。① 中国及其维和人员因为其突出的表现多次获得联合国勋章、嘉奖和其他奖励②。

（二）不断进取的维和外交

维和外交是中国军事外交、联合国外交和多边外交的一部分，也是中国特色大国外交的重要体现。学界对维和外交还没有明确的定义，但大致可以理解为对维和行动采取的政策和行为，即维和政策和维和实践两个方面。

严格意义上，中国的维和外交是从 20 世纪 80 年代末正式参与联合国维和行动才开始的。1971 年新中国恢复联合国合法席位后，中国对联合国维和行动基本上持消极和不参与的立场和态度。20 世纪 80 年代初，随着改革开放和外交战略的调整，中国对联合国维和行动的政策转变为不反对也不参与，但开始承担联合国维和行动的摊款。直到 80 年代末，中国实质性地参与联合国维和行动，从而开始有了真正意义上的维和外交。

中国的维和外交是一个不断进取的过程。在维和政策上，中国有一个"从拒绝到承认、从扮演一般性角色到争取重要位置、从比较注重国内需

---

① 孙阳、朱鸿亮：《和平力量，吸引世界目光"维护世界和平的中国军队"主题展览侧记》，《解放军报》2019 年 2 月 17 日，第 4 版。

② 联合国勋章（UN Medals）有三类，即达格·哈马舍尔德勋章（Dag Hammarskjöld Medal）、姆巴伊·迪亚涅上尉非凡勇气勋章（Captain Mbaye Diagne Medal for Exceptional Courage）和联合国勋章（UN Medal）。嘉奖主要有"特别代表嘉奖"、"总司令嘉奖"和"战区司令嘉奖"。其他奖励如"中非友谊奖"、"友谊贡献奖"、驻地"荣誉市民"等。

求到更加兼顾国际形象”的曲折转变过程。[①] 1995 年钱其琛外长在第 50 届联大上的发言第一次全面和完整地阐述了中国政府关于联合国维和行动的原则立场，如遵循《联合国宪章》的宗旨和原则，坚持以和平手段解决争端，反对实行双重标准，坚持实事求是、量力而行。[②] 此后，中国领导人和政府多次在不同时间和不同场合阐明中国的维和政策。2005 年，中国首次发布关于联合国改革问题的立场文件，提出：中方支持加强联合国维和行动能力，合理有效使用联合国维和资源，支持加强联合国与区域组织的合作，支持设立建设和平委员会。[③] 这说明中国的维和外交变得更加务实和灵活。2015 年 9 月，习近平主席在联合国维和峰会上提出强化维和行动新倡议，并宣布中国支持维和行动的一系列重大举措，包括：加入新的联合国维和能力待命机制；为各国培训 2000 名维和人员；向非盟提供总额为 1 亿美元的无偿军事援助；为联合国在非洲的维和行动部署首支直升机分队；中国—联合国和平与发展基金的部分资金将用于支持联合国维和行动。[④] 这是中国对联合国维和行动的新贡献和强有力的支持，同时也表明中国的维和外交达到了一个新的高度。2017 年 9 月，中国外交部部长王毅在联合国维和行动安理会高级别会议上表示，《联合国宪章》宗旨和原则是维和的根基，推进政治解决是维和的核心，筑牢伙伴关系是维和的后盾，实现可持续发展是维和的良方。[⑤] 这高度概括了新时期中国维和外交的核心理念和主张。

在维和实践方面，中国的维和外交同样是不断进取的。随着 20 世纪 80 年代外交战略的调整，中国对维和行动采取更加灵活和支持的态度，参与联合国维和行动的条件已基本具备。中国实际参与联合国维和行动以派

---

① 杜农一、周辉、杨凯：《新中国军事外交与国际维和研究》，国防大学出版社，2015，第 147 页。

② 中国联合国协会编《中国的声音——中国领导人和政府代表在联合国系统重大国际会议讲话专辑》，世界知识出版社，1999，第 108 页。

③ 《中国关于联合国改革问题的立场文件》，中华人民共和国外交部网站，2005 年 6 月 7 日，https：//www.fmprc.gov.cn/web/wjb_673085/zzjg_673183/gjs_673893/gjzz_673897/lhg_684120/zywj_684132/t199083.shtml。

④ 《中国为和平而来——在联合国维和峰会上的讲话》，中华人民共和国外交部网站，2015 年 9 月 30 日，https：//www.fmprc.gov.cn/web/ziliao_674904/zyjh_674906/t1302559.shtml。

⑤ 《王毅：维和行动改革必须遵循〈联合国宪章〉的宗旨和原则》，中华人民共和国常驻联合国代表团网站，2017 年 9 月 21 日，https：//www.fmprc.gov.cn/web/wjbzhd/t1495271.shtml。

遣文职人员和军事观察员开始。① 30 多年来，中国参与联合国维和行动，从几个人到几万人，从分散到成建制，从观察员到步兵营和直升机分队，从后勤保障到安全防护，从部署到培训和待命，中国的维和实践不断丰富和深入，维和外交不断创造纪录和取得突破。1992 年，中国派遣维和工程大队参加柬埔寨过渡时期联合国权力机构，这是中国第一支成建制的非战斗维和部队。1997 年，中国原则同意加入联合国维和行动待命安排制度，并于 2002 年正式加入一级待命安排机制，表明中国参与联合国维和行动趋于常态化。2000 年，中国向东帝汶派遣民事警察，这是中国首次派遣民事警察参加联合国维和行动。2003 年，中国向刚果（金）派遣工兵连和医疗分队，这是中国首次向非洲派遣维和部队。2004 年，由 125 人组成的防暴警察队赴海地执行维和任务，这是中国首次赴海外执行维和任务的防暴队伍。2014 年，中国派遣 700 人的维和步兵营赴南苏丹执行维和任务，这是中国向非洲国家派出的最大规模的安全保护部队。

二　引领性参与

随着非传统安全威胁的上升、冲突根源和形式的复杂化、更多行为体的参与等，联合国维和行动面临新的问题和挑战。2015 年开启的新一轮联合国维和改革针对此提出一些新的理念和方法，如强调预防冲突、可持续和平、人的安全、平民保护、伙伴关系、维和与建和既分工又衔接、和平与发展及人权的相互促进等。这对中国建设性参与联合国维和行动提出了新的挑战和更高的要求，如：在维和理念上，联合国维和在干预强度、武器使用、人权与维和等方面不断突破，中国如何适应和应对；在维和理论上，中国的理论研究、战略研究和政策研究如何指导中国的维和实践；在维和制度上，维和工作的领导、指挥、协调等体制如何创新发展以适应不断变化的维和实践；在维和能力上，中国的维和资源和力量如何进一步加强并更有效地发挥作用；在维和实践中，如何学习和借鉴国外好的管理方式，如提升野外驻训的舒适度、改善后勤补给和补助、提高对军警民个人的关怀度、加快投送方式的机械化和现代化。

而更重要的是，如何在 30 多年建设性参与和贡献的基础上提高中国在

---

① 1989 年 4 月，20 名中国文职人员参加纳米比亚"联合国过渡时期协助团"；1990 年 4 月，5 名中国军事观察员参加联合国停战监督组织。

联合国维和领域的话语权、决策权、指挥权和影响力，从而更有效地实现国家利益、更好地推动外交战略实施和军队建设发展。这就需要我们在战略层面有所突破，从"建设性参与"转型和升级为"引领性参与"，通过引领联合国维和的制度建设和能力建设，把贡献转化为塑造、把力量转化为影响、把优势转化为规则。

（一）引领性参与的含义

所谓引领，就是要充分利用和发挥中国的优势、资源和影响，为联合国的和平、发展和人权事业提供正能量，维护和加强联合国的权威，重塑联合国在国际秩序和全球治理中的核心地位和主导作用，引导联合国的改革和法治建设，使联合国的原则准则、理念规范、议程方案更好地体现公平和正义，为广大发展中国家服务，有利于中国国家利益实现。为此，中国需要主动创设议程，为全球治理提供中国智慧、中国经验和中国方案，同时，争取更多的联合国机构来华设立地区中心和办事处、输送更多的中国公民到联合国机构担任中高级领导和管理职务。

具体表现在参与联合国维和方面，就是在维和制度建设和能力建设方面发挥上述引领作用。制度和能力是决定一个机构和一项事业能否成功的关键因素。制度为行动提供指导和指南、规定行动的要求和程序，能力直接影响行动的效率和效果。制度和能力互相影响，制度通过能力来执行，能力需要制度做保证。在联合国维和行动中，制度主要包括法律制度、决策制度、执行制度等，能力主要包括部署能力、指挥能力、协调能力、保障能力、培训能力等。

中国已具备从建设性参与向引领性参与转型的有利环境和条件。通过多年参与维和行动，中国军队检验和提高了部队的军事能力，在对外合作和交流中了解和学习到了外军先进经验，通过实践提高了后勤及装备保障能力。国防部维和中心（现为国防部维和事务中心培训基地）和中国维和警察培训中心，以及国防大学、国防科技大学国际关系学院等军队院校积累了大量维和培训经验，在国际上处于先进水平。同时，经过30多年的参与，中国积累了大量维和经验，中国军人和警察表现出的专业水平和奉献精神得到联合国的高度赞扬。中国支持联合国维和的一系列新措施、中国分摊联合国维和费用的快速增长得到国际社会的高度肯定。这是中国采取引领性参与战略的客观有利环境。

引领性参与的目标不仅是实现中国的国家利益,提高中国的国际地位,扩大中国的国际影响,改善中国的国际形象,更是为冲突地区和国际社会提供公共安全产品,为全球安全治理贡献中国力量、中国智慧、中国方案、中国经验,即从利益性目标向价值性目标转变。在引领过程中,特别需要加强与联合国的合作,维护和加强联合国在全球安全治理和国际安全秩序中的核心地位和主导作用。中国要充分利用和发挥好自己的经济优势和财政资源,把这种优势和资源转化为话语权和影响力;同时要加强维和人员的选拔和培训工作,提高中国维和人员的综合能力和整体素质,向联合国输送更多的维和决策、管理、指挥人才。中国还要不断增加维和方面的国际交流和联训,特别是国防部维和中心作为联合国指定的"全球核心维和培训基地",要发挥好示范作用。

值得指出的是,引领性参与并不意味着中国要成为"领导者"或"引领者"。引领性参与是一个过程,而"领导者"或"引领者"是一种地位。引领性参与是指在参与联合国主导下的维和行动过程中发挥某种引领性的作用,而不是要扮演"领导者"或"引领者"的角色。事实上,在联合国维和行动中,每个国家都是"参与者",并不存在一个"领导者"或"引领者"。但"参与者"的贡献、作用和影响却有很大的差别。另外,中国的引领性参与并不是"完成时",而是"进行时"甚至是"将来时"。中国开始在出兵出警出资、培训、待命、官兵组织性纪律性等方面发挥引领作用,但在维和决策、指挥、预防、建和等方面的作用远远没有达到引领的水平。

(二) 引领性参与的意义

第一,引领性参与具有重要的政治意义。作为安理会常任理事国之一,中国一直主张维护联合国权威、遵守《联合国宪章》的宗旨和原则,在联合国主导的维和行动方面起带头和示范作用,这也是提高中国在国际社会中的地位和影响力、构建负责任大国的有效途径。中国在维和行动领域还不是决定性力量。这一方面是由于中国的贡献主要表现在出兵出资上。尽管中国是安理会常任理事国中派遣维和人员最多的国家,但出兵国排名前十的往往是中小国家。中国是第二大维和摊款国,但维和摊款主要是一种义务。另一方面是由于中国的参与主要在传统的维和行动领域,中国较少参与预防冲突和建设和平等和平行动的新领域。因此,要提升中国在国际安全领域的地位和影响力,一方面争取在维和制度和维和能力建设中提升主导性，另一方面在预防冲突和建设和平领域要加强投入。

第二，引领性参与具有重要的战略意义。中国为联合国维和行动做出了巨大贡献。如果中国不仅在出兵出资上，而且在维和理念和规范、决策和指挥、预防和建和等方面也发挥引领性作用，那将极大地有利于中国树立和平大国的形象和地位，有利于国际社会对中国发展的正面理解和支持，有利于消除"中国威胁论"在国际上的生存空间。为维和行动出兵出资较多的国家，虽然对世界和平有贡献，但并不能自动地等同于"和平大国"。和平大国除了与周边国家和平相处，还需要在解决国际冲突、实现世界和平方面主持正义、发挥引领作用。中国在发展的过程中，如果能为周边、地区和世界提供稳定性力量，为冲突国家和地区做出建设性贡献，在应对全球问题和全球挑战中发挥引领性作用，中国的发展肯定能得到国际社会的欢迎和支持。如果中国倡导的理念和方案成为国际社会的共识，在推动国际主流价值和国际规范方面发挥引领作用，那么"中国威胁论"也就会失去其市场。

第三，引领性参与具有重要的国际意义。引领性参与是中国培育国际政治领导力的重要手段。著名学者阎学通提出，政治领导力是决定大国实力对比变化的决定性因素。[1] 他的研究主要集中在国家层面的以"道义"为核心的政治领导力上。事实上，还存在国际政治领导力，即在国际社会主导国际格局、引领国际秩序、塑造国际规范的实力和能力。一个国家的政治领导力能否转化为国际政治领导力，关键在于其能否为全球治理提供解决方案，以及能否提供国际公共产品。近年来，中国倡导人类命运共同体、新型国际关系等理念，实际上就是国际政治领导力的一种尝试和体现。"一带一路"倡议被视为全球治理的"中国方案"，是为国际社会提供的国际公共产品。"一带一路"倡议是中国在发展领域培育国际政治领导力的重要平台。由于维和行动是联合国维持国际和平与安全的主要工具，如果把联合国维和行动理解为全球安全治理活动和国际公共安全产品，则引领性参与维和行动就成为中国在和平和安全领域培育国际政治领导力的重要路径。

---

[1]　阎学通：《世界权力的转移：政治领导与战略竞争》，北京大学出版社，2015，第81页。关于政治领导力的最新阐述，见 Yan Xuetong, *Leadership and the Rise of Great Powers*, Princeton: Princeton University Press, 2019。

三 战略转型的路径

制度和能力是联合国维和行动能否成功的两个关键因素，也是中国引领性参与联合国维和行动的两个主要方面。

制度和能力都包括国际和国内两个层面。这里的制度既包括联合国维和的法律制度、决策制度、执行制度，也包括中国参与联合国维和行动的机制、体制和法制等。这里的能力则既包括联合国维和行动的部署能力、指挥能力、保障能力，也包括中国参与联合国维和行动的能力。制度为能力提供依据和规范，能力确保制度的有效性。中国引领性参与联合国维和制度和能力建设，就是要更广泛和深入地参与联合国维和法律、决策、执行等制度建设，同时为联合国维和行动的部署、指挥、保障等能力建设发挥更积极和有效的作用。

在联合国维和历史上，既有在纳米比亚、莫桑比克、柬埔寨和东帝汶维和成功的例子，也有在索马里、卢旺达和波黑维和失败的案例。决定维和成败的条件和因素有很多，如大国是否一致、冲突方同意的程度高低、维和力量的强弱、是否有领土和种族因素、维和策略是否适当、维和经费是否充足等。[①] 但归结起来，关键和决定性的因素是制度和能力。完备的法律制度、科学的决策制度、有效的执行制度，加上强大的部署能力、优秀的指挥能力、可靠的保障能力，是维和成功的前提和保证。联合国维和制度和能力有待完善和提高，中国更有引领联合国维和制度和能力建设的空间。从建设性参与转型为引领性参与，中国可以从制度建设和能力建设两个方面着力。

（一）制度建设

联合国维和的制度建设主要包括三个方面：一是联合国维和的法律制度，包括《联合国宪章》、联大和安理会的决议、《维和部队地位协议》等；二是联合国维和的决策制度，包括决策程序、组建、授权等；三是联合国维和的执行制度，包括指挥、实施、监督、培训等。

对于联合国维和行动的法律基础，中国学界已有很多研究和讨论，但

---

① 聂军：《冲突中的守望——联合国维和行动成功条件研究》，世界知识出版社，2011，第 89~117 页。

存在一些争论。一般认为，维和行动的"法律依据"介于《联合国宪章》第六章（"争端之和平解决"）和第七章（"对于和平之威胁、和平之破坏及侵略行为之应付办法"）之间，是第"6.5"章。但显然，《联合国宪章》第六章和第七章都不能成为维和行动的法律基础。有的学者提出，维和行动的法律依据是《联合国宪章》序言和第 1 条第 2 款所赋予的"隐含的权力"和第 40 条规定的"临时办法"。[①] 在联合国维和决策制度方面，如何加强联合国大会和地区性国际组织的作用，增加出兵出资较多的国家和东道国的发言权，是维和制度建设的一个重要方面。在维和执行制度方面，提高维和指挥选拔和任命的透明度和竞争性、提高维和实施的效率、加大维和监督和评估力度、完善维和能力待命机制和加强培训工作是制度建设的努力方向。

在联合国维和制度建设中，中国应在维和行动与集体安全之间的关系、联大在维和行动上的职权、武力使用的限度、国际干预的授权和程度、平民保护的方式、人权与维和的关系、维和能力待命机制、维和监督与评估机制、维和退出机制、区域维和合作机制等方面发挥一定的引领作用。作为最大的发展中国家和安理会常任理事国，中国既重视和支持发展中国家的利益、意愿和关切，又承担大国的责任和义务、发挥大国的影响和作用，因此在引领联合国维和制度建设中更能体现尊重国家主权与人权国际保护、不干涉内政与国际干预之间的协调和平衡。

同时，为了实现从建设性参与到引领性参与的转型，中国还需要加强国内的维和制度建设。一是要完善国内维和法制建设，尽快制定中国维和法；二是要加强国内维和工作体制，特别是领导体制和指挥体制，以更好地适应维和实践的变化和需要；三是要推动联合国框架下的亚洲区域和次区域维和合作机制建设。

（二）能力建设

如果说制度建设是战略转型的结构性路径，能力建设则是战略转型的功能性路径。经过 30 多年的参与，中国积累了大量的维和经验，维和能力也有极大的提升。但引领性参与对维和能力提出了更高的要求。过去，中国主要是一个学习的过程，即在维和实践过程中培养各种能力。引领性参

---

① 蒋圣力：《联合国维持和平行动法律问题研究》，法律出版社，2019，第 72～75 页。

与则意味着中国在维和能力建设方面要发挥示范作用。

维和能力建设是加强维和行动的关键，关系到维和行动的实际效果。联合国维和部队的快速部署、任务区的各类协调、后勤保障、维和人员培训等，都需要通过能力建设得到加强，从而使联合国维和行动能更好地应对复杂和变化的安全环境、安全威胁和安全挑战。中国在联合国维和能力建设的引领方面可进行几项开拓性工作。一是维和人员应对非传统安全威胁的能力建设。未来，维和人员面临的环境和挑战更加复杂、多样和危险，如恐怖袭击、疾病蔓延、自然灾害、各种非法活动等。这就需要中国在加强维和人员应对非冲突、非军事、非传统的安全威胁的能力建设方面有所作为。二是维和能力建设的国际合作。中国要在加强自身能力建设的同时，主动开展双边、区域和国际合作，积极构建维和能力建设伙伴关系。三是维和后勤保障能力建设。随着维和任务的拓展和多样化，后勤保障的重要性越来越突出。中国应在维和行动的人员物资投送能力、机动保障能力、特种保障能力等方面主动分享经验，积极帮助和支持发展中国家出兵国在加强后勤保障等方面的能力建设。四是维和快速部署的能力建设。近年来，中国军队积极加入联合国维和能力待命机制，维和待命部队建设取得显著成效。在联合国维和行动的所有出兵国中，中国是组建维和待命部队数量最多、分队种类最齐全的国家。[①] 可见，中国在快速部署和快速反应方面的维和能力建设走在了前列。今后，中国还可以通过加强与东盟、非盟的合作更好地发挥示范作用。

同时，为了实现从建设性参与到引领性参与的转型，中国还需要加强国内维和能力建设，除了加强战略筹划和组织管理，提高军事训练水平，重点应是强化海外军事行动能力。为此，中国需要通过海外派遣军事力量，增强中国军队远程部署能力；有效应对脆弱安全局势，提高中国军队危机处理能力；利用国外近似实战条件，检验中国军队后勤保障能力；经受任务区复杂环境考验，强化中国军队安全防卫能力。

小　结

中国参与联合国维和行动对于维护国际安全、实现国家利益、促进军

---

① 《中国组建维和待命部队数量最多种类最齐全》，《解放军报》2019 年 6 月 28 日，第 4 版。

队建设具有重要的意义。需要从战略高度认识中国参与联合国维和行动的意义和价值。维和行动不仅仅是在冲突地区采取的一项行动，更是联合国主导的全球安全治理的核心内容，是为冲突地区和国际社会提供的公共安全产品。积极参与联合国维和行动，就是为全球安全治理做出贡献和为国际社会提供公共安全产品。参与联合国维和行动，特别是充分利用维和改革的契机，可以把中国在维和行动中的贡献和力量转化为话语权和影响力。未来，参与维和行动在中国多边外交和军事外交中的分量将越来越重，并不断丰富中国特色大国外交的内容。随着中国与世界的关系进入一个新的时期，中国参与联合国维和行动的战略面临从建设性参与到引领性参与的转型。为此，中国需要加强在维和理念、维和制度和维和能力建设方面的引领性。

第六章

中国参与联合国维和
行动的制度建设

联合国维和行动在全球的安全与和平中扮演着至关重要的角色。中国作为安理会常任理事国之一，在维和行动中的参与经历了从消极被动到积极主动的过程。目前中国是联合国维和行动中主要的出兵国和出警国，也是维和摊款占比世界第二的国家，中国坚定支持维和行动，为全球安全治理贡献力量。

在参与联合国维和行动的过程中，制度建设具有重要性。制度建设包含了两个层面，一个是国际制度的建设、参与，包括加入国际组织、进行多边合作等；另一个是涉及各方面的具体可操作的规范、规则、规定的制度建设，这种制度建设是通过长时间对实践的研究总结以及对还未出现的问题进行前瞻性研究所实现的。中国政府十分重视维和行动中的制度建设，一方面，中国参与维和行动的国际制度建设，在联合国框架下进行维和、开展多边主义合作、投入建设和平与保持和平之中；另一方面，中国建立完善具体的维和制度，从直接参与维和行动各个领域的制度建设到为维和行动建立输送人才制度、装备制度、学术研究制度以及设立法律规范。中国以积极的姿态参与维和行动制度建设，以实际行动践行对世界和平的承诺。

第一节　中国参与维和国际制度建设

一　联合国框架下的制度建设

1989 年 11 月，中国代表俞孟嘉在第 44 届联大特别政治委员会会议上呼吁加强联合国维持和平行动的作用，提高其效能，并宣布中国政府已决定派遣少数人员参加维持和平行动，希望得到各方的支持与合作。随即，中国政府派遣 20 名文职人员到纳米比亚参加过渡时期协助团。由此，中国正式走上了维和之路。①

---

① 赵磊：《中国对联合国维持和平行动的态度》，《外交评论》2006 年第 4 期，第 83 页。

（一）参加维持和平行动特别委员会的工作

联合国维持和平行动特别委员会成立于 1965 年，旨在全面审查同维持和平有关的问题，并通过大会第四委员会向联合国大会报告其工作情况。该委员会由 147 个会员国组成，其中大多数是为维和行动做出过贡献的国家；此外还有 14 个会员国、政府间组织等为委员会观察员。[①] 1988 年 9 月 22 日，中国常驻联合国代表李鹿野致函联合国秘书长，提出加入联合国维持和平行动特别委员会的请求，表示"维持和平行动已成为联合国维护国际和平与安全的有效手段，有助于地区冲突的缓和及争端的和平解决，中国愿意与维持和平行动特别委员会一道，对维护和平行动做出贡献"[②]。同年 12 月，第 43 届联合国大会一致通过决议，同意接纳中国为维持和平行动特别委员会成员。从此，中国开始参加联合国对维和行动的审议工作。[③]

从加入至今，中国一直认真履行审议维和行动的职责，并在特别委员会届会一般性辩论环节以及联合国大会第四委员会会议中发言，为改进联合国维和行动建言献策。加入联合国维持和平行动特别委员会并在工作中遵守委员会规范，是中国有效参与国际制度的表现之一。

（二）遵循维和国际法律

中国遵循联合国维和行动的相关法律。具体而言，中国在参与维和行动时重视遵循国际人道法。

国际人道法是国际公法的一个分支，是发生武装冲突时，限制作战方法和手段、保护冲突受难者的国际法原则和规则的总称，其主要内容包含在 1949 年日内瓦四公约及其 1977 年两项附加议定书中，有不少规则已经发展成为国际习惯法。对于联合国维和行动是否应适用国际人道法，学界有较大争议，但是仍有不少学者对该问题持肯定意见。联合国维和行动适用国际人道法具体的法律依据主要是联合国秘书长安南于 1999 年颁布的公告，即《秘书长关于联合国部队遵守国际人道主义法的公告》。红十字国

---

① 《联合国维和行动特别委员会》，联合国维持和平网站，https：//peacekeeping. un. org/sites/default/files/sites/ctte/CTTEE. htm。

② 谢启美、王杏芳主编《中国与联合国——纪念联合国成立五十周年》，世界知识出版社，1995，第 88 页。

③ 陈友谊等：《蓝盔在行动——联合国维和行动纪实》，江西人民出版社，1997，第 240 页。

际委员会此前一再提出维和部队应当遵行国际人道法，再加上 20 世纪 90 年代，一些维和部队出现虐待、性侵当地平民的现象，严重违反了人权和人道主义法，出台针对维和部队适用国际人道法的细则迫在眉睫。《秘书长关于联合国部队遵守国际人道主义法的公告》规定，国际人道法的基本原则和规则适用于作为战斗人员参加制止武装冲突的联合国部队。① 该公告的规定还包括维和部队应当保护平民，限制作战方法和方式，给予平民、失去战斗力的武装人员、被羁押者、伤病员和救护人员以人道待遇，体现了国际人道法中最重要、最基本的原则，如区分原则、比例原则和人道原则。

长期以来，中国维和部队十分重视遵守国际人道法。因此，在每次派出部队执行联合国维和任务之前，中国都要将国际人道法的内容列入维和部队人员的训练计划，请外交部相关部门的官员和国际法专业教员对部队官兵进行国际人道法知识的普及和教育，重点讲授国际人道法的原则和规则以及如何在联合国维和行动中遵守国际人道法。②

在联合国维和任务区，中国也切实地遵守了国际人道法。在安理会关于"维护国际和平与安全：尊重国际人道法"问题非公开辩论会上，中国就表示，按照一般国际法，冲突的各个当事方，无论是一国政府还是叛军组织，均有尊重和遵守国际人道法的义务。③ 中国维和部队依照联合国维和行动的部署，积极为当地居民提供人道主义救援。例如，中国第二批赴苏丹达尔富尔维和直升机分队，在 2018 年 9 月的迈拉山人道主义救援任务中，其 2 架直升机穿山谷、飞禁区、降高原，在无地标无导航条件下，与坦桑尼亚维和部队开展联合行动，运送 2.5 吨救援物资，拯救 280 余名当地群众及灾民，被联合国和非洲联盟驻达尔富尔联合特派团誉为"不可或

① Secretariat of the United Nations, "Secretary-Genera's Bulletin Observance by United Nations Force of International Humanitarian Law," UN Doc. ST/SGB/1999/13, August 6, 1999, https: //documents. un. org/prod/ods. nsf/xpSearchResultsM. xsp.

② 盛红生：《论联合国维持和平行动与国际人道法》，《西安政治学院学报》2012 年第 4 期，第 103 页。

③ 《中国常驻联合国副代表刘振民大使在安理会关于"维护国际和平与安全：尊重国际人道法"问题非公开辩论会上的发言》，中华人民共和国常驻联合国代表团网站，2009 年 1 月 29 日，https: //www. fmprc. gov. cn/ce/ceun/chn/zgylhg/jjalh/alhzh/wzctpm/t534474. htm。

缺的航空力量"。[1] 同时，中国派出的维和医疗分队除担负着军事和民事人员的日常医疗保障、应急医疗救援等任务之外，也积极为任务区民众提供力所能及的人道主义医疗援助。例如，2019 年 6 月 12 日，中国第 18 批赴黎巴嫩维和医疗分队在曼苏里村医疗点巡诊，这是中国赴黎维和建筑工兵分队长期帮扶的一处医疗点。曼苏里村地处偏远，医疗条件落后，村民就医困难。二十多平方米的医疗室里，医疗小分队准备了担架、病床和必备药品。近三个小时的接诊中，来求医的人络绎不绝，医疗小分队成员几乎一刻未停，受到当地村民的高度赞扬。[2] 中国军队自参加联合国维和行动以来，严格遵守国际人道法，积极参与人道主义救援，受到任务区政府、民众和友军的广泛赞誉。

（三）遵循维和原则规范

联合国维和行动提出了许多规范与原则，中国始终恪守《联合国宪章》宗旨和原则，坚持维和行动的基本原则。

首先，中国严格遵守尊重主权、不干涉内政、和平解决争端等《联合国宪章》规定的原则，以及各方同意、公正、除非出于自卫和履行职责不得使用武力的维和三项基本原则。尽管《联合国宪章》没有对维和行动做出明确规定，但是维和行动与《联合国宪章》一直存在联系。在主权原则上，国际法上的主权概念是国家对内的最高权和对外的独立权，国家在其主权管辖范围内享有完全排他的主权，其他国家不能管辖、不能干涉、不能侵犯。[3] 在联合国维和行动中，国家主权原则转化为"同意原则"，即维和行动的实施须以当事国及相关各方的同意为前提，从筹建到实施的整个过程，均离不开全体会员国、东道国、出兵国及过境国的同意[4]，除非国家丧失了行使主权的能力而无法做出同意的决定，且冲突已经发展到足以

---

① 马意翀、费晓曦：《中国第二批赴苏丹维和直升机分队荣获联合国和平荣誉勋章》，中华人民共和国国防部网站，2019 年 7 月 18 日，http：//www.mod.gov.cn/action/2019 – 07/18/content_4846127.htm。

② 彭希、李明桂：《中国赴黎巴嫩维和部队开展医疗巡诊》，中华人民共和国国防部网站，2019 年 6 月 13 日，http：//www.mod.gov.cn/action/2019 – 06/13/content_4843516.htm。

③ 白桂梅：《国际法》（第三版），北京大学出版社，2015，第 173 页。

④ 盛红生：《论联合国维持和平行动与现代国际法》，《武汉大学学报》（哲学社会科学版）1996 年第 4 期，第 68 页。

破坏或者威胁国际和平与安全的程度①。同意原则是尊重国家主权的体现，同时相关方的统一和配合也有利于维和行动的切实有效实施。中国一直严格遵循国家主权原则和同意原则，坚持维和行动以取得冲突当事方的同意为前提，并且曾多次在联大一般性辩论、安理会公开会等国际会议中就联合国维和行动问题表明，维护国家安全属一国主权范畴，应尊重当事国主权和主导权，加强同当事国的沟通，根据当事国的具体需求，帮助其增强维护自身和平与安全的能力。

不干涉内政原则是国家主权原则派生出的原则，指在国际关系中，国家或国际组织不能干涉属于其他国家或组织成员内部管辖的事项。所谓干涉，是指一个国家或国际组织通过强迫或专横的方式干预另一个国家或组织成员主权管辖范围的事务，以便强迫或阻止该国从事某种行为或采取某种政策。② 在联合国维持和平行动的实践过程中，这一原则更多地被表述为公正原则，即不得对冲突当事方中的任何一方有所偏袒，不能介入冲突当事国的内部事务，所开展的一切活动均只得服务于解决冲突以及恢复或者维持冲突地区的和平的需要，不得妨害冲突当事方的权利、要求或立场，不得将自身的意志强加于冲突当事方。③ 2008 年联合国出版的《联合国维持和平行动：原则和准则》允许维和行动在一定情况下偏离传统公正原则，认为"联合国维持和平行动要在与冲突方打交道时保持公正，但并不是指在执行任务时保持中立，面对那些明显阻碍和平进程的情况，对当事方的不偏不倚不应当成为不采取行动的借口"。"尽管需要建立并维持与各方的良好关系，维持和平行动必须审慎地避免开展可能有损其公正形象的活动。特派团不得因害怕曲解或报复而逃避严格执行公正原则。"④ 若冲突当事方中的一方违反了停战、停火、限制兵力、撤军或者解散军队等关于和平进程的承诺，或者违反了国际法原则、规则，维和行动可以突破公正原则，对其采取必要的惩治措施。⑤ 中国在参与联合国维和行动的过程中，始终坚持客观、中立的原则。中国派遣的维和部队均由联合国秘书长

① 蒋圣力：《联合国维持和平行动法律问题研究》，法律出版社，2019，第 97 页。
② 白桂梅：《国际法》（第三版），北京大学出版社，2015，第 180 页。
③ 蒋圣力：《联合国维持和平行动法律问题研究》，法律出版社，2019，第 83 页。
④ The United Nations Department of Peacekeeping Opertions and Department of Field Support, *United Nations Peacekeeping Operations: Principles and Guidelines*, New York：United Nations, 2008, p. 68.
⑤ 蒋圣力：《联合国维持和平行动法律问题研究》，法律出版社，2019，第 84 页。

委派的指挥官统一指挥，且在执行任务的过程中，密切关注当事国有关各方的意见，尊重当地的政治文化，赢得了驻在国人民的信任和支持，以实际行动践行公正原则。同时，中国在国际会议中也多次表明，坚持不干涉内政原则，尊重当事国意愿和主导权，为当事国各方推动政治进程、促进和解提供建设性帮助，而不是将外部干预作为应对一切危机冲突的万能药。

自第二代维和行动以来，很多维和行动都突破了同意原则，多是以保护人权和人道主义干涉为由，未经冲突当事方同意即开始实施并介入冲突当事方国家的内政。所谓人道主义干涉，是指一国单方面或数国集体地在没有联合国授权的情况下出于人道的目的使用武力对他国进行的干预行为。① 人道主义干涉可以突破同意原则，但须满足一定条件，即一国内部业已发生的侵害人权的情势达到了足以震撼人类良知的程度，超出了一国内政的范畴，且应由联合国安理会做出判断。② 即便维和行动特派团可以进行人道主义干涉，也应当尊重有关国家的主权和领土完整，在联合国的领导下公正、平等地对待冲突双方，坚决杜绝违背公正原则而卷入冲突的现象。③ 对于人道主义干涉，中国的态度一向是反对借保护人权之名，行侵犯他国主权、干涉他国内政之实。中国认为应坚持各国政府对保护本国公民负有首要责任和会员国主导原则，国际社会应充分尊重当事国主权，尊重当事国人民的意愿和选择，必要时提供建设性帮助，避免成为冲突一方。人道主义干涉绝不应扩大或任意解释，更不应曲解和滥用。④

《联合国宪章》第二条第四款规定，各会员国在其国际关系上不得使用武力威胁或武力，或以与联合国宗旨不符的任何其他方法，侵害任何会员国或国家之领土完整或政治独立。此款只有两个例外，即联合国集体安全机制下安全理事会采取的或经其授权的武力行为和国家的单独或集体自卫。就联合国维和行动而言，这一款转化为"除非出于自卫和履行职责不得使用武力"的维和原则。维和行动应当永远把使用武力视为最后手段，

---

① 白桂梅：《国际法》（第三版），北京大学出版社，2015，第 183 页。
② 蒋圣力：《联合国维持和平行动法律问题研究》，法律出版社，2019，第 101～102 页。
③ 贺鉴、蔡高强：《从国际法视角看冷战后联合国维和行动》，《现代国际关系》2005 年第 3 期，第 31 页。
④ 《姚绍俊参赞在联大关于"保护的责任以及预防种族灭绝、战争罪、种族清洗和反人类罪"全会上的发言》，中华人民共和国常驻联合国代表团网站，2018 年 7 月 4 日，ht-tps：//www.fmprc.gov.cn/ce/ceun/chn/hyyfy/t1573681.htm。

即便使用武力也应是必要的、适度的。中国一直坚持维和行动应慎重使用武力，严格限于自卫，避免过度军事化，尽最大努力运用非军事手段保护平民。国际社会应优先使用对话、协商、谈判、斡旋等和平手段解决问题。采取强制性措施、授权使用武力只能是用尽一切和平手段后的选择，并应满足《联合国宪章》设定的条件，事先得到安理会的授权，严格限定武力执行条件和方式。① 中国在国际会议中曾多次提倡和平解决争端，坚持政治解决优先，一味推崇动用武力只会触发冲突、激化矛盾，走向维持和平的反面。

中国多次公开表明维和行动应坚持哈马舍尔德基本原则不动摇。维和基本原则是维和行动的基石，在新形势下依然具有不可替代的指导作用，是确保行动顺利实施、保持公正性和赢得会员国支持的前提和基础。主权平等、不干涉内政及和平解决争端等国际关系基本准则，以及在此基础上形成的维和行动指导原则，应当始终被严格遵循。② 偏离或弱化维和原则的做法，无助于联合国维和行动保持客观、中立，甚至可能使联合国成为冲突一方，损害国际社会解决冲突和争端的努力，也将影响维和行动的长远、可持续健康发展。当然，中国也赞同根据形势发展和实际需要，对一些维和实践进行创新和完善，如进一步细化交战规则、出兵国指南等，以更好地执行维和基本原则。③

其次，中国在保护平民议程和"保护的责任"上也有自己的态度。平民是战争和武装冲突中首当其冲的受害者，占据冲突伤亡人员中的绝大多数。因此在 2000 年，安理会确立了武装冲突中保护平民议程，中国在投票时支持了安理会第 1296 号决议，决议称：注意到在武装冲突情势中蓄意以平民或其他受保护者为目标，以及一贯、公然和广泛地违反国际人道主义和人权法的行为可能对国际和平与安全构成威胁，在这方面重申准备审议

---

① 《姚绍俊参赞在联大关于"保护的责任以及预防种族灭绝、战争罪、种族清洗和反人类罪"全会上的发言》，中华人民共和国常驻联合国代表团网站，2018 年 7 月 4 日，https://www.fmprc.gov.cn/ce/ceun/chn/hyyfy/t1573681.htm。

② 《履行庄严承诺　播撒和平希望——在联合国维和行动安理会高级别会议上的发言》，中华人民共和国外交部网站，2017 年 9 月 21 日，https://www.mfa.gov.cn/web/zyxw/201709/t20170921_342370.shtml。

③ 《常驻联合国副代表王民大使在安理会同联合国维和行动指挥官年度会议上的发言》，中华人民共和国常驻联合国代表团网站，2015 年 6 月 17 日，http://www.fmprc.gov.cn/ce/ceun/chn/gdxw/t1274126.htm。

这种局势，并在必要时采取适当的步骤。中国一直坚持联合国维和行动应严格遵循安理会授权，切实履行保护平民的职责，坚决打击恐怖分子危害平民安全的行为，并且要扩大对受武装冲突影响的平民的人道援助。"保护的责任"是一项政治原则，该原则旨在预防四种暴行：种族灭绝、战争罪、族裔清洗和危害人类罪。《2005年世界首脑会议成果文件》第138~140段对"保护的责任"进行了权威定义。"保护的责任"涵盖三大同等重要但无先后次序的"支柱"：（1）国家承担保护其人民的主要责任，防止人民遭受种族灭绝、战争罪、族裔清洗和危害人类罪之害；防止他们受到煽动；（2）国际社会有责任协助各国履行保护其人民的责任；（3）在一国显然未能保护其人民免受四大暴行之害时，国际社会有责任及时、果断地以集体行动应对。① 中国虽然签署了这份文件，但是对责任的主体和保护的方式持有保留态度，② 认为各国政府对保护本国公民负有首要责任，应坚持会员国主导原则，并尽量运用非军事手段保护平民。

最后，中国支持《联合国维和行动共同承诺宣言》。2018年，古特雷斯秘书长提出"为维和而行动"的倡议（A4P），包括发表《联合国维和行动共同承诺宣言》。目前已有152个会员国和4个国际组织签署该宣言，一同做出承诺以加大维和力度。中国也认可该宣言，并努力履行宣言中的承诺。

（四）积极参加维和会议

联合国通过定期召开会议，为各国提供交流平台，推动维和工作的进行，中国同样也积极参与维和行动的相关会议。联合国召开的有关维和行动的会议包括关于联合国维和行动问题的安理会公开辩论会、安理会同联合国维和行动军事指挥官年度会议、联合国首脑会议、维和部长级会议及首脑会议、联合国维和行动问题高级别会议等，中国一直保持出席并在会议上发言。在2015年，习近平出席联合国维和峰会并发表讲话，强调中国主张恪守维和基本原则，继续坚持《联合国宪章》和哈马舍尔德原则，并

---

① Report of the Secretary General, "Implementing the Responsibility to Protect," UN Doc. A/63/677, January 12, 2009, https://digitallibrary.un.org/record/647126? ln = en # record - files - collapse - header.

② 何银：《中国的维和外交：基于国家身份视角的分析》，《西亚非洲》2019年第4期，第35页。

宣布了中国为支持改进和加强维和行动将采取一系列措施。① 2017 年 9 月
20 日，外交部部长王毅在纽约出席联合国维和行动安理会高级别会议时表
示这些措施正在积极落实之中，中国作为安理会常任理事国和最大的发展
中国家，深知和平的珍贵，将继续同所有爱好和平的国家携手并肩，把对
联合国维和行动尤其是对非洲国家的支持落到实处。② 中国通过加入对话
机制，发表对维和行动的看法，参与国际制度的建设。

（五）　主动提出改革方案

中国除了参与国际制度外，也在为主动推进国际制度的建设做贡献。
具体来讲，中国为联合国维和行动改革提出了建议和中国思路。中国强调
在推进维和改革和落实有关倡议时要严格遵循维和基本原则，第一，坚持
《联合国宪章》宗旨和原则，联合国维和行动需加强与当事国的协商，尊
重其主导权。维和行动的授权也要始终紧扣政治解决的根本目标，根据政
治进程的变化及时调整。第二，联合国维和行动需筑牢伙伴关系。联合国
安理会、出兵国和出警国、联合国秘书处作为维和行动的主要参与方，不
仅要各司其职，还要密切协调，用好安理会出兵国和出警国会议、安理会
维和工作组等机制，开展三方合作；联合国应全方位强化同非盟在维和领
域的合作伙伴关系，为非盟自主和平行动提供可持续、可预测的财政支
持。第三，要加强维和能力建设，提高行动效率，尤其是加强发展中国家
出兵国维和能力建设，出兵国应确保维和人员接受充分、有针对性的培
训，拥有必要的装备等资源，秘书处要高度重视维和人员安全，加强预
警，并为维和部队履职提供高效优质的支持和保障，秘书处和维和行动的
军事、警察、民事部门均对提高维和绩效负有责任，维和行动要不断总结
和改进绩效评估体系，吸收出兵国充分参与有关工作。③

除此之外，中国还为维和行动提供了"发展和平"这一规范。在改革
开放的过程中，中国长期坚持"以经济建设为中心"的方针和战略，通过

---

① 孟娜、李建敏：《习近平出席联合国维和峰会并发表讲话》，中国政府网，2015 年 9 月 29
日，http：//www. gov. cn/xinwen/2015 – 09/29/content_2940355. htm。

② 《王毅出席联合国维和行动安理会高级别会议》，新华网，2017 年 9 月 21 日，http：//
www. xinhuanet. com/politics/2017 – 09/21/c_1121701945. htm。

③ 《张军大使在联合国维和行动改革问题安理会辩论会上的发言》，中华人民共和国常驻联
合国代表团网站，2019 年 9 月 9 日，http：//un. china – mission. gov. cn/dbtxx/czdbzjds/zjd-
shd/201909/t20190910_8377029. htm。

经济先行发展推动其他方面的进步。而在近年来的维和行动，尤其是非洲维和行动中，中国的思路体现出了很明显的"以发展促和平"倾向。中国常驻联合国代表刘结一在联合国安理会 2017 年召开的加强非洲和平与安全能力建设公开辩论会上强调，中国提出的"一带一路"重大倡议有助于非洲实现发展，解决冲突根源性问题。[①] 而中国外交部部长王毅在联合国维和行动安理会高级别会议上的发言中也强调，实现可持续发展是维和的良方。要通过维和行动的改革，在当事国营造安全稳定的环境，实现可持续发展，消除贫困等冲突根源。[②] 强调让国家享有建设和发展自主权，通过经济发展促进和平的和平行动思路是中国在维和问题上持续的主张。"以发展促和平"为联合国和平行动提供了更加完整的视角，符合联合国维和行动趋向根本解决的追求。

二 开展多边主义合作

（一）开展国际研讨培训

在联合国维和行动中开展多边主义合作是参与国际制度建设的方式之一。中国以积极的姿态与其他国家、国际组织务实合作，通过举办维和相关的论坛、开展国际研讨活动、进行国际维和能力培训等推动多边合作。

2019 年，第七届东盟地区论坛维和专家会在山东省青岛市举办，该会议由中国国防部维和事务中心与柬埔寨国家维和部队与扫雷及爆炸物清除中心联合主办，东盟地区论坛 27 个成员及联合国的 100 余名代表与会。会议主题为"加强地区维和务实合作，提高联合国维和行动效能"，设 4 个分议题：一是改进联合国维和行动任务授权；二是加强维和能力建设，包括部署前训练和快速部署；三是加强联合国维和人员安全防护以更好遂行保护平民任务；四是提升联合国维和行动伙伴关系。[③] 举办论坛表现出中国愿意与东盟地区论坛各成员一道，深化在维和领域的务实合作，共同为维护世界和平做出更大贡献。

---

① 《7 月轮值主席国中国推动安理会进一步加强非洲和平与安全能力建设》，联合国新闻，2017 年 7 月 1 日，https://news. un. org/zh/story/2017/07/279222。
② 《履行庄严承诺 播撒和平希望——在联合国维和行动安理会高级别会议上的发言》，中华人民共和国外交部网站，2017 年 9 月 21 日，https://www. mfa. gov. cn/web/zyxw/201709/t20170921_342370. shtml。
③ 《第七届东盟地区论坛维和专家会举办》，《人民日报》2019 年 6 月 28 日，第 10 版。

2016 年 5 月，中国与联合国签署设立中国—联合国和平与发展基金协议，该基金下设两个子基金，其一是"秘书长和平与安全基金"。2018 年，中国政府资助了第二届联合国警长峰会，会上探讨如何提升联合国维和警察预防和应对安全挑战的能力。①

（二）合作开展行动演练

中国在开展联合国维和行动时也会积极同其他国家维和人员一起进行医疗救援、防卫等联合演习，在推进能力建设的同时通过合作促进国际制度的参与。

例如，联合国驻黎巴嫩临时部队（联黎部队）举行的代号为"东区天使"的救援演习，就由中国与西班牙、巴西、印度尼西亚等 8 个国家的维和官兵一同参加。"东区天使"演练每季度开展一次，由联黎部队东区司令部联合指挥中心直接指挥，重点演练卫勤指挥与协同、批量伤员检伤分类、伤病员应急救治与后送等科目，旨在提高维和部队卫勤系统应对突发情况的快速反应、紧急救援和协同保障能力，锻造能力素质过硬的医疗团队，确保其在任务区遇到特殊情况时能够快速有效处理。② 中国第 23 批赴刚果（金）维和工兵分队瓦伦古分遣队与尼泊尔维和步兵组织也进行联合防卫演练。两国官兵混合编组，交替掩护，战斗结束后，尼泊尔步兵负责清理战场，中方则派出医务人员对"伤员"进行抢救。③

除此之外，中国与其他国家维和人员也会合作完成任务。在刚果（金）布卡武执行维和任务的中国第 22 批维和部队，就在任务区和巴基斯坦维和部队共同工作。中国维和工兵分队在任务区执行为当地修路架桥等任务时，巴基斯坦步兵营就负责护卫，两支分队官兵因而不断加深了解与信任。④ 中国第 6 批赴马里维和工兵分队也与孟加拉国维和步兵营官兵协同奋战，中国工兵分队负责挖掘一条长 1500 米、宽 4 米、深 2.5 米的阻绝壕，并在其外侧构筑阻绝墙，孟加拉国维和步兵营负责施工地域外围警

---

① 何银：《中国的维和外交：基于国家身份视角的分析》，《西亚非洲》2019 年第 4 期，第 40 页。

② 黄世峰：《中国维和官兵参加联黎部队医疗救援演习》，中华人民共和国国防部网站，2019 年 9 月 18 日，http://www.mod.gov.cn/action/2019 – 09/18/content_4850639.htm。

③ 司广宇、玉玺、何舜：《中尼维和官兵组织联合防卫演练》，中国军网，2019 年 10 月 15 日，http://www.81.cn/ikkj/2019 – 10/15/content_9652236.htm。

④ 李志强：《中巴友谊在维和战场延续》，《解放军报》2019 年 3 月 25 日，第 2 版。

戒。中国维和工兵分队施工负责人张文孝介绍，因施工地域皆为沙质土壤，自卸车等轮式车辆行进困难，陷车现象常有发生。为解决这一难题，工兵分队在强化官兵驾驶技能的同时，还采取了平整路面、设置多个集中装土点等办法，有效提升了施工效率。尽管困难重重，但两国官兵仍然圆满完成修复任务，得到联马团东战区的充分肯定。①

（三）主动提供军事援助

中国还通过为对象国提供军事援助的方式，加强联合国维和中的国际制度建设。具体来说，中国出资支持联合国的维和伙伴。例如，非洲安全形势较为严峻，是联合国维和行动的重地，为了促进非洲地区的安全治理，中国于 2015 年承诺向非盟提供总额为 1 亿美元的无偿军事援助，以支持非洲常备军和危机应对快速反应部队建设。这连同中国通过其他形式给予非盟及其成员国的有关维和能力建设的援助，必然有助于提升非洲本土区域组织和次区域组织分担联合国维和负担的能力。②

三　参与建设和平与保持和平

近年来，除了"维持和平"，还发展出了"建设和平"与"保持和平"的概念。在古特雷斯提出的改革举措下，联合国设立了政治和建设和平事务部与和平行动部，分别对两位分管副秘书长负责。政治和建设和平事务部将政治事务部在战略、政治和行动方面的职责与建设和平支助办公室的建设和平职责结合在一起，贯彻"保持和平"方针，优先重视冲突的预防、调停、解决，对和平行动的区域办事处、秘书长特使以及其他为政治进程提供帮助的部门进行指导。而和平行动部则聚焦和平行动本身的协调，继承原有政治事务部在战略、政治和行动方面的职责，对维和特派团进行管理。中国参与了建设和平与保持和平，并发挥着重要的作用。

（一）建设和平

随着时代的不断发展，维持和平的内涵从最初的"防止局部地区冲突

---

① 刘晓帅：《中孟维和官兵共同完成加奥超营阻绝壕修复任务》，《解放军报》2019 年 3 月 31 日，第 4 版。

② 何银：《中国的维和外交：基于国家身份视角的分析》，《西亚非洲》2019 年第 4 期，第 39 页。

的扩大和再起，从而为实现政治解决创造条件"开始不断丰富。在联合国前秘书长哈马舍尔德提出的"预防性外交"的基础上，20世纪90年代初，时任秘书长加利多次提出相关的外交设想。加利认为，一些冲突是可以预见的，应采取行动在发生武装冲突之前解决争端，包括预警、调解、实施调查、建立信任等，作为其一部分的预防性部署是指在国际或国内争端发生时，若双方或某一方认为联合国派出人员在其领土上可以抑制敌对行动，联合国即可进行预防性部署。1992年11月，安理会通过第295号决议，首次在马其顿部署"联合国预防性部署部队"。

联合国大会和安全理事会在2005年12月20日关于授权设立建设和平委员会的决议A/RES/60/180和S/RES/1645（2005）中规定了建设和平委员会的任务，包括：调动所有相关的行为体，协力筹集资源，就冲突后建设和平及复原工作提供咨询意见和提出综合战略；集中关注冲突后复原所必需的重建和体制建设工作，支持制定综合战略，为可持续发展奠定基础；提供建议和信息，改善联合国内外各相关行为体之间的协调，订立最佳做法，协助确保为早期复原活动筹措可预测的资金，使国际社会长期关注冲突后复原问题。①

作为联合国安理会五大常任理事国之一，中国在建设和平委员会改革中有着关键的地位。中国常驻联合国副代表吴海涛大使在第72届联大全会审议建设和平委员会及建设和平基金报告时的发言强调，联合国的建设和平行动应坚持当事国主导原则，并加强统筹，提高效率。吴海涛大使指出，建设和平工作的参与方多，既包括当事国政府及国内相关方，也包括区域组织、联合国、国际金融机构等国际组织和专业机构。联合国应发挥平台作用，充分利用建设和平委员会的优势，加强各方协调，形成优势互补，避免重复劳动和资源浪费。②尽管中国在联合国安理会和建设和平委员会中参与决策，但中国的维和贡献更多地体现在具体的维和行动上。

（二）保持和平

2016年4月27日，联合国大会和联合国安理会分别通过了关于建设

① 《联合国建设和平》，联合国网站，https：//www.un.org/peacebuilding/zh/mandate。
② 《常驻联合国副代表吴海涛大使在第72届联大全会审议建设和平委员会及建设和平基金报告时的发言》，中华人民共和国常驻联合国代表团网站，2018年5月24日，https：//www.fmprc.gov.cn/ce/ceun/chn/zgylhg/t1562438.htm。

和平（peacebuilding）的两份决议草案 A/RES/70/262 和 S/RES/2282（2016）。这两份决议提出了"保持和平"的新概念，表达了联合国大会、安理会在维和建和领域的决心，提出了一系列重要的和平行动纲领。决议强调"增强联合国防范暴力冲突爆发、升级、持续、再现的能力"，敦促联合国系统聚焦冲突防范与风险管理，使联合国的维和行动做到标本兼治。

与"维持和平"（peacekeeping）相比，决议中提到的"保持和平"（sustaining peace）虽然没有本质上的革新，但内容更加清晰、涉及范围更广泛。"保持和平"是对"维持和平""建设和平"两个重要概念的进一步丰富和完善。"保持和平"强调冲突发生的直接原因和根本原因，更加关注排外心理、种族和群体的边缘化、制度性歧视等深层问题。

中国国家主席习近平在 2013 年提出"构建人类命运共同体"理念，这与联合国 2030 年可持续发展目标相辅相成，而中国一贯以来在和平行动中的参与也与"保持和平"理念相契合，这是中国积极参与联合国和平行动的决心与能力的证明。

第二节　中国参与维和具体制度建设

中国在参加联合国维和行动的过程中不断推进各个方面的制度建设，通过逐步建立系统完善的制度体系，为有效参与维和提供可靠保障。在中国参与维和的领导机制方面，军队维和行动由中央军委统一领导，总部负责筹划，各战区和兵种具体负责；维和警察工作由公安部全面负责。公安部专门成立了维和警察工作领导小组，下设国际合作局维和警察工作处，全面负责全国维和警察的选拔、培训、派遣和对外交流。在协调机制上，中国在维和行动方面基本形成了外交部统筹、国防部和公安部分管军事和民事的管理和协调机制。在维和人员的动员征召方面，中国严格按照联合国维和行动的要求，在战区和公安部体系内选拔优秀人才参与维和行动，并形成 8 个月定期轮换的维和制度。良好的机制为中国全方位参与联合国维和行动提供了制度保障。①

---

① 吕蕊：《中国联合国维和行动 25 年：历程、问题与前瞻》，《国际关系研究》2015 年第 3 期，第 51～52 页。

一　直接参与具体维和制度

直接参与联合国维和行动的途径包括派遣人员、缴纳经费摊款、参加特派团行动以及在安理会中投票表决。中国在各个方面都积极参与，并建立具体的政策制度以在维和行动中发挥更重要的作用。

（一）派遣人员

联合国维和人员包括文职人员、军事人员和警察，目前中国向联合国输送了每一种类的维和人员。30 多年来，中国派遣的维和人员从无到有，规模从小到大，类型从单一到多样，如军事人员类型就由最初的军事观察员发展为工兵、运输、医疗、步兵、陆航等多种类型的分队。

1989 年，中国首次派遣 20 名文职人员参加联合国纳米比亚过渡时期协助团，帮助纳米比亚实现从南非独立的进程，拉开了中国参与联合国维和行动的序幕。1989 年 1 月，中国正式要求向联合国停战监督组织派遣 5 名军事观察员。这一要求得到了积极回应，经安理会认可，同年 11 月，联合国秘书长正式表示接受中国向联合国停战监督组织派遣军事观察员的申请。① 因此中国参与联合国框架下的维和行动始于 1990 年中国派遣 5 名军事观察员。从 1992 年至 1993 年，中国向柬埔寨过渡时期联合国权力机构派出了两支 400 人规模的工程兵大队。维和警察作为中国参与联合国维和行动的重要组成部分，承担了灾难救助、医疗救护、大选监督等维和任务。1999 年，中国政府正式宣布派遣维和警察参与联合国维和行动。2000 年 1 月，中国向联合国东帝汶过渡行政当局派出 15 名维和民事警察，拉开了中国积极派人参加维和行动的序幕。2001 年 1 月，中国民事警察赴波黑执行维和任务，这是中国首次向亚洲以外的地区派遣维和民事警察。同年 12 月，中国正式成立国防部维和事务办公室，统一协调和管理中国军队和警察参与联合国维和行动的工作。2002 年 2 月，中国正式参加联合国维和行动一级待命安排机制。2002 年 10 月，国务院、中央军委批准了联合国维和待命分队组建方案，可以在联合国需要时派遣 1 个联合国标准工程营、1 个联合国标准医疗分队和 2 个联合国标准运输连。自此，中国参加联合

---

① 陈友谊等：《蓝盔在行动——联合国维和行动纪实》，江西人民出版社，1997，第 240 页。

国维和行动一级待命安排机制正式启动。① 2003 年 4 月，中国向联合国刚果民主共和国特派团派出一支 175 人的工兵分队和一支 43 人的医疗分队。这是自 1992～1993 年之后中国首次向联合国维和行动派出维和部队。2004 年 10 月，中国向联合国海地稳定特派团派出一个 125 人的维和警察防暴队。这是中国首次派出成建制武装性质的维和警察队伍。2003 年 12 月，中国向联合国利比里亚特派团派出工兵、运输和医疗分队以及军事观察员和参谋军官共计 558 人。2006 年 4 月，中国向联合国驻黎巴嫩临时部队派出一支 182 人的工兵分队参与排雷行动；2006 年 5 月，又向联合国苏丹特派团派出工兵、运输和医疗分队共计 435 人。到 2009 年，中国在维和行动中的军、警维和人员超过 2000 人。2013 年 12 月，中国向联合国马里多层面综合稳定特派团派出一支 170 人的警卫分队，这是中国首次向联合国维和行动派出安全部队。2015 年初，中国向联合国南苏丹特派团派出了一个 700 人的加强步兵营，首次将派出维和部队的建制从连级提升到营级。2017 年 8 月，中国向非盟—联合国达尔富尔混合行动派出 4 架多用途直升机和 140 名陆军航空兵。中国已成为当前少数几个派出维和人员种类最齐全的出兵国/出警国之一。②

　　如今中国已是五个安理会常任理事国中的第一大维和人员提供国。截至 2023 年 10 月 31 日，2275 名中国维和人员在 8 个维和特派团和联合国总部执行任务。③ 30 年来，中国军队先后参加 25 项联合国维和行动，累计派出维和官兵 4 万余人次，16 名中国官兵为了和平事业献出了宝贵生命。④可见，中国参与联合国维和行动的质量有保证，参与力度和广度不断提升，在国际维和事务中发挥的作用也越来越大。

　　2015 年 9 月，中国国家主席习近平在联合国成立 70 周年系列峰会上宣布设立中国—联合国和平与发展基金，组建 8000 人规模的维和待命部队。中国军队积极加入联合国维和能力待命机制，维和待命部队建设取得显著成效。2017 年 9 月，中国军队完成 8000 人规模的维和待命部队在联

---

① 赵磊：《中国对联合国维持和平行动的态度》，《外交评论》2006 年第 4 期，第 84 页。

② 何银：《中国的维和外交：基于国家身份视角的分析》，《西亚非洲》2019 年第 4 期，第 35 页。

③ 《军事人员和警察派遣国》，联合国维持和平网站，https：//peacekeeping. un. org/zh/troop - and - police - contributors。

④ 《〈中国军队参加联合国维和行动 30 年〉白皮书》，中国政府网，2020 年 9 月 18 日，ht-tp：//www. gov. cn/zhengce/2020 - 09/18/content_5544398. htm。

合国的注册工作。2018 年 10 月，中国军队 13 支维和待命分队一次性高标准通过联合国组织的考核评估，晋升为二级待命部队。2019 年 2 月，中国军队 5 支维和待命分队顺利晋升为三级待命部队。这表明中国维和待命部队的部署能力不断提升。①

（二）提供经费

联合国维和行动资金的筹集是联合国全体会员国的集体责任，根据《联合国宪章》第十七条，会员国应按照分摊比例担负维和经费。2019 年，中国摊款占比 15.2%，所承担的维和摊款位居联合国会员国中第二，在发展中国家中位列第一。

1981 年 11 月 27 日，中国常驻联合国代表凌青明确表示："出于对联合国、对世界和平和人类进步事业的责任感，中国政府准备对今后联合国维持和平行动采取区别对待的灵活立场。中国将从 1982 年 1 月 1 日起开始交纳现存两支中东联合国部队的摊款，并指出对今后凡是严格按照《联合国宪章》的宗旨和原则建立的、有利于维护国际和平与安全、有利于维护有关国家主权和独立的联合国维持和平行动，中国都将本着积极支持的立场，予以认真研究和对待。"②

除此之外，中国还以间接的方式出资支持维和行动。习近平主席承诺的中国—联合国和平与发展基金于 2016 年 5 月设立，下设两个子基金，其一便是"秘书长和平与安全基金"。③

（三）参与维和行动

联合国维和行动在安理会的授权下分布在不同地区。截至 2021 年 12 月 31 日，联合国和平行动部领导着 13 个维和行动特派团，中国参与了其中 8 个，承担着扫雷、医疗、工程、运输、警卫等职责。30 多年来，中国的派兵地域，由最初的 1 个任务区拓展到最多时同时有 11 个任务区（见表 6 – 1）。

---

① 《中国组建维和待命部队数量最多种类最齐全》，《解放军报》2019 年 6 月 28 日，第 4 版。
② 《凌青关于我对联合国部队费用立场的发言》，转引自赵磊《中国对联合国维持和平行动的态度》，《外交评论》2006 年第 4 期，第 82 页。
③ 何银：《中国的维和外交：基于国家身份视角的分析》，《西亚非洲》2019 年第 4 期，第 40 页。

表 6 - 1 1990 年至 2021 年 12 月中国参与的维和行动

维和行动特派团	国家/地区	行动情况
联合国驻塞浦路斯维持和平部队	塞浦路斯	正在参与
联合国西撒哈拉全民投票特派团	西撒哈拉	正在参与
联合国停战监督组织	中东	正在参与
联合国阿卜耶伊临时安全部队	苏丹阿卜耶伊	正在参与
联合国南苏丹共和国特派团	南苏丹	正在参与
联合国刚果民主共和国稳定特派团	刚果（金）	正在参与
联合国驻黎巴嫩临时部队	黎巴嫩	正在参与
联合国马里多层面综合稳定特派团	马里	正在参与
联合国中非共和国特派团	中非共和国	已结束
联合国伊拉克—科威特观察团	伊拉克、科威特	已结束
联合国刚果民主共和国特派团	刚果（金）	已结束
联合国苏丹特派团	苏丹（南苏丹地区）	已结束
联合国利比里亚特派团	利比里亚	已结束
联合国埃塞俄比亚和厄立特里亚特派团	埃塞俄比亚、厄立特里亚	已结束
联合国塞拉利昂观察团	塞拉利昂	已结束
联合国科索沃临时行政当局特派团	塞尔维亚（科索沃地区）	已结束
联合国波斯尼亚－黑塞哥维那特派团	波黑	已结束
柬埔寨过渡时期联合国权力机构	柬埔寨	已结束
联合国东帝汶过渡行政当局	东帝汶	已结束
联合国东帝汶支助团	东帝汶	已结束
联合国东帝汶综合特派团	东帝汶	已结束
联合国海地稳定特派团	海地	已结束
联合国布隆迪行动	布隆迪	已结束
联合国东帝汶办公室	东帝汶	已结束
联合国阿富汗援助团	阿富汗	已结束
联合国伊拉克武器核查组	伊拉克	已结束

说明：联合国东帝汶办公室和联合国阿富汗援助团是政治特派团。联合国伊拉克武器核查组是安理会授权的特别行动。

资料来源：笔者根据何银《中国的维和外交：基于国家身份视角的分析》（《西亚非洲》2019 年第 4 期，第 27 ~ 28 页）和联合国维持和平网站（https：//peacekeeping.un.org/en）相关资料制作。

（四）安理会投票表决

联合国的传统投票方式有三种：赞成、否决和弃权。从旧金山制宪大会开始，针对《联合国宪章》中的否决权条款，有了第四种方式：不参加表决以示不满。中国曾经采取第五种方式，即参加表决，但是既不赞同，也不反对和弃权，就是静坐不投。因此"不参加投票"也被称作"第五种投票方式"。① 从 1971 年新中国恢复联合国合法席位至 2020 年 7 月，中国共投出了 16 张否决票，包括 9 票关于中东局势的议程项目等。② 对于联合国维和行动，1981 年 12 月 14 日，中国第一次投票赞成增派联合国驻塞浦路斯维和部队。③ 截至 2021 年 12 月 31 日，在联合国正在进行的 13 项维和行动中，除了对科索沃临时行政当局特派团中国投出弃权票，印度和巴基斯坦观察组以及停战监督组织投票时间早于中国恢复联合国合法席位时间，故中国没有投票外，对其余的维和活动中国都投了赞成票。④ 作为安理会常任理事国之一，中国以在公开会议中投票的方式表明态度，间接参与维和行动。

二　建立输送高素质维和人才制度

中国派遣人员前需要对人员进行培养以更好地参与维和行动，因此中国也建立了相关的制度从而保证输送高质量人才到维和行动中去。

（一）选拔人才

为了能向联合国维和行动输送高素质人员，选拔人才是至关重要的第一步。

维和警察的选拔条件极其严格，必须通过英语、驾驶、射击、体能和面试"五关"考核。从全国上百万名警察中选拔出佼佼者，这些人在入围后进入中国维和警察培训中心进行强化训练。⑤

---

① 何银：《中国的维和外交：基于国家身份视角的分析》，《西亚非洲》2019 年第 4 期，第 31 页。

② 《安全理事会常任理事国在公开会议上所投的否决票》，联合国网站，https：//www. un. org/securitycouncil/content/veto – china。

③ 赵磊：《中国对联合国维持和平行动的态度》，《外交评论》2006 年第 4 期，第 83 页。

④ 笔者整理自联合国数字图书馆，https：//digitallibrary. un. org/？ln＝zh_CN。

⑤ 谢民福、刘克振、姜宁：《神秘的"橄榄绿"——武装警察部队学院巡礼》，新浪网，2002 年 7 月 3 日，http：//jczs. sina. com. cn/2002 – 07 – 03/73331. html。

公安部常备维和警队的两支防暴队，皆由从全国公安边防部队中选拔出的精英组成。队员全部是来自基层一线执法执勤单位的军事骨干，业务能手和通信技术、水电维修等方面的专业人才，其中超过 50 人有在海地、南苏丹、利比里亚等地的维和经历。① 第 6 支赴南苏丹维和警队由浙江省公安厅单独组建，共 7 名队员。经过浙江省公安厅初选和公安部考核，队员们在中国维和警察培训中心接受了专业课程的强化训练，掌握了执行维和任务的基本理论和警务技能，并顺利通过了联合国甄选考试。② 第 14 支赴利比里亚维和警队主要由江西省公安厅组建，共 12 名队员，分别来自江西省公安厅，南昌、九江、宜春、上饶等地公安局以及中国维和警察培训中心。经过江西省公安厅初选、公安部考核选拔后，队员们在中国维和警察培训中心接受训练。③

军事观察员的派遣属于另外一个系统，军事观察员的选拔与培训由中国人民解放军总参情报部所属的国防科技大学国际关系学院负责。选拔程序与民事警察大体相同，首先由各单位推荐人选，然后由国防科技大学国际关系学院所属军事观察员训练中心统一组织测试。联合国军事观察员选拔考核极为严格，参考人员经过初次选拔后，还要接受二次筛选和终极考核，每一次考核淘汰率均在 50% 以上。④

联合国维和部队的选派则在国防部维和事务办公室（现为国防部维和事务中心）的统一指导下进行，由各大战区组织，以建制单位的方式选派，参加人员要在单位内部进行业务素质和综合能力的严格选拔。维和分队组成后，要按照统一安排进行业务培训，培训合格后方可接受派遣。与维和民事警察和军事观察员不同的是，维和部队还要进行相关装备的准备。⑤ 例如，中国第 6 批赴南苏丹（朱巴）维和步兵营是以第 81 集团军某合成旅为主抽组而成的，700 名官兵分 3 个梯队，主要担负警戒巡逻、防

① 邬春阳：《公安部常备维和警队第一期培训班全员全优通过联合国人员甄选评估》，《人民公安报》2016 年 9 月 23 日，第 1 版。
② 蔡长春：《中国第六支赴南苏丹维和警队出征》，《法制日报》2017 年 2 月 28 日，第 2 版。
③ 周斌、李豪：《我国第十四支赴利比里亚维和警队启程》，《法制日报》2015 年 9 月 17 日，第 1 版。
④ 李东方、仇长春：《160 名校官参加联合国军事观察员选拔考核》，《解放军报》2013 年 8 月 24 日，第 2 版。
⑤ 赵磊：《中华人民共和国对联合国的外交政策》，外交学院博士学位论文，2006，第 170 ~ 171 页。

卫护卫、隔离冲突、恢复秩序、拘押控制、解救撤离等任务。① 中国第 3 批赴苏丹达尔富尔维和直升机分队由第 82 集团军某陆航旅抽组而成，下设 1 个飞行连、1 个机务连、1 个勤务连，兵力规模达 140 人，主要担负空中巡逻、战场侦察、人员输送、伤员转运、物资运输等任务。②

（二）培训人才

中国政府高度重视维和人才的培训。中国代表马朝旭曾在联合国呼吁加强对维和人员的全流程培训。中国政府在部署人员前会确保维和人员已接受充分、有针对性的培训。随着中国在河北廊坊和北京怀柔等地警方和军方的维和培训中心的修建，中国维和培训向科学、正规发展。针对不同种类的维和人员，中国制定了不同的培训规章制度，创建了一套完善的维和人员培训体系。

维和警察培训是中国维和警察工作的首要环节、基础环节。1999 年，公安部党委将维和警察培训任务赋予中国人民警察大学。2000 年 8 月，中国维和警察培训中心挂牌成立。中国维和警察培训中心主要承担维和警察、维和警察防暴队、警务联络官、外籍维和警察、中国常备维和警队、外国成建制维和警察防暴队、外国高级别维和警察等的培训任务。培训中心具有一流的师资队伍和硬件设施，紧贴维和任务区实际。按照联合国培训大纲要求，进入中心的学员通常要在这里接受 2~3 个月的培训，适应军事化管理，学习外语、维和业务、武器运用和射击、汽车驾驶、通信、识图、防雷、急救、安全、野外生存等课程。针对维和任务区可能遇到的各种复杂情况，培训中心还设置了市场调查、村庄巡逻、房屋纠纷调解、交通事故处理、遭遇抢劫和谈判等多项模拟演练科目。③ 公安部常备维和警队第二期培训班队员按照更严格的标准，接受为期 4 个月的强化集训。警队针对联合国赋予的新增职能和任务区日趋严峻复杂的形势，重点开展对

---

① 刘小红、于东海：《中国第六批赴南苏丹（朱巴）维和步兵营出征》，中华人民共和国国防部网站，2019 年 11 月 19 日，http://www.mod.gov.cn/action/2019－11/19/content_4855200.htm。

② 郝兆建、姜帅：《中国第 3 批赴苏丹达尔富尔维和直升机分队出征》，中华人民共和国国防部网站，2019 年 8 月 21 日，http://www.mod.gov.cn/action/2019－08/21/content_4848626.htm。

③ 赵超、邹伟：《中国维和警察培训选拔全记录》，中华人民共和国公安部网站，2010 年 2 月 8 日，https://www.mps.gov.cn/n2255079/n2255181/n2255183/c4109318/content.html。

联合国新政策的学习研究，加强遭遇战、运动战、防御战等战术战法实训，在要人警卫、车辆查控、小组战术、人群控制等传统演练科目的基础上，新增营区防御、特警、刑侦、社区警务等新内容，开展系统完整、独具特色的实兵实装模拟对抗演练，致力于树立维和警察防暴队甄选考核成绩新标准。① 2012 年 12 月，中国维和警察培训中心的维和警察派遣前培训课程通过联合国认证，中国成为亚洲第一个、世界第九个通过该认证的国家。②

中国军队的维和专业培训与国际交流机构是于 2009 年 6 月正式揭牌的国防部维和中心。其主要职能包括：对中国维和部（分）队骨干军官、军事观察员、参谋军官进行维和业务和语言培训，负责中国维和部（分）队部署前骨干强化集训，指导全军维和待命部队训练工作，培训友好国家维和部（分）队指挥军官、军事观察员和参谋军官，等等。对于具体的兵种，培训内容方式也有所不同。例如，直升机分队依据《维和直升机分队军事训练与考核大纲》和联合国部署前核心训练模块，围绕飞行驾驶、应急处突、法规运用、自救互救等内容，进行强化训练。维和医疗分队前期会进行为期一个月的强化集训，队员需要通过联合国维和理念、军事素养、卫勤保障、人文交流等内容的考核。③ 维和部队建筑工兵分队为更好应对任务区域严峻形势和各项挑战，在模拟营地围绕基础体能、专业技能、分队战术和安全防卫等科目展开近 3 个月的集中强化训练，针对途中遇袭、恐怖分子冲撞营区、防敌空袭等多种突发情况进行研究和演练，并对当地风土人情、外事纪律和涉外礼仪等内容进行学习。④ 国防部维和中心作为联合国指定的全球核心培训机构，维和培训课程已通过联合国权威认证。

除了在培训中心接受培训和考核外，维和军警还会通过在任务区有针对性地开展营区防卫、车队护送等实战化演练来提高能力，确保各项素质

① 付静：《公安部常备维和警队第二期培训班全员全科全优通过联合国甄选评估》，《人民公安报》2017 年 7 月 4 日，第 1 版。

② 《维和培训》，http：//www.wjxy.edu.cn/whpx/index.jhtml。

③ 黄翔、阳荣辉、黄世峰：《第 18 批赴黎维和医疗分队召开出征誓师大会》，新华网，2019年 5 月 20 日，https：//baijiahao.baidu.com/s？id = 1634028006571946031&wfr = spider&for = pc。

④ 彭希：《中国第十八批赴黎巴嫩维和建筑工兵分队出征》，中华人民共和国国防部网站，2019 年 5 月 19 日，http：//www.mod.gov.cn/action/2019－05/19/content_4841893.htm。

符合执行维和任务的要求。中国第 5 批赴南苏丹（朱巴）维和步兵营就曾完成为期 3 天的综合演练，包括桌面推演、指挥所演练及实兵演练，全面提高了部队遂行多样化任务的能力。常态化实战演练能够锻炼官兵在复杂条件下的应急处突能力。① 医疗分队也会时常组织演练，例如，中国第 23 批赴刚果（金）维和医疗分队就在营区组织应急处突演练，以中国二级医院遭遇不明身份人员围堵营区、冲击营门、向营区投掷燃烧物等情况为背景，重点开展了哨位预警、人员隐蔽、防卫处突、战伤救治等内容的演练。演练结束后，分队还会迅速组织复盘讨论，以进一步修改完善应急处突预案。② 中国第 23 批赴刚果（金）维和工兵分队为确保营区安全，经常组织官兵开展防卫演练，以提高分队应急快反能力，如开展以营区遭遇人群冲击为背景的演练。③

正是因为经过严格的培训，中国的维和人员才能表现出极强的专业素质和职业操守，得到各方高度评价。

（三）人员管理

维和人员的所在任务区往往有着严峻的安全形势、恶劣的自然环境、艰苦的生活条件等，恐怖袭击频发、武装派别冲突不断、传染疫病肆虐等，每种情况都可能危及维和人员的生命安全。中国政府重视维和人员的安全，除了在部署前确保维和人员接受充分、有针对性的培训，拥有必要的装备等资源，部署期间，根据任务区的实际情况，在开展有针对性的训练之外，中国还采取了切实措施加强维和人员安全保障。

中国—联合国和平与发展基金的部分资金用于支持联合国维和行动，联合国发布的《改善联合国维和人员安全：改变行事方法势在必行》报告正是在该基金资助下完成的。中国也对此报告进行了认真研究。④ 中国—联合国和平与发展基金自设立以来，将加强维和能力建设、改善维和人员

---

① 朱晓楠、杨臻：《中国赴南苏丹维和步兵营举行综合演练》，中华人民共和国国防部网站，2019 年 4 月 28 日，http://www.mod.gov.cn/action/2019-04/28/content_4840603.htm。

② 王玺、何舜：《我赴刚果（金）维和部队举行两场应急处突演练》，《解放军报》2019 年 12 月 3 日，第 4 版。

③ 王玺、何舜：《我赴刚果（金）维和部队举行两场应急处突演练》，《解放军报》2019 年 12 月 3 日，第 4 版。

④ 闫子敏：《外交部：中国始终以实际行动支持联合国维和行动》，新华网，2018 年 1 月 24 日，http://www.xinhuanet.com/politics/2018-01/24/c_1122309970.htm。

安全作为重点领域，2016 年以来，支持 10 余项维和人员安全相关项目，包括资助联合国秘书处对维和人员安全问题的研究、高风险特派团安全问题研讨会、应对简易爆炸装置培训、急救能力培训等。[1] 此外，中国政府也在联合国维和会议上多次提及维和人员安全问题。例如，在联合国维和行动改革问题安理会辩论会上，张军大使就指出秘书处要高度重视维和人员安全，加强预警，并为维和部队履职提供高效优质的支持和保障。[2]

三　完善维和装备制度

维和装备主要包括武器、通信设备、电气设备、医疗设备、爆炸物处理设备以及其他一些满足维和人员执行任务和生活需要的设备，是保障联合国维和行动各项任务顺利开展的关键。联合国对于维和特派团的部队或警队所属装备制定了详细的补偿与管制的政策和流程，中国遵循相应的制度和规范开展对维和装备的使用、更新、维护、保养等工作，以更好地适应执行任务的要求。

建立完善的装备管理机制是维护装备优良性能的重要前提。中国维和部队开展装备保障管理工作时遵循联合国维和行动相关的装备使用和管制的机制与程序，规范使用和维护维和装备，保障装备作业能力。维和装备保障主要囊括了采购、分配、补给、维修、处置等环节，时间跨度包括培训期、任务执行期以及任务交接至结束。因此，完善装备管理机制，使各项环节标准化、规范化、国际化是保障装备性能、提高装备使用率以及降低装备损耗的重要前提。

在维和实践过程中，中国维和部队坚持构建并完善装备管理机制，遵守联合国装备管理程序与标准。例如，中国维和防暴队在装备管理方面突出以下特点。第一，实施装备超标准保障。中国维和防暴队在装备的数量和质量上远远高于联合国的要求，从最坏打算出发，以预防"万一"的情况。第二，健全装备管理制度规范。公安部常备维和警队制定了国内和任务区两种版本的《装备物资管理规定》，对车辆、通信设备、军警械等各

---

① 林远：《中国代表呼吁加强维和人员全流程培训》，新华网，2019 年 3 月 30 日，http：//www. xinhuanet. com/mil/2019 – 03/30/c_1210095501. htm。

② 《张军大使在联合国维和行动改革问题安理会辩论会上的发言》，中华人民共和国常驻联合国代表团网站，2019 年 9 月 9 日，http：//un. china – mission. gov. cn/dbtxx/czdbzjds/zjd-shd/201909/t20190910_8377029. htm。

类装备进行分类规定，明确职责分工，规范操作流程。第三，设立装备定期保养制度。中国维和防暴队采用维护和检修相结合的原则，建立武器每周擦拭保养制度，还建立车辆装备车场日制度，每周组织驾驶员进行车辆维护保养，做到维护责任化、定期化。[①]

四　建立维和培训研究机制

对联合国维和行动开展学术研究有利于中国在出资、出兵、出警、培养高级人才、升级维和装备等各个方面进一步完善，从而提升中国的参与质效，使中国能在维持世界和平与安全中发挥更大作用。对此，除了学术界对于中国参与联合国维和行动开展的研究，中国还设立了研究中心，开办学术论坛，建立维和的学术研究制度。

（一）中国人民警察大学

前身为中国人民武装警察部队学院的中国人民警察大学是公安部部属高校，该学校创建了特色鲜明的学科专业体系，其中设立了维和学学科，开展维和学硕士研究生教育。与此同时，中国人民警察大学还建立了维和学术研究中心，这一机构为研究维和提供了良好的学术平台。学术组织如中国警察协会维和警察专业委员会等也设立在该学校。此外，该学校还打造了"中国维和论坛"这一国际学术会议品牌，专家学者能在会议上进行深入的学术交流。例如，第一届"中国维和论坛"于2017年召开，论坛主题是"新时代维和工作的发展方向"，来自公安部、国防部、中国现代国际关系研究院等单位的70多名专家学者出席了论坛。学者们分别做主旨发言，并围绕着维和学的学科建设与发展进行研讨。"中国维和论坛"的召开，对于推动国内维和学的发展具有重大的意义。[②]

（二）国防部维和事务中心培训基地

2001年12月，中国国防部维和事务办公室成立，负责协调和管理军队维和工作，开展对外维和事务交流等任务。2009年6月，中国国防部维

---

① 王洪海：《维和警察防暴队装备管理研究》，《武警学院学报》2017年第9期，第27～28页。

② 《贾烈英院长参加第一届"中国维和论坛"》，北京语言大学新闻网，2017年12月18日，http：//news. blcu. edu. cn/info/1024/9837. htm。

和中心成立，担负中国军队维和培训、理论研究、国际合作与交流等任务。2018 年 6 月，中国国防部维和事务办公室改编为中国国防部维和事务中心，中国国防部维和中心改编为中国国防部维和事务中心培训基地。

国防部维和事务中心培训基地建筑总面积约 1.6 万平方米，投资约 2 亿元，具备教学、训练、会议和对外交流四项基本功能。基地建有专业教室 20 余间，包括维和模拟值班室、模拟射击室、模拟驾驶室、野战救护室、地雷识别室、武器识别室、语音实验室、地形学教室等，可开设维和行动专业知识、英语、射击等课程。综合训练场上设有模拟联合国维和营地、模拟野外生存训练场、模拟排雷训练场、模拟观察哨所、车辆驾驶训练场、游泳训练馆等，可开展各类维和技能训练。多间会议室配备数字会议系统和同声传译系统，可用于召开国际性会议或培训国外维和人员。

自 2009 年 6 月中国军队组建维和专业培训机构以来，举办联合国军事观察员、联合国维和参谋军官、联合国非洲法语区维和教官、联合国维和行动规划管理等各类国际培训班 20 余期；积极邀请联合国专家和有关国家资深教官来华授课交流，强化维和部队和维和军事专业人员部署前培训；先后派维和教官赴澳大利亚、德国、荷兰、瑞士、泰国、越南等国维和培训机构施训，派出 100 多名军官参加联合国及各出兵国举办的维和培训或观摩活动。

（三）北京香山论坛

中国举办的北京香山论坛为专家学者交流研究成果、探讨维和问题提供了平台。北京香山论坛，原称香山论坛，2006 年由中国军事科学学会发起，初为亚太地区安全二轨对话平台。论坛从 2014 年第五届起升级为一轨半，层级规模大幅扩大，与会人员扩展为亚太地区和域外相关国家的国防部或军队领导人、国际组织代表、前军政要员及知名学者。自 2015 年第六届起，香山论坛由中国军事科学学会和中国国际战略学会共同主办。2018 年第八届更名为北京香山论坛，作为开展国际安全和防务对话的重要平台，具有重要国际影响力。① 在论坛上，专家学者们就联合国维和行动议题进行讨论，从而达到集聚智慧、扩大共识、增进互信的效果。例如，第八届北京香山论坛的主题为"打造平等互信、合作共赢的新型安全伙伴关

---

① 《论坛简介》，北京香山论坛网站，http：//www.xiangshanforum.org.cn/forum_info_CN。

系"，论坛第四次全体会议的议题为"联合国维和的挑战与合作"，围绕此，多国国防部部长、国际组织负责人以及学者进行对话交流，提出了联合国维和行动面临的种种挑战、提高维和行动效率的建议、维和行动发展的新趋势等。①

五　制定维和法律法规

法律法规是制度建设的重要组成部分。中国在参与联合国维和行动的法律上面做了一定的工作，但是基于中国在维和行动中的参与程度，中国立法还较为滞后，尚存在缺陷。具体来说，中国还没有专门的维和立法，中国参与联合国维和行动的法律依据主要分散在宪法、法律，以及各种军事法规、条令以及条例中。

首先是宪法。宪法序言规定："中国坚持独立自主的对外政策，坚持互相尊重主权和领土完整、互不侵犯、互不干涉内政、平等互利、和平共处的五项原则，坚持和平发展道路，坚持互利共赢开放战略，发展同各国的外交关系和经济、文化交流，推动构建人类命运共同体；坚持反对帝国主义、霸权主义、殖民主义，加强同世界各国人民的团结，支持被压迫民族和发展中国家争取和维护民族独立、发展民族经济的正义斗争，为维护世界和平和促进人类进步事业而努力。"宪法第二十九条规定："中华人民共和国的武装力量属于人民。它的任务是巩固国防，抵抗侵略，保卫祖国，保卫人民的和平劳动，参加国家建设事业，努力为人民服务。"中国宪法虽然没有对中国军队及其他人员参加联合国维和行动做出明确的规定，但从上述条文可以看出，"维护世界和平"和"构建人类命运共同体"是中国对外政策的一贯主张，"保卫人民的和平劳动"更是中国武装力量的一项主要任务。

其次，作为军事基本法的《中华人民共和国国防法》，对参与维和行动也有相关的原则性规定，主要集中于第十一章"对外军事关系"中。其第六十九条规定："中华人民共和国支持国际社会实施的有利于维护世界和地区和平、安全、稳定的与军事有关的活动，支持国际社会为公正合理地解决国际争端以及国际军备控制、裁军和防扩散所做的努力。"联合国

---

① 彭况、邵龙飞、王迪：《中国维和部队的贡献有口皆碑》，《解放军报》2018年10月28日，第2版。

的官方出版物《蓝盔——联合国维持和平行动的回顾》指出，维和行动是由联合国采取的旨在帮助维持和恢复冲突地区和平与安全的包括军事人员在内的非强制的行动。① 可见，联合国维和行动正是《中华人民共和国国防法》第六十九条所规定的"国际社会实施的有利于维护世界和地区和平、安全、稳定的与军事有关的活动"，是中华人民共和国所支持的活动。《中华人民共和国国防法》第六十九条为中国军队参加联合国维和行动提供了明确的国内法依据。②

除了上述宪法和《中华人民共和国国防法》中的原则性规定外，2012年中央军委主席胡锦涛签署命令，发布《中国人民解放军参加联合国维持和平行动条例（试行）》（以下简称《条例》），为中国参与联合国维和行动提供了更具体、可操作的法律保障。《条例》涵盖中国军队参与联合国维和行动的各个方面和主要环节，主要包括总则、职责、派遣与回撤、教育与训练、管理和保障、奖励与处分等内容。《条例》明确规定，军队参与联合国维和行动是：军队根据联合国决议和中国政府与联合国达成的协议，派出部队和军事专业人员进驻指定国家或地区，在联合国主导下，组织实施维持和平的行动。《条例》根据联合国维和任务实际和形势发展需要，界定了中国军队担负的任务，明确了总部机关、军区和军兵种的有关职责分工。《条例》对派遣和回撤维和部队与军事专业人员的审批程序做了详细规定，对各类人员教育训练的组织实施和检查考核做出了明确规定，《条例》还对中国军队参与联合国维和行动的管理、保障和奖惩做了具体规范。③ 然而该条例仍然具有一定的局限性。首先，该条例属于军事法规，而非全国人大制定的法律，法律层级不高。其次，该条例的适用范围仅限于维和军人，而警察和文职人员参与联合国维和行动仍缺少相应的法律支持和保障。而且作为专项的军事法规，该条例的规定还不够完善，诸如部队的轮换交接、出入境管理、维和官兵优抚、疾病诊治、法律责任

---

① United Nations Department of Public Information, *The Blue Helmets: A Review of United Nations Peacekeeping*, New York: United Nations, 1985, p. 4.

② 盛红生：《中国参与联合国维持和平行动的国内法依据》，《法学评论》2018 年第 1 期，第 142 页。

③ 黎云：《胡锦涛签署命令 发布施行〈中国人民解放军参加联合国维和行动条例（试行）〉》，人民网，2012 年 3 月 22 日，http://politics.people.cn/GB/1024/17464804.html。

等重要事项没有具体规定，影响和制约维和任务的顺利完成。[①] 除此之外，虽然该条例填补了中央军委这一层级制定参与维和行动军事法规的空白，但国务院尚未制定类似的行政法规予以配合，对于经费保障、护照办理、对外交往权限等问题尚未明确规定，各部委对于维和行动也只是处于事务性的协调状态，军队与国家职能部门之间没有形成规范化、常态化的协调机制。[②]

总体而言，中国目前的法律较难满足维和行动的发展。随着中国更多地参与联合国维和行动，与维和行动及人员相关的问题不断出现，这些并非针对维和行动出台的法律就存在着不适用性。维和人员的自我保护、中国与维和行动受援国的法律关系、维和人员涉及的民事和刑事纠纷处置、维和人员的退役安置等问题亟须在法律上做出界定和规范，[③] 才能更加适应国家总体外交需要，进一步彰显中国负责任大国的形象。

小　结

在参与联合国维和行动的过程中，制度建设具有重要意义。在参与维和国际制度建设方面，中国积极参加维和特委会的工作，遵循维和国际法律，遵守维和原则规范，积极参加维和会议。此外，中国通过举办维和国际论坛、开展国际维和研讨活动、组织国际维和能力培训等推动维和多边合作。在参与维和国内制度建设方面，中国通过逐步建立系统完善的制度体系，为有效参与维和提供可靠保障。其中，在领导机制方面，军队维和行动由中央军委统一领导，总部负责筹划，各战区和兵种具体负责。维和警察工作由公安部全面负责。在协调机制上，中国基本形成了外交部统筹，国防部和公安部分管军事和民事的管理和协调机制。此外，中国在培养和输送高素质维和人才、完善维和装备管理制度、加强维和培训和研究机制方面开展了大量工作。

---

① 刘荣：《联合国维和行动法律问题研究——以为我军参加维和行动提供有效法律支持与保障为导向》，山东大学硕士学位论文，2014，第30页。
② 奚白：《关于我国参加联合国维和行动法律保障问题的研究》，兰州大学硕士学位论文，2013，第9页。
③ 吕蕊：《中国联合国维和行动25年：历程、问题与前瞻》，《国际关系研究》2015年第3期，第57页。

第七章

中国参与联合国维和
行动的能力建设

维持国际和平与安全是联合国工作的重要目标。《联合国宪章》明确规定维持国际和平及安全是其宗旨之一。实现这一目标的措施是采取有效集体办法，以防止且消除对于和平之威胁，制止侵略行为或其他和平之破坏，并以和平方法且依正义及国际法之原则，调整或解决足以破坏和平的国际争端或情势。① 联合国维和行动的主要工作内容为预防冲突、促成冲突各方达成和平、维和以及创造让和平延续发展的环境。② 1948 年，联合国在中东地区设立停战监督组织，这是联合国第一次开展维和行动。目前，联合国和平行动部领导着 13 个维和行动特派团，致力于维护地区乃至全球范围内的和平、安全与稳定。

作为联合国安理会常任理事国以及联合国常规经费与维和经费的第二大出资国，中国始终是联合国维和行动坚定的支持者和参与者。1990 年，中国首次向联合国停战监督组织派遣 5 名军事观察员，开启了中国军队参加联合国维和行动的历程。经历 30 多年的维和实践，中国已成为联合国五个常任理事国中派出维和人员最多的国家，为国际和平、安全与稳定做出了重大的贡献。2015 年，习近平主席在联合国维和峰会上宣布中国将加入新的联合国维和能力待命机制，为此将率先组建常备成建制维和警队，并建设 8000 人规模的维和待命部队。同时，中国将积极考虑应联合国要求，派遣更多工程、运输、医疗人员参与维和行动，并将在今后五年为各国培训 2000 名维和人员，开展 10 个扫雷援助项目。③ 这是中国对联合国维和行动的庄严承诺，同时也体现了中国将更加坚定支持联合国维和工作并以更加积极的姿态参与联合国维和行动的决心。一方面，中国将继续支持联合国发挥其在维持国际和平与安全的行动中的重要作用，不断推进联合国维和能力建设。另一方面，中国将在未来的联合国维和行动中扮演更加积

① 《联合国宪章》，联合国网站，https：//www. un. org/en/charter – united – nations/index. html。

② 《维护国际和平与安全》，联合国网站，https：//www. un. org/zh/sections/what – we – do/maintain – international – peace – and – security/index. html。

③ 《习近平出席联合国维和峰会并发表讲话》，新华网，2015 年 9 月 29 日，http：//www. xinhuanet. com/world/2015 – 09/29/c_1116705308. htm。

极的角色，坚定履行有关承诺，以加大对维和行动的支持力度。

维和能力建设是联合国维和行动的重要环节。维和能力建设主要是执行并完成某一维和任务的能力的培养和提升。由于维和人员所处的任务区的周边环境充斥着安全风险，如各类形式的暴力活动、自然灾害、疾病等，这些客观因素要求维和人员必须具备适应复杂多变形势的能力，以顺利执行并完成维和行动目标。联合国相关资料显示，自 1948 年以来，有3500 多人在联合国维和行动中丧生，943 人因暴力行为而丧生。2013 年至2017 年，暴力行为导致的维和人员死亡人数持续增加，有 195 人死亡。[①]因此，提升维和能力是应对严峻的安全形势的必然要求。此外，2015 年发表的《联合国和平行动的未来：执行和平行动问题高级别独立小组的各项建议》报告中提到了几点联合国在未来执行维和任务时的能力建设内容：一是增强预防和调解冲突能力，以提高应对冲突的速度和成本效益；二是增强联合国国家工作队的预防能力；三是为军警人员单独设立一个能力与业绩框架，以实现军警能力的快速部署和有效运作；四是设立联合国和平行动医疗业绩框架和增强医疗能力。[②] 这显示了联合国维和能力建设重点突出加强维和行动的执行、协调、人员素质、后勤保障能力的相关内容，同时也体现了联合国维和能力建设朝着更具适应性、机动性以及高标准的方向发展。

中国政府高度重视联合国维和能力的提升。一方面，中国积极支持联合国在维持国际安全与和平的行动中发挥更加重要的作用，向其提供装备物资、维和人员、资金等多方面的支持。另一方面，中国呼吁国际社会应重视维和行动出兵国能力建设，同时应积极构建维和能力伙伴关系。[③] 在实践层面，自中国—联合国和平与发展基金设立以来，其将加强维和能力建设作为重点领域，这体现了能力建设是中国参与联合国维和行

---

① Carlos Alberto dos Santos Cruz, "Improving Security of United Nations Peacekeepers: We Need to Change the Way We Are Doing Business," United Nations Peacekeeping, December 19, 2017, https://peacekeeping. un. org/en/improving - security - of - united - nations - peacekeepers - independent - report.

② 《联合国和平行动的未来：执行和平行动问题高级别独立小组的各项建议》，A/70/357 - S/2015/682，2015 年 9 月 2 日，https://documents - dds - ny. un. org/doc/UNDOC/GEN/N15/270/73/PDF/N1527073. pdf? OpenElement。

③ 王建刚：《中国代表呼吁重视维和国维和能力建设》，新华网，2019 年 5 月 8 日，http://www. xinhuanet. com/world/2019 - 05/08/c_1124466718. htm。

动的重要内容，同时也是中国支持联合国维和能力可持续性发展的重要
表现。

第一节　重视维和军警能力建设　保障高质维和装备性能

一　构建维和军警培养体系，提高军警人员综合能力

联合国维和人员主要由军事人员、警察和文职人员组成。其中，军事
人员主要的职责是保护平民和联合国人员、监督有争议的边界、监督和观
察冲突后的地区的和平进程、保障冲突区的安全和选举的安全等。① 维和
警察的工作内容主要为保护平民、保障选举安全、调查性暴力和性别暴力
事件、预防和处理严重的有组织犯罪和暴力极端主义、促进环境可持续
性。② 因此，联合国维和军警人员是维和行动的重要组成部分，也是维和
安全防卫的核心力量。维和军警人员的能力培养对于维和能力建设至关重
要。综合素养高的军警人员不仅有助于顺利执行维和任务，而且能够确保
联合国维和工作高质、高效完成。

（一）完善人才培养体系，提高维和人才素质

新时期背景下，中国政府愈发重视维和军警人员的能力培养工作。
通过严格甄选维和人员、设置综合多样的培养科目、强化维和人员实战
应急能力以及定期开展能力考核等措施，中国维和军警培养体系逐渐完
善，为向联合国输送技能精湛、纪律严明、训练有素的维和人才做出重
要贡献。

首先，注重科学人才选拔，向联合国输送高素质维和人员。科学甄选
维和人才有助于维和行动多项任务的顺利开展和协调配合，同时也是人才
培养的关键步骤。例如，中国第 7 支赴南苏丹维和警队以安徽省公安机关
为主组建，共 12 名队员；赴塞浦路斯维和警队以河北省公安机关为主组
建，共 7 名队员（其中 1 名女队员）。两支警队队员平均年龄 37 岁，来自
经侦、治安、刑侦、出入境等多个警种及基层派出所，外语能力突出，警

---

① 《军事人员》，联合国维持和平网站，https：//peacekeeping. un. org/zh/military。
② 《联合国警察》，联合国维持和平网站，https：//peacekeeping. un. org/zh/un－police。

中国参与联合国维和行动研究

务专业水平高，皆为各级公安机关的骨干力量。① 以省为单位的成建制维和警队有利于队员间相互协调配合，同时来自不同警种的队员促进维和队伍专业技能多样化，有助于增强维和任务的执行能力。

中国维和人员在通过国内的选拔之后，还需通过联合国相关考核，以甄选出能力全面的维和人才。第 4 支赴利比里亚维和警察防暴队全体队员经过了多层级考核、筛选，并在中国维和警察培训中心接受了 3 个多月的强化训练，先后完成了国际法准则、维和英语、武器应用、要人警卫等 40多个科目的学习训练任务。队员们熟练掌握了执行维和任务的基本理论、实战技能和各种战术战法，队伍综合素质和整体作战能力显著提高，并以全员全科全优成绩顺利通过联合国甄选考核。② 由此可见，科学开展维和军警选拔，注重维和军警综合素质培养、科学评估与考核，有助于提升维和军警执行维和任务的能力。

其次，执行任务间隙积极开展维和训练，保持高水平的执行力与战斗力。通过日常维和有关科目训练，不断打磨专业技能和提升作战水平，有助于提升维和军警人员的安全防卫能力。例如，中国第 22 批赴刚果（金）维和工兵分队利用维和任务间隙，不断磨炼摔打队伍，培养锻造维和尖兵，提高各类突发情况处置能力，以确保更好地完成维和任务。③ 此外，维和部队根据任务区实际情况和维和行动的特点，开展具有针对性的科目训练，提高维和军警人员的适应性能力。例如，中国第 7 批赴马里维和部队在受领维和任务之后，根据任务区环境特点和安全形势，突出开展耐高温、抗疲劳、反恐防暴等针对性训练。同时，他们还系统学习了联合国维和行动法规条例、外交礼仪常识以及当地风俗民情。④

最后，定期接受联合国能力考核，强化维和行动专业技能。联合国对维和军警的能力考核对促进军警人员专业技能和综合素质的提升具有重要

---

① 《中国赴南苏丹、塞浦路斯维和警队出征仪式举行》，《人民公安报》2018 年 4 月 20 日，第 1 版。
② 《第四支赴利比里亚维和警察防暴队出征》，新华网，2016 年 3 月 10 日，http：//www.xinhuanet.com/mil/2016 - 03/10/c_128790388.htm。
③ 李志强：《中国第 22 批赴刚果（金）维和工兵建设的障碍训练场顺利竣工》，中华人民共和国国防部网站，2019 年 6 月 5 日，http：//www.mod.gov.cn/action/2019 - 06/05/content_4843061.htm。
④ 彭况、宋子洵：《我第 7 批赴马里维和部队出征》，中华人民共和国国防部网站，2019 年 5 月 15 日，http：//www.mod.gov.cn/action/2019 - 05/15/content_4841692.htm。

的作用。接受联合国能力考核也是中国维和军警人才培养的重要环节，这有助于为维和人员培养工作提供有效的反馈与评价，具有重要指导意义。例如，中国第 18 批赴黎巴嫩维和多功能工兵分队在执行维和任务期间顺利通过了联合国地雷行动中心的考核，同时获得扫雷、排爆两项资质。此次考核围绕探雷器调试、信号源定位、地雷挖掘、雷场救援、地雷销毁、未爆物处理等 13 个课目 30 余项内容，对中国扫雷、排爆官兵逐人逐项进行全面考核评估。中国扫雷分队 60 名扫雷作业手、6 名扫雷医护人员和 5 名排爆手凭借精湛的技术和规范的流程，全部一次性通过考核。① 此次考核不仅加强了维和人员对扫雷技能的掌握，同时也能够促使维和官兵开展自查自纠，推动扫雷工作更高质高效开展。

（二）　加强实战应急演练，提升任务执行能力

实战应急演练是维和军警人员能力建设的重要环节。鉴于联合国维和任务区复杂的安全形势和周边环境，维和军警必须提高处理突发事件能力和自我防卫能力，有效应对各种安全威胁与挑战。

首先，将应急演练常态化，提高维和官兵应急能力。例如，中国第 17 批赴黎维和部队多功能工兵分队每周都会组织一次应急演练，每次的演练背景也各不相同。这一方面是为了检验维和官兵的应急应战能力，另一方面是为了检验方案的可操作性。工兵分队在演练中不断总结经验教训，充分研究联合国交战规则，吸收联黎友军好的做法，区分小中大三种规模，紧贴实际，不断将方案实案化，及时修订完善 13 类预案，常态组织演练，切实提升维和官兵应急应战能力。② 此外，中国第 5 批维和步兵营自部署到任务区以来，先后完善了各类应急预案，并常态化组织演练，有效提升了维和官兵应对安全威胁、处置突发情况的能力。③ 由此可见，定期开展具有针对性的应急演练，有助于优化各类应急预案，增强维和军警危机预

① 孙帅、牛彦澧：《中国新一批赴黎维和部队获得扫雷排爆资质》，新华网，2019 年 6 月 12 日，http://www.xinhuanet.com/world/2019 - 06/12/c_1124612146.htm。

② 盛伟、尹博：《我第 17 批赴黎维和部队多功能工兵分队：聚焦实战抓练兵备战》，中华人民共和国国防部网站，2019 年 1 月 17 日，http://www.mod.gov.cn/action/2019 - 01/17/content_4834785.htm。

③ 蔡伟、朱晓楠：《中国赴南苏丹维和步兵营举行新年度首次应急演练》，中华人民共和国国防部网站，2019 年 1 月 3 日，http://www.mod.gov.cn/action/2019 - 01/03/content _4833446.htm。

警意识，锻炼维和人员处理各类突发事件的应急能力，最大限度地提升维和人员安全防卫能力。

其次，根据任务区安全形势，有针对性地开展防卫演练。例如，自中国第 6 批赴马里维和部队部署到任务区以来，当地安全形势急剧恶化，武装暴力活动增加。为应对复杂形势变化，维和部队在组织防卫演练的基础上，系统分析了近期恐袭事件发生的特点、规律，重新修订完善 32 种安全防卫预案，研究制定有效应对措施，提高维和官兵应急处突能力。① 同时，中国第 6 批赴马里维和工兵分队梅纳卡分遣队开展了夜间防卫演练。演练以营区夜间遭遇曲射火器袭击为背景，以哨位预警、人员隐蔽、战伤救治及与友军协同为重点展开，着力提高官兵有效应对夜间曲射火器袭击的能力。②

最后，注重开展实弹训练，最大限度贴近维和实战环境。实弹训练不仅有助于提升维和军警实弹射击能力，增强官兵的战备意识，而且能够提升维和军警人员对任务区环境的适应程度，有利于顺利执行维和任务。例如，中国第 7 批赴马里维和警卫分队组织多武器多弹种实弹射击训练，重点检验各类装备弹药战备状况，调校武器精度，锤炼官兵战备意识及应急处突能力。在训练过程中，维和官兵按照"讲解示范、安全检查、实弹检验、观察校正"的步骤，实射了机枪弹、信号弹、常规弹和烟幕弹等多类弹种。开展实弹训练的主要目的在于保持武器性能状态以及促使官兵全方位适应维和战场环境。③

（三）组建常备维和警队，提高维和机动能力

自 2015 年习近平主席在联合国维和峰会上宣布中国将加入新的联合国维和能力待命机制以来，中国常备维和部队建设发展迅速，维和待命部队部署能力提升显著。2017 年，中国军队完成 8000 人规模维和待命部队的组建工作。2018 年 10 月，中国军队 13 支维和待命分队一次性高

---

① 贾春明：《马里再遭恐袭　中国维和部队紧张备战》，中华人民共和国国防部网站，2019 年 1 月 21 日，http://www.mod.gov.cn/action/2019 - 01/21/content_4834986.htm。
② 陈博、刘晓帅：《我赴马里维和工兵分队分遣队开展夜间防卫演练》，《解放军报》2019 年 2 月 27 日，第 4 版。
③ 孙伯语：《我第 7 批赴马里维和警卫分队组织实弹射击训练》，《解放军报》2019 年 7 月 15 日，第 4 版。

标准地通过联合国组织的考核评估。中国目前已成为联合国维和行动的所有出兵国中维和待命部队数量最多、分队种类最齐全的国家。[①] 维和待命部队的建设是中国提升参与联合国维和的能力的重要表现，同时也是中国提高参与联合国维和的深度与广度的体现。中国致力于扎实开展维和人员的甄选、培训、储备工作，在提升维和部队整体素质的同时增强中国维和力量的机动性与可持续性，履行好中国对维持国际和平与安全的相关承诺。

首先，实行严格的人才甄选标准，组建多样化人才常备警队。实行严格的人才甄选标准是打造维和警队的重要前提，也是对维和人员胜任维和任务的重要保障。常备维和警队第一期培训班坚持从高、从严、从难标准，一切从实战需要出发，充分借鉴吸收赴海地和利比里亚维和警察防暴队的成功经验，根据常备维和警队"常备"、"应急"和"用之必胜"的新要求、新挑战，认真学习并熟练应用联合国新规定、新政策，紧贴实战训练，苦练各种战术、战法和实战技能。[②] 由此可见，公安部常备维和警队的人才选拔和培养工作遵循技能多样化、标准严格化、训练实战化原则，以满足维和行动对维和人员更高素养的要求，使维和人员完成更具挑战性和危险性的维和任务。

其次，重视常备维和警队实战演练综合评估，强化维和行动相关能力考核。例如，公安部常备维和警队第二期培训班实施更加严格的培训标准，除了重点开展对联合国新政策的学习研究，加强了遭遇战、运动战、防御战等战术战法实训，在要人警卫、车辆查控、小组战术、人群控制等传统演练科目之外，新增营区防御、特警、刑侦、社区警务等内容，开展系统完整、独具特色的实兵实装模拟对抗演练。[③] 强化实战演练的评估考核不仅能够检验维和警察的综合能力素质，而且能够提高维和警察实战与应急能力。

① 《中国组建维和待命部队数量最多种类最齐全》，《解放军报》2019年6月28日，第4版。
② 邬春阳：《公安部常备维和警队第一期培训全员全优通过联合国人员甄选评估》，中华人民共和国公安部网站，2016年9月23日，http://www.mps.gov.cn/n2254098/n4904352/c5499278/content.html。
③ 付静：《公安部常备维和警队第二期培训班全员全科全优通过联合国甄选评估》，中华人民共和国公安部网站，2017年7月4日，http://www.mps.gov.cn/n2253534/n2253535/n2253537/c5735693/content.html。

二 推动维和人员对外交流，共促维和行动能力提升

维和人员对外交流与合作是中国参与联合国维和行动的重要内容。联合国维和行动作为多国共同开展的安全治理工作，要求参与维和的人员具备国际化视野和跨文化交流与合作的能力。推动维和人员对外交流与合作不仅有助于各国取长补短、互鉴互学，而且有助于提高多国联合执行任务的协作能力，以高效完成维和任务。

（一）开展维和外警培训班，加强人才培训对外合作

中国重视帮助发展中国家建设维和能力。这不仅有利于中国在联合国维和事务中发挥更加重要的作用，而且有利于推动联合国整体维和能力提升，提高发展中国家创建国内和平与维持和平的能力，促进世界和平与发展。例如，中国第 5 支赴利比里亚维和防暴队在联合国的授权下，对利警方进行培训，帮助其建设了一支 150 人的国家警察防暴队。同时，中国还承办联合国任务区总警监培训班和任务区防暴队指挥官培训班，并与巴基斯坦、尼泊尔、约旦等国举办双边维和培训班，派出教官团赴南苏丹等国开展有关培训。此外，中国维和部队同联合国警察司保持沟通，积极响应其新提议，愿向任务区派遣警务专家小组，并与联合国共同组建巡回教官团，赴任务区开展培训。[1]

可见，在具体实践中，中国积极帮助发展中国家组建维和部队、培养高级军事人才，为其提供人才培养咨询工作等。在合作形式上，中国不仅借助联合国维和多边平台，举办维和人才培训班，重点培养军事高级人才，推动维和部队核心部门建设，同时还积极开展双边形式的培训合作，建立双边维和伙伴关系，树立中国在联合国维和行动中的良好国家形象。

（二）开展跨国维和实战演练，提升多国协同作战能力

跨国维和实战演练是联合国维和训练的重要内容。跨国维和实战演练不仅有利于检测多国维和部队协作防卫和作战能力，提高多国执行维和任务的默契程度和熟练程度，而且有助于各国维和部队提升应急能力，夯实

---

① 《加大维和警察能力建设投入 为维护世界和平发挥更大作用——联合国电台专访中国公安部常务副部长王小洪》，中华人民共和国公安部网站，2018 年 6 月 23 日，http://www.mps.gov.cn/n2253534/n2253535/c6154152/content.html。

执行维和任务的各项技能，促进各国就人员训练、军事战术、行动方案等内容相互交流与借鉴。

提升应急能力是开展跨国维和实战演练的重要目的。在维和实践中，维和人员除了要面对任务区复杂的安全形势和周边环境，还要克服多元文化带来的语言和行动的差异，因此在实战演练中加强各国人员的相互配合与协调、提升多国协作应对突发状况的能力对提高维和能力至关重要。例如，面对马里复杂的安全形势，中国第 6 批和第 7 批维和部队都参加了跨国维和实战演练，旨在提升应对突发情况的能力，同时提高同驻马里联合国维和外军的协作能力。中国第 6 批赴马里维和警卫分队与孟加拉国维和步兵营、塞内加尔维和步兵营分别以营区遭可疑人员渗入、小股武装势力袭扰和汽车炸弹袭击为背景进行快反力量演习，检验各快反分队应急处突能力。①

此外，跨国演练重视最大限度贴近实战环境，执行多个维和任务，锻炼多国维和人员在处理紧急情况时的综合执行能力。中国第 7 批赴马里维和警卫分队同孟加拉国、塞内加尔、柬埔寨等多个国家的维和部队开展以"营区遭复合式打击"为背景的应急演练。中国维和警卫分队在此次跨国演练中全要素实兵出动，连贯演练了未爆弹识别、伤员抢救、可疑人员藏匿等多个课目内容，应急处突能力得到进一步提升。②

（三）举办国际维和研讨活动，加强国际维和经验学习

维和研讨活动是一种常见的国际维和交流形式。研讨活动更注重维和工作的经验交流与问题讨论，是维和行动中跨文化交流的重要形式。中国在联合国维和行动中积极参与维和工作相关的国际研讨会，密切与国外维和人员的交流，相互借鉴与学习，进一步提升高质执行维和任务的能力，最终整体提升联合国维和能力。

首先，国际维和研讨活动通过各国的相互学习和经验交流，促进各国的维和能力提升。中国第 17 批赴黎维和部队多功能工兵分队自部署到任务

---

① 贾春明：《中国第六批赴马里维和警卫分队展开快反力量演习》，中华人民共和国国防部网站，2018 年 12 月 15 日，http：//www. mod. gov. cn/action/2018 – 12/15/content_4832211. htm。

② 孙伯语：《中国第七批赴马里维和警卫分队组织应急演练》，中华人民共和国国防部网站，2019 年 6 月 28 日，http：//www. mod. gov. cn/action/2019 – 06/28/content_4844744. htm。

区以来，先后与意大利、法国、柬埔寨等20余个国家的维和部队开展维和经验研讨、联合训练及传统文化交流，多个国家友军主动赴蓝线扫雷现场参观学习中国维和官兵扫雷方法。中国维和官兵在与友军的交流互动中注重取长补短、锤炼作风、提升能力，为完成维和任务夯实了基础。[①]

其次，研讨内容主要围绕执行维和行动具体任务所要求的能力建设展开。2019年中国和柬埔寨两国赴黎巴嫩维和部队组织首次安全高效扫雷排爆研讨。双方围绕安全高效遂行扫雷任务的经验做法展开座谈，并就双方关心的维和部队建设、人道主义救援、应急防卫做法等问题进行了深入的交流。[②] 中国维和部队在交流活动中广泛学习外军优秀建设经验和训练管理模式，取长补短，提升自身战斗能力，以更好地履行维和使命。[③]

三　重视维和装备保障，提升维和战备能力

维和装备的保障工作是中国参与联合国维和行动的能力建设的重要内容。一方面，良好的装备性能是中国维和军警成功执行维和任务的重要保障。正确的使用规范、定期的维修检查以及更新升级能够减少装备损耗并延长装备使用期限，这也是军警人员在实践中技能精湛、纪律严明的重要体现。另一方面，维和装备的保障工作是获得联合国对有关装备进行经济补偿的重要依据，事关国家荣誉和利益。因此，维和装备保障能力的提升是增强中国维和能力建设的重要环节。

维和装备更新与升级是提升装备性能的重要手段。联合国维和任务较为复杂繁重，维和部队装备的频繁使用容易造成装备老化或损坏，若不及时对武器装备、运输装备、通信设备等进行定期的更新，提升装备防护等级，将会对维和任务的顺利执行以及维和人员的安全保护造成不良影响。更新维和装备不仅要注重提升装备性能，使其能够减少在武装冲突和恶劣的自然环境中的损耗，同时也要注重提升维和装备的保障能力，在执行任

---

① 盛伟、尹博：《我第17批赴黎维和部队多功能工兵分队：聚焦实战抓练兵备战》，中华人民共和国国防部网站，2019年1月17日，http：//www. mod. gov. cn/action/2019 – 01/17/content_4834785. htm。

② 王云龙、尹博：《中柬赴黎维和部队组织新年度首次安全高效扫雷排爆研讨》，中华人民共和国国防部网站，2019年2月21日，http：//www. mod. gov. cn/action/2019 – 02/21/conten t_4836599. htm。

③ 张贵杰、尹博：《深化交流互鉴　携手逐梦和平——我第17批赴黎维和部队开展对外交流活动纪事》，《解放军报》2019年5月22日，第4版。

务期间加强对装备的安全防护，减少不必要的人为损害。

中国维和部队在维和实践中根据实地情况，注重构建维和装备的防护体系，提升防护等级，以便在确保装备良好性能以及安全的基础上提升维和部队的作战力和执行力。例如，中国常备维和警队在满足联合国装备标准要求的基础上，增加了营区防御构筑及安防类设施，提高了车辆的防护装备的防护等级，提升了相关装备的机动性和便携性，拓展了队伍自我维持和保障能力。①

装备维护工作主要是对装备进行检查与修复，以确保装备作业能力，保障维和军警的战备能力。良好的装备性能是增强维和军警作战能力、自我防卫与自我维持能力的重要保障，同时对提升维和能力可持续性发挥着重要作用。

一方面，中国维和部队定期开展装备排查，为应对紧急状况做好充分准备，消除装备故障风险。例如，中国第17批赴黎维和部队多功能工兵分队针对营区装备老化、性能差的情况，组织专门力量定期逐台排查检修营区装备，确保在遇到紧急情况时装备能拉得出顶得上。②

另一方面，中国维和部队定期接受联合国装备核查，力争高标准通过装备能力评估。中国维和部队利用联合国相关装备核查契机，对维和装备开展全面检修，确保装备性能良好，维持高水平的战备能力，展现良好的中国维和形象。中国第15批赴苏丹维和工兵分队在执行任务期间，接受联合国年度战备能力核查，为高标准通过此次核查，中国第15批赴苏丹维和工兵分队对所有装备进行了全面整修，累计修复工程机械35台次，确保了装备性能始终处于良好状态。联合国官员给予中国战备工作高度的评价："主装备性能良好、保养充分，自我维持能力完全满足作战要求及任务需要。"③

---

①　《公安部常备维和警队装备物资全优通过联合国验收》，新华网，2016年10月18日，http：//www.xinhuanet.com//politics/2016-10/18/c_129327688.htm。

②　盛伟、尹博：《我第17批赴黎维和部队多功能工兵分队：聚焦实战抓练兵备战》，中华人民共和国国防部网站，2019年1月17日，http：//www.mod.gov.cn/action/2019-01/17/content_4834785.htm。

③　熊家磊、杨邦照：《中国第15批赴苏丹维和工兵分队通过联合国年度战备能力核查》，中华人民共和国国防部网站，2019年6月3日，http：//www.mod.gov.cn/action/2019-06/03/content_4842972.htm。

第二节 增强维和卫勤保障能力 确保维和任务顺利执行

卫勤保障，亦称"卫生支援"或"医学支援"。其是军队卫勤部门平战时对部队采取的军人保健和伤病防治的各种措施，是军队后勤保障的重要组成部分。卫勤保障的主要工作内容为：战时主要是做好伤病员的医疗后送及人畜的卫生防护、防疫，以最大限度地提高治愈归队率；平时主要是做好军人的医疗保健和卫生防疫等工作，降低发病率。[①] 卫勤保障工作是联合国维和行动中后勤保障的重要组成部分。在维和实践中，卫勤保障工作内容主要涉及维和人员医疗救治和卫生防疫以及在驻在国开展医疗援助等。卫勤保障能力的建设可以为维和人员提供有效的医疗健康保障，提升维和人员的战斗力和执行力，推动维和任务的顺利完成。同时，卫勤保障工作能够为驻在国提供其急需的医疗援助，缓解医疗资源紧缺的状况，在一定程度上有助于提升当地的医疗水平，促进驻在国医疗能力的建设。

中国在参与联合国维和行动的过程中重视卫勤保障能力的建设，重点开展医疗人员培养、医疗设备维护、卫生防疫、对外交流与合作等工作，以增强维和行动的后勤保障能力，促进维和综合能力建设。

一 培养维和卫勤人员，保障维和医疗装备

卫勤人员和医疗设备是卫勤保障工作的核心要素，也是推动卫勤工作顺利开展的关键因素。培养、训练卫勤人员是保持高效高质的医疗后勤保障的重要途径。开展科学化、规范化、标准化、定期化的技能培训、应急演练、研讨交流等活动，有助于维和卫勤人员提升医疗服务水平和医疗支援能力。医疗装备是联合国维和医疗工作执行的物质基础，也是完成维和医疗任务的重要前提。维和医疗设备的保障工作应符合联合国相关装备管理程序，做到管理机制化、操作规范化以及维护定期化。

（一）重视卫勤人员培训，提高维和实践能力

在中国参与联合国维和行动的实践中，卫勤人员的培训是维和能力建设的重要内容。一方面，中国维和医疗队重视医护人员的专业能力的培训

---

① 熊武一、周家法等编著《军事大辞海》（上），长城出版社，2000，第 163 页。

和考核，以提升维和医疗实践水平。例如，第9批赴南苏丹维和医疗分队在联南苏团能力评估中顺利通过了医疗救治、安全防卫、自我保障等5大类102项能力检测。联合国评估组对中国维和医疗分队给予了高度的评价："中国医疗分队精细周到的医疗服务、快速高效的应急救援能力让人印象深刻，相信你们一定能够完成好联南苏团各项保障任务。"这支维和医疗分队自2018年9月部署到任务区以来，始终高度重视对医疗人员的能力培训，持续强化卫勤保障、自我保障、安全防护等各项能力，严格开展消、杀、灭等防疫工作，不断提升分队各项保障能力水平。[①]

另一方面，中国维和医疗队注重促进医疗人员学习维和行动相关知识，提升医疗人员的综合素质。例如，中国赴马里维和医疗队在执行任务期间派多个代表参加红十字国际委员会（ICRC）举办的人道主义救援理论培训。培训课程内容主要涉及红十字国际委员会的相关法律、法规，包括国际人道主义法、日内瓦公约及其附加议定书内容、非国际性武装冲突、联合国维持和平行动、维和部队指挥官职责、联马团维和任务等7个主题。[②] 由此可见，中国维和医疗队对医疗人员的培训不仅重视专业技能和安全保障等能力的提升，同时也注重加强医疗人员对维和行动中相关法律知识的学习，有助于增强维和医疗实践能力，具有现实意义和指导意义。

（二）开展医疗救援演练，提升应急实战能力

联合国维和任务区自然环境较为恶劣，安全形势复杂，这为维和医疗任务执行增添了许多安全变数与风险。因此，维和行动要求医疗人员具备高水平的应急救援能力，从而能够在最短的时间内有效开展医疗救助，为医疗救援行动赢得宝贵的时间，提高对伤员的救治率。一方面，中国维和医疗队注重开展医疗救援技能训练，提高医疗人员应急处理能力。例如，中国第17批赴黎维和部队医疗分队多次同外军开展现场急救、批量伤员处置、伤员协同后送等科目演练，积极开展心肺脑复苏、失血性休克防治、

---

① 刘卫伟、林佐楠：《第九批赴南苏丹维和医疗分队通过联南苏团能力评估》，中华人民共和国国防部网站，2019年2月20日，http://www.mod.gov.cn/action/2019-02/20/content_4836540.htm。

② 李雪玉、赵子权：《中国赴马里维和医疗队首次举办红十字国际委员会培训班》，中华人民共和国国防部网站，2016年8月25日，http://www.mod.gov.cn/action/2016-08/25/content_4718811.htm。

骨折固定和火器伤防治等战救技能训练，以提高医疗分队整体应急处突能力。①

另一方面，中国维和医疗队定期开展应急综合演练，提升维和医疗队的实战能力和安全防卫能力。例如，中国第9批赴南苏丹维和医疗分队在营区内组织应急演练，演练以维和营区遭遇武装骚乱为背景，最大限度贴近实战情势，重点突出安全防卫、组织撤离、情况处置等环节的程序和方法。医疗分队队长禹晓东表示："组织开展应急演练，进一步明确每名官兵在突发事件中的职责和任务，不断提高分队快速反应和应急处突的能力，确保能够应对各种突发事件。"② 可见，中国维和医疗队在人员培训方面有针对性地突出应急处突能力和维和行动常见急救技能的相关训练，以增强医疗人员应对突发情况的能力和保持高水平的专业技能。

（三）注重医疗设备维护，定期核查装备性能

保持维和医疗设备良好性能是顺利开展维和医疗行动的前提和关键，同时也有助于维和医疗行动达到高质、高效的水准，促进维和医疗工作能力持续性的提升。维和任务区较为恶劣的自然环境和简陋的工作条件，不利于医疗设备的保存、运作与运输，因此，医疗设备的定期维护以及设备良好性能的保持是维和医疗工作的重点内容。

一方面，中国维和医疗队实行医疗设备维护机制，加强设备管理机制化与责任化。严格遵循联合国有关医疗装备使用和管理的流程和规范，以在最大程度上保障医疗设备的良好性能。例如，中国第8批赴南苏丹（瓦乌）维和医疗分队在开展维和任务期间，建立各项常态维护保养制度，将标准精确到点、职责明确到人、制度落实到位。同时，医疗分队克服环境恶劣、条件简陋以及物资匮乏等实际困难，先后完成革新医疗区布局、研发医疗信息管理系统、创立"绿色标准"营区典范等一系列工作，以确保

---

① 罗茂华、刘伟：《我第17批赴黎维和部队医疗分队顺利完成应急医疗救援演练》，中华人民共和国国防部网站，2019年2月14日，http://www.mod.gov.cn/action/2019-02/14/content_4836225.htm。

② 刘卫伟：《中国第九批赴南苏丹维和医疗分队组织应急演练》，中华人民共和国国防部网站，2018年12月30日，http://www.mod.gov.cn/action/2018-12/30/content_4833253.htm。

顺利通过联合国定期的装备核查。[①]

另一方面，中国维和医疗队定期对医疗设备进行核查维修。由于一些核心医疗设备具有固定的检查周期和维修程序，中国维和医疗队将定期检查和维修保养工作相结合，以避免设备突发故障，确保仪器设备始终处于良好的工作状态。[②] 由此可见，维和医疗设备的保障工作对于维和卫勤能力建设具有重要意义。鉴于任务区复杂艰苦的周边环境以及设备自身固定检修周期的要求，维和卫勤人员应加强对医疗设备和器械的核查、保养、修复、处置等工作，严格按照相关管理制度和程序开展保障工作，确保医疗设备的作业能力。

二　构建卫生防疫体系，增强对抗疫情能力

中国参与的联合国维和行动所在的任务区大都位于非洲地区，地处热带，加之驻在国经济发展缓慢、医疗卫生条件落后、医疗物资匮乏等，非洲成为埃博拉、登革热、疟疾等一些常见热带疾病肆虐的温床，这已经成为维和人员生命安全的重大威胁。在此情况下，中国维和医疗队致力于构建完善的卫生防疫体系，强化对疫情的评估、预防、治疗、监测等措施，全力保障维和人员的身体健康，确保维和人员安全防卫能力。

（一）开展实地疫情评估，构建疫情预防机制

首先，中国维和医疗队加强对当地疫情的风险评估，构建疫情预防机制。风险评估是防疫的重要环节，风险评估能够为医护人员开展相关医疗活动、筹配医疗设备以及制定应急方案等工作提供有效的信息。例如，中国第 22 批赴刚果（金）维和医疗分队面对第 10 轮埃博拉出血热疫情形势，加强疫情风险评估，构筑安全防线，促使所在任务区南基伍省布卡武市无一例病例传入。与此同时，对于在接诊过程中发现的来自疫区的高热、腹泻及不明原因的出血患者，以及与疫区民众接触频繁的维和队员，

① 彭振纲：《中国赴南苏丹维和医疗分队通过轮换交接装备核查》，新华网，2018 年 8 月 29 日，http://www.xinhuanet.com/world/2018-08/29/c_129941368.htm。
② 田巨龙、王与荣：《维和医疗分队（中国）医疗装备管理和维护经验》，《医学研究生学报》2005 年第 12 期，第 1147 页。

医疗分队均将他们列为高危人群，对他们的身体状况进行跟踪记录以及实时动态风险评估。[①]

其次，中国维和医疗队实施疫情预防应急机制，提升防疫等级。中国第 22 批赴刚果（金）维和医疗分队在埃博拉疫情蔓延扩散的情况下，紧急启动《埃博拉出血热疫情防范措施》，迅速提升卫生防疫等级，制定多项预防措施，以保障任务区维和人员生命安全。[②] 由此可见，中国维和医疗队在开展防疫工作时坚持机制化、标准化、应急化的原则，开展科学评估，制定应急预案，构建全面完善的预防机制，以确保维和营区的卫生安全、保障维和人员的身体健康以及维和任务的有序执行。

（二）实施跨部门联防联控，保障维和人员生命安全

联合国维和行动是一项系统的工作，需要多个职能部门相互配合与协调，以确保联合国维和任务高效率完成。在疫情蔓延和发展阶段，中国维和军警及文职人员在执行任务的过程中存在随时被感染的风险，因此加强多部门防疫工作对于保障营区的整体卫生安全至关重要。

一方面，中国维和医疗队注重加强跨部门联防联控工作，分享疫情防控与发展信息，保障维和营区整体卫生安全。例如，中国第 22 批赴刚果（金）维和医疗分队在预防埃博拉疫情的同时，加强与联合国刚果（金）稳定特派团（联刚稳定团）卫生部门及任务区各维和部队一级医院的信息沟通，及时向全体维和队员通报埃博拉最新发病情况。[③]

另一方面，中国维和医疗队积极开展防疫演练，提升医疗紧急事件处理能力，加强各部门防疫工作的协作。中国第 16 批赴利比里亚维和工兵分队在执行维和任务期间与中国维和医疗分队建立联防联控机制，共同组织防疫演练，共享疫情信息，使得维和官兵无一人感染埃博拉病毒，有效保

---

① 王松宇：《中国赴刚果（金）维和医疗分队：无埃博拉病例传入任务区》，中华人民共和国国防部网站，2019 年 7 月 15 日，http：//www. mod. gov. cn/action/2019 – 07/15/content_4845817. htm。

② 李志强：《刚果（金）中国维和部队提高卫生防疫等级　积极防范埃博拉疫情》，中国军网，2019 年 7 月 4 日，http：//www. 81. cn/lkkj/2019 – 07/04/content_9548219. htm。

③ 王松宇：《中国赴刚果（金）维和医疗分队：无埃博拉病例传入任务区》，中华人民共和国国防部网站，2019 年 7 月 15 日，http：//www. mod. gov. cn/action/2019 – 07/15/content_4845817. htm。

障了维和人员的生命安全。① 由此可见，中国维和医疗分队协同其他维和职能部门开展医疗信息分享、医疗救援演练，能够提升多部门开展联防联控的能力，有效提高整体疫情的防控能力，保障维和人员的任务执行力。

（三）安排医疗专家授课，普及防疫知识

普及防疫知识是中国维和医疗队开展维和医疗工作的重点内容，也是培育维和人员卫生防疫能力的重要途径。开展防疫教育不仅有助于缓解或消除维和人员对疾病的焦虑心态，加深其对预防疾病的正确认知，而且有利于提升防疫工作的效率，使得维和任务与防疫措施紧密配合。

在维和实践中，中国维和医疗队注重"讲"与"练"结合，既重视知识普及，也注重开展防疫实训，以强化维和人员对防疫知识的学习。例如，中国第 8 批赴南苏丹（瓦乌）维和医疗队组织全队官兵普及防控知识。维和医疗队重点讲解了非洲常见的出血热疾病埃博拉的特点及其诊断和治疗方法，并组织医护人员进行防护服穿脱培训，以此不断深化维和官兵对防控疫情的认识，提高其处置能力。② 此外，在 2014 年非洲埃博拉疫情蔓延肆虐之时，中国医疗专家组专程来到中国赴利维和运输分队营区"星基地"，现场指导维和部队开展埃博拉疫情防控工作，为全体维和官兵进行埃博拉防控常识授课辅导。专家组结合任务区实地情况，对防疫工作提出实际细致的指导建议，有助于维和医疗分队扎实开展疫情防控，构建维和营区的安全卫生系统。③

三 开展医疗对外合作，互鉴互补提升能力

维和医疗对外合作和交流是提升医疗能力的重要途径。通过开展相关的对外合作与交流活动，维和医护人员能够相互学习维和医疗救援经验、丰富医学知识以及提升医疗专业技能。此外，维和医疗对外交流也是维和人道主义援助的重要内容。通过开展义诊、捐助医疗设备、提升免费医疗

---

① 苏跃斌、李磊：《我 275 名赴利维和工兵安全无恙，冒疫情坚持施工》，中华人民共和国国防部网站，2014 年 8 月 9 日，http：//news. mod. gov. cn/action/2014 － 08/09/content _ 4527950. htm。

② 彭振纲：《中国赴南苏丹维和医疗队扎实做好疫情防范工作》，新华网，2018 年 1 月 19 日，http：//www. xinhuanet. com/world/2018 － 01/19/c_129793824. htm。

③ 张祯、靳浩阔、苑大营：《中国医疗专家组指导赴利维和部队抗击埃博拉疫情》，中国军网，2014 年 8 月 21 日，http：//www. 81. cn/lkkj/2014 － 08/21/content_6104118. htm。

服务等活动，维和医疗队能够缓解驻在国公共卫生资源短缺的情况，推动其医疗卫生基础设施建设，提升驻在国公共医疗能力。

（一）举行医疗救治研讨会，交流医学经验与做法

维和医疗救治研讨会是医疗对外交流的重要形式和平台。举行相关医疗主题的多国研讨会，有利于各国医疗人员总结各自的工作经验，分享有益的医疗知识，同时有助于推动各国维和医疗人员开展相关内容的学术研究，促进医疗人员专业技能的提高和医疗实践能力的提升。

中国维和医疗队注重参与多国医疗交流活动，互鉴互学，以提升医疗救治能力。例如，中国第 17 批赴黎巴嫩维和部队建筑工兵分队承办了联黎高级医疗官会议，共有来自联黎司令部医疗处及 18 个出兵国的共 36 名医疗骨干参加。各国医疗人员结合自身经验，围绕战场急救的创伤控制、空运后送体系建设和中国传统医学在维和卫勤中的运用等内容，展开讨论并分享各自救治经验。同时，中国军队的卫勤人员借此契机，充分与外军展开军事医学研讨交流，就战场环境下的伤员救治、紧急重大伤情的处置流程等问题进行研究探讨，分享军事医学交流经验和做法。[1]

可见，中国维和医疗队重视在医疗交流活动中分享与学习具体的医疗经验与做法，并且注重学习紧急情况的医疗处置方法，以提高在维和任务中的应急能力和医疗救援能力。

（二）开展医疗卫生援助，帮助驻在国医疗能力建设

维和医疗卫生援助是帮助驻在国建设医疗卫生事业的重要途径。由于维和行动驻在国安全形势复杂，医疗公共卫生资源匮乏，医疗条件简陋，医疗人员短缺，其医疗公共卫生服务能力较差，难以有效应对由武装冲突造成的伤员和受各类传染病感染的患者，因此，开展公益性的医疗援助行动是提供人道主义医疗服务的表现，有助于缓解当地医疗卫生资源紧缺的情况，帮助驻在国提升自主医疗的能力。

中国维和医疗队对驻在国积极开展医疗援助，主要包括提供公益医疗服务、捐赠医疗物资、普及医疗卫生知识等。例如，中国第 17 批赴黎巴嫩

---

[1]　张秋实、何斌：《多国军医齐聚　探讨医疗救治经验》，中华人民共和国国防部网站，2019 年 1 月 9 日，http://www.mod.gov.cn/action/2019-01/09/content_4834214.htm。

维和部队医疗分队与黎巴嫩政府军医护人员组成的急救培训小组携带心肺复苏训练模型、急救设备和耗材，先后前往黎巴嫩纳巴提耶省希亚姆镇和马家勇镇的两所中学，为高中生开展急救技能培训。维和医疗分队队长罗茂华介绍，中国赴黎维和部队医疗分队部署 9 个月以来，注重同其他出兵国、非政府组织和当地民众开展合作与交流，积极开展卫生援助，多次深入当地村庄、学校开展义诊、巡诊，获得当地民众广泛赞赏。①

同时，维和医疗队积极为当地医院捐赠医疗物资，推动当地医疗卫生事业的发展。例如，中国第 7 批赴南苏丹维和医疗队官兵为南苏丹圣玛丽医院捐赠了文体用品、医疗用品等物资，并且就下一步进行技术交流和基础设施援建达成一致意见。②

（三）开展跨国医疗救援训练，提升维和应急协调能力

开展医疗救助是维和医疗队的重要任务之一。由于维和活动具有安全风险的不确定性和突发性的特征，维和医疗队应随时准备好执行紧急医疗救援行动，并且提升处理突发事件的应急能力和安全防卫能力。开展跨国医疗救援训练不仅能够提升维和医疗队的处突能力，强化其在危急情况时的机动能力，而且有助于其提升与外军执行任务的配合协调能力，提升跨国合作的联动能力。

例如，中国第 17 批赴黎维和医疗分队与联合国黎巴嫩临时部队（联黎部队）东区司令部塞尔维亚机动预备队开展了一次医疗救护应急演练。这次演练以附近友军晚间遇到突发伤情为背景开展。此次演练不设脚本，需要处置的科目都是根据现场情况临时导调的，目的是增强官兵的战备意识和应急处突能力。③

由此可见，中国维和医疗队在实践和救援演练中注重应急能力的训练，并且最大限度地将演练接近实战环境，增强官兵的战备意识，强化跨国救援的协调与配合。

---

① 张鹏、刘伟：《中国赴黎巴嫩维和部队医疗分队圆满完成急救技能培训任务》，《中国青年报》2019 年 2 月 21 日，第 11 版。

② 肖树文、姜大雷：《中国第七批赴南苏丹维和医疗队向圣玛丽医院捐赠物品》，中国军网，2016 年 12 月 13 日，http://www.81.cn/lkkj/2016-12/23/content_7421194.htm。

③ 《假日战备为和平——记中国赴黎巴嫩维和医疗分队与友军举行医疗救援演练》，新华网，2018 年 10 月 5 日，http://www.xinhuanet.com//world/2018-10/05/c_1123521486.htm。

第三节 构建维和行动伙伴关系 提升中国维和行动影响力

联合国维和行动中的多国军事合作决定了构建维和行动伙伴关系的必要性。紧密的维和行动伙伴关系不仅有助于合作各方在维和实践中能力互补、情报共享、经验交流互鉴，也有利于行动各方提升自主维持和平与安全的能力，提高联合国安全治理的质效。中国重视同联合国、各区域组织以及次区域组织构建积极的维和行动伙伴关系，同时也注重同各国构建双边安全合作关系，开展有益国际安全治理的交流与合作。此外，提升维和事务话语权是新时期中国加强维和能力建设的重要内容。维和话语权的提升能够有效推动中国在国际维和事务中的软实力建设，是践行"维护世界和平，促进共同发展"外交政策的宗旨的重要体现。

一 支持联合国发挥维和引领作用，推动联合国维和能力建设

同联合国开展紧密维和事务合作并支持联合国发挥维和引领作用对中国参与联合国维和行动的能力建设具有关键影响。这不仅有利于中国依托联合国平台，在国际和平与安全事务中贡献中国力量，提升中国在维和行动中的影响力与实践能力，同时有利于联合国增强在维和事务中的权威地位和引领作用，确保维和行动按照联合国相关规章与制度有序开展，促进世界和平与安全。

（一）依托联合国安理会平台，为联合国维和行动提供建设性方案

安理会担负着维持国际和平与安全的重要职责。中国是联合国安理会五个常任理事国之一，同时也是联合国维和行动重要的支持者与参与者。中国积极参与联合国安理会关于国际和平与安全议题的探讨，依托安理会这一权威平台，提出符合实际并具有建设性的解决方案。这不仅有助于推动热点地区安全议题通过和平方式解决，促进联合国在维和事务中发挥引领作用，而且有助于提升中国在维和事务中的外交能力。

首先，中国重视提升维和行动实效，提出应加强安理会、出兵国和出警国、联合国秘书处的三方合作。中国在安理会相关会议上提出三点建设性的方案：第一，维和行动授权要清晰明确，配合政治解决，并根据动态

需求，不断调整各阶段优先任务和工作重点；第二，秘书处要优化后勤保障机制，提供高效支持，确保维和自愿，重视加强培训，切实帮助出兵国和出警国提高履职和应对复杂局面的能力；第三，要发挥好安理会维和工作组机制的作用，构建安理会同秘书处、出兵国和出警国沟通的桥梁，以形成合力，解决实际问题。[①]

其次，中国重视安理会工作方法改革，以提高其行动的权威和效力。安理会是负责维持国际和平与安全的重要机构，其工作方法对维和行动开展的效率与质量具有重要的影响。为此，中国代表提出三点改进建议。第一，突出重点，严格根据授权履行职责。安理会应集中精力处理好威胁国际和平与安全的重大紧迫的问题。第二，安理会成员国应坚持平等耐心协商，避免强推各方仍存严重分歧的案文，以增强安理会行动的权威和效力。第三，优化工作机制，提升工作实效。[②]

最后，中国强调应帮助当事国发展自主维和能力。支持并帮助冲突当事国发展自身维和能力是实现区域和平与安全的关键之措，也有利于从真正意义上实现联合国维和行动的目标，实现可持续性和平。针对这一目标，中国常驻联合国副代表吴海涛提出三点建议：国际社会应坚持当事国主导原则；确保维和行动与建设和平工作平稳衔接；加强区域和次区域组织伙伴关系。中国坚持尊重当事国主权和主导权原则，尊重其意愿，提供建设性帮助，并且支持联合国、国际社会与有关地区组织和国家开展伙伴合作，共同帮助当地经济社会发展，解决冲突的根源性问题。[③]

（二）扩大参与联合国维和行动规模，加大维和行动贡献力度

作为联合国安理会常任理事国以及世界上最大的发展中国家，中国自开始参与联合国维和行动以来，不断加大对联合国维和行动的支持力度，提高参与联合国维和事务的广度和深度。这是中国深化参与全球安全治理

---

① 徐晓蕾：《中国代表：加强三方合作对提升维和行动实效至关重要》，新华网，2019 年 7 月 11 日，http://www.xinhuanet.com/2019 – 07/11/c_1210190537.htm。

② 《吴海涛大使在安理会工作方法问题公开会上的发言》，中华人民共和国常驻联合国代表团网站，2019 年 6 月 6 日，http://un.china – mission.gov.cn/chn/zgylhg/jjalh/alhzh/201906/t20190607_8370761.htm。

③ 王建刚：《中国代表呼吁帮助冲突后当事国提升能力建设》，新华网，2019 年 7 月 19 日，http://www.xinhuanet.com/world/2019 – 07/19/c_1124774619.htm。

的必要之举，是践行中国外交政策的宗旨的体现，也是中国加强参与联合国维和行动的能力建设的重要途径，以扩大中国对世界和平与安全的贡献。

一方面，中国不断加大对联合国维和行动的资金支持力度，以确保联合国维和各项任务和工作的顺利开展。自2016年起，中国在联合国维和行动中的实际摊款比例有明显上升，并保持着稳定的数额，成为联合国维和行动第二大出资国，为联合国维和事务的推进做出重要贡献。

2015年，国家主席习近平在联合国大会一般性辩论中宣布中国决定设立为期10年、总额10亿美元的中国—联合国和平与发展基金，支持联合国的工作，促进多边合作事业，为世界和平与发展做出新的贡献。[①] 这表明中国对联合国维和行动的资金支持朝着稳定化和机制化的方向发展，同时也有助于提升中国在联合国维和事务中的影响力，推动联合国维持国际和平与安全的能力建设。

另一方面，中国不断扩大参与联合国维和行动的人员规模，积极派遣高素质的多样化维和人才，为支持和推动联合国整体维和能力建设做出重要贡献。自1990年以来，中国军队先后参与24项联合国维和行动，派出维和军事人员4万余人次，其中13名中国军人牺牲在维和一线。2013年中国首批维和警卫分队出征马里加奥；2015年中国首批维和步兵营飞赴南苏丹朱巴；2017年中国首批维和直升机分队部署到苏丹达尔富尔；2018年10月，中国13支维和待命分队一次性全部高标准通过联合国组织的考核评估，晋升为二级待命部队。[②]

其中，在执行联合国维和行动的核心人员方面，中国派遣的维和军警人员规模自1990年来不断扩大并保持稳定数量（见表7－1），这为中国在联合国维和行动中发挥重要作用打下坚固的基础。

总之，中国积极通过资金支持和人员输送的方式扩大参与联合国维和行动的规模，加大维和行动中的中国贡献力度，这不仅有助于提升中国维和人员的作战力和执行力，增强中国在联合国维和事务中的影响力，同时也能够帮助联合国充分发挥维护世界和平与安全的引领作用，促进国际维和事业的发展。

---

① 《携手构建合作共赢新伙伴 同心打造人类命运共同体》，人民网，2015年9月29日，http://politics.people.com.cn/n/2015/0929/c1024 - 27644905.html。
② 庞清杰：《维护世界和平的中国担当》，《解放军报》2019年5月29日，第4版。

表 7 - 1 中国参与联合国维和行动的军警人员总人数

(1990 ~ 2019 年部分年份统计)

单位：人

统计截止时间	中国参与联合国维和行动的军警人员总人数
1990 年 11 月 30 日	5
2000 年 12 月 31 日	98
2003 年 12 月 31 日	358
2004 年 12 月 31 日	1036
2005 年 12 月 31 日	1059
2008 年 12 月 31 日	2146
2010 年 12 月 31 日	2039
2013 年 12 月 31 日	2078
2015 年 12 月 31 日	3045
2016 年 12 月 31 日	2630
2017 年 12 月 31 日	2644
2018 年 12 月 31 日	2515
2019 年 6 月 30 日	2519

资料来源：联合国维持和平网站，https：//peacekeeping. un. org/en/troop - and - police - contributors。

(三) 协助联合国开展维和人员能力建设，构建良好维和行动伙伴关系

维和人才培训是提升联合国维和能力的关键措施，也是中国参与联合国维和行动的能力建设的重点内容。中国积极协助联合国开展维和人员培训不仅有助于促进中国维和人员对外交流，拓宽其国际化视野，提升其跨文化交流能力，同时也有助于为联合国输送优质的维和人才，提高联合国整体维和行动能力，深化中国与联合国的维和行动伙伴关系。

一方面，中国积极协助联合国开展维和人才培训工作。维和人才培训是联合国维和能力建设的重要内容，也是影响维和行动质效的关键。协助联合国开展维和人才培训工作不仅有助于提升中国维和人员综合素质，提高其维和行动能力，也有利于为联合国培养和输送高素质维和人才，为联合国整体维和能力打下坚实基础。例如，2009 年成立的国防部维和中心（现为国防部维和事务中心培训基地）担负着培养友好国家维和部（分）

队指挥军官、军事观察员和参谋军官以及承担联合国委派的维和培训任务的职责。① 此外，中国国防部和联合国维和部门定期展开维和教官、维和参谋军官等多项培训班，共同推进维和人才培养工作，加强国际维和人才交流与合作，提升维和人才的综合能力。

另一方面，中国积极推动联合国维和警察可持续发展。中国支持联合国加强维和警察能力建设，支持秘书处同出警国以及联大维和行动特委会开展密切协商，制定维和警察组织、培训和监管标准。同时，中国倡议联合国应加大对非盟等区域组织维和警察能力培养和支持力度，帮助区域组织在维护地区和平稳定方面发挥更大作用。② 此外，中国为联合国在柬埔寨、老挝、埃及、东盟等地的维和人员提供排雷设备，在联合国维和行动中发挥愈发重要的作用。

二　积极同非洲构建维和伙伴关系，促进非洲地区维和能力建设

非洲地区是联合国开展维和行动的重点区域。联合国规模最大、最昂贵、最危险以及最失败的维和行动都在非洲。③ 维护非洲地区和平、安全与稳定对于世界和平与安全具有重要意义。构建同非洲地区组织的维和伙伴关系是新时期联合国维和行动改革的重要举措，对促进联合国维和能力建设具有重要作用。

中非双方已建立起全面战略合作伙伴关系，双方坚持真诚友好、平等相待，致力于合作共赢、共同发展。加强同非洲国家的团结与合作始终是中国独立自主和平外交政策的重要基石。④ 作为联合国维和行动的重要参与者与贡献者，中国积极参与联合国在非洲的维和行动，深化中非双方在和平与安全领域的合作，推动非洲地区自主维持和平能力建设，同时也促进中国参与联合国维和行动的能力建设。

---

① 吕德胜：《我军首个维和专业培训与国际交流机构——国防部维和中心挂牌》，《解放军报》2009年6月26日，第4版。
② 李秉新、李晓宏、殷淼：《中方愿与国际社会共同推动联合国维和警察可持续发展》，人民网，2014年11月21日，http：//world. people. com. cn/n/2014/1121/c1002 - 26068050. html。
③ 周玉渊：《非洲维和伙伴关系：联合国维和改革与中国的角色》，《外交评论》2018年第2期，第66页。
④ 《中国对非洲政策文件（全文）》，中华人民共和国外交部网站，2015年12月5日，https：//www. fmprc. gov. cn/web/zyxw/t1321556. shtml。

（一）　明确同非洲国家开展维和合作的原则与立场

尊重非洲国家主权、不干涉非洲国家内政是中国对非政策的重要原则以及开展双边合作的重要方针。这是中国坚持和平共处五项原则的体现，也是中国秉持真实亲诚对非政策方针的前提和基础。因此，中国在同非洲国家开展联合国维和事务的合作时始终坚持和遵守主权独立和不干涉内政的立场和原则，并在此基础上积极同非洲国家构建维和伙伴关系，帮助非洲国家调解冲突、创建和平、维持和平，提升非洲国家自主维和能力，建设可持续性和平。

首先，以不干涉国家内政为前提，坚持尊重非洲处理安全事务的独立权和自主权。中国在同非洲国家构建维和伙伴关系以及参与非洲维和事务的过程中，始终强调不干涉非洲国家内政，恪守国际关系基本准则。中国以此为参与维和事务的前提和原则，尊重非洲国家的意愿，建设性地参与热点问题的解决。此外，中国坚持"支持非洲人以非洲方式解决非洲问题"，尊重非洲国家在维和行动中的独立权和自主权。[1] 例如，针对 2013 年南苏丹国内由政权争夺引发武装冲突的严峻安全形势，中国积极通过各种渠道开展冲突调解工作并提供紧急人道主义援助。中国支持由了解本区域情况的"伊加特"发挥斡旋主渠道作用，并为其提供相应协助，符合"非洲人以非洲方式解决非洲问题"的原则。这为冲突各方达成共识奠定了良好的基础。[2]

其次，主张通过和平手段解决争端。中国在参与非洲维和事务时注重以和平手段解决争端，强调和平手段的重要性。中国支持在联合国和地区组织框架下劝和促谈、斡旋调停，同时坚持不赞成使用武力，不赞成没有联合国授权、未经当事国同意的单边军事行动的立场。[3] 例如，中国在达尔富尔和平进程议题上主张各方应继续保持克制，避免使用武力，共同维护达尔富尔地区的和平与稳定，鼓励通过对话协商等政治手段解决矛盾和

① 《王毅：探索具有中国特色、行之有效的非洲热点问题解决之道》，新华网，2015 年 12 月 6 日，http://www.xinhuanet.com/world/2015 - 12/06/c_128502250.htm。

② 《"中国方案"助力南苏丹和平进程》，新华网，2015 年 2 月 21 日，http://www.xinhua-net.com//world/2015 - 02/21/c_127497924.htm。

③ 《"中国方案"助力南苏丹和平进程》，新华网，2015 年 2 月 21 日，http://www.xinhua-net.com//world/2015 - 02/21/c_127497924.htm。

分歧。①

(二) 构建中非合作机制，共促非洲地区安全治理

合作机制是深化合作的重要举措和表现，有助于推动合作定期化、稳定化、规范化。中非合作论坛是中国和非洲国家在南南合作范畴之内开展集体合作和有效对话的重要机制和平台，通过这一合作机制，中非定期就相关议题开展对话磋商，达成共识，为多边合作提供建设性的方案，有效促进中国同非洲国家的整体协作。中非合作论坛是中国同非洲国家构建多边维和伙伴关系的重要平台。和平与安全领域一直是中非合作的重点内容。在中非合作论坛的框架下，中国同非洲国家的和平安全合作逐步具体化、全面化，双方在联合国维和行动中的相互协作也愈发深化。

首先，中国坚定支持非盟在维护非洲和平稳定上发挥重要作用。非盟是非洲地区规模最大、最具代表性的区域性组织。其在非洲地区的社会经济发展、政治交往、和平与安全等方面发挥着重要的影响。中国积极与非盟构建更加紧密的维和伙伴关系，通过资金援助、人员培训、情报信息共享等措施支持非盟在非洲维和事务中发挥更加关键的作用。这不仅有利于贯彻中国在非洲维和议题上"支持非洲人以非洲方式解决非洲问题"的立场原则，同时也有利于帮助非洲国家建设自主维和能力，促进非洲国家之间在和平安全议题上的对话与合作。例如，2015 年中国设立驻非盟使团，这标志着中国同非盟的关系进入新阶段，也是双方合作深化的重要表现。2015 年发布的《中国对非洲政策文件》明确提出中国重视并坚定支持非盟在推进非洲联合自强和一体化进程中发挥领导作用、在维护非洲和平与安全中发挥主导作用、在地区和国际事务中发挥更大作用。②

其次，中国同非洲国家在维护和平与安全方面的合作不断深化。中非合作论坛是中国同非洲国家开展合作与对话的重要机制。中国同非洲国家注重通过合作平台不断扩大合作领域，深化合作内容，完善合作机制。依托这一重要合作平台，中非和平安全合作内容也不断地具体化、机制化、多样化，这对于促进维和行动在非洲地区的顺利开展具有重要作用，同时

---

① 王建刚：《中国代表呼吁继续推动达尔富尔和平进程》，新华网，2019 年 4 月 18 日，ht-tp：//www. xinhuanet. com/2019 - 04/18/c_1210112348. htm。

② 《〈中国对非洲政策文件〉（全文）》，中华人民共和国外交部网站，2015 年 12 月 5 日，ht-tps：//www. fmprc. gov. cn/web/zyxw/t1321556. shtml。

有助于提升非洲国家安全治理能力。表 7 - 2 显示的是自 2000 年中非合作论坛成立以来，中非双方在这一机制框架下达成的重要文件中关于和平安全合作议题的主要内容。

表 7 - 2　中非合作论坛重要文件中关于和平安全合作议题的主要内容

重要文件	和平安全合作议题主要内容
《中非合作论坛北京宣言》（2000 年）	呼吁有关各方致力于非洲的团结、和平与发展，妥善解决争端；赞赏非统和其他有关地区、次地区组织在解决非洲冲突方面发挥的积极作用；要求国际社会尤其是联合国，对解决非洲的冲突问题予以特别重视，并采取包括制订有效维和计划在内的一切必要措施
《中非合作论坛——亚的斯亚贝巴行动计划（2004 至 2006 年）》	中国将继续积极参与非洲的维和行动和扫雷进程，并在力所能及的范围内向非洲联盟和平与安全理事会提供资金、物资援助以及相关培训。为加强非洲国家开展维和行动的能力，期望中国加强与非洲国家和次区域组织在后勤方面的合作
《中非合作论坛北京行动计划（2007 - 2009 年）》	中国承诺继续支持并参与非洲人道主义扫雷进程，以及打击轻、小武器非法贸易的努力，在力所能及的范围内提供资金、物资援助以及相关培训；中国愿与非洲加强在预防、控制和解决地区冲突方面的合作
《中非合作论坛——沙姆沙伊赫行动计划（2010 至 2012 年）》	中国政府将继续支持联合国安理会在帮助解决非洲地区冲突问题上发挥建设性作用，继续支持并参与联合国在非洲的维和行动；中国政府将继续积极支持非盟等地区组织及相关国家为解决地区冲突所做的努力，并在维和理论研究、开展维和培训与交流、支持非洲维和能力建设等方面加强与非洲国家的合作
《中非合作论坛第五届部长级会议——北京行动计划（2013 年至 2015 年）》	为加强与非洲在和平与安全事务中的合作，中方将发起"中非和平安全合作伙伴倡议"，在力所能及的范围内对非盟的支持和平行动，"非洲和平与安全框架"建设，和平与安全领域人员交流与培训，非洲冲突预防、管理与解决以及冲突后重建与发展提供资金和技术支持；中方将继续支持联合国在帮助解决非洲地区冲突问题上发挥建设性作用，积极参与联合国在非洲的维和行动，加强中非双方在联合国安理会的沟通与协调

续表

重要文件	和平安全合作议题主要内容
《中非合作论坛——约翰内斯堡行动计划（2016 - 2018 年）》	中方未来 3 年将向非盟提供 6000 万美元无偿军事援助，支持非洲集体安全机制建设，包括非盟快速反应部队和非洲常备部队建设；继续支持联合国在帮助解决非洲地区冲突问题上发挥建设性作用，加强与联合国安理会的协调配合；中方将继续积极参与联合国在非洲的维和行动，向非方提供维和培训支持，并根据联合国安理会 2033 号决议与非方加强在联合国安理会的沟通与协调
《中非合作论坛——北京行动计划（2019 - 2021 年）》	中方将继续积极参与联合国在非洲开展的有关维和行动，并考虑应联合国要求，派出更多人员参与在非维和行动；中方支持非洲自主维和能力建设，将继续向非方提供维和警务培训支持，增强维和行动能力，积极推进落实 1 亿美元的对非无偿军事援助，以支持非洲常备军和危机应对快速反应部队建设，并共同推动广大发展中国家提升在联合国维和领域的话语权和影响力；中方将设立中非和平安全论坛

资料来源：中非合作论坛网站，https：//www.focac.org/chn/zywx/zywj/，笔者整理自制。

由表 7 - 2 可知，中非和平安全合作由最初的外交支持到提供物资、资金、人员培训以及人道主义援助等一系列具体的支持行动，再到建立专门性的和平安全合作机制并共同推动维和话语权建设，这体现了中国对非洲在和平与安全领域的支持从重视物质层面的支援逐渐转变成注重和平安全合作机制化建设和软实力建设，以深化维和安全协作，构建可持续性的和平环境。

（三）帮助非洲提升自主维稳能力，创建非洲可持续性的和平环境

提升非洲自主维稳能力是中国参与联合国维和行动的重要目标。这不仅有助于维持和延续联合国维和行动在非洲取得的进展和成果，同时也有助于提高中国同非洲国家开展维和行动的质效，提升中非双方维持和平与安全的能力。

一方面，中国帮助非洲国家培养维和人才。例如，2016 年中国维和警察培训中心举办了首期外国高级警官维和能力研修班，为了增进中非维和警察交流，向非洲提供维和培训支持，首期研修班邀请了安哥拉、吉布提、肯尼亚、利比里亚、纳米比亚、坦桑尼亚、乌干达、赞比亚、津巴布

韦 9 个国家的 17 名高级警官和来自中国的 4 名维和警察代表参加。研修班课程重在帮助接受培训的国家加强维和能力建设，拓展深化警务合作。①此外，中国承诺将继续向非洲国家提供维和警务培训支持，增强其维和能力。同时，中国积极加强对非军事人员培训，深化中非军队院校、科研机构间的学术交流与合作，提升非洲军事医疗水平。②

另一方面，中国向非洲国家提供维和能力建设资金。资金援助能够缓解非洲国家在开展维和人员培训、装备采购、后勤保障以及相关基础设施建设方面的资金短缺情况，同时也有助于为非洲国家发展社会经济和逐步构建自主维和能力提供宝贵的过渡时期。为此，中国积极向非洲国家提供维和资金援助，并且建立相关援助机制以深化中非双方合作。例如，2018 年《中非合作论坛——北京行动计划（2019–2021 年）》提出中国将设立中非和平安全合作基金，支持中非开展和平安全和维和维稳合作，将继续向非盟提供无偿军事援助。同时，中国将积极推进落实1 亿美元的对非无偿军事援助，以支持非洲常备军和危机应对快速反应部队建设。③

此外，中国还帮助非洲国家推动医疗卫生、公共服务、减少贫困等方面的发展，力争在根源上缓解并消除冲突，创造可持续性的和平环境。例如，在减少贫困方面，"中非减贫惠民合作计划""幸福生活工程"等项目有效提升了非洲乡村公共服务能力，改善乡村社区环境和生活条件；在医疗卫生方面，"中非公共卫生合作计划"有助于促进双方共同应对重大突发疾病挑战，并推动非洲公共卫生防控和救治体系建设。④

三　努力提升中国维和行动话语权，增强中国维和行动的影响力

在国际关系视域下，话语权指的是在国际事务中的表决权、代表权、投票权、份额、比重等，即表达观点等"说话"权利；同时也指能改变其

---

① 《首期外国高级警官维和能力研修班举办》，新华社，2016 年 8 月 8 日，http：//www.xin-huanet.com/world/2016–08/08/c_1119356652.htm。

② 《中非合作论坛——北京行动计划（2019–2021 年）》，中华人民共和国外交部网站，2018 年 9 月 5 日，https：//www.fmprc.gov.cn/web/zyxw/t1592067.shtml。

③ 《中非合作论坛——北京行动计划（2019–2021 年）》，中华人民共和国外交部网站，2018 年 9 月 5 日，https：//www.fmprc.gov.cn/web/zyxw/t1592067.shtml。

④ 《中非合作论坛——北京行动计划（2019–2021 年）》，中华人民共和国外交部网站，2018 年 9 月 5 日，https：//www.fmprc.gov.cn/web/zyxw/t1592067.shtml。

他国家的认知或行为的话语、理念或主张的影响力和感召力。① 话语权不仅是国家权力的重要组成部分以及国家综合实力的重要表现，同时也是捍卫国家利益的重要途径。提升国际话语权有助于向外界传达具有影响力和感召力的对外政策、价值观念、利益诉求，增强国家软实力，提升国家形象，因此是新时期国家利益博弈的重要内容。

联合国维和事务话语权主要体现在决策制定、人员数量、经费分摊、国际舆论影响力等方面。提升中国在联合国维和事务中的话语权是中国扩大参与联合国维和行动规模的必然之举。这有利于提升中国参与联合国维和行动的决策话语权和议程制定能力，增强中国在国际维和事务中的软实力，体现中国维护世界和平与安全的负责任大国的形象。

（一）培养联合国维和高级职员和军人

一方面，中国重视培养联合国维和高级军事人才。联合国维和行动是维持和平与安全的军事行动。高级军事人才能够在联合国维和军事行动中开展军事参谋、筹划、协调、指挥等工作，这对于提升中国在维和军事行动中的话语权发挥着关键作用。例如，自 2016 年以来，国防部维和事务办公室、国防部维和中心连续举办了维和特派团高级官员、女性维和军官、军事观察员、维和参谋军官等一系列联合国维和行动国际培训班。② 这不仅为联合国输送了高素质的维和军事人才，而且有利于培养中国维和高级军事人才，提升中国在联合国维和行动中军事组织、筹划、协调和指挥等工作方面的影响力，从而提升中国在维和军事行动中的话语权。

另一方面，中国参与联合国维和事务咨询评估小组，提升中国在维和行动中影响决策制定的能力。联合国针对维和行动成立的咨询评估小组的主要职责是对维和行动进行全面评估，以更好地开展维和行动、完善相关制度为目标。因此，参与维和事务咨询评估小组有利于增强中国在完善维和具体工作内容的相关决策上的影响力。例如，2014 年联合国秘书长潘基文宣布任命一个高级别独立小组，以评审联合国维和行动。评审小组由来自法国、印度、中国、俄罗斯、英国、美国、巴西等国家的人员组成。评

① 孙吉胜：《中国国际话语权的塑造与提升路径——以党的十八大以来的中国外交实践为例》，《世界政治与经济》2019 年第 3 期，第 24 页。

② 任旭、张华清：《我军首期联合国维和参谋军官国际培训班在京举办》，中国军网，2016 年 11 月 14 日，http://www.81.cn/jwzb/2016 - 11/14/content_7370763.htm。

审小组与联合国主要部门、会员国等紧密协作，其对联合国维和行动的评估建议在 2015 年联合国大会一般性辩论期间提交联大参考。[①]

此外，在联合国秘书处中的职员和高级职员人数是衡量维和事务实际话语权的重要指标。[②] 联合国秘书处的主要职责是执行联合国及其所属机构所制定的方案和政策。因此，增加中国在联合国秘书处中的职员和高级职员人数有利于中国影响相关政策具体的执行，提升中国在维和具体实践中的影响力。

如表 7 - 3 所示，自党的十八大召开以来，中国不断扩大在联合国秘书处工作人员中的比重，提高参与联合国秘书处事务的程度，这有利于增强中国在具体维和事务处理过程中的影响力以及维和事务的议程设置能力，提升中国在联合国维和事务中的话语权，扩大中国在联合国维和行动中的影响力。

表 7 - 3　中国在联合国秘书处中的工作人员占总人数的比重

单位：%

时间	占总人数的百分比
2012 年 7 月 1 日至 2013 年 6 月 30 日	1.09
2013 年 7 月 1 日至 2014 年 6 月 30 日	1.09
2014 年 7 月 1 日至 2015 年 6 月 30 日	1.12
2015 年 7 月 1 日至 2016 年 6 月 30 日	1.19
2016 年 7 月 1 日至 2016 年 12 月 31 日	1.21
2017 年 1 月 1 日至 2017 年 12 月 31 日	1.29
2018 年 1 月 1 日至 2018 年 12 月 31 日	1.46

资料来源：联合国文件 A/68/356、A/69/292、A/70/605、A/71/360、A/72/123、A/73/79、A/74/82。

（二）打造维和行动"中国标准"

中国在参与联合国维和行动的过程中积极打造"中国标准"，注重确

---

① 倪红梅、裴蕾：《潘基文任命联合国维和行动评审小组》，中华人民共和国国防部网站，2014 年 11 月 1 日，http://news.mod.gov.cn/action/2014 - 11/01/content_4549180.htm。

② 何银：《联合国维和事务与中国维护话语权建设》，《世界经济与政治》2016 年第 11 期，第 46 页。

保维和任务执行的"高质"与"高效",树立专业精湛、素质过硬、纪律严明的中国维和部队形象,以"中国标准"推动联合国维和行动质效的提升,促进整体维和能力的增强。

一方面,中国维和部队积极通过精湛的专业素养提升执行任务的效率。这有助于提高维和人员处理突发事件的效率与速度,赢得时间优势,确保维和人员高效完成相关维和任务。例如,中国第 17 批赴黎维和部队在部署至任务区后创造了最快时间通过扫雷资质认证、最短时间上雷场、最快时间排除首枚地雷等纪录,被联合国地雷行动中心主管称赞为"最好的扫雷队伍"。①

另一方面,中国维和部队积极确保高质完成联合国维和任务,树立维和行动榜样。高质量完成维和任务不仅是中国参与联合国维和行动的能力提升的重要表现,同时也有利于树立"中国标准",影响国际舆论,推动中国在维和事务中的软实力建设。例如,中国第 6 批赴马里维和部队在执行任务期间克服恶劣的自然环境、严峻的外部形势等多种困难和挑战,高标准完成了各项任务,展现了中国军人的担当精神和过硬能力。② 中国第 15 批赴南苏丹(瓦乌)维和工程兵大队官兵连续奋战 15 天,圆满完成了联合国维和营地南苏丹(瓦乌)"UN"城的安全防护设施升级改造任务,受到了联南苏团州行政官哈桑的高度评价:"中国工兵自到达瓦乌以后,成绩非常出色,防御工事建成,对目前南苏丹不安全的环境、冲突是很重要的安全保障。"③

总之,积极在联合国维和行动中打造高质高效的"中国标准",树立维和行动榜样,不仅能够树立中国负责任大国的维和形象,使中国赢得联合国与外国部队的信任和认可,而且也有利于提升中国在联合国维和事务中的影响力,进而提升中国的维和国际话语权。

(三) 积极开展维和人道主义援助和文化交流

人道主义援助是联合国维和行动的重要组成部分。在维和实践中,人

---

① 王云龙、尹博:《中国赴黎维和部队扫雷再创新纪录》,《解放军报》2018 年 12 月 23 日,第 4 版。

② 彭况:《马里维和光影纪事》,《解放军画报》2019 年 7 月刊。

③ 孙中锋、李欣:《中国赴南苏丹(瓦乌)维和工程兵大队完成"UN"城防御系统升级改造任务》,中华人民共和国国防部网站,2017 年 1 月 3 日,http://www.mod.gov.cn/action/2017 – 01/03/content_4769041.htm。

道主义援助主要包括难民援助、提供食物和生存保障用品、提供医疗和卫生服务、帮助建设基础设施、捐赠物品等。开展人道主义援助不仅有助于践行维和行动中的人文关怀，赢得当地民众的信任，推动联合国维和任务顺利执行，同时也有利于树立积极正面的维和形象，提升维和行动的国际影响力。

中国重视在联合国维和行动中开展人道主义救援，展现中国维和部队"和平之师、友好之师"的形象。例如，中国赴南苏丹维和部队在面对持续不断的武装冲突时坚守岗位，积极为南苏丹平民提供人道主义援助，协助中国同胞后撤回国，积极完成联合国赋予的各项维和任务。同时，中国维和工兵分队迅速按照联南苏团指令，在瓦乌基地营区紧急开设难民营。中国维和医疗分队迅速开设床位，做好大批量收治难民和伤员的准备。① 在医疗卫生服务方面，中国第 17 批赴黎巴嫩维和部队医疗分队自部署以来，多次前往周边出兵国营区，深入当地村庄、学校开展义诊、巡诊，提供体检、诊断、治疗服务，截至 2019 年 2 月，分队累计救治了 5000 余名维和官兵和民众。②

此外，中国维和部队积极开展对外文化交流，增进同当地民众和外国维和官兵的友谊。例如，中国维和部队在海地开办汉语学习班、中国武术培训班，利用传统节日举办联欢晚会，加强与联海团友邻维和力量和海地民众的交流沟通，向在海地的各国人民传播中华文化，促进交流，增进友谊。中国第 7 支驻海地维和警察防暴队获得了时任海地总理米歇尔·皮埃尔·刘易斯的高度评价，其称"中国防暴队是中国人民与海地人民进行文化交流的友好桥梁"③。中国第 17 批赴黎维和部队始终坚持在文化交流中增进彼此友好互信，积极同韩国、加纳、坦桑尼亚等国维和部队开展文化交流，举办"携手共进　逐梦和平"春节系列联欢等大型活动，加深了相

---

① 黎云：《南苏丹武装冲突持续不断　我维和部队积极提供人道主义援助》，中国军网，2014 年 1 月 4 日，http：//www. 81. cn/gjzx/2014 - 01/04/content_5720067. htm。

② 张鹏、刘伟：《中国维和军医赴黎部队司令部开展特色专科治疗》，中华人民共和国国防部网站，2019 年 2 月 13 日，http：//www. mod. gov. cn/action/2019 - 02/13/content_4836177. htm？from = singlemessage&isappinstalled = 0。

③ 《中国第七支驻海地维和警察防暴队维和侧记》，央视网，2009 年 2 月 11 日，http：//news. cctv. com/20090211/108546. shtml。

互了解和友谊。①

由此可见，文化交流活动不仅能够构建跨国友谊桥梁，增进双方相互了解和彼此信任，同时也能够树立中国维和部队友好和平的形象，增强中国在联合国维和行动中的软实力，对中国维和维稳能力建设具有重要意义。

小　结

维和能力建设是联合国维和行动的重要环节。维和能力建设主要是执行并完成某一维和任务的能力的培养和提升。联合国维和能力建设重点突出加强维和行动的执行、协调、人员素质、后勤保障能力的相关内容，同时也体现了联合国维和能力建设朝着更具适应性、机动性以及高标准的方向发展。中国政府高度重视联合国维和能力的提升，如积极构建维和军警培养体系，不断提高军警人员综合能力；增强维和卫勤保障能力，确保维和任务顺利执行；构建维和行动伙伴关系，提升中国维和行动国际影响力。中国通过中国—联合国和平与发展基金等支持联合国在维和能力建设中的引领作用，通过中非合作论坛等机制积极同非洲联盟和非洲国家构建维和伙伴关系，帮助和促进非洲地区维和能力建设。

---

① 张贵杰、尹博：《深化交流互鉴　携手逐梦和平——我第 17 批赴黎维和部队开展对外交流活动纪事》，《解放军报》2019 年 5 月 22 日，第 4 版。

第八章

联合国维和行动与
中国的联合国外交

党的十九大报告明确指出，中国特色大国外交的总目标是推动构建新型国际关系，推动构建人类命运共同体。联合国外交是中国特色大国外交特别是多边外交的重要组成部分。推动构建新型国际关系和人类命运共同体需要得到国际社会的支持，需要与联合国合作。参与维和行动是中国与联合国合作共同推动构建新型国际关系和人类命运共同体的战略路径。中国在维和领域做出独特的贡献，具有突出的影响和优势，是同时具备维和强大愿望、优越条件和巨大资源的大国。中国与联合国在维和领域有良好的合作关系，通过继续加强在预防冲突、维持和平、建设和平和保持和平过程中的合作，开展全球安全治理，提供公共安全产品，有利于推动构建新型国际关系和人类命运共同体。

第一节 中国联合国外交的特色和优势

联合国外交是中国国际组织外交的重中之重。中国领导人多次在联合国阐明中国的立场，提出中国主张。[①] 中国一贯支持联合国在国际事务、国际秩序和全球治理中的核心地位和主导作用，倡导按照《联合国宪章》的宗旨和原则处理地区或国际争端。进入 21 世纪，随着非国家行为体的兴起和大量非传统安全威胁的上升，联合国的地位和权威受到质疑和挑战，但中国始终维护以联合国为核心的国际秩序。中国认为，现存国际秩序虽然以西方为主导，存在许多不公正不合理的地方，但是当代国际秩序的主要机制——联合国的核心地位仍然不可替代。因此，中国采取渐进与和平的方式改革现有联合国体系中的不合理之处，而不是完全推翻整个体系。

中国是联合国的发起国、创始会员国和安理会常任理事国。但中国与联合国的关系经历了复杂而艰难的发展过程。自 1971 年新中国恢复联合国合法席位以后，中国的联合国外交形成了自身的特色和优势，具有一定的

---

① 1974 年邓小平成为首位登上联合国讲坛的中国领导人。江泽民于 1995 年和 2000 年、胡锦涛于 2005 年和 2009 年、习近平于 2015 年在联合国纽约总部发表重要讲话，倡导国际新秩序、和谐世界、人类命运共同体等主张和理念。

传承性。近年来，中国的联合国外交积极进取，又体现了一定的引领作用。

一 中国联合国外交的发展历程

联合国外交是中国总体外交特别是多边外交的重要组成部分，前者服从和服务于后者。但中国与联合国之间关系的发展有着自身的逻辑和特点。以中国总体外交为背景，同时根据中国参与联合国事务的情况，中国的联合国外交大致可分为四个阶段。

第一阶段：初步参与时期（1949～1971年）。新中国成立时，世界已进入冷战时期。面对美国的敌视政策，新中国采取向苏联和社会主义阵营"一边倒"的政策。这一时期，新中国一方面被排斥在联合国体系之外，另一方面也与社会主义阵营的国际组织建立了联系。新中国成立后就立即向联合国要求恢复在联合国的代表权。但随着朝鲜战争的爆发，美国操纵安理会①，并先后以"缓议搁置""重要问题""双重代表权"等为借口和手段，阻挠新中国行使在联合国的合法权利。经过22年的外交努力和斗争，1971年10月25日，联合国大会通过第2758号决议，新中国恢复在联合国的合法权利，从而也开启了新中国真正的联合国外交。这一时期，新中国与华沙条约组织、国际学生联合会、国际妇女同盟等国际组织建立了联系，并一度加入万国邮政联盟，还举办了亚澳工会代表会议和亚洲妇女代表会议。②

第二阶段：有限参与时期（1972～1989年）。重返联合国为新中国打开外交新局面发挥了关键作用。中国陆续加入联合国系统的机构，但参与的范围和深度都非常有限。从1972年至1978年，中国参加了联合国六个主要机构的活动。同时，中国陆续加入世界卫生组织、世界气象组织、国际劳工组织等专门性机构。但中国对联合国事务的参与总体上还比较消极和被动。随着改革开放和对外政策的调整，中国对联合国事务的参与转向积极与主动。一方面，通过加入世界银行和国际货币基金组织等，接受国

---

① 1950年7月7日，在苏联代表缺席和新中国合法席位被剥夺的情况下，美国操纵联合国安理会通过了"组织以美军为主的'联合国军'参加朝鲜战争"的决议，具体可参见联合国安全理事会第S/1588号决议，https://undocs.org/zh/S/RES/84（1950）。

② 齐鹏飞主编《中国共产党与当代中国外交（1949—2009）》，中共党史出版社，2010，第328页。

际组织的资金和技术援助以帮助国内经济建设；另一方面，在维和行动问题上，从"不参加投票、不承担义务"转向"选择性参与联合国维和行动"。从 1982 年起，中国开始缴纳联合国维和摊款。① 1988 年 12 月，中国加入联合国维持和平行动特别委员会。

第三阶段：全面参与时期（1990～2008 年）。冷战结束后，中国的联合国外交更加主动积极，无论是参与规模还是参与程度，都体现了大国的责任和作用。中国积极加入全球性和地区性的国际组织以及国际条约。截至 2008 年，中国已加入 130 多个政府间国际组织，并与数千个非政府间国际组织保持联系，签署或承认的国际条约已增加至 300 个，涉及政治、安全、经济和文化等领域。② 在地区层面，中国在推进与欧盟、东盟、非洲统一组织、里约集团和南方共同市场等区域性组织的关系方面取得显著成效。③ 此外，中国更富有建设性地参与联合国的活动，不仅每年派出高级别代表团参加联合国大会，而且越来越多就全球治理问题阐明中国立场，为解决各种热点问题发挥大国作用。④ 中国不仅在经济和社会发展以及维和方面表现积极，而且在反恐和联合国改革等问题上也主动有为。⑤ 这一时期，中国还开始主办世界妇女大会和万国邮政联盟大会等国际会议，并创建上海合作组织。

第四阶段：转型时期（2009 年至今）。全球金融危机的爆发标志着国际力量对比发生某种质的变化。以二十国集团为标志，发达国家和发展中国家在国际组织中的话语权发生明显改变，中国的联合国外交呈现新特点。随着经济力量不断上升，中国承担的联合国会费和维和摊款持续增长，现已居联合国会员国中第二位，仅次于美国。此外，中国积极参与并大力支持联合国在维和、可持续发展、人权、气候变化、妇女问题、南南合作等方面的议程和活动，倡导人类命运共同体、新型国际关系、共商共

---

① 秦亚青主编《实践与变革：中国参与国际体系进程研究》，世界知识出版社，2016，第 378～379 页。

② Ann Kent, "China's Participation in International Organizations," in Yongjin Zhang & Greg Austin, eds., *Power and Responsibility in Chinese Foreign Policy*, Canberra: Australian National University Press, 2013, p. 133.

③ 黄庆、王巧荣主编《中华人民共和国外交史（1949—2012）》，当代中国出版社，2016，第 289～291 页。

④ 郑启荣、牛仲君主编《中国多边外交》，世界知识出版社，2012，第 41～42 页。

⑤ 2001 年，中国加入《制止恐怖主义爆炸的国际公约》，签署《制止向恐怖主义提供资助的国际公约》；2005 年，外交部发布《中国关于联合国改革问题的立场文件》。

建共享的全球治理观等理念，设立中国—联合国和平与发展基金和南南合作援助基金，捐助多个国际组织，推动成立金砖国家新开发银行和亚洲基础设施投资银行，与 32 个国际组织签署共建"一带一路"合作文件，这些都表明中国与国际组织的合作上升到一个新的高度。

二 中国联合国外交的传承性

在不同的发展时期，中国的联合国外交随着当时的国内政治经济发展需求和国际形势变化表现出不同的特点。但同时，各个时期的联合国外交也存在共性。坚持多边主义，奉行不干涉内政原则，积极维护发展中国家权益，反映了中国特色联合国外交的传承性。

（一）坚持多边主义

多边主义是指在广义的行动原则基础上协调三个或三个以上国家之间关系的制度形式，这些原则规定合适的行动，它们并不考虑在任何特定事件下各方特殊的利益或紧急情况。① 多边主义反映了中国的对外战略和外交取向，即在开展国际组织外交时倾向于采取协商和谈判的途径寻求问题的解决方案。② 对于中国而言，多边主义不仅是一种外交工具，更是一种重要的价值取向。

不论是在新中国成立初期、改革开放前后，还是 21 世纪以来，中国的国际组织外交始终在坚持多边主义的基础上展开。1971 年之前，中国虽被排除在以联合国为核心的多边体系之外，但参加了 1954 年的日内瓦会议和 1955 年的万隆会议，这成为中国多边外交的初步尝试。1971 年，新中国恢复联合国合法席位，联合国成为中国了解世界和世界了解中国的一个窗口。随着中国陆续加入联合国系统的机构，参与联合国的各项事务，中国的多边外交开始起航。改革开放后，中国外交进行了重大调整，其中一个重要的方面是加强与国际组织的合作。中国陆续加入国际货币基金组织和世界银行等重要国际经济组织，并开始参与联合国维和行动。特别是从 2001 年中国加入世界贸易组织开始，中国经济逐步融入世界经济，与国际组织的合作也成为对外开放的重要组成部分，在中国的现代化建设中具有

---

① 〔美〕约翰·鲁杰主编《多边主义》，苏长和等译，浙江人民出版社，2003，第 13 页。
② 门洪华主编《中国外交大布局》，浙江人民出版社，2013，第 153～154 页。

十分重要的意义和作用。进入 21 世纪，中国的多边外交又呈现出许多新的亮点。2001 年，第一个以中国城市命名的国际组织——上海合作组织正式成立。同年中国还主办了亚太经合组织领导人会议。2010 年的上海世博会以"城市，让生活更美好"为主题，向世界展示了中国改革开放的成果。近年来，中国通过主办 G20 峰会、金砖国家领导人会晤、APEC 会议、亚信峰会等，促进创建亚投行、金砖国家新开发银行等多边金融机构，设立中国—联合国和平与发展基金，与国际组织合作共建"一带一路"等，多边外交搞得"有声有色"，已成为中国维护国家利益、参与全球治理和提高国际地位的重要途径。

（二）奉行不干涉内政原则

"不干涉内政"是现代国际法的基本原则之一，同时也是中国的外交传统。"不干涉内政"原则是指：一个国家的内部重大事务，尤其是政治和安全制度、治理方式及领导人选择这类重大问题，应由这个国家和民族自行决定。外部世界应尊重这个国家及其人民，积极帮助其实现上述目标，但不能代替其选择政权和领导人，接管安全事务或经济大权，否则就是对国家主权的剥夺和对国家内政的不恰当干涉。[①] 中国对这一原则的坚持突出体现在对外援助和参加维和行动上。

在对外援助方面，不附加任何政治条件历来是中国对外援助的重要原则。1971 年之前中国主要以双边方式进行对外援助，这些援助都是"不附加任何政治条件"的经济和技术援助。[②] 从 20 世纪 90 年代后期开始，中国越来越重视通过联合国和国际组织进行多边援助。党的十八大以来，中国强调以平等互信的方式开展多边援助，以构建国际发展合作的新模式。在 2015 年 9 月中国与联合国共同主办的南南合作圆桌会议上，习近平强调：南南合作是平等互信、互利共赢、团结互助的合作，政治上坚持大小国家一律平等，相互不干涉内政，尊重各国自主选择的发展道路和社会制

---

① 王逸舟：《创造性介入——中国之全球角色的生成》，北京大学出版社，2013，第 82 ~ 83 页。

② 需要说明的是，不附加任何政治条件不等于"不附加条件"。实际上，为保证资金的安全和能够切实用于发展目的，中国每一项援助资金都带有项目用途和还款时限等正常的管理要求。具体可参见郑宇、李小云主编《国际发展合作新方向》，上海人民出版社，2016，第 12 页。

度，经济上尊重对方意愿，不附加任何政治条件。[①]

在维和行动问题上，中国也始终践行不干涉内政原则。1971 年至 1980 年中国不参与维和行动、不参加投票、不分摊维和行动款项等，就是因为中国认为维和行动同中国一贯主张的不干涉内政原则相抵触。1989 年中国开始参加维和行动也并不意味着不再坚持不干涉内政原则，而是中国对世界形势有了新的认识，参加维和行动不是对不干涉原则的否定，而是对这一原则的丰富和发展，是对"新干涉主义"和其他不合理政治经济秩序的纠正。[②] 在参与维和行动之后，中国也形成了不同于西方国家的独特模式，即主张以和平方式而非暴力手段解决各种复杂的争端；中国选择维和的时机多半是战后重建时期，没有与非洲国家内战的任何一方直接交火；中国维和士兵和军事观察员始终保持中立立场。[③]

（三）积极维护发展中国家权益

维护发展中国家权益也是中国开展国际组织外交始终坚持的出发点。中国开展联合国外交初期的一个重要指导思想就是："坚决支持第三世界国家反帝、反殖民、反霸和反种族主义的斗争。"据此，中国参加了非殖民化委员会和海底委员会，通过联合国这一平台支持广大殖民地争取国家独立和民族解放以及拉美国家争取专属经济区的运动。[④] 此外，后殖民时期大多数第三世界国家虽取得政治独立，但在经济上依然遭到不公正对待。面对这一现实，中国倡导建立国际政治经济新秩序，以帮助第三世界国家更好发展。1974 年 4 月，邓小平率团参加联大第六届特别会议，阐明中国关于建立国际经济新秩序的基本主张。[⑤] 在中国和其他发展中国家的共同努力下，大会最终通过了《关于建立新的国际经济秩序

---

① 《习近平出席并主持南南合作圆桌会》，中国共产党新闻网，2015 年 9 月 27 日，http：//cpc. people. com. cn/n/2015/0927/c64094 - 27639120. html。

② 汪伟民、韩梅梅：《新世纪中美的发展援助政策：比较研究的视角》，《美国问题研究》2011 年第 1 期，第 55 页。

③ 王逸舟：《创造性介入——中国之全球角色的生成》，北京大学出版社，2013，第 90 ~ 95 页。

④ 吴建民：《多边外交是构建和谐世界的平台——重新认识多边外交》，《外交评论》2006 年第 4 期，第 11 页。

⑤ 《邓小平在联大第六届特别会议上的发言》，《人民日报》1974 年 4 月 11 日。

宣言》和《关于建立新的国际经济秩序的行动纲领》。[①] 同年，联合国南南合作办公室（UNOSSC）成立，发展中国家争取建立国际经济新秩序初见成效。

冷战结束后，中国继续通过联合国这一平台积极支持发展中国家。中国领导人江泽民和胡锦涛在联合国呼吁推动建立国际政治经济新秩序。[②] 1995年，中国在联合国项目框架下成立中国南南合作网（China SSC Network），以进一步促进发展中国家间的技术和经贸合作。[③] 通过与联合国开发计划署和联合国工业发展组织等国际机构对接，中国南南合作网成为中国在21世纪推动南南合作的重要平台。近年来，中国致力于在联合国框架下进一步深化南南合作，不仅通过与联合国共同主办南南合作圆桌会加强各国和国际组织对南南合作议题的重视，而且积极开展相关援助项目、创设多个援助基金（如南南合作援助基金、中国气候变化南南合作基金等）以维护发展中国家在融入国际体系过程中的正当权益。[④] 此外，中国还通过与国际组织共建"一带一路"，分领域和有针对性地促进发展中国家之间的合作。共建"一带一路"国家大多为发展中或欠发达国家，中国通过与不同的专业性国际组织签署共建"一带一路"合作协议，在经贸、卫生、气候变化、难民、劳工、粮食和能源安全等问题上推动共建"一带一路"国家自身的发展及其相互之间的合作。

三 中国联合国外交的引领作用

党的十九大报告在总结过去五年的外交工作时指出："全面推进中国特色大国外交，形成全方位、多层次、立体化的外交布局，为我国发展营造了良好外部条件。实施共建'一带一路'倡议，发起创办亚洲基础设施投资银行，设立丝路基金，举办首届'一带一路'国际合作高峰论坛、亚太经合组织领导人非正式会议、二十国集团领导人杭州峰会、金砖国家领导人厦门会晤、亚信峰会。倡导构建人类命运共同体，促进全球治理体系

① 《关于建立新的国际经济秩序宣言》，联合国大会第3201（S－Ⅵ）号决议，1974年5月1日，https://www.un.org/zh/documents/view_doc.asp? symbol = A/RES/3201（S－Ⅵ）。

② 《江泽民在联合国成立50周年特别会议上的发言》，《人民日报》1995年10月24日；《胡锦涛在联合国成立60周年首脑会议上的讲话》，《人民日报》2005年9月16日。

③ 《关于中国南南合作网的简介》，中国南南合作网，www.ecdc.net.cn/aboutus.aspx。

④ 苏格主编《国际秩序演变与中国特色大国外交》，世界知识出版社，2016，第4~5页。

变革"。① 近十年来，中国多边外交特别是联合国外交取得重大成就。这些成就表明，中国特色的联合国外交正面临转型，即从建设性参与转型为引领性参与。中国联合国外交的引领作用突出表现在理念和合作两个方面。

（一）理念的引领

中国曾在多个国际场合提出过一些理念、主张和原则，如 20 世纪 50 年代的和平共处五项原则、70 年代三个世界划分的理论、90 年代的新安全观及 21 世纪初的和谐世界理念。但这些理念和原则并没有很好地体现在联合国等国际组织的正式文件中，因而并不能在国际社会广泛、长久和实质性地发挥作用。近几年，中国领导人围绕周边外交、大国外交、发展中国家外交、多边外交和全球治理等提出一系列新的理念。一些理念已被载入国际组织的正式文件，一些理念已开始引领国际关系实践。

2013 年 3 月，习近平主席在访问俄罗斯时首次提出人类命运共同体理念。2015 年 9 月和 2017 年 1 月，习近平主席又分别在联合国纽约总部和日内瓦总部向国际社会全面阐述人类命运共同体的理念②。此后，人类命运共同体理念多次被载入联合国相关机构的决议文件中。人类命运共同体理念与《联合国宪章》精神高度契合，是对《联合国宪章》的传承与创新。联合国机构特别是联合国大会，是构建人类命运共同体的理想平台，有助于推动人类命运共同体理念转化为具有普遍性的国际规范。

新型国际关系是中国提出的新时代处理国际关系尤其是大国关系的新理念、新思路和新方法，也是中国对改革和完善现有国际秩序的重要理论贡献。新型国际关系以共同利益为基础，以平等包容为指导原则，以相互尊重、公平正义、合作共赢为核心，以打造命运共同体为最高目标。可以说，新型国际关系是中国在国际体系转型期为国际社会提供的中国智慧和中国方案。在新型国际关系理念的引领下，中国与俄罗斯、欧洲、非洲的

---

① 《习近平：决胜全面建成小康社会 夺取新时代中国特色社会主义伟大胜利——在中国共产党第十九次全国代表大会上的报告》，中国政府网，2017 年 10 月 27 日，http://www.gov.cn/xinwen/2017 – 10/27/content_5234876.htm。

② 这两次讲话分别是：2015 年 9 月在纽约联合国总部发表的题为《携手构建合作共赢新伙伴 同心打造人类命运共同体》的讲话，以及 2017 年 1 月在联合国日内瓦办事处发表的题为《共同构建人类命运共同体》的讲话。

关系得到持续健康稳定的发展，也为新型国际关系的建设提供了示范。[①]

在国际关系中，中国积极倡导新安全观、新发展观、新文明观。在1995年举行的东盟地区论坛上，中国首次提出新安全观。经过多年实践的发展和完善，已形成以共同安全、综合安全、合作安全和可持续安全为主要内容的新安全观。这一安全观首先在上海合作组织和亚信会议中得到践行。2015年9月，习近平在联合国发展峰会上提出公平、开放、全面、创新的发展理念。2017年10月，党的十九大又明确以创新、协调、绿色、开放、共享为核心的发展理念。这些理念是在总结中国发展实践和国际发展经验的基础上提出的，已为许多发展中国家借鉴和分享，在国际发展合作中也发挥了指导作用。近年来，习近平在多个国际场合向世界阐释文明多样性、文明交流互鉴、不同文明共同进步等思想，呼吁要树立平等、互鉴、对话、包容的文明观。2019年5月，中国举办以"亚洲文明交流互鉴与命运共同体"为主题的首届亚洲文明对话大会。中国倡导的新文明观对于引领人类发展进步具有重要的积极意义。

2013年10月，在周边外交工作座谈会上，习近平阐述了"亲诚惠容"的周边外交理念。这一理念建立在中国与周边关系的历史和现实基础上，根植于中国传统文化智慧，在互利互惠的基础上更加突出友善和包容。在这一理念的指导下，中国的周边外交取得显著成就。一方面，中国以身作则践行这一理念；另一方面，这一理念正日益成为周边地区国家遵循和秉持的共同理念和行为准则。中国与周边国家和地区，特别是东南亚和中亚地区，在利益、责任、命运三方面的共同体意识得到增强，共同体建设得到加强。

2015年10月，中共中央政治局就全球治理格局和全球治理体制进行第二十七次集体学习。习近平在讲话中指出，要推动全球治理理念创新发展，积极发掘中华文化中积极的处世之道和治理理念同当今时代的共鸣点，继续丰富打造人类命运共同体等主张，弘扬共商共建共享的全球治理理念。此后，他多次阐述这一理念的重要意义和实践价值。共商共建共享

① 邢广程：《中俄关系：构建新型国际关系的成功实践》，《当代世界》2015年第5期；程卫东：《中欧建立新型国际关系：认知与实践》，《世界经济与政治》2016年第9期；平言：《建设新型国际关系的生动实践》，《经济日报》2019年3月30日，第1版；张沛霖：《中非关系是平等性、双赢性及互利性的新型国际关系——兼驳西方国家"中国非洲剥削论"》，《山东工会论坛》2014年第3期。

的全球治理理念，既是对中国一贯奉行的独立自主的和平外交政策的继承和发展，又是中国积极参与全球治理体系变革和建设的基本理念和主张。[①] 2017 年 9 月，第 71 届联大首次把共商共建共享的全球经济治理理念纳入决议，说明国际社会对这一中国理念的认可和接受。

（二）合作的引领

中国一贯主张、支持和开展国际合作。合作是中国外交的关键词和主旋律。中国不仅提出合作共赢、合作安全等具有引领性的合作理念，并且积极推动全方位的务实合作。其中，在南南合作、中非合作、"一带一路"国际合作等方面，中国正发挥着引领作用。

以南南合作为例。作为最大的发展中国家，中国一直在推动南南合作的发展。无论是全球层面的七十七国集团与中国的"G77 + 中国"机制，还是跨地区的金砖国家机制和中非、中拉、中阿等合作论坛，以及上海合作组织、中国—东盟合作等，中国在其中的地位和作用都是独特的。近几年，中国设立南南合作援助基金和气候变化南南合作基金，向发展中国家提供"6 个 100"项目支持，向联合国粮农组织捐助 5000 万美元，这些说明中国在推动南南合作的内容、方式和力度等方面都有新的变化。中国的引领为新时期南南合作的内容和方式奠定基础，农业和气候变化领域是其中的典型。[②] 2015 年 9 月，中国与联合国共同主办南南合作圆桌会，这在中国与国际组织关系史上是首次，也是中国国际组织外交的创新。在圆桌会上，习近平宣布中国将设立南南合作与发展学院。这有助于中国不仅在南南合作的实践中，而且在南南合作的理念和理论上发挥示范和引领作用。

再以"一带一路"国际合作为例。作为全球公共产品和国际合作平台，"一带一路"建设已成为中国与联合国及其他国际组织合作的大舞台。

---

① 苏长和：《坚持共商共建共享的全球治理观》，《人民日报》2019 年 3 月 27 日，第 10 版。
② 中国在推动农业南南合作更加机制化和规范化、推动区域或次区域农业合作以及以需求为导向推动农业南南合作全面发展三个方面发挥主导作用。具体可参见李荣林主编《中国南南合作发展报告》，五洲传播出版社，2016，第 115～116 页。中国通过建立一系列气候变化对外援助项目，向小岛屿国家、欠发达国家和非洲国家等提供用于应对气候变化的资金，以及通过与联合国开发计划署和环境规划署联合举办"气候变化南南合作论坛"等方式在气候变化南南合作领域发挥引领作用。具体可参见夏光、俞海、原庆丹等编著《中国环境政策述评报告（2014 年度）》，中国环境出版社，2016，第 227 页。

"一带一路"多次被载入联合国和国际组织的决议文件①。"一带一路"建设也得到联合国秘书长古特雷斯和许多国际组织领导人的高度评价。自2016年4月外交部与联合国亚太经社会签署首份中国与国际组织共建"一带一路"合作文件以来，中国政府已与32个国际组织签署此类文件。② 其中，"联合国、世界银行和国际货币基金组织三个世界上最重要的多边机构，正在'一带一路'的舞台上发挥着独特的作用"③。这说明，与国际组织合作共建"一带一路"无论是在合法性上还是在实践性上都取得很大进展。在推动与国际组织共建"一带一路"方面，中国的国际组织外交任重而道远。一是要与联合国《2030年可持续发展议程》在发展理念、发展目标、发展手段、发展项目以及评估体系上实现对接；二是除了与联合国系统中的国际组织，还要加强与全球性世界经济组织、地区国际组织、跨地区国际组织以及新兴国际组织和机制的合作共建；三是积极利用联合国贸发会议、七十七国集团、金砖国家机制等南南合作的平台和框架。

又以全球抗疫国际合作为例。自新冠疫情发生以来，中国一直支持并推动国际合作。这主要表现在三个方面。一是坚定支持世界卫生组织在全球抗疫合作中发挥领导作用。作为联合国系统中负责公共卫生事务的专门机构，世界卫生组织的作用至关重要且不可替代。中国不仅通过实际行动支持其开展全球抗疫合作，而且通过其他国际组织，反对疫情政治化和任何试图削弱世卫组织的行动。二是大力支持联合国积极应对疫情。中国与其他会员国共同提交"全球团结抗击新冠肺炎"的联大决议草案，积极推动安理会抗击新冠疫情，积极响应联合国秘书长古特雷斯提出的团结合作抗疫的呼吁和全球停火的倡议，以及全球人道响应计划和传播应对计划等。三是通过其他全球性和地区性国际组织积极推动抗疫国际合作。在二十国集团领导人特别峰会上，习近平主席提出"积极支持国际组织发挥作用"等四点倡议④。中国同七十七国集团就新冠疫情发表声明，强调要加

① S/RES/2274（2016）；A/RES/71/9（2016）；E/ESCAP/RES/73/3（2017）；S/RES/2344（2017）.

② 《已同中国签订共建"一带一路"合作文件的国家一览》，中国一带一路网，https：//www.yidaiyilu.gov.cn/xwzx/roll/77298.htm。

③ 张旭东：《"一带一路"与三大国际组织的战略对接协作》，《今日中国》2017年6月5日。

④ 《习近平在二十国集团领导人特别峰会上的重要讲话（全文）》，中国政府网，2020年3月26日，http：//www.gov.cn/xinwen/2020-03/26/content_5496106.htm。

强国际团结，促进多边合作，强化伙伴关系。通过东盟与中日韩（10 + 3）抗击新冠肺炎疫情领导人特别会议和外长会议，东亚各国进一步强化合作意识、提振合作信心、明确合作方向，成为地区合作抗疫的典范。

第二节　联合国维和行动与新型国际关系①

2013 年 3 月，习近平在莫斯科国际关系学院发表演讲时首次提出新型国际关系的理念。2014 年 11 月，习近平在中央外事工作会议上又强调："我们要坚持合作共赢，推动建立以合作共赢为核心的新型国际关系。"2017 年 10 月，党的十九大报告进一步丰富了新型国际关系的内涵，指出要"推动建设相互尊重、公平正义、合作共赢的新型国际关系"。构建新型国际关系成为新时代中国特色大国外交的重要目标。新型国际关系强调对话而不对抗，结伴而不结盟，依存而不依附，互利而不互害。联合国维和行动与冷战几乎同时开始，在传统国际关系中发展演变。尽管受制和受限于冷战格局，联合国维和行动仍为缓和国际冲突、实现地区安全和稳定做出了重要贡献。在构建新型大国关系、新型周边关系和新型多边关系中，联合国维和行动可以发挥独特的作用。

一　联合国维和行动与合作共赢

合作共赢是新型国际关系的核心理念。第一，合作共赢意味着对话而不对抗，在求同存异中扩大利益。各国尽管存在着经济社会制度、意识形态和发展模式等方面的差异，但只有通过协商化解分歧，通过对话解决争端，才能增进共同利益，维护和平大局。任何冲突和对抗只会导致两败俱伤。第二，合作共赢要求在国际关系中结伴而不结盟，在平等协作中共同应对挑战。人类正面临恐怖主义、新冠疫情等非传统安全威胁，只有在命运与共、利益攸关的基础上团结合作，建立广泛的伙伴关系，才能有效应对各种全球性挑战。以针对第三国、依靠军事手段维系的结盟关系已不适应新时代的国际关系。第三，合作共赢强调依存而不是依附，在互相尊重的前提下实现自主发展。各国都有自己独特的历史、文化和国情，各国人

---

① 本节部分内容已发表，见张贵洪《联合国维和行动与新型国际关系的构建》，《武汉科技大学学报》（社会科学版）2021 年第 4 期。

民有自主选择自己政治制度和发展道路的权利。这种权利应得到尊重和保护。在相互依存的当代世界，各国在维护自身利益的同时，也要照顾和不损害他国的利益，并努力实现双赢和多赢。任何以大欺小、以强凌弱的政策和行为都是不可接受的。第四，合作共赢就是要实现互利而不是互害，在互信中促进普遍安全和共同发展。国际安全的相关性和国际发展的相连性要求各国通过合作促进自身安全和共同安全，通过合作实现自身发展和共同发展。

联合国维和行动是合作共赢的创新实践。二战后期，在美国的推动和主导下，反法西斯同盟开始筹建一个普遍性的国际组织，一方面是为了最终取得反法西斯战争的胜利，另一方面是为了建立战后国际秩序。联合国成立的初衷是避免再次发生世界大战，特别是大国之间直接的军事冲突。为此，《联合国宪章》确立了大国一致原则，建立集体安全制度，赋予安理会维持国际和平与安全的首要责任，并设立拥有否决权的常任理事国。然而，二战结束后不久，世界陷入东西方冷战。尽管没有发生大国之间的直接冲突，但出现了许多有大国背景的代理人战争。显然，《联合国宪章》第六章和第七章分别规定的和平手段和强制手段都未能有效地解决这些新型国际冲突。1948年5月，联合国第一个军事观察团——联合国停战监督组织成立，标志着联合国维和行动这一新的国际机制的开端。停战监督组织的主要任务是监督阿拉伯国家和以色列之间的停火，由非武装的军事观察员对违反停火的事件提出公正客观的报告。1949年1月，联合国又组建"联合国印度和巴基斯坦观察组"，对发生在克什米尔地区的冲突进行调查和搜集信息，提出翔实和准确的报告，并接受双方对违反停火协议事件的投诉。联合国最早的这两个军事观察团一直延续到今天。联合国维和行动的最初目的是避免冲突的升级和蔓延，阻止出现大国之间直接、全面和大规模的战争，或者说是维持暂时和脆弱的和平，为从根本上解决冲突创造时空条件。迄今为止，联合国已完成58项维和行动，正在进行的维和行动13项。经过70多年的发展演变，联合国维和行动的形式和内容、规模和特点都发生了很大的变化，但通过合作以缓和冲突、实现和平的初衷和本意并没有改变。这种合作体现在几个方面。一是安理会内部大国之间的合作。联合国维和行动由安理会授权和批准。即使在严重对抗的冷战时期，美苏在安理会中也进行了一定程度的合作，使联合国维和行动得以开展。二是很多会员国特别是出兵国和出资国之间的合作。联合国维和行动需要大量的人力、物力和财力。从军事观察员、维和官兵，到民事警察和文职人员，出兵国提供了维和需要的人才和物力，会员国特别是五个安理会常任理事国分摊了巨额的维和经费。三是冲突各方与联合国的合作。联合国维和行动只有得到冲突各方的同意才能进行部署，只有得到冲突各方的配合，维和行动才会有效果。尽管不是每一项维和行动都是成功的，但多数维和行动取得了良好的效果。各方都从联合国维和行动中获益，合作共赢在联合国维和行动中得到充分体现。

合作共赢是联合国维和行动成功的关键。联合国维和行动的成败取决于很多因素和条件。大国对维和行动的一致支持、冲突方同意部署联合国维和行动、冲突中不含有领土和种族的因素及适当的维和策略是联合国维和行动成功的条件。① 而要满足这些条件，最根本的就是要秉持合作共赢的理念。首先，大国特别是安理会五个常任理事国的政治共识和财政支持是联合国维和行动成功的基础。没有安理会常任理事国的一致同意，就无法形成相关的维和决议。如果大国拒绝承担或拖欠维和经费，维和行动就难以为继。因此，"当主要大国基本认可联合国维和行动，并在维护国家安全中更多地选择联合国集体安全方式时，联合国维和行动就有可能发挥较强的作用并具有旺盛的生命力。当主要大国否定维和行动的作用，并在实践上更多地选择单边或其他方式来维护国家安全时，联合国维和行动就将受到严重的冲击，甚至有被其他方式取代的危险"②。其次，冲突各方同意是维和行动的原则，也是维和行动得以开展的前提。冲突各方同意部署维和行动，表明其对维和原则和规定的认可，并接受对其行为的限制。尽管未必愿意放弃在冲突中的权力和利益，但至少表明了冲突双方一种妥协的立场和与国际社会进行合作的态度。这就为冲突的解决提供了机会和可能。再次，充足的维和力量是维和行动成功的决定性因素。尽管维和行动本质上是政治性的，维和部队不是真正意义上的军事力量，但拥有充足的士兵和装备的维和力量对于实现维和使命和授权是至关重要的。充足的维和力量是有效监督停火协议实施，维护隔离区、缓冲区和非军事区秩序稳定的有效保障。特别是在冷战结束后，维和行动的职能不断拓展，在冲突后重建中发挥积极作用，保护平民的任务更加突出，这就对维和力量的规

① 聂军：《联合国维和行动成功的条件》，《国际政治科学》2008 年第 2 期。
② 刘丹：《联合国维和行动的困境及前景》，时事出版社，2015，第 98 页。

模和能力提出了更高的要求。而要确保维和力量的充足，就离不开各方特别是出兵国的支持和合作。最后，适当的维和策略是维和行动成功的重要条件。维和行动是联合国解决国际冲突的创新实践。在制定维和策略时，就要充分考虑各种因素，如冲突的类型和程度、部署的时机和方式、出兵国的来源和组成等。冷战结束后，联合国维和行动主要针对国内冲突。由于冲突的根源和类型更加复杂，冲突的解决也更加困难。维和策略既要尊重主权国家政府和领导人以取得其支持，又要考虑和照顾地方、种族、教派、社区等方面的利益和关切，以争取其合作。总之，只有在各方愿意合作并争取共赢的情况下，联合国维和行动才有可能取得真正的成功。

二　联合国维和行动与构建新型大国关系

新型大国关系是新型国际关系的重中之重。事实上，新型国际关系的理念是从新型大国关系发展而来的。而新型大国关系首先而且主要是指中美新型大国关系。早在2011年1月胡锦涛主席访美时，中美两国元首就建立相互尊重、互利共赢的合作伙伴关系达成共识。2012年2月，时任国家副主席习近平访美，就落实两国元首共识，进一步提出新型大国关系倡议。构建中美新型大国关系被视为破解历史上新兴大国与守成大国之间必然走向冲突这一困境的路径选择。新型大国关系的核心内容是"相互尊重、公平正义、合作共赢"。其中，相互尊重是基本前提，公平正义是基本原则，合作共赢是基本目标。构建新型大国关系，包括与美国、欧洲大国、发展中大国的关系。

联合国维和行动是构建新型大国关系的重要途径。根据《联合国宪章》，安理会负有维持国际和平与安全的主要责任，其通过的决议对联合国会员国具有法律约束力。安理会五个常任理事国更是承担着特殊的和首要的责任。维和行动是联合国在国际关系实践中创立的维持国际和平与安全的一种途径和手段。安理会是联合国维和行动的决策机构。安理会通过的建立维和行动的决议明确规定维和行动的使命、规模和期限，并根据联合国秘书长的建议，做出任务区授权变更、任期延长或任期终止等决定。安理会的授权使维和行动具有了合法性。

冷战时期，东西方对抗，美苏争霸，美国和苏联在安理会中频繁使用否决权，而新中国直到1971年才恢复联合国安理会常任理事国席位。冷战时期的大部分时间，安理会运转不正常，也未能发挥应有的作用。但是，包括五常在内的安理会在联合国维和问题上大致保持了一种合作状态。冷战时期的地区冲突都有东西方对抗和大国竞争的背景。无论是最初的阿以冲突和印巴争端，还是后来非洲地区的冲突，都有美苏争夺的背景。因此，任何一个超级大国出面解决都不可能被另一个超级大国接受。由联合国主导的维和行动来监督停火，符合大国的利益，也容易为两个超级大国所接受。这样，联合国维和行动成为大国之间仅有的具有共同利益的领域之一，也成为处于对立和对抗中的大国之间关系的"润滑剂"。

冷战结束后，大国之间的关系得到极大的缓和。安理会的权威得到加强，效率也有所提高。这为联合国维和行动的开展提供了更好的环境和机会。不仅如此，联合国维和行动更多的是为了解决国内冲突。经过多次改革，联合国维和行动的范围拓展到预防冲突、建设和平、保持和平以及平民保护等方面；职能扩大到政治、经济、人道主义、人权等领域。另外，维和部队使用武力的倾向有所增长，并出现强力维和情况。联合国维和行动的这些变化，与大国的支持和合作是分不开的。安理会五个常任理事国的维和经费分摊比例超过 50%，负责联合国维和行动事务的副秘书长长期由法国人担任。可见，大国关系对于维和行动具有决定性影响。同样，维和行动的顺利开展也有利于大国关系的改善。

中美两国在联合国维和领域有合作潜力。2012 年美国推出"亚太再平衡"战略，与中国开展竞争的色彩浓厚，与中国提出的新型大国关系渐行渐远。特朗普上台后，在"美国优先"的指导下，对华政策更加强硬，特别是从 2019 年开始，把中国视为主要战略竞争对手，推出印太战略，发动贸易战，与中国"脱钩"。尽管中美双边关系面临各种危机，但在多边领域特别是联合国维和行动方面两国仍然有合作的空间和潜力。在 2013 年 7 月举行的第五轮中美战略与经济框架下的联合国维和事务磋商中，双方重申将继续深化两国在维和领域的对话，并同意在中美两军间开展维和事务交流。① 2015 年 9 月，习近平主席访美时，中美就联合国维和事务发表声明："双方认识到联合国和区域维和人员维护国际和平与安全的关键作用，确认进一步增加对国际维和努力的积极投入。中方赞赏美方举办维和峰会，欢迎美方将宣布支持维和行动的新贡献。美方欢迎中方将宣布支持联

---

① 《中美举行联合国维和事务磋商》，中华人民共和国外交部网站，2013 年 7 月 10 日，https://www.mfa.gov.cn/web/wjb_673085/zzjg_673183/t1057793.shtml。

合国维和努力的新贡献。中美认识到需要深化非盟与联合国的维和合作。为此，双方期待同非盟和其他伙伴进一步探讨有关倡议。双方同意继续讨论深化出兵和出警国能力建设合作。"① 习近平出席美国倡议举办的联合国维和峰会，宣布中国支持维和行动的一系列措施和行动。在冲突国家和地区部署维和力量，维护热点地区的稳定，这符合同时具有巨大海外利益的中美两国的根本利益。此外，"在建设和平的议题上，尽管存在一些分歧，但中美仍然有着许多共识和可以合作的空间"②。2020～2021 年，中美两国分摊的维和经费达 43%。③ 尽管在维和理念、重点和议程上有所不同，但作为安理会常任理事国和两个最大的经济体，中国与美国的合作对联合国维和行动具有特殊的意义。

三　联合国维和行动与构建新型周边关系

新型周边关系是新型国际关系的基础和重要组成部分。新型周边关系可以为新型国际关系"起到示范和带动作用"④。2013 年 10 月，中央举行新中国成立以来的第一次周边外交工作座谈会。习近平主席在讲话中提出了中国周边外交的战略目标、基本方针和工作要求。这次座谈会成为全面推进周边外交、建设新型周边关系的起点。新型周边关系的"新"主要体现在三个方面。一是新定位。长期以来，中国外交的基本布局是大国外交、周边外交、发展中国家外交和多边外交。其中，大国外交是核心和关键，对美国外交又是大国外交中的重中之重。随着国际环境特别是周边环境的变化，以及对中美关系的重新认识，周边外交的重要性、基础性和战略性越来越突出。因此，积极开展周边外交，建设新型周边关系，上升为中国外交的首要。二是新理念。中国周边外交一直坚持与邻为善、以邻为伴和睦邻、安邻、富邻的基本方针。习近平主席在周边外交工作座谈会上进一步把上述基本方针归纳为亲、诚、惠、容的理念。"亲"就是"要坚持睦邻友好，守望相助；讲平等、重感情；常见面，多走动；多做得人

---

①　《习近平主席对美国进行国事访问中方成果清单》，新华网，2015 年 9 月 26 日，http：//www. xinhuanet. com/world/2015－09/26/c_1116685035. htm。

②　刘铁娃：《中美联合国维和行动比较与合作空间分析》，《国际政治研究》2017 年第 4 期。

③　参见联合国维持和平网站，https：//peacekeeping. un. org/en/how－we－are－funded。

④　卢光盛、别梦婕：《新型周边关系构建：内涵、理论与路径》，《国际观察》2019 年第 6 期。

心、暖人心的事，使周边国家对我们更友善、更亲近、更认同、更支持，增强亲和力、感召力、影响力"；"诚"就是"要诚心诚意对待周边国家，争取更多朋友和伙伴"；"惠"就是"要本着互惠互利的原则同周边国家开展合作，编织更加紧密的共同利益网络，把双方利益融合提升到更高水平，让周边国家得益于我国发展，使我国也从周边国家共同发展中获得裨益和助力"；"容"就是"要倡导包容的思想，强调亚太之大容得下大家共同发展，以更加开放的胸襟和更加积极的态度促进地区合作"。① 这些理念一方面与新型国际关系的理念相通，另一方面也构成新型周边关系的指导思想。三是新目标。新型周边关系的目标是周边命运共同体。在 2014 年 11 月中央外事工作会议上，习近平明确提出："要切实抓好周边外交工作，打造周边命运共同体。"② 周边命运共同体是人类命运共同体的重要组成部分及其在周边地区的实践。中国是世界上邻国和近邻最多、周边环境最为复杂的国家。新型周边关系就是要克服历史和现实的分歧，超越利益和制度的差异，实现中国与周边国家和地区的共同安全和共同发展，把中国的未来与周边国家和地区的未来紧密结合在一起。

（一）联合国维和行动与东亚新型周边关系

无论是在长期以来的传统周边关系中，还是在未来新型周边关系的建设中，东亚都是一个重点。东亚新型周边关系主要包括中日韩三边关系和中国—东盟关系。由于中日、中韩、日韩之间存在的问题和起伏不定的双边关系，中日韩未能建立起稳定的、全面的和战略性的三边关系，在安全领域更是如此。联合国维和行动是中日韩可以尝试填补安全合作空白、增进政治和安全互信，从而推动建设新型周边关系的一个重要契机和领域。中国是五常中最大的出兵国，中日韩三国分摊的联合国维和经费超过 1/4，日本和韩国曾担任建设和平委员会的主席。③ 可见，中日韩三国在联合国维和领域具有优势，特别是中国在维和行动领域的优势与日韩在建设和平

---

① 习近平：《坚持亲、诚、惠、容的周边外交理念》，载《论坚持推动构建人类命运共同体》，中央文献出版社，2018，第 65～66 页。
② 习近平：《中国必须有自己特色的大国外交》，载《论坚持推动构建人类命运共同体》，中央文献出版社，2018，第 201 页。
③ 中国维和摊款比例为 15.21%，居第二位；日本为 8.56%，居第三位；韩国为 2.26%，居第十位。参见联合国维持和平网站，https://peacekeeping.un.org/en/how-we-are-funded。

领域的优势可以通过合作实现互补。例如，中日韩可以合作支持提升主要出资国和出兵国在联合国维和行动决策、管理、咨询等过程中的话语权和影响力；加强中日韩在维和建和培训中的经验交流和信息共享；在维和任务区建立某种沟通渠道，为促进和保护三国在当地的利益提供便利和帮助。中日韩三国合作还可以拓展到东盟，把维和合作充实到"10+3"（东盟+中日韩）机制中。"10+3"合作机制始于20世纪末的亚洲金融危机，后来扩大到经济、货币金融、社会、科技、发展、文化等领域。安全合作主要通过东盟地区论坛来进行。但东盟地区论坛的成员和议题广泛，是亚太地区主要的官方多边安全对话与合作平台。东亚维和合作可以突出以下两个路径：一是在"10+3"框架下进行，可从维和警务合作开始；二是把中国的维和行动优势和日韩的建设和平优势与东盟的预防性外交、预防冲突优势结合起来，以引领联合国维和行动。中日韩与东盟在抗击新冠疫情中开展了良好的合作，是该地区开展非传统安全合作的又一范例。中日韩与东盟也可以在维和领域开展同样的合作，从而在新型周边关系的建设中发挥积极作用。

（二）联合国维和行动与南亚新型周边关系

南亚地区在联合国维和行动中处于非常特殊的地位。一方面，联合国早在1949年就在南亚地区部署维和行动，即联合国印度和巴基斯坦观察组（UNMOGIP），并延续至今；另一方面，南亚地区国家派遣了大量军警人员参加联合国维和行动。在派遣维和人员最多的6个国家中，南亚国家有4个，即孟加拉国、尼泊尔、印度和巴基斯坦，总人数达21816人（截至2020年1月31日）。[①] 但是，由于印巴之间的长期对立，加上中印之间的地缘政治竞争，南亚地区安全形势紧张，并没有实质性的安全合作。南亚地区的维和合作需要有创新的思路和路径。一是以双边合作推动多边合作。中国与上述4个南亚国家之间开展维和双边合作并没有很大的障碍，特别是中印之间和中巴之间，可以就维和军人和维和警察的能力建设开展交流，并在此基础上参加区域外的维和多边合作。二是作为主要出兵国，中国与南亚国家可以共同努力在联合国维和行动的决策和管理方面发挥更

---

① 参见联合国维持和平网站，https：//peacekeeping. un. org/sites/default/files/2_country_rank-ing _13. pdf。

大的作用，并为维和人员争取更多的权益。三是鉴于中国和印度都有比较完整和完善的维和培训体系，可以把维和培训作为合作的重点，包括课程体系、师资、教材等方面的交流。四是探讨地区间维和合作机制，如南亚—东亚、南亚—中亚、南亚—非洲维和合作。五是在维和合作的基础上开展非传统安全的合作，增进南亚国家之间的互信，为南亚新型周边关系的建设创造有利的环境和条件。

四　联合国维和行动与构建新型多边关系

通过多边外交构建新型多边关系，是中国特色大国外交的重要组成部分。多边外交的主要对象是国际会议和国际组织。多边外交在中国外交布局中处于相对边缘的地位，既不是周边外交那样的首要，也不是大国外交那样的关键，更不是发展中国家外交那样的基础。"多边是舞台"并没有客观和充分地显示多边外交的作用。事实上，多边外交与周边外交、大国外交、发展中国家外交都存在紧密的关系，中国需要加强它们之间的互动。以多边外交与周边外交为例，多边与周边互动，以多边促周边，应成为中国周边外交和多边外交工作的重要对象。中国周边存在众多国际组织，它们具有多样性和不平衡的特点。它们是周边地区国际关系的重要行为体，是周边国际合作的重要平台，也是推动周边地区一体化的重要力量。利用周边国际组织，有利于推动构建周边新型国际关系和周边命运共同体，有利于推进"一带一路"建设，也有利于积极应对周边威胁和挑战。再以多边外交与大国外交为例。在全球层面，联合国安理会和二十国集团就是多边外交和大国外交互动的机制。前者通过五个常任理事国的特殊权力和贡献履行安理会在维持国际和平与安全中的首要责任，后者通过主要发达经济体和新兴经济体的协调进行危机应对和国际经济合作。又以多边外交与发展中国家外交为例。金砖国家、上海合作组织、东盟与中日韩合作、中非合作论坛等都是多边外交和发展中国家外交相结合的机制。其特点有三。一是以经济合作和发展合作为重点。参与者都是发展中国家，面临的主要挑战是消除贫困、增加就业、促进教育、经济增长等。因此，经济和发展成为上述机制的优先议题和主要议程，而不是发达国家更关注的人权、环境、反腐、劳工标准等。二是体现了南南合作的性质和范畴。发展中国家在历史上有相似经历、政治上有相同立场、国际上有相同诉求，这是开展合作的有利条件和基础，但也容易产生和存在透明度、国际标准、可持续性等方面的问题和局限。三是合作多样化。由于数量众多、发展水平差别又很大，发展中国家通过多边方式开展了大量合作，形成各种各样的合作机制和方式。这一方面有利于满足不同的需要，促进共同发展；但另一方面也使发展中国家的合作难以形成整体上的合力，不利于作为独立的经济和政治力量在国际上发挥作用。

（一）联合国维和行动与全球伙伴关系

联合国维和行动是一项综合性的政治行动，涉及很多会员国、联合国主要机构、区域组织、非政府实体、相关人员等。冷战结束以来特别是进入 21 世纪后，联合国维和行动的基本原则有所调整，职能有很大的拓展。维和行动向预防冲突、建设和平、保持和平等领域延伸。这就需要相关行为体在安全、政治、经济、社会等方面有更大程度的协同与合作。联合国维和行动在实施过程中有利于也有赖于全球伙伴关系。联合国维和行动本身就是政治伙伴关系，显示国际社会应对危机的政治意愿和资源。2009年，联合国的一份报告就指出，维和行动显现出一种独一无二的全球伙伴关系，这一伙伴关系赋予了联合国维和行动以合法性、可持续性以及全球性。[①] 2015 年，联合国和平行动问题高级别独立小组提交的报告《集中力量，促进和平：政治、伙伴关系和人民》进一步提出，"必须为未来建设一个更强大、更具包容性的和平与安全伙伴关系"[②]。这种全球伙伴关系的目标是通过支持联合国维和行动，实现国际和平与安全。全球伙伴关系由多行为体、多层次、多领域的伙伴关系组成。首先，东道国与出兵国之间的伙伴关系。出兵国与东道国在维和行动中是一种"供需关系"。出兵国派遣的维和人员的素质和能力、东道国对维和行动的配合和支持程度，是维和行动能否顺利开展的重要因素。出兵国受联合国的授权和委托派遣维和人员，维和行动都要得到东道国的同意。维和行动的整个过程都需要出兵国和东道国建立良好的关系。其次，联合国与区域组织之间的伙伴关系。2007 年，安理会通过第 1769 号决议，决定在苏丹达尔富尔地区实施

---

① UN Department of Peacekeeping Operations and Department of Field Support, *A New Partnership Agenda : Charting a New Horizon for UN Peacekeeping*, 2009, https：//peacekeeping. un. org/sites/default/files/newhorizon_0. pdf.

② 参见和平行动问题高级别独立小组的报告《集中力量，促进和平：政治、伙伴关系和人民》，A/70/95 - S/2015/446。

非盟—联合国"混合行动",联合国提供主要资源,与非盟共同部署维和行动,这开创了维和行动的新模式。此后,联合国与非盟开展了多层次、宽领域的合作。与此同时,联合国与欧盟、上海合作组织、东盟等区域组织也开展了一定的合作。最后,联合国内部伙伴关系。维和行动的决策和管理机构主要包括联合国大会、安理会、秘书处,特别是秘书处下设的政治和建设和平事务部、和平行动部等。与维和行动相关的机构还有联合国军事参谋团、人道主义事务协调办公室、开发计划署、难民署等。这些机构在维和事务的决策、执行、协调中需要加强伙伴关系,并与任务区保持及时的沟通,才能有效地开展维和行动。

(二) 联合国维和行动与新型中非关系

中国是联合国维和行动的主要出兵国之一,也是第二大出资国。中国在非洲有广泛的利益和影响。联合国的多数维和行动部署在非洲地区。因此,联合国、非盟、中国之间的和平安全合作具有重要的意义。2002 年,非盟通过《关于建立非洲联盟和平与安全理事会的议定书》,正式建立和平与安全架构,将之作为非洲大陆的集体安全机制合作框架。非洲和平与安全架构"为开展联合国、非盟和中国之间的合作提供了原则、内涵和框架三方面的借鉴"①。为此,联合国与非盟围绕预防冲突、冲突管理和预防性外交三个方面开展了合作,建立了工作机制,并取得较好的成效。中国一直支持联合国和非盟之间的和平安全合作,与非盟构建合作伙伴关系,共同维护地区和平与安全。中非合作有五大支柱,即坚持政治上平等互信,坚持经济上合作共赢,坚持文明上交流互鉴,坚持安全上守望相助,坚持国际事务中团结协作。② 近年来,中非在和平安全领域的伙伴关系得到了很大程度的提高。2015 年,中国专门设立驻非盟使团,提升了对非外交的战略地位。中国还向非盟提供 1 亿美元的军事援助,帮助非盟提高快速反应能力。截至 2021 年 5 月 31 日,中国有 2471 名维和人员在联合国在南苏丹、马里、苏丹达尔富尔、刚果(金)、西撒哈拉、塞浦路斯、黎巴

---

① 程子龙:《联合国、非盟和中国:基于非洲和平安全架构合作的和平伙伴关系》,《国际关系研究》2018 年第 2 期。
② 《习近平在中非合作论坛约翰内斯堡峰会开幕式上的致辞(全文)》,新华网,2015 年 12 月 4 日,http://www.xinhuanet.com/world/2015 - 12/04/c_1117363197.htm。

嫩、阿卜耶伊和中东的特派团执行任务。① 未来，中国可以在联合国与非盟之间发挥某种独特的作用。一是中国既是联合国安理会常任理事国，又是非盟的战略伙伴，因此可以在联合国与非盟之间搭建桥梁，发挥协调和沟通作用，提高合作效率。二是中国可以加强安全与发展之间的联结，以发展保安全，以安全保发展，特别是实现联合国《2030 年可持续发展议程》、非洲 2063 年议程与中国"一带一路"倡议之间的战略对接。为此，可以借鉴中国—联合国和平与发展基金，设立中国—非盟和平与发展基金。三是中国可以加强与联合国和非盟在预防冲突和建设和平领域的合作。中国在联合国维和行动领域有突出的贡献和影响，但在预防冲突和建设和平领域相对薄弱，仍有很大的发展空间。2019 年 1 月，夏煌大使开始担任联合国秘书长大湖地区问题特使。这是中国发挥在预防冲突和建设和平领域作用、推动发展和平理念的重要契机。

第三节　联合国维和行动与人类命运共同体

2013 年 3 月，习近平担任中国国家主席后第一次出访，在莫斯科国际关系学院发表演讲时首次提出"人类命运共同体"理念。

2015 年 9 月，习近平在出席纽约联合国总部举办的第 70 届联合国大会一般性辩论时发表题为"携手构建合作共赢新伙伴　同心打造人类命运共同体"的讲话，第一次在联合国这个最广泛的多边舞台提出"构建以合作共赢为核心的新型国际关系，打造人类命运共同体"的中国理念。

2017 年 1 月，习近平在联合国日内瓦总部发表题为"共同构建人类命运共同体"的演讲，第一次向国际社会系统地阐述了人类命运共同体的理念，提出建设一个持久和平、普遍安全、共同繁荣、开放包容、清洁美丽的世界的中国主张。

2017 年 10 月，党的十九大报告进一步提出，中国特色大国外交要推动构建新型国际关系，推动构建人类命运共同体。这"两个构建"是中国特色大国外交的总目标。为了构建人类命运共同体，我们要建立平等相待、互商互谅的伙伴关系，营造公道正义、共建共享的安全格局，谋求开

---

① 《军事人员和警察派遣国》，联合国维持和平网站，https://peacekeeping.un.org/zh/troop - and - police - contributors。

放创新、包容互惠的发展前景，促进和而不同、兼收并蓄的文明交流，构筑尊崇自然、绿色发展的生态体系。人类命运共同体是新时代中国外交的指导思想和重大创新。

人类命运共同体理念与《联合国宪章》的精神和价值相契合。人类命运共同体理念已多次载入联合国大会、安理会、人权理事会的决议，说明这一理念得到国际社会的普遍认同。维和行动是联合国主导的全球安全治理活动和提供的国际公共产品。通过维和行动构建利益责任共同体、全球安全共同体和地区命运共同体，这是推动构建人类命运共同体的伟大实践。

一　联合国维和行动与构建利益责任共同体

人类命运共同体是利益共同体和责任共同体的结合，而构建利益共同体和责任共同体是构建人类命运共同体的基本路径。从利益共同体到责任共同体，再到命运共同体，是共同体建设的基本逻辑。联合国维和行动体现了利益共同体和责任共同体的统一。

（一）联合国维和行动与利益共同体

利益共同体是命运共同体的基础和核心。在日益紧密联系和相互依赖的国际社会，促进共同利益是国际合作的基本动力和前提。这种共同利益包括政治利益、经济利益、安全利益等。联合国维和行动是共同利益特别是和平安全利益的体现，同时也有利于推动构建利益共同体。

冷战开始后，东西方之间的国家利益出现严重分歧和矛盾，政治和安全上形成对立和对抗。但避免发生新的世界大战、维持国际和平与安全是战后世界各国最大的共同利益。因此，当时的国际冲突主要发生在地区层面和中小国家之间，而不是大国之间。为了缓和地区冲突，特别是避免中小国家之间的冲突蔓延和升级造成大国之间的直接对抗，联合国开始实施维和行动。阿以冲突和印巴冲突是冷战时期最早发生也是最有代表性的地区冲突，并且一直延续至今。停战监督组织是联合国建立的第一项维和行动，为维和行动创立了先例。它确定了联合国与出兵国对维和人员的管理权限，确定了军事观察员的任务与作用，确定了派出维和人员的基本原则。① 印度和巴基斯坦

---

① 中国国际战略学会军控与裁军研究中心编《当代国际维和行动》，军事谊文出版社，2006，第 121 页。

观察组长期促进、观察和监督双方停火，进行沟通和调解，防止事态的进一步恶化。但由于中东问题和克什米尔问题的复杂性，阿以冲突和印巴冲突至今尚未解决。尽管如此，这两项维和行动仍具有重大意义。一是工具意义，即它们开创了维和行动这一全球安全治理活动和国际公共产品，使维和行动成为联合国维持国际和平与安全的主要途径，也是联合国投入资源最多的工作。维和行动也得到了国际社会的普遍支持，不仅联合国，一些大国和国际组织也开展了大量维和行动。二是价值意义，即与冲突直接或间接相关的各方在避免冲突这一共同利益基础上，与联合国开展合作，以实现某种程度的和平与安全。"利益—合作—安全"成为维和行动的基本价值。当然，在冷战的格局和背景之下，冲突双方的利益是狭窄的（避免冲突的升级和蔓延），合作是浅层次的（停火），安全是脆弱和短暂的（多次陷入冲突甚至战争）。

冷战结束后，国际冲突出现新的特点。由种族、宗教、内政等引发的国内冲突成为地区紧张局势的主要原因。随着东西方对抗的结束，大国合作和安理会团结得到加强，联合国维和行动的数量有较大上升。同时，联合国维和行动的职能不断拓展，从最初的监督停火或撤军、脱离接触等军事领域扩大到预防性部署、人道援助、保护平民、战后重建等政治、行政、社会的广泛领域。维和行动数量上升和职能拓展反映了国际社会共同利益的增加、国际合作的深化和国际安全的加强，表明维和行动的工具意义和价值意义进一步凸显。冷战后特别是进入 21 世纪后，联合国维和行动在拓展国际社会共同利益、推动构建利益共同体方面发挥了非常重要的作用。首先，维和行动拓展了共同的政治利益。在联合国安理会的主导下，维和行动从提出、决定、部署、实施到结束，从安理会成员国到出兵国和出资国再到东道国，它们之间开展了大量的合作与协调。这有利于加强国际社会的团结，缓和相关国家之间的矛盾，增加会员国解决国际冲突的信心。其次，维和行动拓展了共同的经济利益。维和行动经费每年达 70 多亿美元，大大高于联合国行政开支。联合国经费的很大一部分用于维和人员和物资的开支。更重要的是，联合国维和行动，缓和甚至解决国内和国际冲突，帮助冲突国家经济恢复和重建，为经济发展提供了稳定的地区和国际环境。最后，维和行动拓展了共同的安全利益。这是维和行动带来的最直接的共同利益。维和行动是一种具有政治性质的非战争军事行动，也是世界上最独特的军事行动。它没有明确的敌人，不主动进攻，以结束冲突、恢复秩序和保护平民为主要目标。总之，维和行动团结和联合国际社会的力量，促进共同的政治、经济和安全利益，推动构成了一个利益共同体。

（二）联合国维和行动与责任共同体

联合国维和行动的成功实施离不开利益攸关方承担起相应的责任。这些利益攸关方主要包括大国、出兵国和出资国、东道国。

大国责任。大国特别是安理会五个常任理事国在联合国维和行动方面承担着关键性的责任。由于安理会担负着维持国际和平与安全的首要责任，是维和行动的决策机构，拥有否决权的五个常任理事国在维和行动的决策方面发挥着决定性的作用。根据《联合国宪章》第六章和第七章的规定，安理会在解决国际冲突方面的主要职权包括审议权、决策权和监督权。具体来说，就是由安理会审议国际争端，做出建立维和行动的决议，并监督维和行动的实施。安理会成员国特别是安理会五个常任理事国要以客观、中立和公正的立场，促请各当事国以和平方法解决争端，并根据局势和事实做出是否实施维和行动的决定，如决定派出维和特派团，则明确规定维和行动的规模、使命和任期，并授权部署。安理会还要决定维和人员的组成，审议维和行动进展报告，监督维和行动实施过程，决定任务区授权的变更、任期的延长或终止等事宜。由于五常拥有否决权，大国就要从世界和平的高度，而不是从本国利益出发做出判断和决定。同时，安理会常任理事国在承担维和行动经费方面也承担着更多的责任。

出兵国和出资国责任。维和行动的顺利实施离不开出兵国和出资国的大力支持。一个基本的事实是：出兵国以发展中国家为主，出资国以发达国家为主。截至 2020 年 1 月 31 日，参加维和行动的出兵国有 122 个。其中，居出兵人数前 18 位的都是发展中国家，其中非洲 11 个、亚洲 6 个、南美 1 个。发达国家中，意大利（1084 人）居第 19 位、法国（732 人）居第 30 位、西班牙（648 人）居第 33 位、英国（573 人）居第 34 位、德国（532 人）居第 37 位、美国（30 人）居第 83 位、日本（4 人）居第 107 位。① 根据 2018 年 12 月 24 日第 73 届联大通过的文件，在各会员国

---

① 数据来自联合国维持和平网站，https：//peacekeeping. un. org/sites/default/files/2 _country_ ranking_13. pdf。

2019~2021 年的经常预算分摊比额上排名前 10 的国家，除了中国和俄罗斯，都是发达国家，其中美国 22.0%，日本 8.56%，德国 6.09%，英国4.57%，法国 4.42%，意大利 3.30%，加拿大 2.73%，西方七国集团加在一起占 51.67%。① 发达国家"出钱"、发展中国家"出力"的责任结构反映了力量对比的现实。出资国的责任在于及时足额缴纳经费，出兵国的责任则在于及时提供经过培训和验收合格的维和人员。值得关注的是，出资国的责任是由联合国文件规定的，而出兵国的责任更多是出于自愿。另外，责任与权利本应该是相平衡的。但是显而易见，无论是在维和行动的决策和管理上，还是在任务区的指挥和协调上，发达国家处于主导地位，发展中国家的话语权和影响力还很有限。

东道国责任。东道国作为维和行动的接受国和实施地，承担着不一样的责任。在以主权国家为基础的当代国际关系中，国家安全、地区安全和全球安全的基本行为体和主要责任人是主权国家。无论是在国内安全还是在国际安全方面，主权国家都承担着首要责任。在国内冲突或国际冲突中，如果冲突各方无法自行解决，并且冲突威胁到地区安全，冲突往往需要通过联合国等多边途径进行解决。联合国在派出维和特派团之前往往需要与东道国签订《特派团地位协议》或《维和部队地位协议》。协议是联合国启动维和行动的先决条件，一方面规定了维和人员的特权与豁免，另一方面也规定了东道国的权利和义务。在维和行动实施过程中，东道国有义务和责任与特派团开展合作，并提供必要的协助和便利，包括保护特派团的资产和设施，为维和人员执行任务提供各种帮助等。一些东道国的外交部还专门设立办公室和联络处，负责与特派团之间的协调、沟通和对接。近年来，维和人员遇袭事件屡有发生，维和人员的安全问题越来越突出。2020 年 3 月 30 日，联合国安理会通过首个关于维和人员安全问题的决议。该决议明确提出，"联合国人员及资产的安全和安保首要责任在于东道国"②。

维和行动往往部署在十分恶劣和复杂的政治和安全环境中，面临许多不对称和复杂威胁。除了特派团自身机制的完善和能力的提升，维和行动

① 《联合国维持和平行动经费分摊比额表》，A/73/350/Add.1，2018 年 12 月 24 日，https://www.un.org/zh/documents/view_doc.asp?symbol=A/73/350/Add.1。
② 联合国安理会第 2518（2020）号决议，S/RES/2518（2020），2020 年 3 月 30 日，https://www.un.org/zh/documents/view_doc.asp?symbol=S/RES/2518（2020）。

的成功还有赖于大国、出兵国和出资国、东道国充分和有效地履行各自的责任，形成一个责任共同体。

二 联合国维和行动与构建全球安全共同体

联合国成立以来，通过预防性外交、调停斡旋、政治谈判和国际法治等手段避免了大量冲突的发生和升级。联合国通过设立安理会、开展防扩散努力、实施维和行动，进行全球安全治理；从传统安全到非传统安全，从集体安全到普遍安全，联合国为维持国际安全提供公共产品，致力于建设全球安全共同体；通过推动可持续发展议程、开展预防冲突行动、实施建设和平措施，联合国努力建设持久和平的人类命运共同体。

（一） 维和行动与全球安全治理

联合国成立的初衷是避免世界大战再次发生。为此，联合国设立了安全理事会，它负有维持国际和平与安全的首要责任。在大国一致基础上通过的安理会决议对所有会员国具有强制性。70 多年来，安理会通过了 2000 多项决议。这些决议主要涉及武装冲突、大规模杀伤性武器扩散、恐怖主义等传统和非传统安全问题，以及针对非洲、中东等频繁发生冲突的地区。安理会的决议和行动有效地遏制了侵略的发生，使战后世界保持了总体和基本的和平。维和行动是联合国安理会成立以来就开展的重要工作，也是联合国开展全球安全治理、构建全球安全共同体的重要内容。

维和行动是联合国首创、花费最多、影响最大的一项工作。① 二战结束后，大国之间确实没有发生大规模直接的军事冲突，但是大国与中小国家之间、中小国家相互之间的冲突不断。美苏争霸、东西方对抗是这种冲突的主要原因和基本背景。联合国通过政治和法律途径，特别是创造性地采取维和行动开展全球安全治理，防止冲突发生，避免冲突升级。但显然，联合国并不是国际安全和国际秩序的决定性力量，国际社会也未能形成一个安全共同体。

冷战结束后，为了应对新型冲突和威胁，联合国对维和行动的理念、

---

① 自 1948 年联合国首次部署维和行动以来，至今共实施 71 项维和行动，目前，来自 122 个国家的超过 10 万名军警和文职人员正在执行 13 项维持和平行动。参见联合国维持和平网站，http://www.un.org/zh/peacekeeping/。

机制、管理等进行了一系列改革，把预防冲突、维和行动、建设和平等整合为和平行动。① 联合国维和行动对于控制冲突升级、防止冲突蔓延，帮助国家重建、促进持续发展，保护平民安全、促进人权进步，提供人道援助、缓解生存危机，发挥了巨大的作用。从这个意义讲，联合国维和行动具有全球安全治理的意义。

同时，冷战结束后，传统安全问题出现新的特点，大量非传统安全问题凸现。由于非传统安全威胁的上升、冲突根源和形式的复杂化、其他行为体更多的参与等，联合国维和行动仍存在利益、权力和法律等方面的困境。② 面对大量的国家内部冲突和越来越多的非传统安全威胁，联合国需要改革和创新，在非传统安全领域发挥引领性作用，大力倡导可持续和平、发展和平等新理念，把重点放在消除冲突的根源和冲突的政治解决上，突出人的安全和建设和平的重要性，围绕提供公共安全产品来体现维持国际和平与安全的首要责任，致力于实现共同安全，把建设全球安全共同体作为联合国和平事业的主要目标。因此，预防冲突和建设和平就成为联合国开展全球安全治理、构建全球安全共同体的重要实践。

（二）预防冲突与全球安全共同体

全球安全共同体意味着没有国际冲突或国际冲突可以得到有效的管理和解决。预防冲突的发生、升级和蔓延，对构建全球安全共同体具有非常重要的意义。

2016年4月，联大和安理会的决议提出要加强从预防冲突到恢复重建这一系列建设可持续和平的工作。为此，联合国支持国家行为体提高国家恢复能力，减少国内结构性不平等、不包容和其他破坏社会凝聚力因素的影响，进而预防暴力冲突的产生。联大主席也表示，成功预防冲突应该成为联合国日常，而非特例。③ 联合国和世界银行的报告则指出，从长远看，

① 关于联合国维和改革的建议和行动，参见1992年加利秘书长《和平纲领》（A/47/277 – S/24111），2000年《卜拉希米报告》（A/55/305 – S/2000/809），2004年威胁、挑战和改革问题高级别小组的报告（A/59/565），2015年和平行动问题高级别独立小组的报告（A/70/95 – S/2015/446）等。

② 刘丹：《联合国维和行动的困境及前景》，时事出版社，2015，第48~80页。

③ 〔斯〕米罗斯拉夫·莱恰克：《可持久和平——世界和平新途径》，新华网，2018年4月19日，https：//baijiahao. baidu. com/s？ id = 1598156156854190843&wfr = spider&for = pc。

在预防上每花 1 美元，就可节约多达 7 美元。①

2017 年 1 月，安理会就"预防冲突与可持续和平"进行公开辩论。联合国秘书长古特雷斯表示，国际社会在应对冲突方面花费了大量时间和资源，付出了高昂代价，必须调整方式，在预防冲突、实现可持续和平方面做出更大努力。

为了有效预防冲突、构筑可持续和平，首先需要树立共同、综合、合作、可持续的新安全观。为此，国际社会应坚定维护《联合国宪章》的宗旨和原则，充分发挥联合国及其安理会在止战维和方面的核心作用，建设"对话而不对抗、结伴而不结盟"的全球伙伴关系。其次，要加强预防性外交和建设和平工作。要坚持和平解决争端，推动通过对话、谈判等政治手段化解分歧。要从政治安全、经济发展、社会融合等多个领域帮助冲突后国家提高自身能力，夯实和平基础。联大、安理会、经社理事会、建设和平委员会等联合国机构要在预防冲突和建设和平方面形成合力。最后，要尊重文明多样性。联合国应大力倡导和平文化，积极推动不同文明、文化和宗教对话交流、互学互鉴，使文明对话成为维护世界和平的纽带。

（三）建设和平与全球安全共同体

如果说预防冲突是构建全球安全共同体的基础性条件，那么，建设和平可视为构建全球安全共同体的有效途径。近年来，联合国积极推动和平安全领域的改革，把各有侧重但相互关联的预防冲突、维和行动、建设和平、保持和平这四个阶段的工作整合成为统一的和平行动。联合国大会、安理会和秘书长多次通过决议和报告，以加强建设和平和持久和平。

2015 年，在建设和平开展 10 周年之际，联合国对建设和平进行了反思。2015 年 6 月，应联大主席和安理会主席的要求，秘书长指定的专家咨询小组就联合国建设和平架构 10 年来的工作进行审查，提交了题为《持久和平的挑战》的报告（A/69/968 – S/2015/490）。2016 年 4 月，联合国大会和安理会分别通过关于建设和平架构审查的两项决议 ［A/RES/70/262 和 S/RES/2282（2016）］，强调为实现持久和平须采取综合办法，并指出建设和平本质上是一种政治进程，包含广泛的政治、发展和人权方案与

---

① United Nations and World Bank, *Pathways for Peace: Inclusive Approaches to Preventing Violent Conflict*, Washington, D. C.：World Bank, 2018, https：//openknowledge. worldbank. org/handle/10986/28337.

机制。

2017 年 10 月，联合国秘书长古特雷斯发表《联合国和平与安全支柱的结构改革》的报告（A/72/525），提议设立一个政治和建设和平事务部和一个和平行动部，目标是将预防和保持和平作为优先工作，使和平与安全支柱更为一致，反应更快，更有成效。[1] 2018 年 1 月，古特雷斯又发表《建设和平和保持和平》的报告，提出支持建设和平和保持和平的方法，包括提高行动和政策的一致性，增强联合国系统的领导力、问责和能力，为建设和平筹资，以及发展伙伴关系等。[2]

2018 年 4 月，联合国大会专门举行关于建设和平与持久和平的高级别会议，商讨预防冲突、调解、对话以及外交等议题，以更好地促进持久和平。联合国秘书长古特雷斯在开幕致辞中指出，在预防、联合国系统内部三大工作支柱的连贯性、伙伴关系、对持久和平的投资、包容这五个方面采取行动对于实现持久和平非常重要。中国常驻联合国代表马朝旭大使在发言中就建设和平和持久和平提出三点主张：第一，尊重《联合国宪章》宗旨和原则及国际关系基本准则；第二，坚持发展和安全并重，标本兼治解决冲突根源；第三，提升联合国系统统筹协调能力，深化同区域组织的伙伴关系。

建设和平是联合国在维护和平和安全治理方面的一种新探索和新尝试。建设和平既是维和行动在工作范围上的拓展，也是维和行动在职能使命上的升华。建设和平的目标是实现持久和平。维持和平是联合国系统内所有机构的共同责任，因此需要在从预防冲突到建立和平和维持和平，直至冲突后的恢复和重建的全过程中，采取广泛全面的维护和平的方法，并且将联合国安全、发展和人权三大支柱统一起来。建设和平更关注冲突的预防，以及从根源上消除冲突，并为实现持久和平而帮助建立政治、法律和社会秩序。

三 联合国维和行动与构建地区命运共同体

打造人类命运共同体需要从地区着手。地区命运共同体的建设，主要

---

① "Restructuring of the United Nations Peace and Security Pillar," A/72/525, October 13, 2017, https：//undocs. org/zh/a/72/525.

② "Peacebuilding and Sustaining Peace," A/72/707 – S/2018/43, January 18, 2018, https：// undocs. org/zh/a/72/707.

依靠地区国家的共同努力，但地区性国际组织和全球性国际组织也可以发挥非常重要的作用。作为全球安全治理活动和国际公共产品的联合国维和行动，在建设地区命运共同体，特别是周边、亚洲和非洲命运共同体中扮演着极其重要的角色。

（一）联合国维和行动与周边命运共同体

2013 年 10 月，习近平主席在主持周边外交工作座谈会时强调，我国周边外交的基本方针，就是坚持与邻为善、以邻为伴，坚持睦邻、安邻、富邻，突出体现亲、诚、惠、容的理念。习近平强调："要着力深化互利共赢格局。……要着力推进区域安全合作。……要着力加强对周边国家的宣传工作、公共外交、民间交流、人文交流，巩固和扩大我国同周边国家关系长远发展的社会和民意基础。……让命运共同体意识在周边国家落地生根。"①

周边命运共同体也是亚洲命运共同体的主要组成部分。2015 年 3 月 28 日，习近平主席在博鳌亚洲论坛 2015 年年会开幕式上提出："人类只有一个地球，各国共处一个世界。世界好，亚洲才能好；亚洲好，世界才能好。面对风云变幻的国际和地区形势，我们要把握世界大势，跟上时代潮流，共同营造对亚洲、对世界都更为有利的地区秩序，通过迈向亚洲命运共同体，推动建设人类命运共同体。"②

中国与周边国家山水相连、命运与共。朋友可以选择，但邻居是无法选择的。建设周边命运共同体，主要包括东亚、南亚、中亚三个次区域的命运共同体的建设。

联合国维和行动与东亚命运共同体。东亚地区又可以分为东北亚和东南亚。东北亚地区各国虽然地理上接壤、文化上相近，但发展差异巨大，加上地缘政治复杂，命运共同体建设有诸多困难和阻碍。朝鲜半岛的政治分裂状态、领土和领海争端、历史遗留问题、安全上缺乏互信、域外大国的影响等，造成东北亚地区安全机制的缺失，不利于东北亚命运共同体的建设。但是，联合国维和行动可以成为东北亚国家增进政治和安全互信，

---

① 《习近平：让命运共同体意识在周边国家落地生根》，新华网，2013 年 10 月 25 日，http：//www.xinhuanet.com/politics/2013 – 10/25/c_117878944.htm。

② 《习近平主席在博鳌亚洲论坛 2015 年年会上的主旨演讲（全文）》，新华网，2015 年 3 月 29 日，http：//www.xinhuanet.com/politics/2015 – 03/29/c_127632707.htm。

从而推动建设命运共同体的一个重要契机和途径。中日韩在联合国维和领域具有各自优势，蒙古国也是维和的积极参与者。加强在维和领域的交流和合作，有助于东北亚国家在安全上建立互信，为经济贸易领域的深度合作创造有利的安全环境。中日韩合作还可以带动和拓展与东盟的合作，特别是发挥东盟在预防冲突和非传统安全领域的优势和组织/机制方面的有利条件。经贸、安全、文化是东亚命运共同体建设的三大支柱，而"10 + 3"（东盟 + 中日韩）合作可以成为有效的路径。

联合国维和行动与南亚命运共同体。南亚是周边命运共同体建设中最为困难也最为复杂的一个地区。南亚地区经济发展相对落后、政治对立明显、安全形势严峻，地区合作又相对乏力。但是，南亚国家是联合国维和人员的主要贡献者。孟加拉国、尼泊尔、印度和巴基斯坦共有 2 万多名维和人员。因此，南亚命运共同体建设可以充分利用和发挥其在维和行动领域的优势和资源。例如，以中印、中巴、中尼等双边维和合作推动南亚地区维和合作。这种合作有利于缓和地区安全形势，并使各国在合作过程中建立和加强互信。又如，作为主要出兵国，中国和南亚国家可以加强协调，共同努力为维和人员争取更多的利益，并在维和行动决策和管理方面提高话语权和影响力。在南亚命运共同体建设困难重重的情况下，维和合作也许可以成为一个突破口。

联合国维和行动与中亚命运共同体。中亚地区国家并不是联合国维和行动的主要参与国和贡献国。截至 2020 年 1 月 31 日，中亚五国中，只有三个国家参与联合国维和行动，分别是哈萨克斯坦（128 人）、吉尔吉斯斯坦（5 人）和塔吉克斯坦（4 人）。① 但是，中亚地区国家在上海合作组织的框架下开展了大量的安全合作，特别是在打击恐怖主义、极端主义和分离主义方面取得较好的效果。安全合作也极大地推动了该地区政治外交、经济贸易、人文交流等方面的合作。中亚地区国家与周边的中国和俄罗斯也建立了良好的关系。可见，中亚地区是中国周边命运共同体建设比较顺利的一个地区。中亚地区国家在参与联合国维和行动上有很大的潜力，而且有中国和俄罗斯两个安理会常任理事国的支持。因此，如果积极调动中亚地区国家参与联合国维和行动的积极性，并在上海合作组织框架内开展

---

① 参见联合国维持和平网站，https：//peacekeeping. un. org/sites/default/files/2_country_rank-ing_13. pdf。

维和合作，中亚命运共同体建设可以更上一层楼。

（二）联合国维和行动与非洲命运共同体

非洲是联合国维和行动主要部署的地区，非洲国家又是派遣联合国维和人员较多的国家。非洲命运共同体建设，一方面是非洲国家如何利用维和行动加强本地区团结合作的问题，另一方面也是中国与非洲国家如何通过维和行动实现合作共赢的问题。

联合国维和行动与非洲命运共同体。联合国维和行动为非洲命运共同体建设提供了巨大的资源和优势。非洲国家内部冲突的根源多种多样，冲突无疑阻碍了非洲地区的发展。联合国调动国际社会的资源，在非洲实施维和行动，开展预防冲突、保护平民、恢复秩序等行动，帮助处于冲突中的国家结束冲突并进行战后重建。联合国与非盟加强合作，在达尔富尔等地联合部署维和行动，围绕冲突预防、冲突管理和冲突解决开展合作。维和行动一方面帮助有关非洲国家避免了冲突的升级和蔓延，维护了地区安全和稳定；另一方面帮助这些国家进行经济和社会建设，促进了国家和地区的发展。维和行动还推动了出兵国与东道国、联合国与非盟、非政府组织之间的交流与合作，加强了各国维和人员之间的沟通与协调。在联合国授权下，各特派团和任务区实际上形成了一个命运共同体。

联合国维和行动与中非命运共同体。中国是最大的发展中国家，非洲是发展中国家最集中的大陆。中国与非洲国家有相似的历史经历，现在有相同的发展诉求。一个是大国，一个是大陆，有差不多的人口，人口之和超过世界总人口的1/3。2013年3月，习近平在担任国家主席后首次出访就来到非洲，并在坦桑尼亚演讲时首次提出中非命运共同体思想。这要早于其他地区命运共同体的提出。在2018年9月中非合作论坛北京峰会上，习近平主席进一步提出要携手打造责任共担、合作共赢、幸福共享、文化共兴、安全共筑、和谐共生的中非命运共同体。中非命运共同体的思想内涵更为丰富、目标更为明确、路径更为清晰，在人类命运共同体构建中更具基础性地位。可以说，"中非命运共同体是中国与非洲国家间患难与共、平等伙伴、共筑安全、共谋发展、文明互鉴、绿色发展的典范"①。联合国

---

① 吴传华：《中非命运共同体：历史地位、典范作用与世界意义》，《西亚非洲》2020年第2期。

维和行动在中非命运共同体建设中发挥着非常独特的作用。中国是联合国主要出兵国之一，更是第二大出资国，而非洲是联合国维和行动部署最多的地区。中国与非洲在维和领域的合作具有特殊的意义。近年来，中国与非洲在建设命运共同体的进程中不断取得进展，特别是在维和领域，双方的合作不断加强和深化。截至 2020 年 1 月 31 日，有 2000 多名中国维和人员在非洲 6 个任务区执行任务。中国与非盟在维和能力建设、维和人员培训、维和机制改革等方面合作的基础上，开始在预防冲突和建设和平等领域进行协调。维和行动成为加强中非安全合作、共建命运共同体的重要路径。

小　结

联合国外交是中国国际组织外交的重中之重。中国与联合国的关系经历了复杂而艰难的发展过程。自 1971 年新中国恢复在联合国的合法席位以后，中国的联合国外交形成了自身的特色和优势，具有一定的传承性。近年来，中国的联合国外交积极进取，又体现了一定的引领性。构建人类命运共同体和新型国际关系是新时代中国特色大国外交的重要目标。维和行动是联合国主导的全球安全治理活动和提供的国际公共产品。通过维和行动构建利益责任共同体、全球安全共同体和地区命运共同体，是推动构建人类命运共同体的伟大实践。在构建新型大国关系、新型周边关系和新型多边关系中，联合国维和行动可以发挥独特的作用。未来，参与联合国维和行动仍是中国联合国外交的重要组成部分，并且在践行全球安全倡议中发挥重要而独特的作用。

第九章

中国参与联合国维和
行动与国际合作

从联合国维和行动的目标和任务来看，其日益具有长期性和广泛性的特征。维和行动在任务周期上跨度更长，涉及的议题领域范围日益广泛，从维持安全稳定、人道救援、重建政治机构直至东道国中长期经济社会发展。这一特征也就决定了联合国维和行动的参与方必然是多元化的，从而需要联合国与各种行为体建立伙伴关系，加强协调合作，共同促进维和行动任务和使命的顺利完成。一方面，联合国需要大力推动与多元行为体的沟通与合作，包括加强有决策权力的联合国安理会与维和出兵国及出警国的合作，增进与东道国政府的协调沟通，并推进与相关国际或本土非政府组织的对话；另一方面，联合国的工作需要建立在与全球主要区域组织的紧密联系、协调及合作的基础之上，充分发挥区域组织的主动性和地缘政治经济优势，建立联合国与区域组织的分工合作机制。作为联合国维和行动的重要参与方，中国也需要进一步加强在维和行动相关领域的全面参与，同时推进与多元行为体的合作，在这一过程中推动联合国维和行动朝更为均衡和有效的方向发展。

第一节　维和行动主要行为体之间的合作

　　联合国维和行动的复杂性决定了其参与主体的多元化，因而维和行动成功与否在很大程度上取决于联合国及其相关会员国等主要行为体相互之间在政策及行动领域的协调及合作程度。这一协调工作主要体现在两方面：一方面就联合国主要机构以及维和出兵国和出警国这些外部行为体而言，需要在规划及实施维和行动方面加强能力培养及进行经验分享；另一方面，作为维和行动实地实施的关键影响因素，东道国的立场和态度对于维和行动进展以及维和人员的安全保障都具有重要影响，因而联合国维和特派团与东道国政府之间的对话协调也不可或缺。除此之外，鉴于维和行动与东道国经济社会恢复重建进程之间密不可分的关系，在这一进程中有众多非政府行为体的积极参与，联合国特派团也有必要加强与各种非政府行为体，特别是东道国当地的非政府组织之间的对话，这也有助于联合国方面对于东道国经济社会状况有更为全面的了解。

一　安理会以及主要行为体的战略性和政策性协调

在联合国维和行动的决策及实施进程中，联合国安理会始终发挥着关键性的作用，安理会决议的授权为维和行动的部署及实地执行提供了合法依据及职权范围。安理会的工作涉及常任理事国与非常任理事国在议程设定及谈判影响力等方面的重大差距，在实践中需要寻求某种程度的平衡。一方面，安理会仅凭自身难以对维和行动的部署及实地执行的具体情况有全面的了解和掌控，这就需要联合国秘书处为安理会的决策及讨论提供及时且准确的背景分析及形势研判报告，事实上，安理会的任何决策进程都必须紧密依赖秘书处相关部门所提供的详细形势追踪分析报告。另一方面，随着维和行动的复杂性和危险性不断提升，维和出兵国及出警国在维和行动实地执行方面的作用也显得日益突出。而更多发展中国家开始参与联合国维和行动也意味着在维和人员的素质和能力的培训及培养方面，需要更为广泛和灵活的合作及协调机制，以此为发展中国家提升维和人员能力创造条件，从而逐步增加合格维和人员的储备数量。

（一）　安理会、秘书处与维和出兵国和出警国的三方合作

在维和行动授权、决策及实施过程中，需要多方的共同参与来加以推进。从维和特派团层面来看，其组成主要涉及联合国安理会、秘书处以及维和出兵国和出警国三方面行为体。因此，这三方面行为体之间能否加强合作协调，决定着维和行动从最初部署直至任务结束整个过程是否能顺利进行。联合国一直以来都在努力促成三方合作，希望通过更为紧密的合作伙伴关系为维和行动达到目标奠定坚实基础。2001 年，联合国安理会通过第 1353 号决议，对三方合作做出全面的规定。其中一个重要的问题是，被《联合国宪章》赋予在和平及安全领域首要责任的安理会，在维和行动授权方面具有法定的权威性，即所有联合国维和行动都必须依据安理会决议的授权范围开展。而大多数维和出兵国和出警国并非安理会成员，因而在安理会讨论并通过有关维和行动授权的决议之时，这些国家的关切和意见往往不能得到很好的反映。作为维和行动实施的政策及资源支持机构，联合国秘书处在两者之间，可以发挥更好的桥梁作用。因此，这三方构建起协调合作关系，对于维和行动的顺利实施至关重要。

从以往维和行动的经验及教训中可以看到，在作为决策制定方的纽约总部的联合国政治性机构与联合国维和特派团的实地行动之间，需要有更为紧密的联系和沟通渠道。2015 年联合国和平行动问题高级别独立小组的报告也明确指出，联合国总部必须对于实地行动中具有差别性及重要性的实际需求有更为清醒的认识。① 中国也积极支持进一步加强这种联系，主张 "要用好安理会出兵国和出警国会议，推动有关讨论更加全面、深入。要发挥好安理会维和工作组机制的作用，构建安理会同秘书处、出兵国和出警国沟通桥梁，形成合力，解决实际问题。安理会主笔国应在起草维和行动相关决议草案过程中加强同出兵国和出警国沟通，了解实际需求，使安理会决议授权更具有针对性，更注重实效"②。联合国负责维和事务的副秘书长拉克鲁瓦也非常重视与维和出兵国及出警国的建设性对话，并承诺将针对这些国家举行定期的通报会，并及时提供相关信息。③

（二）维和人员部署、培训与能力培养方面的合作

　　进入 21 世纪以后，联合国维和行动在人员规模及行动数量方面都不断增长。与此同时，美国等西方国家却在逐步减少对联合国维和行动的参与，维和行动在人员和资源等方面的欠缺越来越成为制约维和行动实施的重要因素。对于维和出兵国和出警国而言，这是具有普遍性关切的重要议题。目前来看，在这方面各会员国面临不少挑战，特别是在专业性岗位上的人员缺口以及一些影响会员国进行轮换的结构性问题上。许多参加 "为维和而行动" 倡议的会员国已经开始讨论如何将近期一些创新性方法进行推广适用。有学者总结出这方面的三种新模式。首先是多边轮换安排机制，即由多个国家共同建立维和行动轮换合作机制。这样一些小国也可以量力而行，为维和行动提供必要的人力或专业能力方面的支持。其次是联

---

① "Report of the Independent High – Level Panel on Peace Operations," A/70/95 – S/2015/446, June 17, 2015, https：//peacekeeping. un. org/en/report – of – independent – high – level – panel – peace – operations.

② 《吴海涛大使在安理会联合国维和行动三方合作辩论会上的发言》，中华人民共和国常驻联合国代表团网站，2019 年 7 月 10 日，http：//un. china – mission. gov. cn/chn/zgylhg/jjalh/alhzh/whxd/201907/t20190711_8365073. htm。

③ "Peace Operations Benefit from Improved Cooperation Between the UN and Troop – providing Countries, Says Peacekeeping Chief," UN News, July 10, 2019, https：//peacekeeping. un. org/en/un – news/peace – operations – benefit – improved – cooperation – between – un – and – troop – providing – countries – says.

合部署，即在维和领域具有丰富经验的国家与新加入的国家共同派遣维和部队进行部署，从而加强维和能力培养。最后是快速部署及移交伙伴关系，这种方式可以促进维和行动在实地实施阶段的快速人员轮换，同时提升新的维和出兵国的能力提升速度。① 具体的实践有：在联合国马里特派团中的所谓 C‑130 模式②，挪威和塞尔维亚曾经在中非共和国和乍得合作建立二级医院的共同承诺模式，以及通过维和出兵国及出警国与有能力提供特殊训练或装备的会员国进行合作的三方合作模式。共同承诺模式有助于新的维和出兵国向经验丰富的会员国学习知识和最佳实践。③ 在奥巴马政府执政期间，已不再为联合国维和行动派遣成建制维和部队的美国也开始尝试以新的方式进行支持，特别是通过使用其大型运输机运送维和士兵来加快维和行动在实地的部署步伐。中美之间也曾在双方达成的共识中就加强围绕联合国维和行动的合作做出安排，美国可以为中国维和人员快速部署提供后勤运输方面的支持。总而言之，不同国家在实践中创造出的这些新的合作模式将有助于联合国维和行动更快更有效地在东道国开展。

在维和人员培训方面，联合国对于培训课程及过程的规范化与一致性越来越重视，并不断通过各国维和军人及警察参与维和培训教程编写、修订及评审进程，力图使人员培训进程更加与维和行动在实地面临的形势及威胁相契合。中国在这方面发挥的作用和影响力也在逐步上升，2015 年习近平主席参加联合国维和峰会之时，承诺中国将在维和军人及警察培训方面做出更多贡献，这一承诺在五年之内逐步得到落实。④ 中日韩等东亚国家在维和人员培训方面的贡献也在不断上升。此外，联合国也在与一些

---

① Arthur Boutellis, "Impact-Driven Peacekeeping Partnerships for Capacity Building and Training," International Peace Institute, June 3, 2020, https: //www. ipinst. org/wp – content/uploads/2020/07/White – Paper – Capacity – Building – 20200603. pdf.

② 2016 年 1 月至 2018 年 12 月，在挪威的倡议之下，由挪威、比利时、丹麦、葡萄牙及瑞典等国组成的多国轮换机制为联合国马里特派团提供 C‑130 大型运输机，以及机组人员、地勤人员以及地面设施支持，这一机制为维和人员及相关物资设备的快速部署运送发挥了重要作用。参见 Arthur Boutellis and John Karslud, "Plug and Play: Multinational Rotation Contributions for UN Peacekeeping Operations," *NUPI Report*, No. 3, 2017, https: //nupi. brage. unit. no/nupi – xmlui/handle/11250/2465066。

③ "Priorities for the 2021 Peacekeeping Ministerial: Reflections from an Expert Roundtable," International Peace Institute, February 2020, https: //www. ipinst. org/wp – content/uploads/2020/02/2001_Priorities – for – the – 2021 – Peacekeeping – Ministerial. pdf.

④ 《习主席出席联合国维和峰会并发表讲话》，今日中国网，2015 年 9 月 29 日，http: //www. chinatoday. com. cn/chinese/news/201509/t20150929_800039753. html。

区域性安全组织加强合作，借助这些安全组织的人员及资源为联合国维和人员培训创造更多途径和手段。北约就是其中之一，该组织已经与联合国建立机制化安排，为维和人员培训提供支持，并派遣专家参加维和人员培训课程，从而充分发挥北约国家在军事行动绩效评价、医疗保障、处置小型爆炸装置以及通信等方面的优势。① 就美国而言，其尽管已经不再直接向联合国维和行动派遣部队，但仍旧在一定程度上保持着对联合国维和人员培训及能力培养方面的支持。这方面的工作主要基于两个长期存在的美国对外支持项目，即全球和平行动倡议和非洲维和快速反应伙伴关系，美国通过这两个项目为相关伙伴国家提供维和人员培训及能力培养方面的支持。②

（三）安理会常任理事国与非常任理事国之间的协调

根据《联合国宪章》，联合国安理会在和平及安全领域承担着"首要责任"，拥有《联合国宪章》第七章所赋予的通过决议采取行动的权力。这构成联合国维和行动所遵循的授权法律来源。同时，根据《联合国宪章》规定的决议讨论及通过程序，安理会常任理事国与非常任理事国是在决议草案最终是否具备法律约束力方面具有投票权的会员国。这种程序性权利赋予安理会 15 个成员国以特殊的地位。因此，无论与多元行为体进行的磋商进程如何具有包容性，采取行动与否还要看安理会成员国的政治意愿和行动。在安理会的议事进程中，两种不同类别的成员国发挥的作用也显著不同。就非常任理事国而言，可以发挥的影响力较为有限。由于《联合国宪章》规定安理会决议的通过必须至少获得九个安理会成员国的赞同票，一定数量的非常任理事国支持决议也是其获得通过的至关重要的因素。然而，更多的权力还是在安理会五个常任理事国手中，《联合国宪章》赋予每一个常任理事国以否决有关实质性事项决议的权力。这一否决权使得安理会五常在相关决议草案的非正式磋商进程中始终占据主导地位。仅限于五个常任理事国的小范围非正式磋商往往具有至关重要的作用。这也

① "NATO Strengthens Support for United Nations Peacekeepers," NATO, April 8, 2020, https://www.nato.int/cps/en/natohq/news_174981.htm.

② "U. S. Peacekeeping Capacity Building Assistance," U. S. Department of State Bureau of Political-Military Affairs, July 1, 2019, https://www.state.gov/u-s-peacekeeping-capacity-building-assistance/.

是经常遭到非常任理事国诟病的一点。五个常任理事国通过非正式磋商达成妥协之后，非常任理事国基本上只能选择采取跟随策略。同时，在议程设定方面，安理会中的美英法等国在长期实践中逐步形成所谓"主笔国"的议题聚焦分工合作模式。这种模式也会拓展到担任非常任理事国的其他西方国家，美英法三国与在安理会担任非常任理事国的其他西方国家共同分担国际和平与安全不同议题领域的调研和倡议工作。在安理会工作实践中，这种模式往往使得西方国家在相关议题领域的倡议提出和议程设定方面占据主动权和话语权。但是，对于安理会中的非西方非常任理事国而言，西方成员国之间的紧密合作事实上使得其本就有限的影响力进一步被压缩。这一点在非洲成员国身上体现得最为明显。由于历史原因，当前安理会的成员国数量及构成难以体现非洲国家的代表性，特别是没有任何来自非洲的常任理事国。与此同时，非洲却是联合国在维和领域重要的行动实施地区，也是发展中国家数量最多的大洲。长期来看，中国还需要更多地加强与发展中国家的相互协调，尤其是与非洲国家的合作，从而力争在相关议题领域获得更多的主动性和话语权。同时，安理会工作应提升透明度，为非安理会成员国获取相关信息和参与议程审议提供更多便利，特别是利益相关国及区域性组织。

二 联合国维和特派团与东道国政府的对话合作

在联合国维和行动以及建设和平进程中，尊重东道国的自主权一直是贯穿始终的核心原则。这也与《联合国宪章》所规定的尊重国家主权和领土完整的基本原则相一致。"东道国同意"也是作为维和行动基石的维和三原则的重要组成部分。从联合国维和行动的长期实践来看，获得东道国的同意以及在维和行动实施过程中保持与东道国政府的密切沟通协调，往往是维和行动得以顺利进行的重要因素。一般来说，联合国更注重获得东道国政府对维和行动部署的同意，在内战或冲突中的其他各方是否同意并非决定性影响因素。事实上，作为东道国主权的合法代表，东道国政府拥有联合国实施维和行动所必需的法律资格，也就是可以与联合国签署《部队地位协议》。没有这一协议，联合国维和部队将很难在东道国进行部署。而联合国维和特派团的实地行动也需要得到东道国政府方方面面的支持。如果东道国政府撤回对维和行动表示的同意，那么在多数情况下联合国只能决定终止维和行动并撤回维和人员。东道国是否有意愿并在政策执行方面与联合国维和特派团保持密切合作，也会对维和人员的人身安全保障产生重大影响，尤其是联合国维和特派团需要东道国执法部门或军事部门提供协助以确保维和人员的行动自由不受到严重限制。在联合国维和行动开始部署之后，维和特派团领导应在以下三方面定期开展活动，以确保东道国政府的同意程度不随着时间推移而逐渐减弱。首先是关注任何可能阻碍维和行动的行为；其次是要与东道国政府官员建立协调机制，以消除双方之间任何可能出现的误解；最后是对于破坏《部队地位协议》的各种情况加以系统性梳理，每月定期向秘书处进行报告，并通过外交途径与东道国政府进行交涉。① 与之相关的是，加强在维和人员素质培养、行为准则约束以及违法行为问责等方面的工作也将有助于加强维和特派团与东道国政府及当地社会的相互信任关系。联合国总部机构对于维和人员性侵事件加强追责问责的提案就是这方面的重要进展，这不仅有利于从总体上改善维和行动的形象，同时也有助于提升维和部队在当地社会和人民中的声誉。此外，与东道国政府的合作还关系到维和行动在实地执行过程中所依赖的信息情报是否全面准确。在联合国和平行动的很多实践中，一个经常暴露的问题是对当地情况欠缺了解，如当地各武装派别及社会构成，特别是一些动态性和趋势性情况。产生这一问题的重要原因之一是联合国总部与维和特派团之间情报交流及沟通的不足。和平行动的授权以及诸多行动指导方针都是由总部机构制定的，并未更多征询具体国别层面联合国维和特派团人员的意见。同时，总部层面也欠缺对维和特派团上报的情报信息的深度分析整合能力。因此，联合国一方面在和平行动计划制定方面应更向维和特派团层面倾斜；另一方面要进一步增强情报交流及分析能力，也可考虑借助安理会主要大国的情报搜集能力。

在建设和平进程之中，东道国政府及社会的共同参与显得更为重要。和平进程能否得以维系最终取决于东道国政治经济社会的发展是否持续。由此可见，维和行动的成功与否最终取决于东道国的自主权是否得到充分尊重。联合国维和特派团，尤其是其中来自西方国家的参与方，不能试图将既有的理念和制度灌输和移植到东道国的政治经济社会发展进程中。事实上，以往联合国维和行动实施的经验教训也说明，完全依赖联合国等外

① Sofia Sebastian and Aditi Gorur, "UN Peacekeeping & Host-State Consent: How Missions Navigate Relationships with Governments," Stimson Center, March 2018, https://www.stimson.org/wp-content/files/file-attachments/UN-PeacekeepingAndHostStateConsent.pdf.

部行为体扶持的政治架构，并不具备持久的生命力，也难以阻止社会矛盾和冲突的再次爆发。中国代表就此也强调指出："要坚持当事国主导原则。在冲突后国家实现持久和平与可持续发展，最终要靠当事国自己的努力。各国国情和发展阶段不同，过渡期工作的重点、手段也各不相同。联合国及其他伙伴方应遵守《联合国宪章》宗旨和原则，尊重当事国主权和主导权，根据其意愿和具体要求提供建设性帮助，重在提升当事国能力建设，实现自主发展。"① 在整个维和及建设和平进程中，充分考虑东道国的立场和关切，注重发挥东道国社会的主动性和参与性，唯有这种方式才有可能维持政治和平进程的持续性和不可逆性。

三 联合国与国际非政府组织的对话沟通

国际非政府组织在当代国际关系中的作用日益显著。随着全球化的深入发展，在国家、地区乃至全球层面产生了一系列新型的议事日程。这些议事日程不仅需要地方、国家、地区和全球不同层次的分别关注和处理，而且需要从地方到全球层面的联合协调治理。国际非政府组织则在以上两个方面都具有重要的作用。

总体来看，国际非政府组织主要通过国际性集体社会行动和建立跨国倡议网络这两种方式来组织跨国活动。国际性集体社会行动是当代国际非政府组织最为通常的一种跨国活动。尽管国际非政府组织在推动国际性集体社会行动方面依然存在诸多限制，但是这种跨国市民社会组织之间的联系，在全球政治跨越国家间关系层面上确实扮演着重要角色。依赖于国际非政府组织的跨国运作，环境、和平和女性主义等方面的国际社会运动推动培养了国内市民社会的全球视野，并同时将它们关心的问题提上国家、地区乃至全球的政治议程。国际非政府组织还积极地介入国际政府间组织的各种活动，从而通过与国际政府间组织的相互协调，更广泛地在全球和地区层面对全球治理产生重要的影响。国际非政府组织介入国际政府间组织的活动主要分为制度化直接参与和通过对话广泛参与两个方面。《联合国宪章》第七十一条授权经社理事会负责联合国与非政府组织的联系与管理的事务。而经社理事会通过的第1296号决议正式设立了赋予非政府组织

---

① 《吴海涛大使在安理会"加强伙伴关系，促进国家主导的过渡进程"公开通报会的发言》，中华人民共和国常驻联合国代表团网站，2019 年 7 月 18 日，http://chnun.chinamission.org.cn/chn/zgylhg/jjalh/alhzh/whxd/t1682032.htm。

三类咨商地位的制度。非政府组织根据其享有的地位具有相应的参与联合国会议、提交动议等不同权利。然而，国际非政府组织的活动也对国家主权造成冲击。首先，国际非政府组织日益提升的独立性使得主权国家的控制和影响能力减弱。其次，国际非政府组织对于主权国家内部事务的评判和干预增多，从而限制了各国政府处理国内事务的能力。最后，国际非政府组织并不处于公共监督之下，可能会受到某些国家或利益集团控制，对于处于国际体系中相对弱势地位的国家形成挑战。

鉴于非政府组织的影响日益上升，联合国也在不断加强与各类非政府组织及人道救援组织的密切沟通及合作。这种合作既体现在纽约总部的政策和决策制定过程之中，也体现在维和特派团在东道国实地行动过程中的相互支持及协调方面。在涉及和平及安全领域事项时，安理会目前也在通过一些非正式对话形式听取非政府组织或者非官方实体的意见，所谓"阿里亚模式"会议（Arria – Formula Meeting）就是这样一种途径，安理会成员国可通过发起"阿里亚模式"会议，邀请非官方实体人员到会并与安理会成员国进行非正式意见交流。这种具备灵活性的对话方式为安理会决策提供了更多的信息来源，有助于其通过的决议更加具有针对性。[①] 与此同时，维和特派团与本土非政府组织的合作也非常重要，这些组织相对而言受到外部因素影响较小，并且对于本国的经济社会文化现状具有更加深入的了解。联合国维和特派团的使命和职责是由联合国安理会决议授权所确定的。其首要目标是顺利完成特派团的授权任务，因而在实地行动过程中不能过度依赖非政府组织的意见和建议，而应以符合授权任务基本目标的方式推动特派团任务顺利进行。

第二节　区域性维和行动的协调合作

区域组织是以联合国为核心的多边国际组织体系的有机构成部分，冷

[①] 联合国秘书处 2002 年的一份概念性文件将"阿里亚模式"界定为"非正式和保密的对话模式，以使得安理会成员国与被邀请人员进行坦诚的以及非公开的意见交流"。2016 年 8 月 8 日，"阿里亚模式"会议第一次在联合国电视台进行现场直播，此后多数的会议都会在联合国电视台直播，这也意味着仅有少数会议仍旧保持着保密性。参见 Security Council Report，"UN Security Council Working Methods：Arria – Formula Meetings," August 17, 2020, https：//www. securitycouncilreport. org/un – security – council – working – methods/arria – formula – meetings. php。

战结束之后，区域主义成为各国推动国际合作及协调的重要指导思想，众多区域与次区域组织不断诞生并蓬勃发展，其涉及的议题领域涵盖了政治、经济、社会等方面。随着联合国维和行动在授权范围等方面日益拓展，其在人员及资源等方面的局限性越来越明显，而区域组织在这方面恰恰成为联合国主导行动的有机补充。有鉴于此，联合国对于区域组织以及各种区域性协调安排在提升联合国维和行动效能方面的作用也更加重视，希望进一步加强联合国与区域组织在维和领域的协调合作，同时也为非洲等重点地区的区域组织提供更为积极的支持。与此同时，各大洲的区域组织及次区域组织也在着力提升本组织在应对冲突方面的能力，如非盟就已经开始设立非洲常备军，将之作为紧急冲突情况之下的快速反应储备力量，长远来看，这种区域性协调行动将有助于分担联合国在人力、资金及资源方面日益沉重的负担，从而为促进国际社会共同预防及解决冲突提供支持。

一　区域组织在和平安全领域的协调合作

基于地缘、经济、政治联系的紧密性，区域组织在冲突预防和维和行动方面有不可替代的优势。目前一些区域组织已经制定了相应的规章以加强早期预警、冲突预防以及防止冲突升级和扩散等方面的工作。同时，一些地区性安全组织自行制定了对本地区事务实施干预的规则。例如，欧安组织以安全合作论坛（FSC）为核心，在军事方面采取了一系列构建相互信任和相互安全的措施，包括年度军事信息的交换、关于异常军事活动的磋商和合作机制、军事接触和合作、特定军事活动的事先通知、观察特定军事活动、确保履约和验证措施以及规范武器交易的原则等。在上海合作组织建立过程中也涉及关于成员国内部出现政局动荡或内乱时采取集体行动的问题。由于上合组织成员国覆盖地区的地缘政治特性和上合组织成立至今依然复杂、脆弱的欧亚地区安全形势，关于建立预防地区冲突机制的研究和实践就成为该组织框架内安全合作的工作日程中的优先考虑事项。①

非洲是联合国维和行动的重点部署区域，非洲区域组织及次区域组织在本地区和平及安全事务中的主动性和主导性正在日益上升。这主要体现

---

① 许涛：《上合组织建立预防地区冲突机制的实践意义》，《现代国际关系》2006 年第 12 期，第 13 页。

在两方面。一方面，以非盟为核心的非洲区域组织不断加强制度建设，特别是作为非盟主要机构的和平与安全理事会的成立。根据《关于建立非洲联盟和平与安全理事会的议定书》，该理事会是冲突预防、管理和解决方面的常设决策机构，其权力包括了授权召集及部署维和部队，发生种族灭绝、战争罪行时向大会提出干预的建议，实施非盟共同防御政策以及在冲突及自然灾害发生地区实施人道主义行动等。而非洲的次区域性组织也早已呈现蓬勃发展势头，包括西非国家经济共同体（ECOWAS）、伊加特组织（IGAD）、东非共同体（EAC）、中部非洲国家经济共同体（CEEAC）以及东部和南部非洲共同市场（COMESA）等，从其名称就可以看出，这些次区域组织最初成立的主要目的是推动本地区国家经济合作和共同发展。然而，随着这些次区域组织的活动日趋活跃，其也开始逐步在政治安全领域发挥日益重要的作用。例如，在这方面表现最为突出的西非国家经济共同体分别在利比里亚、塞拉利昂、几内亚比绍以及科特迪瓦展开维和行动，这些行动最初并非由联合国安理会决议授权进行的维和行动，但是安理会在之后的决议中对有的行动做出授权，从而赋予相关维和行动以合法性。另一个例子是伊加特组织，伊加特组织是一个推动地区发展的经济组织，却在调解南苏丹政府与反对派之间的冲突方面发挥了主导作用。这些次区域组织的日益活跃，在一定程度上与非盟这一代表最广泛非洲国家的区域组织形成了相互补充的关系。

另一方面，非盟也在和平及安全领域做出重要的远景规划，以此推动非洲国家形成更具有协调性的应对政策和措施。在 2013 年非盟纪念其前身非洲统一组织成立 50 周年之际，非盟峰会提出 "2020 年非洲消弭枪声倡议"。这一倡议的目的是力争到 2020 年在非洲大陆消除内战及武装冲突。为此，非盟制定了《非盟实现 2020 年非洲消弭枪声目标的路线图》，并将每年 9 月作为 "非洲大赦月"，以呼吁各国民众上交非法拥有的枪支，承诺民众不会因为这一行为而承担法律责任。目前来看，非洲国家要实现这一目标还存在不少困难，但是长期来看，这一远景目标和具体实施措施的出台对于非洲整体的稳定和安全局势有很大益处。2019 年 7 月，中国与非洲国家在北京共同举办了第一届中非和平安全论坛，进一步推进双方在和平及安全领域的交流及合作。非盟和平与安全理事会的斯迈尔·切尔古在论坛发言中介绍了非盟促进共同安全合作的举措，包括建立早期预警系统，以使决策者能够及时了解信息，并且进行分析应对；建立非洲常备军，以快速反应，防止冲突，维持和平；建立非洲警察合作机制；创建非洲恐怖主义研究中心；等等。① 由此可见，非盟自主和平行动已成为应对非洲冲突和危机的重要手段，对联合国维和行动形成了重要补充。联合国应帮助非盟自主和平行动建立持续、稳定、可预测的供资机制。安理会和联合国秘书处需要认真听取非洲国家的意见和关切，想非洲之所想，急非洲之所急，支持非洲国家和区域组织维护非洲和平与安全的努力。②

二　区域组织在维和行动中的地位和作用

冷战结束后，在世界各大洲及其内部不同地区出现了许多区域组织。根据《联合国宪章》第八章关于区域组织的规定，这些区域组织的行动可以和联合国相协调。这就为联合国在维持国际社会和平与安全方面提供了新的方向，即在主要由联合国采取行动的基础上可以更多地以授权或协作的方式将许多更加适合区域组织从事的行动交由它们实施。这种跨组织维和合作可以界定为"由追求共同目标的行为体采取的联合行动，为增进有关联合行动的相互理解而进行的活动也属于这类合作范围。合作的内容包括相关磋商、信息共享、具体的行动支持、能力培养以及为支持现有和平行动而进行的共同部署或者轮换部署等"③。

联合国前秘书长加利在《和平纲领（补编）》中指出，安理会可授权成员国组建并部署一支中立且公正的武装力量到紧张或冲突地区。④ 联合国在波黑、科索沃等国家或地区都曾采用过这种与区域组织协同工作的形式。联合国前秘书长安南在第四次"联合国与区域组织合作会议"发言中指出了联合国与区域组织合作的五个领域，即和平协议的谈判与执行，促进安全和稳定，推进有效治理、民主化和人权保护进程，实现正义与和

---

① 《首届中非和平安全论坛综述》，光明网，2019 年 7 月 17 日，http：//mil. gmw. cn/2019 - 7/17/content_33004911. htm。

② 《姚绍俊公参在安理会联合国与区域组织（非盟）合作公开会上的发言》，中华人民共和国常驻联合国代表团网站，2019 年 10 月 30 日，http：//chnun. chinamission. org. cn/chn/ zgylhg/jjalh/201910/t20191031_8354307. htm。

③ Joachim Koops and Thierry Tardy, "The United Nations' Inter - Organizational Relations in Peace-keeping," in Joachim Koops, Norrie MacQueen, Thierry Tardy, and Paul Williams, eds., *The Oxford Handbook of United Nations Peacekeeping Operations*, Oxford：Oxford University Press, 2015, pp. 61 - 62.

④ Walter Gary Sharp, "Protecting The Avatars of International Peace And Security," *Duke Journal of Comparative & International Law*, Vol. 7, No. 1, 1996.

解，寻找有效途径将紧急救济和长期发展援助相结合。[①] 2007 年 7 月，安理会通过第 1769 号决议，决定在苏丹达尔富尔地区实施联合国与非盟共同部署的"混合式"维和行动。鉴于非洲需要部署的维和行动数量不断增加，而以非盟为代表的区域组织在维和行动能力方面还相当不足，联合国与非盟有必要开展多层面、宽领域的合作。中国也主张进一步加强与区域和次区域组织的伙伴关系，强调区域和次区域组织在处理本地区问题上所拥有的独特优势，因此，联合国应同区域和次区域组织加强沟通和协调，充分发挥非盟、阿盟、东盟等在本地区事务中的作用。联合国、国际社会应同有关区域组织和国家开展伙伴合作，共同帮助当地经济社会发展，解决冲突的根源性问题。[②]

对于区域组织而言，联合国的参与至少在两个方面对其所进行的维和行动发挥了重要的补充作用。首先，在行动合法性方面，联合国安理会的事后授权有利于解决某些地区或此区域组织先期采取行动所引发的争议；其次，联合国在地区安全方面的介入也有助于区域组织弥补自身在能力及资金支持方面的缺陷，可以说联合国维和行动往往为区域组织开展的维和行动提供了"退出选项"。[③] 同时，区域组织处理地区性冲突，至少应具备两方面的条件。一是区域组织基本文件中应重申《联合国宪章》中的主权国家平等、禁止使用武力、不干涉内政等普遍原则，以此确保不会出现某一个区域大国主导、控制该区域组织，其他中小国家处于不平等地位的情况；二是这些区域组织的行动应置于联合国的监督之下。只有存在外部的监督，才能保证区域组织里中小国家的合法权益，所以应赋予这些国家寻求解决争端时的选择权，即将争端提交区域组织，或者提请联合国大会或安理会进行讨论。区域组织不能以违反《联合国宪章》基本原则的方式来

---

① "Secretary – General Tells Regional Organizations Need for Cooperation Is Greater than Ever," SG/SM/7706, February 6, 2001, https: //search. archives. un. org/uploads/r/united – nations – archives/e/7/f/e7f88662eb0597cd02b6953201e1a62fa64e0d6dc022a997f46759637bee25fd/S – 1098 – 0076 – 05 – 00047. pdf.

② 《吴海涛大使在安理会"加强伙伴关系，促进国家主导的过渡进程"公开通报会的发言》，中华人民共和国常驻联合国代表团网站，2019 年 7 月 18 日，http: //chnun. china - mission. org. cn/chn/zgylhg/jjalh/alhzh/whxd/t1682032. htm。

③ Joachim Koops and Thierry Tardy, "The United Nations' Inter – Organizational Relations in Peace-keeping," in Joachim Koops, Norrie MacQueen, Thierry Tardy, and Paul Williams, eds. , *The Oxford Handbook of United Nations Peacekeeping Operations*, Oxford: Oxford University Press, 2015, p. 62.

组织和运作，同时区域组织也不是处理地区性冲突的唯一机构。在区域组织的行动过程中，保证联合国安理会以及其他机构的参与和监督，才能赋予区域组织的行动更大的合法性。1994 年联大通过的《关于增进联合国与区域办法或机构之间在维持国际和平与安全领域的合作的宣言》指出，区域组织在国际和平与安全领域可以通过和平解决争端、预防性外交、建立和平行动、维持和平行动以及冲突后缔造和平等方式做出贡献。该宣言还指出了联合国与区域组织进行合作的几种形式，包括在各个层面进行信息的交流与展开磋商，区域组织根据适用的程序规则与惯例参与联合国的工作，联合国在必要时提供人员、物资以及其他形式的协助等。2018 年，联合国与欧盟发表联合声明，对于双方在维和及危机管理方面的合作优先领域及事项加以规划。双方在声明中确定进行合作的八个优先领域，以确保联合国与欧盟在特派团与行动方面增强互补性与协同性。这些优先领域主要包括建立联合国—欧盟有关妇女与和平及安全的合作平台，将性别视角贯穿于双方合作进程之中；在实地行动过程中增强基于互惠原则的双方的资产共享、行动一致性及延续性；双方将致力于形成共同的行动指南，以促进相关行动的顺利过渡；等等。①

三 亚洲地区在维和行动领域的对话合作

总体来看，亚洲国家特别是东亚各国在维和人员培训方面拥有充足的设施，并积累了丰富的经验。以中国为例，习近平主席在 2015 年联合国维和峰会上做出重要承诺，其中就包括了在培训联合国维和士兵及警察方面做出贡献，五年之内完成培训 2000 名维和人员的工作。② 在此基础上，中国可考虑进一步加强与联合国相关机构的合作，建成类似设于加纳的科菲·安南国际维和培训中心的维和培训中心，这样既可加强中国与联合国的协作，也可提升中国对联合国维和人员的影响力。同时，亚洲国家应加强关于维和培训的交流合作，提升亚洲维和人员的素质。中日韩应加强各自维和培训机构之间的人员交流和相互合作，提升各自资源的有效利用

① "Reinforcing the UN-EU Strategic Partnership on Peacekeeping and Crisis Management: Priorities 2019-2021," September 25, 2018, https://peacekeeping.un.org/en/reinforcing–un–eu–strategic–partnership–peace–operations–and–crisis–management–priorities–2019–2021.

② 《习主席出席联合国维和峰会并发表讲话》，今日中国网，2015 年 9 月 29 日，http://www.chinatoday.com.cn/chinese/news/201509/t20150929_800039753.html。

率，提升东亚在维和行动中的话语权和影响力。除此之外，东亚地区还存在以维和行动为主题的多国军事演习，也就是每年在蒙古国举行的"可汗探索"多国维和军演。中国在 2015 年之后开始参与这一年度维和军演，该演习的参与国包括中国、日本、韩国及蒙古国等，美国也参与这一军演活动。①

南亚地区在联合国维和行动士兵派遣方面占有重要地位，一直是派遣维和士兵最多的地区，本地区的国家如印度、巴基斯坦、孟加拉国以及尼泊尔都有数量众多的维和士兵分散在各个联合国维和任务区。这些国家可以在尊重各国自主自愿的前提下，开展适当的主要出兵国之间的磋商协调。此外，近年来东南亚国家在联合国维和行动方面的立场日趋一致，在联合国维和领域的参与度稳步提升，新加坡、泰国及文莱在冷战结束之后开始派遣人员参与联合国维和行动，进入 21 世纪之后，柬埔寨、越南及缅甸先后开始派遣人员参与维和行动。而拥有更长参与历史的国家如印度尼西亚、马来西亚及菲律宾等，则在逐渐拓宽其参与维和行动的广度和范围。目前东盟十国之中仅有老挝还未曾参加过维和行动。② 在亚洲次区域国家的相互协作协调的基础上，亚洲国家可以在适当的平台上进一步推动有关联合国维和行动的机制性对话和交流，例如像东盟地区论坛这样的区域性政策磋商平台。

总体来看，由于文化、民族、宗教等各方面的不同，亚洲各国之间存在着很大差异性，其在参与国际政治事务方面的观点和立场也经常会有所不同。然而，在参与联合国维和行动方面，亚洲国家却有着较为普遍和一致的立场。这一立场基于在和平及安全领域的所谓亚洲共识，与西方国家所长期奉行的以自由主义议程为核心的立场有着实质性差别。在 2019 年 5 月举行的亚洲文明对话大会上，与会国达成《亚洲文明对话大会 2019 北京共识》，其中特别强调不同文明之间应当相互尊重、包容互鉴，在历史的启迪和现实的昭示中，以多样共存超越文明优越，以和谐共生超越文明冲突，以交融共享超越文明隔阂，以繁荣共进超越文明固化，共同谱写

---

① 阿斯钢：《"可汗探索 – 2019"多国维和军演在蒙古国举行》，新华网，2019 年 6 月 16 日，http：//www. xinhuanet. com/mil/2019 – 06/16/c_1210160309. htm。

② Nicole Jenne，"Peacekeeping：An Underutilized Area of Sub – Regional Security，"The Asia Dialogue，April 9，2019，https：//theasiadialogue. com/2019/04/09/peacekeeping – an – underutilised – area – of – sub – regional – security/.

"各美其美、美美与共"的文明华章。① 从中可以看到,亚洲国家更重视对差异性和多样性的尊重与包容,这与西方文明以自我为中心的价值观截然不同。因此,应力争基于亚洲国家参与维和行动的共识,协调促进共同立场以维护维和行动基本原则和方针。从亚洲国家所主张的基本立场和所从事的实践来看,亚洲国家尊重东道国主权,主张以谈判和调停的方式解决相关国家的内战和冲突,而反对以单方面的军事武力行动来强行将西方的理念、价值观及制度移植到相关发展中国家之中。

第三节　中国参与维和行动国际合作的实践

2020 年恰逢中国军队参与联合国维和行动 30 周年。从最初对维和行动的消极态度,特别是对于西方国家操控维和行动指挥及运作体制的担忧,到其后逐渐成为维和行动的中坚力量,中国的角色转换对于许多参与联合国维和行动的发展中国家具有重要的参考价值。在这一过程中,中国所特有的侧重发展的政策导向也为联合国维和行动在实施政策及方式方面提供了有益的补充。总体来看,中国以发展为基础并且更加注重实效与尊重东道国自主权和选择权等具有鲜明特点的理念和政策措施,已经得到联合国相关机构的认可,为一直努力摆脱外来者角色或者外来影响的联合国开启思路并提供新的政策选项。从中国自身来看,通过对联合国维和行动的长期及具有显著性的参与,中国也早已彻底摆脱早期的由接触和锻炼队伍等简单目标所主导的思维模式,随着在联合国维和行动中的影响力和话语权日益提升,中国更需要从整体、全局以及全面的视角审视维和行动,提升在联合国维和建和进程中的参与广度和深度,从而使参与联合国维和行动成为中国在承担国际义务和推进自身政策实施两方面实现平衡的途径。总体来看,联合国维和行动已经成为全球安全治理在政策领域的重要落实手段,而中国日益深入和具有建设性的参与将为其在全球政治安全事务中拓展自身理念和提高话语影响力奠定坚实基础。

一　中国参与维和行动的经验及理念分享

从联合国维和建和发展历史来看,长期以来,在相关东道国所从事的

---

① 《亚洲文明对话大会 2019 北京共识(全文)》,亚洲文明大会网站,2019 年 5 月 24 日,http://www.2019cdac.com/2019 - 05/24/c_1210143249.htm。

安全部门改革、非法持有武器收缴以及武装人员"卸甲归田"、国内和解进程等方面，所谓的自由和平模式一直占据着主导地位，从而导致联合国在东道国政治制度重建以及重启选举进程等方面倾注过多精力，过于注重政治、立法及司法架构的搭建，但却往往忽视东道国国内经济社会稳定发展这一决定性和根源性因素。这一模式主导之下的和平进程往往难以确保东道国的持久和平和繁荣，在外部力量退出之后，东道国可能又会重新陷入冲突和发展停滞状态。有鉴于此，联合国相关机构也在不断反思过往维和行动政策措施的经验教训，而中国的参与恰恰为这一反思过程提供了更多的新思路。作为世界上最大的发展中国家，中国在发展道路和发展经验方面的示范效应对于联合国维和建和进程具有重要意义。从新兴发展中国家的经济社会发展历史来看，其在很大程度上探索了不同于西方模式或西方主流理论所倡导的路径，这就为广大发展中国家谋求发展提供了更多的政策选项。中国在基础设施建设以及推动工业化发展方面的经验，也为很多冲突后国家寻求自身发展之路提供了明确的方向和政策指引。有中国学者对这两种建设和平模式进行了深度分析对比，指出自由和平模式提倡激进式变革，要求受援国对政治和经济制度进行彻底改造；发展和平模式则反对激进式变革，反对外来干涉，主张各国根据自身国情决定国家社会转型的步调。① 还有学者提出应当从多个维度理解中国的发展和平模式，而不应以简单的线性思维来看待这一问题。这些维度主要包括多元维度、自主维度、发展维度、协商维度以及稳定维度等。和平的实现需要从一个国家的现实状况出发，具体国情具体分析。和平方案应该是多样的，而非刻板单一的西式民主样板。② 在参与联合国维和行动的过程中，中国不断发挥自身作为发展中大国的影响力，大力推动将发展问题作为解决维和行动中面临的冲突根源问题的主要途径之一，从而在很大程度上扭转了西方国家过度关注政治体制及机构改革所带来的弊端。同时，考虑到亚洲国家在联合国维和行动作用方面具有的较为趋同的意见，中国在维和行动中的实践实际上也在一定程度上反映了亚洲国家具备的某些共识，即联合国维和特派团在介入东道国和平与安全事务之时，应着重以各种政治外交手段推

① 何银：《发展和平：联合国维和建和中的中国方案》，《国际政治研究》2017 年第 4 期，第 10～32 页。
② 王学军：《建构中国维和学——联合国维和建和"中国方案"的五个维度》，爱思想网，2019 年 4 月 30 日，http：//www.aisixiang.com/data/116090.html。

进和平进程，包括使用斡旋、磋商及调停等解决争端的手段，而不是过度注重军事或者强力施压等方式。

作为联合国维和行动日益重要的参与者，中国在参与实地行动的过程中，也在不断将自身推动经济社会发展的相关经验运用于东道国重建进程中。例如，出于对直接介入东道国武装冲突的担忧，在开始参与维和行动之后的较长时间里，中国主要派遣工兵及医疗部队参加联合国维和行动。从维和实践来看，这是中国在弥补联合国维和行动重要短板方面所做出的重要贡献，为联合国维和行动提供了大量的道路工程设备及交通工具。中国的维和工兵部队在完成联合国维和特派团交派的后勤支持任务之外，还在修缮和维护东道国受到冲突影响的道路桥梁等方面发挥重要作用，这为相关国家之后长期推动自身经济社会发展奠定了基础。再如，中国维和官兵借鉴国内的经验，创造性地在南苏丹实施了一项"军民共建项目"——免费开办培训班，为难民营里的青年培训家电维修和简易机械修理等工作技能。这些经过培训的青年就能在城市里找到稳定的工作，并逐渐从难民营接走他们的家人。这给了其他维和友军不少启发，使大家更有效地开展工作，协助难民开始新生活。① 同时，通过借鉴国内军民共建的经验，中国维和军人也在任务区与当地民众以及学校等机构加强相互交流，并为这些民众和机构提供适当的服务和物资支持。例如，中国第 18 批赴黎巴嫩维和部队医疗分队就在当地举行了大规模义诊活动。中国维和医疗分队共派出 17 名医护人员，涵盖内科、外科、骨科、皮肤科、中医科、耳鼻喉科、特诊科等，并携带 40 余种药品以及一些医疗器械和仪器，共接诊近百人次，并向当地卫生机构赠送了一批药品及器材。② 这些具有中国特色的维和实践，一方面在一定程度上为东道国当地经济社会恢复及发展进程做出贡献，另一方面也进一步加深了维和部队与当地民众的相互交流和理解，有助于维和行动的顺利实施。

二 携手打造安全共筑的中非命运共同体

推动构建人类命运共同体是习近平新时代中国特色社会主义外交思想的核心内容。习近平在党的十九大报告中明确指出，中国特色大国外交要

---

① 何星：《维和战地上的中国力量》，《解放军报》2019 年 12 月 30 日，第 4 版。
② 黄世峰：《"我们永远不会忘记中国医疗队"——记中国赴黎维和部队开展义诊活动》，《解放军报》2019 年 8 月 12 日，第 4 版。

推动构建新型国际关系，推动构建人类命运共同体。构建人类命运共同体，就是要提出应对各种全球性挑战的思路，其努力目标是建设持久和平、普遍安全、共同繁荣、开放包容、清洁美丽的世界，这既是中国"五位一体"总体布局在国际层面的延伸，也顺应了人类发展进步的潮流。①非洲则是构建人类命运共同体的重要板块，推动构建更加紧密的中非命运共同体将推动中非关系实现新的提升。在 2018 年 9 月的中非合作论坛北京峰会上，中非一致通过《关于构建更加紧密的中非命运共同体的北京宣言》。习近平主席在此次峰会上的讲话进一步明确了中非合作原则和方向，从责任共担、合作共赢、幸福共享、文化共兴、安全共筑、和谐共生六个方面，首次提出共筑更加紧密的中非命运共同体重大理念，得到非洲各国的一致赞同和热烈响应。②

　　和平与安全是中非命运共同体的核心和重点之一。2012 年第五届中非合作论坛部长级会议就已提出"中非和平安全合作伙伴倡议"，此后在 2015 年的中非合作论坛约翰内斯堡峰会上，和平与安全合作被列入中非"十大合作计划"。在 2018 年中非合作论坛北京峰会上，习近平主席再次强调要"携手打造安全共筑的中非命运共同体"。中非双方将"和平安全行动"列为"八大行动"重点之一。作为对中非合作论坛在和平安全领域成果的落实，中国积极支持非洲 2020 年实现"消弭枪声的非洲"，决定设立中非和平安全合作基金，支持中非和平安全与维和维稳合作。为推进中非合作论坛北京峰会的成果落实，中国国防部还首次邀请非洲百名青年军官组成的代表团访华，目的是搭建中非青年军官交流新平台，增进中非青年军官相互了解，深化中国和非洲国家军队传统友好关系，加强中非和平安全领域合作。国防部国际军事合作办公室负责人表示，青年军官是中非军事友好合作的未来，希望中非青年军官携手同心，守望相助，共同维护地区和平与稳定，为构建更加紧密的中非命运共同体做出贡献。③ 与之相呼应，事实上中非命运共同体建设的方方面面都与非洲的安全稳定密切相关，中国所倡导的推动非洲互联互通和基础设施建设、提升非洲农业的生产率以及推进非洲工业化战略等议题，都有助于非洲在实现持久和平目标

　　① 王毅：《开辟新时代中国特色大国外交新境界》，《求是》2018 年第 1 期。
　　② 王毅：《携手构建更加紧密的中非命运共同体》，《求是》2018 年第 18 期。
　　③ 王逸涛：《非洲百名青年军官代表团访华》，中华人民共和国国防部网站，2019 年 4 月 21 日，http://www.mod.gov.cn/diplomacy/2019–04/21/content_4839962.htm。

方面夯实经济和社会基础，从而为非洲大陆所有国家的和平及发展进程提供坚实支持。作为 2018 年中非合作论坛北京峰会的重要成果之一，《中非合作论坛——北京行动计划（2019－2021 年)》于 2018 年 9 月 4 日正式通过，中国将在未来 3 年和今后一段时间内落实习近平主席宣布的"八大行动"，在产业促进、设施联通、贸易便利、绿色发展、能力建设、健康卫生、人文交流、和平安全等领域进一步加强对非洲国家的资金和资源支持。①

安全共筑的中非命运共同体，首先意味着中非之间在政治及安全领域需要高度的相互理解和尊重，对于双方重大关切事项给予极大的关注，而联合国安理会改革谈判进程就明确体现出这一点。在与非盟及非洲国家的对话交流中，中国一直对非洲国家历史上所遭受的殖民化和边缘化经历充分表达理解和同情，也理解其所提出的关于常任理事国席位和包括否决权在内的相应权利的主张。中国支持在安理会提升非洲国家代表性的要求，不断重申关于安理会扩容改革应首先考虑增加非洲国家名额的一贯立场。同时，作为发展中国家，中国与非洲国家在众多问题上具有一致的主张和立场，特别是关于安理会决议内容的审议进程：安理会工作应当严格限于《联合国宪章》规定的职权范围，不应随意扩展议题范围，同时安理会决议文本也应更加精准和明确，不应通过一概性授权，特别是援引《联合国宪章》第七章相关条款。正如一些发展中国家的代表所指出的，当前安理会决议过于频繁且简单地援引《联合国宪章》第七章作为安理会授权行动的依据，这在实践中造成安理会授权行动日益依赖包括军事手段在内的强制性方式，并且也往往更易于被一些西方大国利用，为其干预发展中国家内政提供合法性依据。② 中国支持发展中国家的主张，倡导安理会审议和决议进程应更具平衡性，综合考虑并有针对性地适用《联合国宪章》有关和平解决争端的第六章、采取强制行动的第七章以及区域组织作用的第八章。这有利于矫正安理会工作中的强制性和军事化倾向，使安理会在推动

---

① 李斌等：《解答时代命题 展现时代担当——写在 2018 年中非合作论坛北京峰会闭幕之际》，新华网，2018 年 9 月 5 日，http://www.xinhuanet.com/world/2018－09/05/c_1123379980.htm。

② "Chair of the Intergovernmental Negotiations on the Question of Equitable Representation and Increase in the Membership of the Security Council and Other Matters Related to the Security Council," Global Policy, May 26, 2010, p.16, https://archive.globalpolicy.org/images/pdfs/UNSC_Reform_Draft_February_2011.pdf.

争端及冲突的解决以及维护国际和平稳定方面真正发挥正面作用。非洲国家对于安理会工作涉及的议题范围不断拓展有不少意见，认为安理会工作涉及的议题范围应严格限于构成对国际和平及安全的威胁或破坏的情势，而不应随意就未形成以上情势的非洲国家内部局势进行正式或非正式讨论。中国坚定支持非洲国家在相关问题上的立场，依托目前的中国—非盟对话机制，尊重非盟成员的意见，并在安理会审议进程中代表非洲国家立场，与其他非洲非常任理事国保持一致。中国还深入拓展利益交汇点，推动安理会工作体现发展中国家共同立场。

非洲地区组织及相关国家在解决其自身面临的安全问题时，需要具备充分的自主性和主动性，中国对这一点表示充分的尊重和支持。以非洲方式解决非洲问题的主张也一直得到中国的倡导和支持，如上所述，中国与非洲在和平安全领域的合作的重点之一就是为非洲提高自主性冲突预防及危机应对能力提供资金及培训等方面的支持。在2019年举行的首届中非和平安全论坛上，许多来自非洲国家军队的高级将领对于非洲各国在和平安全领域自主采取的行动进行了介绍，其中既包含所面临的困难和挑战，也不乏对非洲各国相互协作程度提升的欣慰之情。非盟和平与安全理事会的斯迈尔·切尔古说："面对持续的挑战，我们需要更加及时地获得必要的资源与能力。这就是为什么我们特别赞赏非盟和中国之间可靠的伙伴关系，中国一直在通过合作帮助非洲加强维持和平的行动能力。"① 为推进南苏丹和平进程，2015年1月，中国政府专门倡议召开"支持伊加特南苏丹和平进程专门磋商"。正是中国对伊加特组织的坚定支持，才使非洲能够保有对南苏丹和平进程的主动权和所有权。② 再如，为推动联合国刚果（金）维和行动顺利进行，联合国推动刚果（金）的相关邻国达成大湖区《和平、安全与合作框架协议》，在协议的谈判进程中，中国积极发挥建设性作用，通过在纽约总部以及非洲各国之间进行的外交斡旋工作，说服相关非洲国家摒弃分歧，达成共识，从而既充分发挥中国自身的影响力，同时又完全彰显非洲国家自主解决冲突问题的集体能力和成果。

综上所述，随着共建中非命运共同体愿景的提出，中国与非洲国家在

---

① 《首届中非和平安全论坛综述》，光明网，2019年7月17日，http://mil.gmw.cn/2019-07/17/content_33004911.htm。

② 张春：《新时期中非和平安全合作：创新国际安全公共产品供应》，《当代世界》2018年第10期。

和平安全领域的合作也进入新的阶段，双方合作的方式及手段也从之前较为零散的情况朝全方位且更具协调性的方向发展演变，这有助于促进非洲地区组织及相关国家在应对安全威胁方面提升能力，同时也为中国在非洲大陆安全事务中发挥更具建设性的作用奠定基础。

三　关于加强维和国际合作的政策思考

就中国而言，虽然作为联合国的创始国之一，具有如安理会常任理事国席位这样的先行者的优势地位，但由于自身国力所限，过去中国未能充分运用这一特殊地位发挥更为重要的作用。现在中国国家综合实力的增强使中国提高了自身应对和合作解决各种全球性和区域性问题的能力。从目前的改革来看，一方面，安理会改革的一个主要趋势是促进提升发展中国家的参与性和代表性，这将营造对于中国和平发展更为有利的环境。另一方面，改革也将反映冷战结束后世界力量格局的新变化，一些新兴的发展中大国将更多地参与安理会集体安全机制，成员的增多将会更加凸显中国在安理会中发挥的促进协调、合作的作用。此外，当今的集体安全更加侧重区域组织的地位和作用，这方面中国也已经进行了卓有成效的合作，如创立上海合作组织、参与东盟主导的地区机制、推动朝鲜核问题六方会谈机制的诞生，这些都表明中国在全球和区域结合的层面上将会发挥更大作用。同时，中国还应致力于提高联合国机构的效率和联合国体系的协调性、一致性。目前联合国处理复杂问题的能力还很有限，其直接原因在于众多联合国机构之间权责不明、相互牵制，并且缺乏相互联系与协调。效率的提高与机构相互协调和制约的关系的明确和稳定将对联合国领导和平重建工作起到积极作用。

在维和国际合作理念上，既要坚持"不干涉内政"原则，同时还要寻求"建设性说服"的途径，即在尊重主权和领土完整的基础上，并在获得联合国或其他权威机构授权的情况下进行斡旋、调解、调停与维和，发挥更加积极主动的作用。国际干预的合法性和有效性将是未来全球安全治理架构所面临的核心问题之一。传统西方大国与新兴大国之间虽然在很多问题上仍存在重大分歧，但是已经形成的国际社会的共识为这一问题的适当处理提供了一定的基础条件。这些共识包括主权责任观和有效治理的主权有利于国际和平及稳定这二者之间的平衡、以联合国安理会及其集体安全机制为合法性来源等。

在维和国际合作的机制建设方面，中国可以在推动现有联合国安理会、秘书处以及出兵国和出警国的对话合作机制基础上，进一步加强在全球、区域、次区域以及国别等层面的合作对话，一方面借鉴已有的不同国家之间的合作经验和模式，另一方面将目前这些好的经验和模式通过联合国以及区域组织进行推广，以联合国维和国际合作最佳实践的名义推动维和合作方面的经验分享和仿效。同时，联合国与欧盟、非盟及东盟等区域性组织在对话合作进程中，应将加强发达国家与发展中国家之间的维和经验分享及合作作为重点议题加以探讨，借鉴已有的两国或多国维和能力培养方面的合作，在发达国家与发展中国家之间牵线搭桥，促进维和经验分享，推动能力较强的国家与较落后的国家通过合作实现后者的能力建设目标，从而为总体上增加合格且素质较高的维和人员储备力量创造更有利的条件。

在维和国际合作的渠道和途径方面，中国可以充分利用目前与广大发展中国家所搭建的对话合作平台及机制，包括中非合作论坛、中拉合作论坛、中国—中东欧国家合作机制以及上海合作组织等跨地区合作对话机制。中国可主张将维和议题纳入这些对话机制的重要日程中，从而也进一步拓宽与相关地区国家对话涵盖的议题领域和范围，不仅仅限于经济贸易合作。同时，中国还应倡导以联合国及其地区性机构为核心，加强各地区国家特别是在联合国维和行动领域做出贡献的国家相互之间的合作对话，从而进一步促进本地区国家在维和行动的能力建设、维和人员培训以及维和人员轮换工作方面加强相互协调及合作。中国可以在维和人员交流、联合训练、联合军演等方面采取更为积极的态度，推动与不同地区国家的形式更为灵活的维和领域合作。

小　结

联合国维和行动由出兵国、出资国、东道国、区域国际组织、非政府组织等多方参与，因而联合国需要与各种行为体建立伙伴关系，加强沟通、协调和合作，以共同促进维和行动任务和使命的顺利完成。作为联合国维和行动的重要参与方，中国也需要进一步加强在维和行动相关的多领域的全面参与，同时推进与多元行为体的合作，在这一过程中推动联合国维和行动朝更为均衡和有效的方向发展。在联合国维和行动的决策及实施进程中，联合国安理会始终发挥着关键性的核心作用，与各行为体进行战略性和政策性协调。联合国维和特派团与东道国政府的对话合作是完成维和行动任务的重要条件。联合国与非政府组织的对话沟通有利于维和行动的顺利开展。联合国与区域组织在维和领域的协调合作有助于分担联合国在人力、资金及资源方面日益沉重的负担，从而为促进国际社会共同预防及解决冲突提供支持。中国在参与联合国维和行动的过程中与各方保持良好合作。未来，中国可进一步加强维和国际合作理念和机制建设，拓宽维和国际合作的渠道和途径。

第十章

联合国维和行动改革的
进展及其启示

联合国维和行动经历了 70 多年的发展历程，大致可以分为冷战时期和冷战后时期两个阶段。冷战时期，联合国维和行动的原则、内容和方式并没有发生很大的变化。联合国维和行动的改革主要是在冷战后进行的。冷战后的联合国历任秘书长，从加利、安南、潘基文到古特雷斯，都进行了具有不同内容和特点的维和改革。这些改革涉及指导原则、战略规划、保障机制、维和人员等方面。尽管历任秘书长对维和行动采取了不同程度的改革，但其都是为了适应新的安全环境，应对新的安全威胁。

联合国维和行动正经历重大转型，并呈现新的特点。这对中国参与联合国维和行动、对中国的维和外交提出了更高的要求。一方面，针对联合国维和行动中安全与发展的协调性趋势，中国要把发展优势充实和转化为安全优势；另一方面，在继续保持中国在维和人员和经费方面"硬优势"的同时，要培育和加强中国在维和理念和规范等方面的"软优势"。这样，才能使中国在维和领域的话语权和影响力有一个全面的提升。

第一节　联合国维和行动改革的主要进展

传统的联合国维和行动是一项临时性措施，主要针对国家间战争及武装冲突，监督和平协定的执行情况，以促进危机解决，为谈判创造条件，达成持久的和平协议。随着冷战中两大阵营和两大军事集团对峙的结束，联合国维和行动所面对的国际政治格局和地区性安全威胁出现重大变化。这些新发展新变化促使历任联合国秘书长以及相关机构重新思考维和行动在新时期的作用和地位，以及维和行动如何适应国际社会提出的新要求和新任务。在这一背景下，从 20 世纪 90 年代开始，联合国历任秘书长都围绕维持国际和平及安全的目的与维和行动筹划及实施等重要问题进行过针对性的政策分析和研究，并在组织架构等方面不断进行相应的调整和改革。

一　加利秘书长的《和平纲领》

1992 年，基于冷战结束之后新的国际政治安全形势，时任联合国秘书长加利发布《和平纲领》报告，对于后冷战时期国际和平与安全的维持进行分析，并对冲突解决的阶段性和复杂性提出重要的分类和划分方法。在推动冲突解决及和平重建方面，该报告提出三阶段的划分方法，并为每一个阶段设置了不同的使命和任务。具体而言，这三个阶段就是"缔造和平"（采取行动促使敌对各方达成和平协议）、"维持和平"（实地部署联合国军事人员、警察以及文职人员以监督停火或和平协议的执行）以及"重建和平"（采取行动避免战火重燃）。① 其中第二阶段的"维持和平"可以说与传统的维和行动所从事的活动基本一致。但如果将维和行动视为跨越这三个阶段的广义概念，那么对维和行动的认知就与之前的实践存在重大不同。这也意味着维和行动在规划时期方面需要加以延长，并且各相关方也需要在经济、政治、安全各方面进行更大程度的协同与合作。联合国领导维和行动的综合性实施机制在增强，致力于将军事安全的保障、社会秩序的确保、消除贫困以及保障人权制度的确立这些相互联系的方面置于综合性、全面性的规划及协调过程中。总体来看，《和平纲领》为冷战之后联合国在国际和平与安全领域的行动提出新的思路和方案。该报告对联合国在预防性外交、维和行动以及和平重建等方面发挥更大作用提供了系统性的指引。然而，在联合国维持和平与安全的实践中，这种三阶段的划分法为联合国各部门之间在协调行动及协同性方面带来一定的困难，形成不同阶段存在先后次序以及相互之间关联性较低等错误认识。

二 《卜拉希米报告》

2000 年 8 月，在时任联合国秘书长特别顾问、阿尔及利亚前外长卜拉希米的领导之下，联合国和平行动问题小组发布目的在于进一步提升维和行动实施效率和绩效的《卜拉希米报告》。该报告对于维和行动的启动、维和部队的部署以及在任务区执行维和行动等方面都提出详尽的可实施的建议，为提高维和部队实地行动效率和绩效做出明确指引。该报告对维和行动可能的新模式进行分析，提出强势维和行动的概念，这也成为此后围绕联合国维和行动目标设定和执行手段方面争论的起点。基于《卜拉希米报告》的分析和建议，时任秘书长安南将整合型任务规划进程（IMPP）

---

① "An Agenda for Peace: Preventive Diplomacy, Peacemaking and Peacekeeping," A/47/277 – S/24111, June 17, 1992, https: //www. un. org/ruleoflaw/files/A_47_277. pdf.

的基本原则确定为维和行动未来工作的重点。报告指出,整合型任务是指所有联合国机构对于联合国国别行动的战略目标都具有共同的理念。这一战略目标是经由联合国系统所有构成部分共同努力而产生的,目的在于就联合国国别行动的使命和职能达成一致认识,并利用这一认识提升联合国各方面工作的有效性、效率及效果。① 为了进一步确保整合型维和行动的顺利部署和实施,安理会于 2009 年 8 月就维和行动相关问题进行公开辩论。联合国安理会发表的主席声明指出,安理会确认在以下几个领域需要加强论证,以推进维和行动的筹备、规划、监督、评估以及履行工作。其中包括:(1)确保维和行动授权的清楚、可信、可行以及足够的资源支持;(2)信息共享的进一步加强,特别是有关军事行动面临挑战的信息;(3)在行动规划及部队部署期间加强安理会与秘书处的交流及互动;(4)增加与部队及警察贡献国的接触;(5)安理会应更加清楚地意识到其决议在资源及战地支持方面的影响;(6)安理会应更清楚地了解维和行动执行中的各种战略性挑战。②

三 联合国和平行动问题高级别独立小组报告

2015 年,在联合国成立 70 周年到来之前,联合国在和平及安全领域启动一系列评估进程,其成果体现为以下几项主要报告,即联合国秘书长设立的和平行动问题高级别独立小组报告以及以此为基础的秘书长报告,建设和平委员会成立 10 年政府间审议报告,2000 年关于妇女、和平及安全的安理会第 1325 号决议执行情况评估报告等。这些报告对于指导联合国和平行动顺利实施的重要原则加以重申和强调,并就联合国应对复杂安全形势及挑战也提出变革举措,为联合国和平行动的未来发展提出方针指引和设定目标。与此相呼应,2015 年联合国发展峰会正式通过《2030 年可持续发展议程》,为全球发展进程设定了新的路径和目标。第一,坚持政治进程在冲突管理中的主导地位。在冲突预防及和平重建进程中,政治进程作为冲突解决的手段和目标,始终应被置于中心地位。尽管冲突地区安

---

① "United Nations Integrated Missions Planning Process (IMPP) Guidelines Endorsed by the Secretary – General on 13 June 2006," *International Peacekeeping*, Vol. 15, No. 4, 2008, pp. 588 – 607.

② "Statement by the President of the Security Council," S/PRST/2009/24, August 5, 2009, https: //www. un. org/chinese/aboutun/prinorgs/sc/sdoc/09/sprst24. htm.

全形势及挑战的复杂性呈现日益上升趋势，但不能因此而淡化通过政治途径解决冲突这一首要前提，更不能过分强调军事因素并将军事手段置于首位。同时，还应综合看待冲突预防、和平行动以及建设和平等多阶段和平促进行动，社会的短期冲突后恢复与长期可持续发展路径之间也应形成相互配合协调的关系。这为建设和平行动与联合国发展系统以及多边开发银行活动的对接及合作提供了新的思路和可能性。第二，和平与发展的关联性日益受到关注。世界银行出版的《2011 年世界发展报告》将"冲突、安全与发展"作为其主题，对于发展与安全之间的相互关联性进行了充分论证。其关注点主要在三方面，即暴力的恶性循环、不同类型暴力行为之间的相互关联性以及跨境暴力行为。《2030 年可持续发展议程》的目标 16 "公正、和谐和包容社会"也明确将消除冲突及促进和平纳入其中。"大规模武装暴力和不安定局面将对国家发展造成毁灭性打击，影响经济增长，往往导致不同社区之间长达几代人的对立"，"可持续发展目标旨在显著减少一切形式的暴力行为，与政府和社区合作寻求解决冲突与不安定局面的长久之计"。[①] 这说明，在当今全球化社会中，安全、冲突与发展已经成为相互紧密交织、不可分割的问题，实现世界和平与发展的目标必须把握全局、综合施策。第三，加强在冲突后重建进程中早期恢复阶段的快速介入。基于对各种暴力活动的相互关联性、危险性及其溢出效应的认识，早期介入有助于消除暴力活动的经济社会根源。在这方面应加强联合国发展系统与世界银行等多边开发银行之间的伙伴关系，世界银行等在发展领域富有经验，并且拥有更为充足的用于发展援助的资金准备，这些机构相互之间加强协调合作，一方面有助于解决早期介入的风险问题，另一方面充足的资金保证将会进一步确保早期介入和早期恢复的效果。应充分发挥这些机构独有的早期介入作用和杠杆效应，带动其后的发展援助资金及私营部门投资进入。

四　古特雷斯秘书长的改革方案及举措

古特雷斯秘书长就任之后，联合国面临推进国际合作及全球治理的新机遇和新挑战。首先，需要继续推进联合国机构改革以提升工作效率和绩

---

① 参见联合国开发计划署官网可持续发展目标专页，https：//www.cn.undp.org/content/china/zh/home/sustainable－development－goals/goal－16－peace－justice－and－strong－institutions.html.

效。潘基文秘书长上任后，进行过一些秘书处机构改革，重组涉及维和事务的部门，强化政治事务部的工作，并设立建设和平支助办公室，以支持联大和安理会共同创立的建设和平委员会的工作。古特雷斯则需要在此基础上进一步考察联合国秘书处各部门的工作效力和效率，使联合国机构在有效落实《2030 年可持续发展议程》这一全球性规划以及应对当前多维度复杂安全威胁方面运行得更加顺畅。与此同时，古特雷斯也可以通过提交涉及其他联合国主要机构的研究报告以推动相应改革进展，如联合国发展体系如何更好地进行发展筹资并聚焦于《2030 年可持续发展议程》的发展优先目标等。其次，落实《2030 年可持续发展议程》。古特雷斯的任期正处于这一全球性议程落实的关键时期，目前的首要任务是帮助各会员国，特别是广大发展中国家，制定其自身落实《2030 年可持续发展议程》的国别方案。由于《2030 年可持续发展议程》的涵盖领域非常广泛，落实这一议程的工作已经不仅仅限于传统的发展援助领域，还涉及和平、公平正义、人道援助、社会和谐等领域，这就需要联合国充分发挥其系统性优势。最后，增强联合国在预防冲突、建设和平以及维护和平方面发挥的作用。联合国创立之初的主要目的就在于维护世界和平，防止世界各国人民再次面临人类历史两次大战的浩劫。然而，在和平与安全领域，当前联合国面临的形势和挑战已与几十年前大不相同，日益上升的非传统安全威胁以及越来越多的非国家行为体的卷入使得安全形势日益具有复杂性，这就需要联合国采取更具综合性的措施以推动和平稳定。特别是日益突出的国家内部武装冲突和动乱，其所涉及的问题已不仅仅是冲突解决，还包括冲突后建设和平、通过国家制度建设和经济社会发展以维护和平等方面。而联合国秘书长则需要在冲突预防和早期预警方面发挥更多作用，包括积极进行争端和冲突的斡旋或调解工作，以及及时将冲突风险及安全形势恶化等情况提请安理会注意并采取相应行动。

（一）"为维和而行动"倡议（A4P）

古特雷斯秘书长就任之后，在高级别名人小组报告等系列报告的基础上，提出系统性和全面性地推动维和行动更为高效发展的"为维和而行动"倡议。目前已经有 150 多个联合国会员国加入这一倡议，其承诺集合联合国会员国、安理会成员国、维和出兵国和出警国以及各相关国际组织及区域组织的力量，共同推动联合国和平与安全支柱的持续发展。第一，倡议强调推进冲突的政治解决以及加强维和行动在政治进程中发挥的作用，联合国维和行动的设计和部署都应以寻求可持续的政治解决方案为目的。第二，进一步强化维和行动所承担的保护的职责，强调维和行动在协助东道国履行保护平民使命方面发挥的作用。第三，增强维和人员安全保障能力。第四，加强维和行动各部门的有效绩效管理与问责。第五，加强维和行动在建设持久和平方面发挥的作用。第六，进一步加强维和行动伙伴关系。第七，加强对维和行动实施以及维和人员行为的规范性要求。

（二）秘书处和平安全相关部门的改革

古特雷斯秘书长提出联合国管理改革愿景，希望形成决策进程分权化、简化政策及流程以及强化绩效驱动、问责型及具有透明度的管理文化。根据这一思路，联合国秘书处与国际和平及安全相关部门也进行了大幅度重组合并，以此来实现提升维和行动效率和成效的目标。

1. 政治和建设和平事务部（DPPA）

原先的政治事务部是秘书处下属的部门，其职权涉及范围广泛的政治及安全事务，主要职责包括向秘书长提供咨询意见和支持，以便其依照《联合国宪章》的有关规定以及大会和安全理事会的授权，履行在预防、控制和解决冲突以及冲突后建设和平方面的全球性职责。政治事务部还是联合国内部在冲突后建设和平方面的联络中心。基于关于维和行动的各项评估报告，古特雷斯秘书长也力求通过改革秘书处的部门设置，以进一步强化联合国在政治外交层面的政策分析及协调工作，从而为维和行动顺利推进创造更适宜的政治安全环境。因此，作为一项重要的改革举措，原先的联合国政治事务部更名为政治和建设和平事务部，该举措不是简单地将原先的建设和平支助办公室合并进来，而是进一步加强冲突预防、预防性外交以及建设和平活动等紧密相关的方面之间的相互协调。

2. 和平行动部（DPO）与行动支援部（DOS）

为了更好地领导、组织、实施维和及和平重建行动，联合国秘书长潘基文就任后对于支持维和部队指挥及后勤保障工作的联合国行政部门进行了改革，组建了联合国维和行动事务部和外勤支助部。这两个部门之间也有着明确的分工，维和行动事务部的使命侧重于计划、筹备、管理、指挥维和行动，以此来促使各类行动能够有效地完成安理会和联大在其权限范围内所做出的授权。外勤支助部则专门负责维和行动实施地区的行政管理和后勤保障等事宜，在人员、资金及预算、通信、信息技术以及后勤等方面提供"应急型专业知识"。① 古特雷斯秘书长则在此基础上再次进行机构调整，将维和行动部更名为和平行动部，下设三个主要部门，即法治与安全部门办公室、军事办公室，以及政策、评估与培训司；同时设立行动支援部，负责为联合国秘书处各部门授权范围内的行动提供支持，通过统一协调秘书处各部门执行行动所需要的资源和服务，行动支援部能够更好地统筹资源以及提供更优质的服务。

3. 秘书长特别代表（SRSG）

基于对 20 世纪 90 年代维和行动和和平重建活动中经验及教训的总结，联合国日益注重强化派往东道国的联合国维和特派团的领导力，这也就意味着强化联合国秘书长特别代表与秘书长副特别代表的职责。就秘书长特别代表而言，职权的强化意味着他拥有了领导维和部队指挥官、高级督察、东道国协调员以及人道事务协调员等各参与方的职权。前秘书长安南就曾经强调，秘书长特别代表在促成实地工作的整合方面具有至关重要的作用，这可以防止冲突各方利用联合国不同机构之间整合性的欠缺。同时，其重要性还体现在督促执行面临众多矛盾的和平协议时所必需的政治领导力上。②

（三）联合国发展系统改革

为更好推动世界各国实施《2030 年可持续发展议程》，联合国发展系统各机构力图在各自总部与国别机构之间形成更高效的实施和执行体制，由此也将联合国发展系统改革议题提上议事日程。主要议题涉及以下几方面：第一，提升联合国发展系统的协调性，消除由机构分立造成的相互隔离弊端，提高各机构在国别层面工作的协同效应；第二，提升各种资金来源统筹运用效率，提高动员资源服务核心发展目标的绩效，避免特定目标基金数量上升对核心目标的冲击；第三，推动建立全球发展伙伴关系，深化联合国发展系统与多边开发银行的机制性合作，拓展与市民社会组织的

---

① "Comprehensive Report on Strengthening the Capacity of the United Nations to Manage and Sustain Peace Operations," Center for UN Reform Education, April 2007, https：//centerforunreform. org/wp – content/uploads/2006/08/A. 61. 858. pdf.

② Susanna P. Campbell and Anja T. Kaspersen, "The UN's Reforms：Confronting Integration Barriers," *International Peacekeeping*, Vol. 15, No. 4, 2008, pp. 470 – 485.

合作领域，探索与私营部门合作的新渠道新模式。古特雷斯秘书长在就任之后，也对这一问题给予了相当程度的重视，力求打破不同机构各自为政的局面，并建立具有良好整合度和协同性的发展系统。其中较为令人关注的是联合国发展系统驻地协调员体制改革问题，古特雷斯秘书长意图通过扩大驻地协调员的职权以及加强联合国总部对于全球机构的监督，从而使驻地协调员成为联合国系统机构驻成员国工作团队与联合国总部之间的关键协调人。目前联合国发展协调办公室（UN Development Coordination Office）对驻地协调员进行管理和监督，向担任发展协调办公室主席的联合国常务副秘书长报告。具体而言，发展协调办公室一方面会向全球驻地协调员及联合国驻成员国机构提供重要指导和支持，另一方面也将为联合国发展系统各机构在问题应对、绩效保障以及争议解决方面提供支持。①

第二节　当前联合国维和行动改革的主要内容

冷战结束后，面对国际安全形势的新特点，在联合国秘书长的推动下，维和行动进行了一系列的改革。这些改革一般先由秘书长任命的名人小组进行研究并提出有关改革方案和建议的报告，然后由秘书长向大会和安理会报告，形成决议，最后在维和实践中推行。维和行动的改革涉及维和理念和原则、维和战略和机制、维和能力建设等不同层面，既有机构方面的调整，也有行动层面的发展。

一　联合国维和行动的主要使命与指导原则

冷战结束后，和平行动在许多国家以及国际组织对于其目标和方式的相关共识的基础上得到不断发展。和平行动实施的目的是协助冲突后的社会实现稳定，这是通过一系列为了支持作为东道国的主权国家而实施的安全、政治及经济活动而达成的。②伴随着国际环境以及联合国维和行动授权范围的变化，新一代的"多维度"联合国维和行动应运而生。当前维和

---

① UN Development Coordination Office, https：//unsdg. un. org/about/development – coordination – office.

② Thierry Tardy, "Peace Operations：The Fragile Consensus," in *SIPRI Yearbook 2011：Armaments, Disarmament and International Security*, Stockholm International Peace Research Institute, 2011.

行动所面临的复杂及危险的形势要求对联合国之前经验教训的梳理以及对相关指导原则的发展。

（一）　维和行动指导原则的变革

传统的维和行动将"各方同意"、"公正"以及"非武力"作为维和三项基本原则，其特点在于强调冲突涉及各方的共同同意，武装部队的完全自卫性（仅配备轻武器）、中立性以及任务的简单性（隔离冲突双方或几方）。然而，在当前的维和行动指导原则及其实地部署中，这三项基本原则的限定已经受到重大冲击。

第一，关于"各方同意"，早期通常的理解是只需征得当事国政府的同意就可以部署维和部队。随着联合国维和行动使命日益针对一国内部发生的战争或者武装冲突，这一以国家为中心的模式日益受到挑战，从而在实践中出现了两种不同的发展方向。一方面，由于一些国家的内部动荡已经导致具备合法性的政府的缺失，如索马里，维和行动的实施和部署经常会在缺乏当事方同意或者和平协议的情况下进行；另一方面，鉴于内战或者武装冲突中派别林立，目前联合国又致力于在实施维和行动之前征得冲突各方的同意，从维和行动的目标及其实践来看，这种努力有其合理之处，冲突各方的共同同意有利于联合国维和部队顺利部署以及履行其使命，同时维和人员的安全也能够得到更大程度的保障。然而，在实践中，这往往又是难以达到的过高的要求。

第二，"公正"原则意味着，如果当事方违反对和平进程的承诺或者维和行动所遵循的国际规范和原则，那么这种行为将不会由于维和行动的中立性而被姑息。① 从维和实践来看，围绕维和行动基本原则所存在的分歧或争议已经延伸至维和行动的实际部署和运行进程中，并对维和行动使命目标的达成产生了不同程度的影响。鉴于内战或者武装冲突中派别林立，联合国应致力于获得各主要武装派别的支持，鼓励非政府武装团体参与和平进程。从维和行动的目标及其实践来看，这种努力有其合理之处，冲突各方的支持及参与有利于联合国维和部队顺利部署以及履行其使命，特别是对实现保护平民的目标具有重要意义。

---

① United Nations Department of Peacekeeping Operations and Department of Field Support, *United Nations Peacekeeping Operations: Principles and Guidelines*, New York: United Nations, 2008, p. 33, https://peacekeeping.un.org/sites/default/files/capstone_eng_0.pdf.

第三，"非武力"指除非出于自卫和履行职责，不得使用武力。在维和实践中，维和部队除了保护自身的安全外，还可以将这一范围扩展至其执行任务的领域中。例如，在维护安全区或者实施人道主义救援方面，都可以以武力保障其使命顺利执行。从维和部队的部署看，也已突破以前的中立与自卫的性质，开始配备重型武器，并积极介入冲突各方的争端中，在可能时会对违反停火协议的一方进行惩罚。其理由之一是维和部队应被赋予成功履行其使命所必需的所有政治和行动手段。在这种情况下，强势维和的模式往往被视为针对所谓"破坏者"、为和平行动确立可信度的措施。就其相关职能而言，强势维和模式意味着授权维和部队采取措施以确保行动自由，以及防止所谓"破坏者"威胁到维和使命的实施或者更广泛的和平进程。① 然而，从维和实践来看，这种所谓强势维和模式可能会增加维和行动任务的复杂性，并且经常造成维和部队所承担的任务超越其实际执行能力的状况。应当注意的是，维和行动并非传统意义上的军事行动，其目的也并不在于击败或消灭敌对方，如果遵循对其赋予过高程度任务目标的强势维和模式，势必会导致维和行动的基本宗旨和目标的模糊或混淆，实践中也往往会影响到和平进程的顺利进行。

（二）保护平民成为维和行动的核心目标

进入 21 世纪以来，保护平民日益成为联合国和平与安全领域各主要机构政策讨论中频繁出现的用语。2005 年联合国成立 60 周年时通过的《成果文件》就明确将预防和制止种族灭绝、反人类罪及战争罪等严重国际罪行作为联合国维持国际和平及安全的重要使命之一。秘书长还专门设立了预防种族灭绝特别顾问和保护的责任特别顾问等职位，每年向大会提交保护的责任相关报告。在大多数安理会授权实施维和行动的决议中，都会授权维和部队在面临紧迫的暴力威胁时动用所有必要手段以保护平民。就其发展历史轨迹来看，这种关注的迫切性主要源于联合国在 20 世纪 90 年代所经历的一些重大挫败，如卢旺达大屠杀及斯雷布雷尼查惨案等。

相对于传统的维和行动，强调以保护平民为核心使命的维和行动的突出特点在于注重强制措施的施行，从而在特征上更加接近于《联合国宪

---

① Thierry Tardy, "A Critique of Robust Peacekeeping in Contemporary Peace Operations," *International Peacekeeping*, Vol. 18, No. 2, 2011, p. 152.

章》所规定的执行和平行动。在大多数安理会授权实施维和行动的决议中，几乎都会包括如下用语，即授权维和部队"面临紧迫的暴力威胁时动用所有必要手段以保护平民"。在这一授权模式下，维和部队得以采取措施以确保行动自由，以及防止所谓"破坏者"威胁到维和使命的达成或者更广泛的和平进程。[①] 这种侧重于强制措施以至于使用武力手段的倾向，严重偏离维和行动的基本原则，实践中也可能导致维和部队成为武装冲突的直接参与者，从而既威胁到维和人员的生命安全，又放弃了联合国维和特派团以往具有的相对中立的优势，而这一点恰恰是联合国得以在东道国国内冲突中促成和平协议以及推进和平进程的基础。维和实践中应采取可行且有效的措施保护平民，应着重加强维护东道国的法律和秩序，保护平民免受各种暴力形式的威胁。

二 联合国维和行动的战略规划与指挥运行机制建设

维和行动的战略和指挥发挥着非常关键的作用。一方面，它要体现和反映维和理念、原则和规范；另一方面，它要为维和行动的实践提供指导和方向。维和行动的授权包括目标设定和战略规划，实际上是为某项维和行动进行的顶层设计。

（一）维和行动授权的目标设定

随着维和行动在数量和规模方面日益增长，联合国维和行动授权范围的模糊性与复杂性也增加，这为维和行动的顺利实施带来新的挑战。这种复杂性与模糊性的增加，首先体现在联合国安理会授权用语的模糊性上。从安理会决议对特定用语的选择来看，如果使用"所有必要手段"这类用语，一般就被理解为对于使用武力的授权。但是安理会决议通常是由安理会中的政治磋商进程产生的，在多数情况下政治磋商进程也就意味着政治妥协的进程，这也决定了安理会维和行动授权决议本身就存在一定程度的模糊性。在传统的维和行动基本原则和执行模式的背景下，这种模糊性对维和实践的影响较为有限，但对于以保护平民为核心的维和行动却并非如此。尤其是安理会相关决议往往仅规定某些具体的军事行动模式，如加大

---

① Thierry Tardy, "A Critique of Robust Peacekeeping in Contemporary Peace Operations," *International Peacekeeping*, Vol. 18, No. 2, 2011, p. 152.

维和部队的威慑力度，但在这些具体的模式之外，并未提供更为明确的目标，这使得维和部队在实践中很难明了安理会授权所要达到的战略性目标。① 对于所要达成目标及手段的模糊性表述也导致维和任务的复杂性大为上升。以南苏丹为例，联合国维和部队在负责大量人口聚集的难民营的安全保障及秩序维护方面，承担了繁重且复杂的任务，这必然会影响到未来维和部队顺利完成授权且撤出任务区的可能性。

对保护平民目标在维和行动中的大力倡导和推动，实际上在一定程度上为维和行动设定了一种多重目标体系。在维和实践中，联合国维和特派团就面临这样的问题，即如何有效实现这一多重目标体系的有效协调，特别是确保不同目标实现手段和方式的协调一致性。针对这一问题，不同的政策选择将可能导致结果的差异性，从而甚至最终影响联合国维和行动的成效。在多重目标体系之下，政策执行路径的差异性将可能直接影响政策效果。首先需要明确的是，绝大多数联合国维和行动所面对的首要目标是确保东道国和平进程顺利推进，在和平进程推进过程中，各种政治、经济、社会的必要条件需要逐步达成，以确保和平进程得以巩固，其中当然也包括对于东道国民众生命财产安全的基本保障。因此，在原则上及理论上，保护平民目标与在东道国推进和平进程的其他目标是相辅相成的，包括推进和平谈判和政治对话进程、促进东道国经济发展、推动东道国国内社会和解进程、消除内战及武装冲突造成的种族或民族对立情形等。然而，还要看到的是，和平进程本身是一个阶段性历程，很难一蹴而就，在东道国达成持久和平状态。在这种情况下，联合国在推动东道国和平进程时就面临目标及政策的优先排序问题，在实践中经常遭遇到的可能不是多种目标及政策的相互协调，而是政策效应的相互对冲或抵消。在以往的冲突解决以及冲突后国家重建实践中，经常产生的如"和平与正义"等矛盾复合体就说明，多种目标及政策相互之间在和平进程的不同阶段往往会存在紧张关系。这也是强调保护平民目标时必须深入思考的问题。

(二) 整合型维和行动的战略性规划与实施

基于广义上的维和行动所包含的更为广泛的背景和内容，联合国多维

---

① Ralph Mamiya, "Protection of Civilians and Political Strategies," International Peace Institute, May 2018, p. 4, https://www.ipinst.org/wp-content/uploads/2018/05/1805_POC-and-Political-Strategies.pdf.

度维和行动的核心功能包括了如下内容：在充分尊重法治和人权的前提下，创造安全稳定的环境，增强所在国保障安全的能力；通过促进对话和解以及支持建立合法及有效的治理机制来促进政治进程；创立一个框架，以此确保联合国以及所有其他行为体在国家层面以一致性和协同性的方式开展活动。① 在维和行动实施过程中的协调性方面，联合国秘书长特别代表及其领导团队发挥了重要的统筹规划的作用。某些联合国机构如果需要保持一定的公开倡议活动，应确保就这种倡议活动事先与特别代表进行过充分协调，同时从事这种活动的方式也不应损害到维和特派团的使命。在执行维和特派团的使命时，秘书长特别代表应坚持人道主义原则，并为创建有效的人道事务运行环境提供支持。如果维和特派团的活动将会产生直接的人道或发展方面的回应，如快速反应计划或者解甲归田活动，特别代表应要求副特别代表或东道国协调员或人道事务协调员建立有效的批准和协调机制，以确保最大限度的一致性，并防止对人道援助和发展增进活动产生任何不利影响。② 在相关机构获得授权和可用资源许可的情况下，秘书长特别代表可以要求特定机构重新规划其预先设定的活动，以使其符合较广泛的维和行动战略目标。

从战略层面看，在做出部署维和行动的决定时，就应较早制定过渡和退出战略。在适当的时期，维和部队需要退出东道国，而将更多的维持秩序的任务交由维和警察以及东道国国内武装及警察力量完成。联合国秘书长特别代表的相关职责也要求特别代表应通过副特别代表或东道国协调员或人道事务协调员与联合国驻东道国团队进行沟通，以确保行动规划与管理和长期国家发展目标相符，同时维和行动退出战略应清楚阐明将现行活动转交联合国驻东道国团队以及其他相关方负责。③ 在如何确保维和行动向和平重建阶段平稳过渡以及维和部队的撤出不致危及安全形势等方面，经过安理会成员国以及安理会维和行动工作组的多次讨论，各方就一些基

① United Nations Department of Peacekeeping Operations and Department of Field Support, *United Nations Peacekeeping Operations: Principles and Guidelines*, New York: United Nations, 2008, p. 23, https://peacekeeping.un.org/sites/default/files/capstone_eng_0.pdf.

② Kofi A. Annan, "Guidance on Integrated Missions," February 9, 2006, https://unsdg.un.org/sites/default/files/Guidance - on - the - role - of - SRSG - and - DSRSG_RC_HC.pdf.

③ Kofi A. Annan, "Guidance on Integrated Missions," February 9, 2006, https://unsdg.un.org/sites/default/files/Guidance - on - the - role - of - SRSG - and - DSRSG_RC_HC.pdf.

本的过渡及退出条件达成了一定程度的共识。这主要包括三个方面。首先是清楚明确的授权。维和行动的任务目标必须明确、清晰。从 20 世纪维和行动执行中的经验和教训来看，具有清楚的授权范围的维和行动更能够得到成功的执行。这就要求在部署维和行动之前，联合国安理会以及主要参与国应制订战略性规划，一方面要清楚了解维和行动接受国内部形势的发展，以及其所需求的和平及安全方面的支持的程度；另一方面，则要清楚了解维和部队自身的特点和不足，审时度势，给实地执行任务的部队指挥官以明确清晰的指令。随着维和行动任务范围和内容的日益复杂化，事先授权越来越具有重要性，并往往会直接影响到维和行动能否成功和顺利进行。其次是早期和平重建活动的实施。不少会员国强调在维和行动执行期间应尽早开展和平重建活动，并且某些引发冲突的社会经济因素应在一开始就被纳入考虑范围。最后则是对东道国自身能力的重视。[1]

就机制建设而言，一方面，联合国不断强化秘书处相关部门在维和行动协调及支持方面的职能。目前政治和建设和平事务部、和平行动部与行动支援部专门负责与此相关的工作。另一方面，在维和行动实地运作过程中，以联合国秘书长特别代表与兼任东道国协调员/人道事务协调员的秘书长副特别代表为领导的联合国维和行动体系，在促进各行为体相互协调、信息沟通畅通、东道国的诉求得到更好回应方面发挥了重要作用。首先，就其地位而言，秘书长特别代表是派驻东道国的联合国高级代表，并对于联合国在相关国家领土内开展的所有活动拥有全面性职权。联合国秘书长特别代表在特定国家代表联合国秘书长，并作为联合国的授权代表在东道国行事。秘书长特别代表的首要职责是建立指导维和特派团以及联合国驻东道国团队工作的全面性框架，并确保所有在该国的联合国机构遵循具有协调性和一致性的方式。秘书长特别代表通过主管维和事务副秘书长向秘书长提交报告。[2] 其次，在创建有效的协调模式时，秘书长特别代表将会利用现有的人道事务和发展协调机制以及联合国驻东道国联络小组的

① "UN Peacekeeping Transitions: Perspectives from Member States," International Peace Institute, August 2012, https://www.ipinst.org/2012/08/un‑peacekeeping‑transitions‑perspectives‑from‑member‑states.

② Kofi A. Annan, "Guidance on Integrated Missions," February 9, 2006, https://unsdg.un.org/sites/default/files/Guidance‑on‑the‑role‑of‑SRSG‑and‑DSRSG_RC_HC.pdf.

专业知识。特别代表还将在维和特派团从事的支持性活动与普通人道援助活动之间建立适当的协调机制。为了确保相应规划进程中的有效协调，以及定期评估维和特派团使命执行情况，特别代表应在维和特派团中设立规划部门并与联合国驻东道国联络小组、国际金融机构、非政府组织以及其他相关行为体进行联系。① 最后，加强联合国总部及维和特派团层面的情报收集及分析工作。

三　维和人员及装备保障机制建设

人员、资金、装备，是开展维和行动的基本要素和必要条件，是维和行动的"硬件"。如何充分和有效地调动这三方面的资源，克服困难和突破制约，一方面离不开成员国的合作和支持，另一方面也需要相应的机制建设。

（一）资金、人员、装备物资保障约束

从维和实践来看，维和行动的复杂性及强制性因素的增加，将可能造成维和部队所承担的任务超越其实际执行能力的状况。联合国及其会员国还应努力增加维和部队战略储备。总体来看，尽管目前维和行动的数目较多，所部署的维和人员较之以前也大有增加，但是携带轻武器的步兵部队目前并不缺乏，真正面临严重短缺的是提升武装力量能力的装备，造成这种情况的原因之一是西方国家军队越来越少地参与维和行动。维和部队战略储备的欠缺也被视为维和行动的阻碍因素之一，因为这使得联合国面临破坏和平目标情形时缺乏足以部署的威慑性力量。但联合国会员国并不愿意在不了解部署地域的情况下提供部队，以及为战略储备部队提供资金支持。② 联合国维和行动的支出在逐渐减少，这主要是因为联合国在科特迪瓦、利比里亚以及海地等三个国家维和任务的顺利结束。目前的维和预算已经由前几年的约 80 亿美元下降到 68 亿美元，这也在一定程度上呼应了

---

① Kofi A. Annan, "Guidance on Integrated Missions," February 9, 2006, https://unsdg. un. org/sites/default/files/Guidance－on－the－role－of－SRSG－and－DSRSG_RC_HC. pdf.

② "International Peace Support Operations: How can the Capacity Challenges be Met?" Wilton Park Conference WP844, 2007, https://www. wiltonpark. org. uk/wp－content/uploads/2020/09/wp844. pdf.

美国政府对于削减包括维和经费在内的联合国经费的要求。作为联合国维和行动预算中最大的出资国，在特朗普"美国优先"政策的指引之下，美国政府对于维和行动的预算和规模提出非常苛刻的要求，这将可能严重影响维和部队在实地履行其授权和使命的能力。[①] 同时，在维和人员储备及培训方面，联合国一直着力于提升其待命安排机制的有效性，在这方面中国的表现较为突出，目前已经达到承诺的维和人员储备水平，即拥有8000人的维和待命部队和两个常备维和防暴警队。然而，总体来看，目前所需的素质能力较强的维和人员配备还不尽如人意，特别是在多个维和人员性侵案被披露的背景下，需要更为严格的筛选机制，但是就联合国维和人员构成的现状而言，这又可能构成对维和人员来源的重大限制。从武器装备的角度来看，传统上以轻武器配备为主的维和部队，如果要完全履行复杂程度较高的保护平民职责，特别是在过多强调以军事手段保护平民的情况下，需要配备火炮等重武器装备，并辅之以无人机等先进技术手段。

（二）维和人员安全保障成为重要制约因素

随着维和行动更多具有强势维和的特征以及使用武力情形的日益频繁，维和部队派遣国也面临重大抉择，这也必然影响到其未来参与维和行动的积极性。对于维和部队的派遣国政府来说，本国维和人员的安全保障从来都是至关重要的问题，因为维和人员的安危可能影响到国内民众对于该国政府外交政策的支持度，任何维和人员伤亡的消息都会极大影响该国民众的情绪和看法。因此，实践中派遣国一般都会对本国维和部队的执行任务范围、部署地域以及相关国家及地区的安全环境等方面给予高度关注。联合国驻刚果（金）的干预旅就是一个例证，在安理会授权成立这一特殊的维和部队之后，不少维和人员派遣国都表达了相关疑虑，特别是对于这一授权对该国维和人员的安全影响。其中也有一种观点认为，干预旅实际上是安理会授权的执行和平行动，因而不能作为维和行动的一部分，否则有可能导致多数处于较为中立状态的维和部队也成为刚果（金）非政府武装团体攻击的对象。在保护平民目标成为维和行动核心任务之后，维和部队派遣国面临执行联合国维和使命方面的重大挑战，一方面，更多地

---

① Richard Gowan, "Peace Operations in 2017 – 18: Balancing Conflict Management and Political Approaches as an Era Comes to a Close," in *Global Peace Operations Review 2018*, Center on International Cooperation, 2018, p. 19.

以军事手段介入东道国地方武装冲突以执行保护平民使命，必然会导致针对维和部队的武力攻击行为的增加；另一方面，如果维和部队在面临复杂安全形势时，未能有效执行保护平民使命，则必然会面临国际社会的诸多指责。长期来看，这种两难处境必然将会对维和部队派遣国的派兵意愿产生重大负面影响。

四　维和人员的法律责任和法律保障问题

维和人员的法律问题包括法律责任和法律保障两个方面。维和人员的法律责任是一个非常特殊和敏感的问题。对于国际人道法是否适用于联合国维和行动这一问题，国内外学界一直存在争议。[①] 由于维和行动面临的环境的特殊性，维和人员的法律保障以及女性参与维和的法律保障已显得越来越重要。

（一）新任务模式下维和行动面对的法律挑战

就一般情况而言，传统的联合国维和行动与国际人道法之间存在一种微妙的关系。从二者各自的性质来看，国际人道法主要涉及在战争与武装冲突状态下对于各交战方行为方式及范围的限制与制约，而从传统的维和行动的授权及实施方式来看，维和部队从一开始就并非以交战者身份参与战争与武装冲突。这一实质性差别使得多数维和出兵国以及联合国认为维和部队与国际人道法的关联度有限。根据 1999 年由秘书长发布的关于联合国授权武装力量遵循国际人道法问题的声明，国际人道法的适用范围明确地局限于以交战者身份直接参与武装冲突以及维和部队出于自卫目的而使用武力的情形。同时，秘书长的声明还明确指出，在涉及违犯国际人道法的情况时，相关武装人员或维和人员应由其派遣国在国内法庭上进行审理。[②] 可以看到，这一声明对于维和部队涉及国际人道法的情况做出了严格限定，与其中指出的由安理会授权的执行和平行动不同，维和行动仅在实际使用武力的情况下才涉及国际人道法的适用问题。

近些年来，随着联合国维和行动在行动方式及手段等方面的新发展，一些新的国际法和国内法问题也日益显现。就使用武力的界限和范围而

---

①　蒋圣力：《联合国维持和平行动法律问题研究》，法律出版社，2019，第 129 页。

②　"Observance by United Nations Forces of International Humanitarian Law," ST/SGB/1999/13, August 6, 1999, https://digitallibrary.un.org/record/277660? ln = en.

言，传统意义上的维和部队一般被严格限制在自卫和自保的范围内。然而，目前的维和部队日益奉行所谓的"积极自卫"原则，即除了保护自身的安全外，还可以将这一原则扩展至其执行任务的领域中，如在维护安全区或者实施人道主义救援方面，维和部队都可以以武力保障其使命顺利执行。相对于传统的维和行动，当前经常实施的维和行动的突出特点在于注重强制措施的施行。从近些年维和部队的授权和部署情况来看，有一些已突破了以往一贯遵循的公正原则，事实上在积极介入冲突各方的争端乃至武装冲突。2013 年安理会授权在联合国刚果（金）稳定团之下建立"干预旅"就是一个明显的例子，该"干预旅"隶属于联合国刚果（金）维和部队，但其主要职能在于支援刚果（金）政府打击东部基伍省反叛武装的军事行动。最近的一个例子是安理会针对南苏丹安全形势恶化授权成立的"地区保护武装"，其主要职能是在内战中保护南苏丹平民免于伤害。关于联合国"干预旅"，其在授权成立之初就引发国际社会对相关法律问题的争议及质疑。"干预旅"所遵循的交战规则与传统维和部队所遵循的规则存在实质性差别，其内容更加接近于通常的军事作战任务中适用的交战规则，该规则更为直接地针对"敌对武装力量"，而不是通常情况下维和部队使用武力时需要针对的"敌对行为"。① 2016 年红十字国际委员会向联大高级别会议提交的声明还特别强调了拘押问题，也即在履行保护平民职责时对非政府武装人员采取强制措施。从以往维和实践来看，一般不会出现这样的情况，这实际上是"干预旅"等新的维和行动授权模式所引发的新问题，主要问题在于被拘押者是否应享有国际人道法赋予的相应被保护的权利，以及拘押设施及看守人员是否符合国际法的规定。②

（二）维和人员在任务区违法犯罪行为追责问题

通常情况下，依据联合国与相关东道国签署的《部队地位协议》，维和人员涉嫌违法时原则上只能由其派遣国根据其国内法进行审理。然而，

---

① Scott Sheeran and Stephanie Case, "The Intervention Brigade: Legal Issues for the UN in the Democratic Republic of Congo," International Peace Institute, November 2014, p. 5, https://www.ipinst.org/wp-content/uploads/publications/ipi_e_pub_legal_issues_drc_brigade.pdf.

② "Peacekeeping Operations: ICRC Statement to the United Nations, 2016," ICRC, October 26, 2006, https://www.icrc.org/en/document/peacekeeping-operations-icrc-statement-united-nations-2016.

由于近些年被披露的一些维和任务区维和人员的性侵案，目前国际社会有很大呼声要求加强对此类罪行的审理和处罚，联合国也在考虑不再单纯依靠派遣国国内法庭的审理，可能会设立联合国特别法庭以有效处理此类案件。当然，这一类案件一般情况下也不被视为国际人道法适用的情形。总之，随着联合国维和行动更多地以武力手段实现保护平民的目标，维和部队与国际人道法之间的关系也在发生实质性变化，如果军事手段的加强和频繁使用这一趋势不加改变，联合国维和行动必然会面临更多的国际人道法制度及规则的约束，而对于维和人员违反国际人道法以及对东道国平民犯下罪行的情况，联合国未来也可能被迫启动国际刑事法院这一国际刑事司法机构以审理相关罪行指控，这可能是一些维和人员派遣国所不希望看到的情景。

（三）维和人员的法律保障问题

在当前的联合国维和行动中，维和人员实际上被置于高风险的地区，其个人安全保障也成为联合国所面临的日益重大的挑战。根据 2017 年《改进联合国维和人员安全保障报告》（也称为《克鲁兹报告》），目前联合国维和行动中有 2/3 部署在冲突仍在进行的地区，联合国维和人员面临日益复杂和高风险的安全环境。[①] 总体来看，出现目前这种情况与联合国维和行动在其基本原则及授权范围等方面的发展变化息息相关。然而，这一新挑战也使得联合国维和人员伤亡数字面临其诞生之后的又一次较大幅度增加的情况。根据《克鲁兹报告》的统计，自联合国维和行动创立以来，大致有三个时期出现维和人员伤亡人数的较大增加，前两个时期分别是 1960~1962 年与 1992~1996 年。第三个时期从 2011 年开始，2013 年出现显著增加，之后一直延续到报告出台的 2017 年。[②] 因此，在当前形势下，更好地通过法律、外交及政治手段保障联合国维和人员的人身安全已

---

① Carlos Alberto dos Santos Cruz, "Improving Security of United Nations Peacekeepers: We Need to Change the Way We Are Doing Business," United Nations Peace keeping, December 19, 2017, p. 1, https://peacekeeping.un.org/en/improving-security-of-united-nations-peacekeepers-independent-report.

② Carlos Alberto dos Santos Cruz, "Improving Security of United Nations Peacekeepers: We Need to Change the Way We Are Doing Business," United Nations Peace keeping, December 19, 2017, pp. 4-5, https://peacekeeping.un.org/en/improving-security-of-united-nations-peacekeepers-independent-report.

成为重要的任务。

从法律层面来看，涉及联合国维和人员安全保护的主要有以下几个公约或条约。其中最早的是 1973 年通过的《关于防止和惩处侵害应受国际保护人员包括外交代表的罪行的公约》，该公约的主要针对对象是国家及国际组织的外交人员、官员及代表，并将针对公约适用的"受国际保护人员"人身安全及住所等所犯下的罪行列为某种意义的"国际罪行"，要求所有缔约国将此类罪行纳入国内刑法所追诉的罪行。从公约适用人群的界定来看，联合国维和特派团的官员及代表等也在其保护范围之内，但是对于联合国维和士兵及警察而言，这一公约的保护可能有所欠缺。有鉴于此，为更为全面地将安全保障覆盖至所有联合国相关人员，联合国大会在 1994 年 12 月 9 日通过《联合国人员和有关人员安全公约》，此后又于 2005 年通过该公约的《任择议定书》。该公约规定，受保护的主要包括联合国人员、有关人员以及联合国行动。而所谓联合国行动指根据《联合国宪章》由联合国主管机关设立并在联合国权力和控制之下实施的行动，而且该行动必须以维持国际和平及安全为目的。由此，联合国维和行动也就被完全置于国际公约的法律保障范围之内。同时，在联合国维和行动所涉及的东道国层面，1946 年联大通过的《联合国特权和豁免公约》对于联合国机构及人员在其成员国管辖范围内所享有的特权及豁免问题做出相关规定。就每一个具体的联合国维和行动而言，联合国维和行动出兵国与东道国签署的《部队地位协议》是直接适用于东道国和维和特派团的相关法律条款。

在这方面，作为在国际和平及安全方面具有立法权和执行权的主要联合国机构，联合国安理会也日益重视联合国维和人员的安全保障问题。2020 年 3 月 20 日，在中国担任安理会主席国期间，安理会一致通过第 2518 号决议，该决议的主要内容就是关于维和人员的安全问题。决议中再次明确东道国在确保维和人员安全方面的重要责任原则，要求东道国为维和行动部署及人员活动提供便利和保障，并对于触犯《部队地位协议》中相关条款的行为进行惩处。决议还强调进一步加强联合国维和人员的培训，同时加强联合国维和行动的相关情报搜集，从而提升维和人员面对复杂安全危险时的应对能力。考虑到安理会在和平及安全领域的重要地位，该决议的通过将有利于大幅度提高联合国、东道国及各相关机构和国家在保障维和人员安全方面的协调程度和能力。

第三节　联合国维和行动改革走向及其启示

联合国维和行动改革的未来往什么方向发展？对中国参与联合国维和行动有什么样的启示？这是中国的维和外交面临的重大课题。

从联合国维和改革的实践来看，提升安全与发展的关联性是一个趋势。这对中国推动发展和平的理念和规范既是一个机遇，也是一个挑战。如何把中国的发展经验和发展优势转化为规范和话语的优势，如何加强发展援助的多边化并使之更好地为和平与安全服务，如何把维和行动中的人员和经费的贡献上升为规范和制度的贡献，这对中国未来参与联合国维和行动有重要的启示，也是我们的潜力所在。

一　联合国和平安全及发展领域工作的整体协调性

从古特雷斯秘书长进行的秘书处改革结果来看，与和平安全相关的新部门都已经统一使用和平行动（peace operations）来替代维和行动。这意味着用综合性的和平行动概念取代较为狭义的维和行动概念。联合国发展与安全部门涉及的维和交叉领域日益增加。

随着"一带一路"倡议在全球范围的稳步推进，中国对外援助及经济合作的规模也在快速扩大，中国已经成为国际援助体系中具有举足轻重地位和影响的援助国。中国对外援助的增长主要体现在双边援助方面，中国目前面临这样一个问题，即在深化多边合作的过程中如何处理好双边与多边援助的关系。这既包括数量上的协调、援助规模和总量的分配，也包括援助理念和方式上的协调。这一现实困境也对中国参与联合国和平重建进程产生了影响。

和平重建进程的综合性决定了其必须由多边发展机构及国际金融机构等进行统筹规划，并协调各方的贡献以使其在重建进程的不同方面都能够发挥作用。在这种情况下，中国对和平重建进程的深入参与，也就意味着中国在意愿和资金及实物支持方面会更多倾向于多边途径，同时中国也势必要使其人道援助及发展援助活动与国际机构所倡导的理念和规范相适应。在中国对外援助尚处于转型期的今天，这样的制度性和规范性约束可能会极大限制中国在该领域的自主性和行动自由。因此，我们需要慎重权衡参与和平重建进程时可能面临的这些约束和挑战，在经过缜密研究和规划之后再进行更为大规模和实质性的参与。

二　增强应对复杂安全威胁的能力

在经验积累方面，基于中国长期较为内向型的政策取向，其对全球性以及地区性事务的介入程度往往比较有限，由此导致在应对危机和冲突威胁时中国缺乏发出倡议和设定议程的能力。这是与中国日益显著提升的地位不相符的。

2019 年初，古特雷斯秘书长任命夏煌大使担任联合国秘书长大湖地区问题特使。夏煌大使长期深入参与非洲事务，熟悉非洲大湖地区问题，外交经验丰富。作为首位担任秘书长热点问题特使的中国人，其将为推进联合国支持大湖地区实现和平、稳定和发展做出积极贡献。应该说这是中国在联合国维和领域长期不懈支持和贡献的必然结果。未来中国需要对夏煌大使在任期间工作进程中所面对的问题进行系统总结梳理，为今后再由中国人担任类似职位提供经验。

同时，虽然中国对于联合国维和行动的贡献度在不断上升，但是这种贡献还主要停留在派遣维和部队和警察的层面，中国在维和行动早期规划、维和部队战场指挥以及和平重建进程等方面与美欧等国相比还有不少差距。更为重要的是，如前所述，在联合国主导的维和行动中，中国与其他新兴大国的作用日益显著，无论是作为部队及警察派遣国还是作为维和经费分担国，新兴大国的积极介入都成为对联合国维和行动发展的坚实支持。然而，迄今为止，在促使维和行动的理念、原则以及制度适应国际社会现状和危机与冲突的新特征方面，中国等国家尚未能提出系统性及有影响力的表述，并且对于联合国在这方面所从事的经验及教训的总结工作也没有发挥足够的指导作用。中国对维和三原则的坚持准确地反映了发展中国家对于维和行动的要求和期待，但是维和行动所面临的危机和冲突的新特征要求其也在实施方式和指导理念方面做出适当的调整。实践已经表明，如果中国和其他发展中国家不在维和行动规范塑造方面发挥积极作用，西方发达国家就会继续把持在规范创设及解释方面的话语权。这对于维和行动的实施已经造成了一定的危害，在一些情况下已经损害到其在发展中国家的正面形象。因此，随着中国日益深入参与联合国维和行动，其在规范、制度及规则方面的工作和影响也应适时变化，从而有助于中国充分利用维和行动机制来促进国际和平、安全及稳定。

三 中国未来的政策考量

中国不断探索和实践具有中国特色的解决国际和地区热点问题之道，始终坚持和平性、正当性和建设性。和平性就是坚持政治解决方向，主张通过对话谈判解决矛盾分歧，坚决反对在国际事务中动辄或威胁使用武力；正当性就是坚持不干涉内政原则，尊重当事国主权和意愿，坚决反对强加于人；建设性就是坚持客观公正立场，根据事情本身的是非曲直来斡旋调停。① 确立政治主导、武力为辅的原则，以正确的政治原则引领维和行动的开展。

从中国的角度看，作为联合国安理会的常任理事国，中国需要对国际形势的变化做出积极应对，倡导针对联合国机构、职能及工作方式所进行的改革，从而进一步提升联合国在维持国际和平及安全方面的地位，并为中国的和平发展道路提供国际体系和制度方面的保障。因此，中国今后应在以下方面进一步推动联合国机构和运作机制改革，同时进一步加强自身在维和及和平重建进程中的作用。

第一，应着力强化联合国集体安全机制有关冲突预防和解决的职能和权限，加强预防性机制，增强联合国秘书长、人权事务高级专员、人权理事会等机构的预警职能，并提高安理会的工作效率与应变能力。

第二，加强联合国领导和平重建的综合性实施机制，致力于将军事安全的保障、社会秩序的确保、消除贫困以及保障人权制度的确立这些相互联系的方面置于综合性、全面性的规划及协调过程中，中国应在扩大建设和平委员会的职能和权限方面采取一定举措，并且应积极参与该委员会的工作和决策过程。

第三，应促进全方位参与制度的建立，基于和平重建相关利益的广泛性，周边国家、政府间国际组织、非政府组织、国内市民社会、跨国非正式行动网络等形形色色的行为体都应以适当的程序纳入和平重建进程。

第四，在通过参与维和行动获得的经验积累和人员素质提升的基础上，中国应逐步谋求在维和行动战略规划、战场指挥以及和平重建等领域发挥更大的作用，由此进一步提升中国对于联合国集体安全机制运行的影响力和贡献度。

---

① 《中国与联合国——第 74 届联合国大会中方立场文件》，2019 年 9 月 18 日。

第五，作为最大的发展中国家与安理会常任理事国，中国将承担更多与和平重建有关的责任，也应以更为积极的态度来应对和平重建进程的新特点以及联合国的新作用。

小　结

冷战结束以来，为适应新的安全环境，处理新的安全问题，应对新的安全挑战，联合国维和行动的理念和机制进行了具有不同内容和特点的改革，涉及指导原则、战略规划、保障机制、维和人员等各个方面。维和行动改革对中国的维和外交提出了新的和更高的要求。在增强联合国和平安全及发展领域工作的整体协调性、增强应对复杂安全威胁的能力等方面，中国可以发挥更大的作用。中国在维持维和人员和经费方面的"硬优势"的同时，要培育和加强在维和理念和规范等方面的"软优势"。如何把中国的发展经验和发展优势转化为规范和话语的优势，如何加强发展援助的多边化并更好地为和平安全服务？如何把维和行动中的人员和经费的贡献上升为规范和制度的贡献？这对中国未来参与联合国维和行动有重要的启示，也是中国的潜力所在。

附录　中国参与联合国维和行动大事记

1988 年 12 月 6 日，第 43 届联合国大会一致同意中国加入联合国维持和平行动特别委员会。

1989 年 11 月，中国首次向联合国纳米比亚过渡时期协助团派遣 20 名选举监督员。

1990 年 4 月，中国军队第一次向联合国停战监督组织派出 5 名军事观察员。

1992 年 4 月，中国军队向柬埔寨过渡时期联合国临时权力机构派出由 400 名官兵组成的工程兵大队，开了中国军队派遣成建制部队参与联合国维和行动先河。

1999 年 5 月 4 日至 7 月 25 日，公安部委托南京解放军国际关系学院举办了第一期联合国维和民警培训班，20 名民警参加了培训。

2000 年 1 月，第一批中国维和警察奔赴东帝汶，执行维和任务。

2000 年 8 月，公安部成立中国维和警察培训中心。

2001 年 1 月，公安部向联合国波黑任务区派遣首批 5 名维和警察，这是中国首次向欧洲地区派遣维和警察。

2001 年 12 月，国防部维和事务办公室成立，负责统一协调和管理中国军队参与联合国维和行动的工作。

2002 年 2 月，中国正式加入联合国一级维和待命安排机制。

2003 年 4 月，中国军队派出首批赴刚果（金）维和部队。

2003 年 11 月，公安部向联合国利比里亚任务区派遣 5 名维和警察，这是中国首次向非洲地区派遣维和警察。

2003 年 12 月，中国军队派出首批赴利比里亚维和部队。

2004 年 5 月，公安部向联合国海地任务区派遣 1 名维和警察，这是中国首次向美洲地区派遣维和警察。

2004 年 10 月，中国首支赴海地维和警察防暴队奉命启程，这是中国首次派遣成建制的维和警察防暴队参加维和行动。

2006 年 4 月，中国军队派出首批赴黎巴嫩维和部队。

2006 年 5 月，中国军队派出首批赴苏丹维和部队。

2007 年 2 月，时任中共中央总书记、国家主席、中央军委主席胡锦涛视察中国赴利比里亚维和部队，并为维和部队题词："忠实履行使命，维护世界和平。"

2007 年 9 月，中国国防部维和事务办公室官员赵京民就任联合国西撒哈拉全民投票特派团部队指挥官，成为首位担任联合国维和部队高级指挥官的中国军人。

2007 年 11 月，中国派出首批赴苏丹达尔富尔地区维和部队，这是联合国第一支进驻该地区的维和部队。

2009 年 6 月，国防部维和中心在北京成立，这是我军首个维和专业培训与国际交流机构。

2012 年 12 月，中国维和警察培训中心派遣前培训课程通过了联合国认证，中国成为亚洲第 1 个、世界第 9 个通过此认证的国家。

2013 年 12 月，中国派出首批赴马里维和部队，其中警卫分队是中国军队派出的首支安全部队。

2015 年 1 月，中国首支维和步兵营前往南苏丹任务区执行任务。

2015 年 9 月 28 日，习近平主席出席联合国维和峰会并发表讲话，宣布中国将加入新的联合国维和能力待命机制，决定为此率先组建常备成建制维和警队，并建设 8000 人规模的维和待命部队；中国将积极考虑应联合国要求，派更多工程、运输、医疗人员参与维和行动；今后 5 年，中国将为各国培训 2000 名维和人员，开展 10 个扫雷援助项目；今后 5 年，中国将向非盟提供总额为 1 亿美元的无偿军事援助，以支持非洲常备军和危机应对快速反应部队建设；中国将向联合国在非洲的维和行动部署首支直升机分队；设立为期 10 年、总额 10 亿美元的中国—联合国和平与发展基金，部分资金将用于支持联合国维和行动。

2016 年 6 月，国防部维和事务办公室和联合国维和部首次在中国举办联合国维和特派团高级官员培训班。

2016 年 6 月，国防部维和事务办公室和联合国妇女署共同举办联合国女性维和军官国际培训班。这是中国首次举办针对女性维和人员的国际培训班。

2016 年 11 月，国防部维和事务办公室首次举办联合国维和参谋军官国际培训班，来自 22 个国家的 39 名军人参训。

2016 年 11 月，世界首支常备维和警队在中国山东东营正式挂牌成立。

2016 年 12 月，时任联合国秘书长潘基文宣布任命来自中国的王小军少将担任联合国西撒哈拉全民投票特派团部队司令。

2017 年 2 月，联合国正式将中国常备维和警队列入维和能力待命机制中的最高一级，即快速部署级。

2017 年 5 月，联合国秘书长古特雷斯在纽约联合国总部将达格·哈马舍尔德勋章追授给 2016 年在执行任务时牺牲的中国维和军人申亮亮、李磊和杨树朋。

2017 年 6 月，中国第 19 批赴利比里亚维和官兵全部撤回，中国军队结束在利比里亚历时 14 年的维和使命。

2017 年 6 月，中国首支维和直升机分队 4 架直升机及相关装备部署至苏丹达尔富尔地区以执行维和任务。

2017 年 6 月，联合国负责维和事务的副秘书长拉克鲁瓦访华。

2018 年 4 月 9 日，联合国秘书长古特雷斯参观位于河北省廊坊市的中国维和警察培训中心，并检阅维和警察部队。

2019 年 10 月 1 日，维和部队方队首次在国庆阅兵中接受检阅。

2020 年 3 月 30 日，联合国安理会通过首个关于维和人员安全问题的决议（第 2518 号决议），该议案由中国提交。

2020 年 5 月 29 日，中国第 18 批赴黎维和部队战斗工程处扫雷参谋辛源荣获联合国军事性别平等倡导人奖荣誉证书，是首位获得此项荣誉的中国维和女军人。

2020 年 9 月 18 日，国务院新闻办公室发布《中国军队参加联合国维和行动 30 年》白皮书。

（程子龙　整理）

参考文献

（依出版和发表年份排列）

一 联合国官方文件

[1]《联合国宪章》，1945 年 10 月 24 日。

[2]《和平纲领》（A/47/277 - S/2411），1992 年 6 月 17 日。

[3]《联合国和平行动问题小组报告》（《卜拉希米报告》）（A/55/305 -
S/2000/309），2000 年 8 月 21 日。

[4]《一个更安全的世界：我们的共同责任——威胁、挑战和改革问题高
级别小组的报告》（A/59/565），2004 年 12 月 13 日。

[5]《大自由：实现人人共享的发展、安全和人权》（A/59/2005），2005
年 3 月 21 日。

[6]《集中力量，促进和平：政治、伙伴关系和人民——和平行动问题高
级别独立小组的报告》（A/70/95 - S/2015/446），2015 年 6 月 17 日。

[7]《联合国和平行动的未来：执行和平行动问题高级别独立小组的各项
建议》（A/70/357 - S/2015/682），2015 年 9 月 2 日。

[8]《联合国建设和平架构审查》（A/RES/70/262），2016 年 5 月 12 日。

[9]《建设和平委员会第九届会议的报告》（A/70/714 - S/2016/115），
2016 年 2 月 4 日。

[10] The United Nations Department of Peacekeeping Operations, *General
Guidelines for Peacekeeping Operations*, 1995.

[11] United Nations Department of Peacekeeping Operations, *United Nations
Military Observers Handbook*, 1995.

[12] United Nations Department of Peacekeeping Operations, *United Nations
Civilian Police Handbook*, 1995.

[13] United Nations Department of Public Information, *The Blue Helmets: A
Review of United Nations Peacekeeping*, 1996.

［14］ The United Nations Department of Peacekeeping Operations，*Handbook on United Nations Multidimensional Peacekeeping Operations*，2003.

［15］ The United Nations Department of Peacekeeping Operations，*United Nations Stand-by Arrangements System Military Handbook*，2003.

［16］ The United Nations Department of Peacekeeping Operations and Department of Field Support，*United Nations Peacekeeping Operations：Principles and Guidelines*，2008.

［17］ The United Nations Department of Peacekeeping Operations and Department of Field Support，*Authority，Command and Control in United Nations Peacekeeping Operations*，2008.

［18］ The United Nations General Assembly，*Restructuring of the United Nations Peace and Security Pillar：Report of the Secretary – General*，October 13，2017，A/72/525.

二　中国政府文件

［1］《中华人民共和国国防法》，1997 年 3 月 14 日。

［2］ 中国国防白皮书：《1998 年中国的国防》《2000 年中国的国防》《2002 年中国的国防》《2004 年中国的国防》《2006 年中国的国防》《2008 年中国的国防》《2010 年中国的国防》《中国武装力量的多样化运用》《中国的军事战略》。

［3］《中国人民解放军参加联合国维持和平行动条例（试行）》，2012 年 3 月 22 日。

［4］《中国为和平而来——习近平在联合国维和峰会上的讲话》，中华人民共和国外交部网站，2015 年 9 月 30 日，https：//www. mfa. gov. cn/web/ziliao_674904/zyjh_674906/201509/t20150930_7945477. shtml。

［5］《习主席国防和军队建设重要论述读本》，解放军出版社，2016。

［6］ 习近平：《论坚持推动构建人类命运共同体》，中央文献出版社，2018，第 252~258 页。

［7］ 国务院新闻办公室：《中国军队参加联合国维和行动 30 年》，2020 年 9 月 18 日。

三 中文学术文献

(一) 著作类

[1] 李铁城主编《联合国的历程》,北京语言学院出版社,1993。

[2] 陈鲁直、李铁城主编《联合国与世界秩序》,北京语言学院出版社,1993。

[3] 袁士槟、钱文荣主编《联合国机制与改革》,北京语言学院出版社,1995。

[4] 李铁城:《联合国五十年》,中国书籍出版社,1995。

[5] 阎学通:《中国国家利益分析》,天津人民出版社,1996。

[6] 陈友谊等:《蓝盔在行动——联合国维和行动纪实》,江西人民出版社,1997。

[7] 李一文编著《蓝盔行动——联合国与国际冲突》,当代世界出版社,1998。

[8] 张植荣主编《联合国行动内幕》,海南出版社,1998。

[9] 刘恩照:《联合国维持和平行动》,法律出版社,1999。

[10] 冯勇智、曾芳编著《蓝箭出击——联合国维和行动大纪实》,辽宁人民出版社,1999。

[11] 李景龙等:《20世纪十大维和行动》,解放军出版社,2000。

[12] 刘明:《国际干预与国家主权》,四川人民出版社,2000。

[13] 梁西主编《国际法》,武汉大学出版社,2000。

[14] 〔美〕理查德·N.哈斯:《新干涉主义》,殷雄等译,新华出版社,2000。

[15] 王杏芳主编《联合国重大决策》,当代世界出版社,2001。

[16] 孙建中:《国家主权——理想与现实》,世界知识出版社,2001。

[17] 〔美〕伊莉莎白·埃克诺米、米歇尔·奥克森伯格主编《中国参与世界》,华宏勋等译,新华出版社,2001。

[18] 门洪华:《和平的纬度:联合国集体安全机制研究》,上海人民出版社,2002。

[19] 李铁城主编《世纪之交的联合国》,人民出版社,2002。

[20] 〔美〕约瑟夫·奈:《理解国际冲突:理论与历史》,张小明译,上海人民出版社,2002。

[21] 王逸舟主编《磨合中的建构——中国与国际组织关系的多视角透

视》，中国发展出版社，2003。

［22］魏宗雷：《西方"人道主义干预"理论与实践》，时事出版社，2003。

［23］杜农一、陆建新主编《维和行动概论》，军事谊文出版社，2004。

［24］唐永胜、徐弃郁：《寻求复杂的平衡——国际安全机制与主权国家的参与》，世界知识出版社，2004。

［25］贾永兴编译《联合国及维和行动》，白山出版社，2004。

［26］陈东晓等：《联合国：新议程和新挑战》，时事出版社，2005。

［27］马约生、钱澄：《和平之愿——20 世纪冲突与化解》，南京出版社，2006。

［28］中国国际战略学会军控与裁军研究中心编《当代国际维和行动》，军事谊文出版社，2006。

［29］孙萌：《联合国维和行动违法责任研究》，知识产权出版社，2006。

［30］盛红生：《联合国维持和平行动法律问题研究》，时事出版社，2006。

［31］赵磊：《建构和平：中国对联合国外交行为的演进》，九州出版社，2007。

［32］〔美〕保罗·肯尼迪：《联合国过去与未来》，卿劼译，海南出版社，2008。

［33］赵磊：《构建和谐世界的重要实践——中国参与联合国维持和平行动研究》，中共中央党校出版社，2010。

［34］赵磊、高心满等：《中国参与联合国维持和平行动的前沿问题》，时事出版社，2011。

［35］〔美〕约翰·米勒：《残留的战争》，王俊生、文雅译，中国人民大学出版社，2011。

［36］〔英〕奈尔·麦克法兰、〔英〕云丰空：《人的安全与联合国：一部批判史》，张彦译，浙江大学出版社，2011。

［37］聂军：《冲突中的守望——联合国维和行动成功条件研究》，世界知识出版社，2011。

［38］况守忠：《美国维和行动研究》，中国社会科学出版社，2012。

［39］尚昌仪：《中国维和行动》，长江文艺出版社，2012。

［40］陈东晓主编《全球安全治理与联合国安全机制改革》，时事出版社，2012。

［41］〔美〕保罗·F. 戴尔、〔美〕丹尼尔·德鲁克曼：《和平行动的评

价》，聂军译，知识产权出版社，2013。

[42] 尚昌仪：《中国军队与联合国维和行动》，五洲传播出版社，2015。

[43] 刘丹：《联合国维和行动的困境及前景》，时事出版社，2015。

[44] 陆建新、王涛、周辉：《国际维和学》，国防大学出版社，2015。

[45] 中国联合国协会编《联合国 70 年：成就与挑战》，世界知识出版社，2015。

[46] 王凯：《维和逐梦》，海天出版社，2015。

[47] 姜伟：《蓝盔日记——在利比里亚维和的日子》，中国财富出版社，2015。

[48] 杜农一、周辉、杨凯：《新中国军事外交与国际维和研究》，国防大学出版社，2015。

[49] 胡建国主编《维和改革与领导力构建论文集》，中国人民公安大学出版社，2017。

[50] 何银：《大国崛起与国际和平：联合国维和建和研究文集》，时事出版社，2018。

[51] 扈大威：《冷战后国际关系中的冲突预防》，世界知识出版社，2018。

[52] 〔美〕伊恩·赫德：《无政府状态之后——联合国安理会中的合法性与权力》，毛瑞鹏译，上海人民出版社，2018。

[53] 张贵洪等：《中国与联合国》，江苏人民出版社，2019。

[54] 张贵洪主编《联合国与和平行动》，时事出版社，2019。

[55] 蒋圣力：《联合国维持和平行动法律问题研究》，法律出版社，2019。

（二）文章类

[1] 黄仁伟：《冷战后联合国维和机制改革的影响及其与国家主权的冲突》，《上海社会科学院学术季刊》1995 年第 4 期。

[2] 何曜：《联合国维和行动：冲突管理的理论框架分析》，《欧洲》2000 年第 2 期。

[3] 仪名海：《联合国和区域组织在解决地区冲突中相互关系初探》，《前沿》2000 年第 5 期。

[4] 陈鲁直：《美国与冷战后的联合国维持和平行动》，《国际问题研究》2001 年第 2 期。

[5] 唐永胜：《联合国维和机制的演变及决定其未来走势的主要因素》，《世界经济与政治》2001 年第 5 期。

[6] 门洪华：《联合国维和机制的创新》，《国际问题研究》2002 年第

6 期。

[7] 徐纬地：《摇摆与彷徨中的探索——联合国维和行动面临的困难与挑战》，《世界经济与政治》2005 年第 5 期。

[8] 夏路：《联合国维和：集体安全?》，《国际政治研究》2006 年第 3 期。

[9] 聂军：《联合国维和行动成功的条件》，《国际政治科学》2008 年第 2 期。

[10] 张永义、周琦：《联合国维和机制改革问题析论》，《湘潭大学学报》（哲学社会科学版）2009 年第 1 期。

[11] 余凯、刘振华、吴静：《试析冷战后美国维和行动政策的演变及未来走向》，《南京政治学院学报》2010 年第 1 期。

[12] 赵磊：《冷战后美国维和政策的演变及特征》，《美国研究》2011 年第 4 期。

[13] 赵磊：《日本参与联合国维和行动的历史脉络及特征分析》，《教学与研究》2012 年第 3 期。

[14] 简军波：《欧盟参与联合国全球治理——基于"冲突性依赖"的合作》，《欧洲研究》2013 年第 2 期。

[15] 李东燕：《全球安全治理与中国的选择》，《世界经济与政治》2013 年第 4 期。

[16] 贺建涛：《中等强国在联合国维和行动中地位边缘化的根源——以加拿大为例》，《外交评论》2013 年第 4 期。

[17] 方华：《联合国维和的原则与机制》，《国际研究参考》2013 年第 11 期。

[18] 何银：《联合国建设和平与人的安全保护》，《国际安全研究》2014 年第 3 期。

[19] 李东燕：《从平民保护到安全治理——加强联合国与所在国政府及民间组织的合作》，《国际安全研究》2014 年第 3 期。

[20] 何银：《规范竞争与互补——以建设和平为例》，《世界经济与政治》2014 年第 4 期。

[21] 周琦、陈楷鑫：《联合国在非洲的维和行动与非盟的伙伴地位浅析》，《当代世界与社会主义》2014 年第 6 期。

[22] 肖康康：《冷战后中国参与联合国维和机制研究——基于国际机制内化的视角》，复旦大学博士学位论文，2015。

[23] 张逸潇：《从管理冲突到管理和平——联合国维和行动与冲突后国家的安全治理》，《国际安全研究》2015 年第 1 期。

[24] 汤蓓：《规则制定与联合国维和部队武力使用》，《世界经济与政治》2015 年第 3 期。

[25] 吕蕊：《中国联合国维和行动 25 年：历程、问题与前瞻》，《国际关系研究》2015 年第 3 期。

[26] 张逸潇：《大国政治意愿对联合国维和行动的影响》，《武警学院学报》2015 年第 11 期。

[27] 何银：《联合国维和事务与中国维和话语权建设》，《世界经济与政治》2016 年第 11 期。

[28] 卢张哲、濮方圆：《试析区域主导型维和行动对非洲恐怖主义威胁之应对》，《武警学院学报》2016 年第 9 期。

[29] 胡二杰：《联合国马里维和行动的反恐挑战与成就》，《当代世界》2016 年第 7 期。

[30] 张晓磊：《日本参与联合国维和行动的新变化与战略动机分析》，《东北亚学刊》2017 年第 2 期。

[31] 〔澳〕萨拉·泰特：《"保护的责任"与中国的联合国维和政策》，杨宏译，《国际政治研究》2017 年第 4 期。

[32] 〔新西兰〕马克·兰泰尼：《试析中国维和观念的演变》，程子龙译，《国际政治研究》2017 年第 4 期。

[33] 何银：《发展和平：联合国维和建和中的中国方案》，《国际政治研究》2017 年第 4 期。

[34] 张贵洪：《联合国与人类命运共同体》，《当代世界与社会主义》2018 年第 1 期。

[35] 陈楷鑫、张贵洪：《联合国维和行动武力使用规范的思考》，《湘潭大学学报》（哲学社会科学版）2018 年第 1 期。

[36] 李廷康：《美国通过联合国安理会授权使用武力问题研究——基于委托—代理理论》，《国际关系研究》2018 年第 1 期。

[37] 盛红生：《中国参与联合国维持和平行动的国内法依据》，《法学评论》2018 年第 1 期。

[38] 蒋圣力：《论国际人道法在联合国维持和平行动中的适用》，《西部法学评论》2018 年第 2 期。

［39］ 周玉渊：《非洲维和伙伴关系：联合国维和改革与中国的角色》，《外交评论》2018 年第 2 期。

［40］ 李东燕：《中国国际维和行动：概念与模式》，《世界经济与政治》2018 年第 4 期。

［41］ 何银：《反思联合国维和行动中的安全风险及应对》，《世界经济与政治》2018 年第 5 期。

四　英文学术文献

（一）著作类

［1］ Durch, William J., ed., *The Evolution of UN Peacekeeping: Case Studies and Comparative Analysis*, New York：St. Martin's Press, 1993.

［2］ Fetherston, A. B., *Towards a Theory of UN Peacekeeping*, New York：St. Martin's Press, 1994.

［3］ Diehl, Paul F., *International Peacekeeping*, Baltimore and London：The Johns Hopkins University Press, 1994.

［4］ Otunnu, Olara A., Michael W. Doyle, Nelson Mandela, eds., *Peacemaking and Peacekeeping for the Next Century*, Lanham：Rowman & Littlefield, 1998.

［5］ Whitman, Jim, *Peacekeeping and the UN Agencies*, New York：Routledge, 1999.

［6］ Ramsbotham, Oliver, Tom Woodhouse, eds., *Peacekeeping and Conflict Resolution*, New York：Routledge, 2000.

［7］ Jett, Dennis, *Why Peacekeeping Fails*, London：Palgrave Macmillan, 2001.

［8］ Olsson, Louise, Torrun L. Truggestad, *Women and International Peacekeeping*, New York：Routledge, 2001.

［9］ McEvoy-Levy, Siobhan, *Troublemakers or Peacemakers? Youth and Post-accord Peace Building*, Indiana：University of Notre Dame Press, 2005.

［10］ Caballero – Anthony, Mely, & Amitav Acharya, eds., *UN Peace Operations and Asian Security*, New York：Routledge, 2005.

［11］ Franke, Volker C., ed., *Terrorism and Peacekeeping: New Security Challenges*, New York：Greenwood Press, 2005.

［12］ Borer, Tristan Anne, ed., *Telling the Truths：Truth Telling and Peace-

building in Post - conflict Societies, Indiana: University of Notre Dame Press, 2006.

[13] Durch, William J. , ed. , *Twenty First Century Peace Operations*, Washington DC: United States Institute of Peace Press, 2006.

[14] Mays, Terry M. , *The A to Z of Multinational Peacekeeping*, South Carolina: Scarecrow Press, 2006.

[15] MacQueen, Norrie, *Peacekeeping and the International System*, New York: Routledge, 2006.

[16] Whitworth, Sandra, *Men , Militarism , and UN Peacekeeping : A Gendered Analysis*, Colorado: Lynne Rienner Publishers Inc, 2007.

[17] Borer, Tristan Anne, John Darby, Siobhan McEvoy-Levy, *Peacebuilding after Peace Accords : The Challenges of Violence , Truth , and Youth*, Indiana: University of Notre Dame Press, 2007.

[18] Gill, Bates, Chin-hao Huang, *China's Expanding Role in Peacekeeping : Prospects and Policy Implications*, Stockholm: SIPRI, 2009.

[19] Bellamy, Alex J. , Paul D. Williams and Stuart Griffin, *Understanding Peacekeeping*, Cambridge: Polity Press, 2010.

[20] Adebajo, Adekeye, *UN Peacekeeping in Africa : From Suez Crisis to the Sudan Conflicts*, Johannesburg: Jacana Media, 2010.

[21] Sandole, Dennis J. D. , *Peacebuilding*, Cambrige: Polity Press, 2010.

[22] Zaum, Dominik, Christine Cheng, eds. , *Corruption and Post-conflict Peacebuilding : Selling the Peace?* New York: Routledge, 2011.

[23] Zanotti, Laura, *Governing Disorder : UN Peace Operations , International Security , and Democratization in the Post-cold War Era*, Pennsylvania: Pennsylvania State University Press, 2011.

[24] Mays, Terry M. , *Historical Dictionary of Multinational Peacekeeping*, South Carolina: Scarecrow Press, 2012.

[25] Levine, Daniel H. , *The Morality of Peacekeeping*, Scotland: Edinburgh University Press, 2013.

[26] Bellamy, Alex J. , Paul D. William, eds. , *Providing Peacekeepers : The Politics , Challenges , and Future of United Nations Peacekeeping Contributions*, Oxford: OUP Oxford, 2013.

［27］ Druckman, Daniel, Paul F. Diehl, eds. , *Peace Operation Success : A Comparative Analysis*, Boston: Martinus Nijhoff Publishers, 2013.

［28］ Pruitt, Lesley J. , *Youth Peacebuilding : Music , Gender , and Change*, New York: State University of New York Press, 2013.

［29］ Gelot, Linnéa, *Legitimacy, Peace Operations, and Global-Regional Security*, London: Routledge, 2014.

［30］ Lanteigne, Marc, Miwa Hirono, eds. , *China's Evolving Approach to Peacekeeping*, New York: Routledge, 2014.

［31］ Sheehan, Nadège, *The Economics of UN Peacekeeping*, New York: Routledge, 2014.

［32］ Diehl, Paul F. , Alexandru Balas, *Peace Operations* (second edition), Cambridge: Polity Press, 2014.

［33］ Brosig, Malte, *Cooperative Peacekeeping in Africa : Exploring Regime Complexity*, New York: Routledge, 2015.

［34］ Pruitt, Lesley J. , *The Women in Blue Helmets : Gender , Policing , and the UN's First All-Female Peacekeeping Unit*, New York: State University of New York Press, 2016.

［35］ Barma, Naazneen, *The Peacebuilding Puzzle: Political Order in Post-Conflict States*, Cambridge: Cambridge University Press, 2016.

［36］ Mobekk, Eirin, *UN Peace Operations : Lessons from Haiti , 1994 – 2016*, New York: Routledge, 2016.

［37］ Akonor, Kwame, *UN Peacekeeping in Africa : A Critical Examination and Recommendations for Improvement*, Springer, 2017.

［38］ Moelle, Moritz P. , *The International Responsibility of International Organizations : Cooperation in Peacekeeping Operations*, Cambridge: Cambridge University Press, 2017.

［39］ Karlsrud, John, *The UN at War : Peace Operations in a New Era*, London: Palgrave Macmillan, 2018.

［40］ Coning, Cedric de, Mateja Peter, eds. , *United Nations Peace Operations in a Changing Global Order*, London: Palgrave Macmillan, 2019.

（二）文章类

［1］ Durch, William J. , "Building on Sand: UN Peacekeeping in the Western

Sahara，" *International Security*，Vol. 17，No. 4，1993.

［2］ Diehl，Paul，et al.，"United Nations Intervention and Recurring Conflict，" *International Organization*，Vol. 50，No. 4，1996.

［3］ Fravel，M. Taylor，"China's Attitude toward U. N. Peacekeeping Operations Since 1989，" *Asian Survey*，Vol. 36，No. 11，1996.

［4］ Abiew，Francis Kofi，"NGO-Military Relations in Peace Operations，" *International Peacekeeping*，Vol. 10，No. 1，2003.

［5］ Carey，Henry F.，"Conclusion：NGO Dilemmas in Peace Processes，" *International Peacekeeping*，Vol. 10，No. 1，2003.

［6］ Fortna，Virginia Page，"Does Peacekeeping Keep Peace? International Intervention and The Duration of Peace After Civil War，" *International Studies Quarterly*，Vol. 48，No. 2，2004.

［7］ Spearin，Christopher，"Between Public Peacekeepers and Private Forces：Can There Be a Third Way?" *International Peacekeeping*，Vol. 12，No. 2，2005.

［8］ Bellamy，Alex J.，Paul D. Williams，"Who's Keeping the Peace? Regionalization and Contemporary Peace Operations，" *International Security*，Vol. 29，No. 4，2005.

［9］ Bures，Oldrich，"Private Military Companies：A Second Best Peacekeeping Option?" *International Peacekeeping*，Vol. 12，No. 4，2005.

［10］ Lipson，Michael，"Peacekeeping：Organized Hypocrisy?" *European Journal of International Relations*，Vol. 13，No. 1，2007.

［11］ Chen，Jing，"Explaining the Change in China's Attitude toward UN Peacekeeping：A Norm Change Perspective，" *Journal of Contemporary China*，Vol. 18，No. 58，2009.

［12］ Victor，Jonah，"African Peacekeeping in Africa：Warlord Politics，Defense Economics，and State Legitimacy，" *Journal of Peace Research*，Vol. 47，No. 2，2010.

［13］ Richmond，Oliver P.，"Resistance and the Post-liberal Peace，" *Millennium: Journal of International Studies*，Vol. 38，No. 3，2010.

［14］ Hultman，Lisa，"UN Peace Operations and Protection of Civilians：Cheap Talk or Norm Implementation?" *Journal of Peace Research*，

Vol. 50, No. 1, 2012.

[15] Østensen, Åse Gilje, "In the Business of Peace: The Political Influence of Private Military and Security Companies on UN Peacekeeping," *International Peacekeeping*, Vol. 20, No. 1, 2013.

[16] Reilly, Benjamin, "Political Parties and Post-Conflict Peacebuilding," *Civil Wars*, Vol. 15, No. S1, 2013.

[17] Hultman, Lisa, Jacob Kathman, Megan Shannon, "United Nations Peacekeeping and Civilian Protection in Civil War," *American Journal of Political Science*, Vol. 57, No. 4, 2013.

[18] Millar, Gearoid, "Disaggregating Hybridity: Why Hybrid Institutions Do Not Produce Predictable Experiences of Peace," *Journal of Peace Research*, Vol. 51, No. 4, 2014.

[19] Williams, Paul D., Arthur Boutellis, "Partnership Peacekeeping: Challenges and Opportunities in the United Nations-African Union Relationship," *African Affairs*, Vol. 113, No. 451, 2014.

[20] Stojek Szymon, and Jaroslav Tir, "The Supply Side of United Nations Peacekeeping Operations: Trade Ties and United Nations-Led Deployments to Civil War States," *European Journal of International Relations*, Vol. 21, No. 2, 2015.

[21] Karlsrud, John, "The UN at War: Examining the Consequences of Peace-enforcement Mandates for the UN Peacekeeping Operations in the CAR, the DRC and Mali," *Third World Quarterly*, Vol. 36, No. 1, 2015.

[22] Beardsley, Kyle, Kristian Skrede Gleditsch, "Peacekeeping as Conflict Containment," *International Studies Review*, Vol. 17, No. 1, 2015.

[23] Karim, Sabrina, Kyle Beardsley, "Explaining Sexual Exploitation and Abuse in Peacekeeping Missions: The Role of Female Peacekeepers and Gender Equality in Contributing Countries," *Journal of Peace Research*, Vol. 53, No. 1, 2016.

[24] Coning, Cedric de, "From Peacebuilding to Sustaining Peace: Implications of Complexity for Resilience and Sustainability," *Resilience*, Vol. 4, No. 3, 2016.

[25] Hultman, Lisa, et al. , "United Nations Peacekeeping Dynamics and the Duration of Post-Civil Conflict Peace," *Conflict Management and Peace Science*, Vol. 33, No. 3, 2016.

[26] Ruggeri, Andrea, et al. , "Winning the Peace Locally: UN Peacekeeping and Local Conflict," *Journal of Conflict Resolution*, Vol. 71, No. 1, 2017.

[27] Williams, Paul D. , "Global and Regional Peacekeepers: Trends, Opportunities, Risks and a Way Ahead," *Global Policy*, Vol. 8, No. 1, 2017.

[28] Coning, Cedric De, "Adaptive Peacebuilding," *International Affairs*, Vol. 94, No. 2, 2018.

[29] Howard, Lisa M. , Anjali K. Daval, "The Use of Force in UN Peacekeeping," *International Organization*, Vol. 72, No. 1, 2018.

后　记

　　本书是国家社会科学基金重点项目"中国参与联合国维和行动的经验、问题与思考"（批准号：16AZD033）的最终研究成果。本项目在实施过程中得到中国国防部维和事务办公室、中国维和警察培训中心、中国联合国协会、上海联合国研究会等机构的大力支持。项目主要成员所在工作单位复旦大学、国防科技大学国际关系学院、北京外国语大学和上海国际问题研究院给予了大量帮助。项目多位成员曾赴纽约和日内瓦的联合国机构、非洲维和任务区进行调研，作为中方专家出席中国—瑞士预防冲突对话会、东亚学者与日内瓦国际组织官员对话会、北京—日内瓦保持和平对话会、中美可持续和平议程对话会、东京建设和平论坛等，多次参加国内外维和政策和学术会议。本项目的完成离不开上述机构的支持和帮助，特表谢意。

　　本书是团队合作的成果。各章作者及其工作单位如下：

　　第一章　中国参与联合国维和行动的学理研究（刘铁娃，北京外国语大学；张晋岚，中国社会科学院；程子龙，上海政法学院）

　　第二章　中国参与联合国维和行动与国际安全（王涛、苏萌，国防科技大学国际关系学院）

　　第三章　中国参与联合国维和行动与国家利益（陆建新、胡向春，国防科技大学国际关系学院）

　　第四章　中国参与联合国维和行动与军队建设（周桂银、徐峰，国防科技大学国际关系学院；汪岚，军事科学院军事科学信息研究中心）

　　第五章　中国参与联合国维和行动的战略选择（张贵洪，复旦大学）

　　第六章　中国参与联合国维和行动的制度建设（刘铁娃、袁田西竹，北京外国语大学）

　　第七章　中国参与联合国维和行动的能力建设（刘铁娃，北京外国语大学；张晋岚，中国社会科学院；刘旖旎，辽宁营口市委党校）

　　第八章　联合国维和行动与中国的联合国外交（张贵洪，复旦大学）

第九章　中国参与联合国维和行动与国际合作（薛磊，上海国际问题研究院）

第十章　联合国维和行动改革的进展及其启示（薛磊，上海国际问题研究院）

作为本项目负责人，本人对项目成员付出的努力和奉献、对结项评审专家提出的宝贵意见、对社会科学文献出版社工作人员的辛勤劳动表示衷心的感谢。

张贵洪

2021 年 8 月

图书在版编目（CIP）数据

中国参与联合国维和行动研究／张贵洪等著 . -- 北
京：社会科学文献出版社，2024.2
（复旦联合国研究丛书）
ISBN 978 - 7 - 5228 - 3290 - 6

Ⅰ.①中…　Ⅱ.①张…　Ⅲ.①维和行动 - 研究 - 中国
Ⅳ.①D813.2

中国国家版本馆 CIP 数据核字（2024）第 014486 号

· 复旦联合国研究丛书 ·

中国参与联合国维和行动研究

著　　者／张贵洪　王　涛　刘铁娃　薛　磊　等

出 版 人／冀祥德
责任编辑／高明秀
文稿编辑／邹丹妮
责任印制／王京美

出　　版／社会科学文献出版社 · 国别区域分社（010）59367078
　　　　　地址：北京市北三环中路甲 29 号院华龙大厦　邮编：100029
　　　　　网址：www. ssap. com. cn
发　　行／社会科学文献出版社（010）59367028
印　　装／三河市龙林印务有限公司

规　　格／开　本：787mm × 1092mm　1/16
　　　　　印　张：24.5　字　数：398 千字
版　　次／2024 年 2 月第 1 版　2024 年 2 月第 1 次印刷
书　　号／ISBN 978 - 7 - 5228 - 3290 - 6
定　　价／168.00 元

读者服务电话：4008918866